Lehrbuch Philosophie

Peter Prechtl

Sprachphilosophie

Lehrbuch Philosophie

Verlag J. B. Metzler
Stuttgart · Weimar

Peter Prechtl, Studium der Philosophie, Politischen Wissenschaften und Pädagogik in München; 1989 Habilitation; Lehrstuhlvertretungen in Düsseldorf und Würzburg; 1994–96 Gastprofessur an der Humboldt Universität zu Berlin; Veröffentlichungen zur Phänomenologie, Erkenntnistheorie, Sprachphilosophie, philosophischen Anthropologie und Ethik. Bei J.B. Metzler ist erschienen: »Metzler Philosophie Lexikon«. 1996. (Mitherausgeber).

Die Deutsche Bibliothek – CIP-Einheitsaufnahme

Prechtl, Peter:
Sprachphilosophie : Lehrbuch Philosophie / Peter Prechtl. – Stuttgart ; Weimar : Metzler, 1999
ISBN 3-476-01644-7

Gedruckt auf chlorfrei gebleichtem, säurefreiem und alterungsbeständigem Papier

ISBN 3-476-1644-7

Dieses Werk einschließlich aller seiner Teile ist urheberrechtlich geschützt. Jede Verwertung außerhalb der engen Grenzen des Urheberrechtsgesetzes ist ohne Zustimmung des Verlages unzulässig und strafbar. Das gilt insbesondere für Vervielfältigungen, Übersetzungen, Mikroverfilmungen und die Einspeicherung und Verarbeitung in elektronischen Systemen.

© 1999 J. B. Metzlersche Verlagsbuchhandlung und Carl Ernst Poeschel Verlag GmbH in Stuttgart
Einbandgestaltung: Willy Löffelhardt
Satz: A & M dtp, Stuttgart
Druck und Bindung: Franz Spiegel Buch GmbH, Ulm
Printed in Germany
Verlag J. B. Metzler Stuttgart · Weimar

INHALT

Einleitung 1

I. Problemgeschichtliche Stadien der Sprachphilosophie

1. Naturgemäße Richtigkeit oder Konventionalität:
   Die φυσις (Physis)-θεσις (Thesis)-Kontroverse 5

2. Sprache – Denken – Wirklichkeit / vox – intellectus – res 9
   2.1 Sprachphilosophische Themen und Begriffe in der mittelalterlichen
       Philosophie 9
   2.2 Wilhelm von Ockhams Beitrag zur Entwicklung der
       Sprachphilosophie 14
       2.2.1 Der Schritt von der Metaphysik zur Erkenntnistheorie und
             Sprachphilosophie 15
       2.2.2 Sprachphilosophische Grundlegungen 18
             Exkurs zur Suppositionslehre 23
       2.2.3 Ockhams Lösung des Universalienproblems 25

3. Die empirische Grundlegung von Sprache
   als Mittel der Erkenntnis bei John Locke 29

4. Der Entwurf einer künstlichen Sprache bei Leibniz 32
   4.1 Die Begriffslehre 36
   4.2 Der Entwurf einer idealen künstlichen Sprache 38

5. Funktionen der Sprache bei John Stuart Mill:
   Denotation und Konnotation 46

6. Sprache als menschliche Tätigkeit 49
   6.1 Sprache und Vernunft als Tätigkeit: Herder 50
   6.2 Sprache als bildendes Organ des Denkens:
       Wilhelm von Humboldt und Cassirer 52

II. Ansätze und Problemstellungen der analytischen Sprachphilosophie

1. Die Form der Analyse: George Edward Moore 59

2. Die Objektivität von Gedanken und ihre angemessene sprachliche Darstellung – Freges Konzeption einer idealen Sprache 63
    2.1 Die Voraussetzungen einer wissenschaftlichen Erklärung – erkenntnistheoretische Überlegungen 65
        2.1.1 Was ist ein Urteil? – Klärung der Voraussetzungen für eine ›ideale Sprache‹ 68
        2.1.2 Was ist der Träger von Wahrheit? 69
        2.1.3 Mit welchen sprachlichen Mitteln wird der Gedanke ausgedrückt und was sind seine logischen Bestandteile? 73
    2.2 Das Verhältnis von Gedanke und Wahrheit 76
        2.2.1 Bedeutung 77
        2.2.2 Sinn und Bedeutung 80
    2.3 Der Gedanke in seinem Bezug auf Wahrheit 83

3. Die Theorie der definiten Beschreibung: Bertrand Russell 87
    3.1 Antinomienlehre und Typentheorie 88
    3.2 Erkenntnistheoretische Annahmen 90
    3.3 Der Logische Atomismus und die logische Analyse der Sprache 94

4. Die Abbildungsfunktion der Sprache: Wittgensteins *Tractatus* 101
    4.1 Die ontologischen Annahmen: Welt, Sachverhalt, Tatsache 104
        4.1.1 Gegenstand und Sachverhalt 105
        4.1.2 Sachverhalt und Tatsache 109
    4.2 Logischer Raum 109
    4.3 Logischer Atomismus 110
    4.4 Der erkenntnistheoretische Gehalt: Die Abbildung – der Gedanke und das Satzzeichen 113
    4.5 Der Gedanke und der sinnvolle Satz 117
    4.6 Der Sinn des Satzes und das Wahrheitsproblem 119
    4.7 Grenzen der Sprache 121

5. Die Präzisierung der Gebrauchssprache und die Bildung einer wissenschaftlichen Sprache bei Carnap 123
    5.1 Der Entwurf eines Konstitutionssystems 126
    5.2 Die logisch-syntaktische Analyse 130
    5.3 Logische Semantik 137
        5.3.1 Definition der logischen Begriffe 138
        5.3.2 Extensionalität und Intensionalität 141
    5.4 Der Realitätsbegriff: Externe und interne Fragen 143

6. Die behavioristisch begründete Bedeutungstheorie: Quine 146
   6.1 Sprache und Verhalten – die Indeterminiertheit der Übersetzung 146
   6.2 Theorie der Bedeutung 151
   6.3 Kennzeichnungen und quantorenlogische Darstellung 155
   6.4 Ontologie 157

7. Philosophie der Idealsprache und die Aufgaben der
   Philosophie – kritischer Ausblick 158

III. Die pragmatische Fundierung der Bedeutung

1. Sprachgebrauch und Bedeutung:
   Wittgensteins *Philosophische Untersuchungen* 163
   1.1 Die Kritik an den ontologischen Annahmen und dem Exaktheitsideal
       der Sprache 165
   1.2 Die Bedeutungslehre 167
   1.3 Wortgebrauch und Sprachspiel 169
   1.4 Regelbefolgen und Privatsprachargument 170
   1.5 Analyse des Verstehens 171

2. Die Philosophie der Normalsprache 174
   2.1 Die begriffliche Analyse – ›conceptual analysis‹ 176
      2.1.1 Die Analyse irreführender Ausdrücke 176
      2.1.2 Kategorienfehler 178
   2.2 Identifizierende Referenz: Strawson 184

3. Sprache als Handlung 187
   3.1 Die Theorie der Implikatur von Grice 190
   3.2 Die Sprechakttheorie von Austin und Searle 193

IV. Probleme und strittige Punkte

1. Theorie der Wahrheit 198
   1.1 Die Adäquationstheorie 200
   1.2 Wahrheit als Übereinstimmung 201
   1.3 Tarskis semantische Theorie der Wahrheit 204
   1.4 Die Redundanztheorie 206
   1.5 Die performative Theorie der Wahrheit 207

2. Probleme der Referenztheorie 207
   2.1 Eigennamen und Kennzeichnungen 207
   2.2 Kripkes Kausaltheorie der Eigennamen: ›rigid designators‹ 215

2.3 Putnams Einwände 219
2.4 Der Gebrauch des sprachlichen Zeichens:
    Strawsons Kritik an Russell 220
2.5 Referenz als Sprechakt 223
2.6 Referenzbereich – Referenzpotential 225

3. Bedeutungstheorie 226
   3.1 Semantik der Wahrheitsbedingungen 226
   3.2 Kritik der Intension und Proposition durch Quine . 228
   3.3 Davidsons Bedeutungstheorie 230
   3.4 Dummetts ›gediegene Bedeutungstheorie‹ 234
   3.5 Pragmatische Komponenten von Bedeutung 237

V. Ausblick 240

Bibliographie 241

Personenregister 258

EINLEITUNG

Der Versuch, in Problemstellungen der Sprachphilosophie einzuführen, scheint ob der Vielzahl der sprachphilosophischen Entwürfe ein schwieriges Unterfangen. Die Beschäftigung mit Sprache ist nicht erst in der Gegenwart besonders aktuell geworden, sondern erweist sich als kulturgeschichtliches Phänomen weit über unseren Zeitrahmen und über unseren kulturellen Rahmen hinaus. Die Utopie einer vollkommenen Sprache war nicht nur für die europäische Kultur von besonderer Bedeutung. Ebensowenig ist die babylonische Sprachverwirrung allein biblischen Ursprungs, vielmehr durchzieht dieses Thema die Geschichte aller Kulturen. Gleichzeitig geht damit der Versuch einher, der als Verwirrung gekennzeichneten Sprachenvielfalt durch Wiederentdeckung oder Erfindung einer allen Menschen gemeinsamen Sprache abzuhelfen (vgl. Eco 1997, S. 15). Insofern sind auch jene Fragestellungen der Philosophie, die sich auf irgendeine Art mit der Sprache befassen, in diesen kulturgeschichtlichen Kontext einzuordnen.

Wozu es innerhalb der Philosophie einer eigenen »Disziplin« der Sprachphilosophie bedarf, wo sich doch die Linguistik zu einem respektablen Forschungszweig entwickelt hat, muß jedem unbefangenen Betrachter fragwürdig erscheinen, der sich den spezifisch philosophischen Gehalt der in der Sprachphilosophie anstehenden Probleme nicht hinreichend vergegenwärtigt hat. Allerdings verbirgt sich hinter der Bezeichnung ›Sprachphilosophie‹ weder ein einheitliches Theoriegebilde, noch liegt ihr eine Einstimmigkeit in der Fragerichtung zugrunde. Als gemeinsamer Nenner in der Vielfalt der Ansätze und Formen sprachphilosophischer Reflexionen läßt sich zumindest das Interesse am Menschen als sprach- und damit auch vernunftfähigen Wesen und an den mit der Sprache einhergehenden Möglichkeiten der Wirklichkeitserfassung festhalten. Dadurch begegnet uns in verschiedenen Bezügen das Thema Sprache unter jeweils verschiedenen Gesichtspunkten. Allen voran streichen die anthropologischen Reflexionen über die Sonderstellung des Menschen dessen an Sprache gekoppelte Vernunftfähigkeit heraus: Die Sprache als Ausdruck des Geistes (Scheler), als Vermögen zur Selbstreflexion und zur Stellungnahme (Plessner), die Sprache in ihrer anthropo-biologischen Funktion, den Menschen durch Symbolisierung von Reizüberflutung zu entlasten (Gehlen). Eine nicht minder große Rolle spielt die Sprache in den existenzphilosophischen Überlegungen Heideggers und Jaspers'. Aus einer phänomenologischen Sichtweise plädiert Merleau-Ponty dafür, die Sprache im Zusammenhang mit dem leiblichen Ausdrucksvermögen des Menschen zu sehen. Als eine besondere Form der Gebärde stellt sie den Bezug zu einer kulturellen Welt her, indem sie Sinn konstituiert und jeder Sprecher sich auf einen tradierten Bestand von Bedeutung beziehen kann, auf dessen Grundlage wieder neuer Sinn entsteht (vgl. Hennigfeld 1982, S. 157 ff.).

In den engeren Kreis der sprachphilosophischen Thematik stoßen wir vor, wenn in einem spezifischeren Sinn nach der Bedeutung der Sprache für den Menschen gefragt wird. Von Bedeutung ist dann in zweierlei Hinsicht die Rede:

Zum einen in dem Sinne, daß der Mensch sich erst über die Sprache einen Sinnbezug zu dem verschafft, was für ihn Welt bedeutet bzw. was für ihn die Wirklichkeit darstellt, und zum anderen in bezug auf die Frage, ob und inwiefern in der Sprache der Garant der Richtigkeit der Wirklichkeitserfassung zu sehen sei. In dieser allgemeinen Charakterisierung bleiben einige Fragen unbestimmt: zum einen, ob es sich dabei um eine gegenständliche oder eine soziale Wirklichkeit handelt, zum anderen die Frage, ob die gegenständliche Welt als eine der Sprache vorgängige Wirklichkeit zugrundegelegt oder als eine erst durch die Sprache konstituierte angenommen wird. Indem der Aspekt des Wirklichkeitsbezugs mittels Sprache herausgestellt wird, rückt auch ihr spezifischer Stellenwert bei der Formung und Organisation der Erfahrung in den Vordergrund. Daraus erwachsen der sprachphilosophischen Betrachtung Themenstellungen, die enge Berührungspunkte mit der Erkenntnistheorie aufweisen. Seinen Ausdruck findet dieser Zusammenhang in der Fragestellung: Besteht Sprechen nur im Benennen sprachunabhängig gegebener Denk- und Wahrnehmungsinhalte oder sind diese Inhalte immer schon sprachlich vermittelt, so daß die Formen unserer Sprache als Formen unserer Erfahrung anzusehen sind? Im Laufe der sprachphilosophischen Reflexionen haben beide Perspektiven ihre Anhänger gefunden, wie sich im Zuge der folgenden Erörterungen noch zeigen wird. Die Antwort darauf müßte erkenntlich machen, worin die Garantie für den richtigen Gebrauch der Sprache zu sehen ist. Unter der Annahme einer sprachunabhängig gegebenen Welt wird zum Problem, wie aufgezeigt werden kann, daß unsere Sprache dieser Wirklichkeit entspricht und sie nicht vielmehr verfälschend wiedergibt. Denn auch die Auffassung, daß Sprache die Welt nur verzerrt wiedergibt, hatte ihren Platz in der Kulturgeschichte gefunden. Sollte die Annahme gelten, daß uns diese Wirklichkeit nur mittels Sprache gegeben ist, dann erwarten wir eine Antwort darauf, wie die ›richtige‹ von der ›falschen‹ Sprache zu unterscheiden sei. Daß ein solcher Unterschied gemacht werden muß, liegt auf der Hand, wenn man nicht jede beliebige Äußerung als gleich richtig gelten lassen will. Auch wenn diese Problemstellungen die sprachphilosophischen Überlegungen schon seit der Antike begleiten, haben sie doch in den verschiedenen Abschnitten der geschichtlichen Entwicklung bis hin zur gegenwärtigen Form sprachanalytischen Philosophierens jeweils unterschiedliche Akzentsetzungen und Ausprägungen erfahren.

Die vorliegenden Ausführungen orientieren sich an der grundlegenden Fragestellung, wie das Verhältnis von Sprache – Denken – Wirklichkeit zu bestimmen ist. Die Fragen nach dem Zusammenhang zwischen Sprache und Denken, zwischen Denken und Wirklichkeit und zwischen Sprache und Wirklichkeit sind insofern spezifisch philosophische Themen, als damit gleichzeitig das Problem aufgeworfen wird, wie wir die Wirklichkeit erkennen können (vgl. Schaff 1968, S. 63). In unserem lebensweltlichen Kontext ist eine solche Frage allein schon deshalb nicht von Belang, weil wir ganz selbstverständlich das als Wirklichkeit ansehen, was uns seitens der Gesellschaft und unserer Kultur an Inhalten und Vorstellungen vorgegeben wird. Man darf es wohl als charakteristisch für philosophisches Denken ansehen, daß es die Selbstverständlichkeit der Alltagswelt in der Weise nicht akzeptiert. Denn warum sollten wir uns nicht auch Gedanken darüber machen, inwiefern unsere Vorstellungen davon richtig und nicht falsch sind. Solche Fragen ergeben sich notgedrungen da, wo zwischen Meinung und rechtfertigbarem Wissen unterschieden wird. Der Anspruch der Erkenntnis, der Philosophie und Wissenschaft gleichermaßen als normative Gebilde beschäftigt, führt über das Alltagsdenken immer schon hinaus. Das, was pauschal als ›Wirklichkeit‹ bezeichnet wird, führt zu den metaphysischen, erkenntnistheoretischen und sprachphilosophischen Fragestellungen, mit denen wir uns zu beschäftigen haben. Die einfachste Vorstellung von Wirklichkeit geht davon aus, daß sie dem Menschen als ein fertiges Gebilde gegenübersteht, um dessen Erkenntnis er sich zu bemühen hat. Welche Wege er dabei zu beschreiten hat, ist damit noch nicht ausgemacht. Aber offensichtlich muß er sich bestimmter Hilfsmittel bedienen, die ihrerseits wieder daraufhin befragt werden müssen, ob sie die geeigneten Mittel darstellen. Aus der Annahme, daß wir nur mit Hilfe der Sprache Wirklichkeit fassen und beschreiben können, ergibt sich die Frage, wie denn sichergestellt sei, daß unsere Sprache die Wirklichkeit so erfaßt, wie sie tatsächlich ist. Aber ist die Annahme sinnvoll, daß es eine sprachunabhängige Wirklichkeit gibt, über die wir streng genommen keine Aussage machen können, oder spricht nicht mehr für die gegenteilige Annahme, daß Wirklichkeit immer nur in der Sprache gegeben ist? Wenn wir vorsichtiger zu Werke gehen und uns nicht mit der Annahme einer fertigen Wirklichkeit belasten, stellt sich die Frage, in welcher Weise die Sprache beim ›Aufbau der Wirklichkeit‹ eine Rolle spielt und welche Formen der Sprache dafür als konstitutiv anzusehen sind. Sprache übernimmt dann insofern eine ›ordnende‹ Funktion, als sie Gegenstände benennt oder diese mit Hilfe von Kennzeichnungen identifiziert. Diese Bezeichnungselemente sind ihrerseits wieder eingebunden in ein Begriffs- und Kategoriensystem. Nur so kann Sprache die Wirklichkeit ordnend erfassen, die Einzelelemente benennen und klassifizieren. Wir stehen also immer vor der Frage, wie das Verhältnis von Sprache und Denken näher zu bestimmen ist und wie sich Ausdrucksform und Inhalt zueinander verhalten. Der Frage nach der Richtigkeit der Sprache sind wir damit nicht enthoben. Die Antworten darauf werden sich grundlegend unterscheiden.

In der zunächst historisch orientierten Darstellung des ersten Kapitels befasse ich mich mit Positionen, die einerseits repräsentativ sind für bestimmte sprachphilosophische Fragestellungen, aber auch – wenn auch nur in einzelnen Aspekten – den Gedankengang späterer Überlegungen auf eine bestimmte Weise beeinflußt haben. Sie sollen erkennbar werden lassen, wie sich die sprachphilosophischen Probleme aufgrund welcher Voraussetzungen und Vorannahmen entwickelt haben. Dabei kommen Problemstellungen zur Sprache, die auch für die gegenwärtige Diskussion noch ihre Relevanz haben. Das zweite Kapitel befaßt sich mit den unterschiedlichen Entwürfen zu einer idealen Sprache. Dabei wird das Augenmerk zunächst auf die Ausgangsposition, die ich an Freges Überlegungen festmache, gerichtet werden, um die Entwicklung und die Veränderungen dieser Idee nachzeichnen zu können. Im dritten Kapitel befasse ich mich mit den Reaktionen auf die Philosophie der Idealsprache, wie sie durch Wittgensteins *Philosophische Untersuchungen* eingeleitet wurden.

Dessen Untersuchungen eröffnen ein Spektrum von verschiedenen Ansätzen, die auch Veränderungen hinsichtlich des Verständnisses von Philosophie und deren Aufgaben nach sich ziehen. Ein letztes Kapitel stellt nochmals eingehend die zentralen Themenbereichen der Wahrheit, der Referenz und der Bedeutung vor, um die kontroversen Auffassungen dazu in ihrem Diskussionszusammenhang darzustellen.

I. PROBLEMGESCHICHTLICHE STADIEN DER SPRACHPHILOSOPHIE

1. Naturgemäße Richtigkeit oder Konventionalität: Die φυσις (Physis) – θεσις (Thesis)-Kontroverse

Für die Philosophie der alten Griechen steckte das Problem bereits im Logos-Begriff, der Vernunft wie Sprache bedeutete. Da von der Vernunft nur im Singular die Rede sein konnte, die Sprache aber durchaus in verschiedenen Formen, d.h. in der Verschiedenheit von Namen und Bezeichnungen auftrat, war das Problem bereits zu Lasten der Sprache gestellt. Die Veränderbarkeit von Namen und Bezeichnungen brachte es in ihren Augen mit sich, daß Sprache nicht das wahre Sein repräsentieren könne. Wenn Sprache auf die Funktion des Bezeichnens beschränkt wird, kann nicht mehr hinreichend bestimmt werden, worin ihr Beitrag zur Erkenntnis noch liegen könne.

Aus den vielfältigen Erörterungen jener Zeit (vgl. dazu Oelmüller 1991, S. 12 ff.; Hennigfeld 1994) soll Platos Kratylos-Dialog repräsentativ zur Sprache kommen, in dem dieses Problem ausführlich diskutiert wird. Plato formuliert darin das Problem, ob die Richtigkeit der Sprache naturhaft (φυσει/Physei) oder kraft Konvention (θεσει/Thesei) gegeben sei. Zu Beginn des Dialogs wird Sokrates um die Vermittlung in der Streitfrage gebeten, die in den gegensätzlichen Standpunkten des Kratylos und des Hermogenes vorgetragen wird. Kratylos behauptet, jedes Ding habe einen ihm von Natur aus zukommenden richtigen Namen (und zwar bei den Griechen und den Barbaren gleichermaßen richtige Bezeichnung). Hermogenes vertritt dagegen die Auffassung, die Richtigkeit der Bezeichnung resultiere ausschließlich auf Übereinkunft.

Den **Sprachkonventionalismus**, den er mit dem homo-mensura-Satz des Protagoras in Verbindung bringt, weist er mit dem Argument zurück, daß es offensichtlich wahre und falsche Sätze gebe und folglich auch die kleinsten Bestandteile der Sätze, nämlich die Wörter, wahr oder falsch sein können. Hermogenes beharrt auf seiner Überzeugung, daß sich jedermann eine eigene Sprache zulegen könne, ohne gegen die Wortrichtigkeit zu verstoßen. Das aber hätte nach Sokrates zur Konsequenz, daß all das wahr sei, was jedem als wahr erscheine. Ein Kriterium von richtig und falsch, von vernünftig und unvernünftig entfiele dadurch.

In seiner Argumentation gegen die Annahme, daß es eine natürliche Richtigkeit für jedes Wort gebe, nimmt Sokrates auf das zugrundeliegende Prinzip Bezug. Unter der Voraussetzung, daß die Wortrichtigkeit darin beruhe, daß Worte Nachahmung der Dinge sind, müßte es grundsätzlich möglich sein, die Dinge in den Worten besser oder schlechter nachzubilden oder sie auch falschen Gegenständen zuzuordnen. In dem Fall der richtigen oder falschen Zuordnung aber, wäre die Möglichkeit von falschen Wörtern und damit auch die Möglichkeit von falschen Sätzen einzuräumen. Kratylos bestreitet, daß eine falsche Gegenstandszuordnung möglich sei, da in einem solchen Fall ein Wort jede Bedeutung verliere und zu einem sinnlosen Geräusch würde. Denn er ist der Überzeugung, daß sich Falsches überhaupt nicht aussagen lasse, da Falsches sagen soviel bedeute wie sagen, was nicht ist. Daß aber ein Wortsetzer seine Namen bzw. Bezeichnungen richtig gebildet habe, zeige sich an ihrer Übereinstimmung mit der von ihnen bezeichneten Wirklichkeit. Damit ist aber nicht die Frage beantwortet, wie sich ein solcher Wortbildner die rechte Kenntnis von der Wirklichkeit verschafft haben könnte, um ihr dann Worte nachzubilden, wenn alle Sachkenntnis ihrerseits nur durch Wortanalyse gewonnen werden kann. Diese Position verfängt sich, wie Sokrates aufzeigt, in einem schlechten Zirkel. Statt die Wirklichkeitserkenntnis zu ermöglichen, bedürften die Wortschöpfungen nun selbst einer Rechtfertigung durch Wirklichkeitserkenntnis. Nur wenn man über eine solche Erkenntnis verfügen könnte, wäre man auch imstande zu beurteilen, ob die Sprache der Wirklichkeit richtig nachgebildet sei. Wenn es aber eine Wirklichkeitserkenntnis noch vor der Sprache gäbe, dann würden die Worte als Erkenntnismittel jegliche Bedeutung verlieren.

Unabhängig davon, welcher der beiden im Kratylos-Dialog verhandelten Positionen recht bekommt, bleibt für Plato die grundlegende Annahme in Geltung, daß sich Sprache als ein bloß nachträgliches Bezeichnen (λεγειν) vollzieht. Dem sprachlichen Lautgebilde kommt nur die Funktion zu, ein bereits vorsprachlich erkanntes Seiendes zu repräsentieren. Die Forderung nach Sprachrichtigkeit darf nicht in dem Sinne verstanden werden, als ob mit sprachlicher Richtigkeit auch schon die sachliche Wahrheit in eins gesetzt würde. Vielmehr muß die Kenntnis von der Wahrheit der Sachverhalte schon unterstellt sein, damit die Richtigkeit oder Unrichtigkeit der Namen bzw. die Angemessenheit der Sprache beurteilt werden kann. Da Sprache nur als eine stimmliche Verlautbarung des Denkens zu verstehen ist, kann ihr demzufolge keine wahrheitsstiftende Funktion zugesprochen werden.

In seinen weiteren Ausführungen gelangt Plato schließlich zu der Auffassung, daß an die Stelle des Namens das Wort-Eidos tritt (vgl. Derbolav 1972, S. 80 ff.), das in die Ideenerkenntnis übergeführt wird. Im Dialog gelangt der Mensch zur Wiedererinnerung seines zuvor intuitiv erlangten Wissens auf der Grundlage der Ideen (vgl. Böhler 1984, S. 16 ff., § 72 ff.; Braun 1996, S. 8 ff.).

Auch wenn Platos Vorstellungen unserem Verständnis keine befriedigenden Antworten zu bieten vermag, hat er doch in analytischer Schärfe den Problemgehalt herausgearbeitet, der solche sprachphilosophische Überlegungen begleitet (vgl. Derbolav 1972).

Mit der φυσις-θεσις-Antinomie bezieht sich Plato auf zwei vorherrschende Meinungen, die sich folgendermaßen charakterisieren lassen: Als φυσει οντα gelten die göttlichen Werke, d.h. das, was in seiner Seinsstruktur (d.i. ontologisch) immer gleich bleibt und damit auch stets richtig ist. Als θεσει (νομω) οντα (Thesei (Nomo) Onta) aber gelten die Werke der Menschen, die grundsätzlich dem Irrtum und der Fehlbarkeit unterworfen sind. Nach dieser Auffassung bedeutet der θεσις-Charakter der Sprache nicht nur, daß die Sprache von Menschen gemacht ist, sondern daß sie auch eine falsche Wirklichkeitsauffassung widerspiegeln kann. Darin gründet das Dictum des Parmenides: »darum wird alles bloßer Name sein«. Die gegensätzliche Position wird am deutlichsten in Demokrits Überlegungen zur semantischen Funktion des Wortes vorgetragen. Er problematisiert das Wort-Ding-Verhältnis, indem er die Möglichkeiten einer gestörten Entsprechung benennt, wenn

1. ein Wort mitunter auf mehrere Dinge verweist,
2. ein Ding bisweilen mehrere Namen besitzt,
3. der Name eines Dinges wechseln kann,
4. mancher Sache überhaupt kein Wort entspricht. Diese Punkte legen es seiner Meinung nach nahe, den Ursprung der Sprache in der Konvention zu verorten.

Die wenigen Bemerkungen sollten zunächst nur deutlich werden lassen, daß sprachphilosophische Überlegungen immer schon einen normativen Aspekt umschließen, nämlich den des richtigen Sprachgebrauchs oder der Richtigkeit in bezug auf die Bezeichnung der Dinge bzw. der Wirklichkeit.

Platos sprachphilosophische Überlegungen sind damit aber nicht erschöpfend behandelt. Dazu müßten auch seine Ausführungen im *Sophistes* herangezogen werden, in dem er die Frage nach der Sprachrichtigkeit in einer anderen Form stellt: Die Aufmerksamkeit gilt nicht mehr dem Verhältnis von Wort und Ding, sondern der Wahrheit einer Aussage (ρημα) über etwas. Er nähert sich damit einer Satztheorie an. Wenige Andeutungen sollen sichtbar machen, welcher ausgereifte Problemhorizont in seine weiteren Überlegungen eingegangen ist. So gelangt er bereits zu einer Differenzierung des »ist« (εστιν): Es drückt entweder die Existenz (von etwas) aus oder die Identität bzw. Nichtidentität oder dient der Prädikation. Diese Unterscheidung ist allerdings noch in das Verständnis eines ontologischen Teilhabeverhältnisses eingebettet und noch nicht im Sinne der Aussagefunktion erfaßt (vgl. Derbolav 1972, S. 160 ff.). Ein solches Teilhabeverhältnis findet sich in der Aussage: Aufgrund der Teilhabe an der Spezies »Mensch« sind die vielen Einzelmenschen Mensch. Offenkundig wird dabei ein ontologischer Zusammenhang zugrunde gelegt, wonach das Singuläre (d.i. der einzelne Mensch) teilhat am Allgemeinen (d.i. die Spezies Mensch). In einer prädikatenlogischen Deutung würde man davon sprechen, daß in dem Satz »der Mensch ist ein Lebewesen« das allgemeine Prädikat »ist Mensch« einer Teilgruppe der Prädikate »ist ein Lebewesen« zugeordnet werden kann.

Hatte Plato zunächst den Satz als eine Akkumulation von Benennungen verstanden, so geht es ihm im *Sophistes* nicht mehr darum, unmittelbaren Gegebenheiten (d.i. den Dingen) Namen (Bedeutungen) zuzuordnen, sondern darum, Beziehungen herzustellen zwischen Bedeutungen, die etwas bestimmen, d.h. die Sinn haben. Es geht um die Frage, welche Bedeutungsverknüpfungen zulässig sind (wie »Theaitetos sitzt«) und welche grundsätzlich ausgeschlossen sind (wie »Theaitetos fliegt«). Letztere ergeben in der Sprache ebensowenig Sinn wie die Aneinanderreihung von Haupt- oder Zeitwörtern. Sinnvolle Sätze müssen dem Konstitutionssystem der Begriffe und ihrer Beziehungen entsprechen. Durch diese Sinn-Frage hat sich Plato gänzlich von der Auffassung gelöst, daß Aussagen die Wirklichkeit selber abbilden.

Er hat zudem eine entscheidende Klärung hinsichtlich der Bejahung und Verneinung vorgebracht. Zunächst stand die Auffassung im Raum, daß das ›ist nicht‹ in Sätzen die Nichtexistenz des Prädikats bedeute. Deshalb konnte man solche Sätze als nichtssagend beurteilen und den Status von Aussagen absprechen. Plato dagegen weist darauf hin, daß die Negation nicht die Existenz des Prädikats negiert, sondern auf ein anderes als das ausgesagte Prädikat verweist. Verneint wird also hier die vorausgesetzte Prädizierung, nicht aber ein Stück Wirklichkeit.

Ein dritter erwähnenswertes Aspekt ist mit der Frage der Wahrheit oder Falschheit einer Aussage verbunden. Die Wahrheit ist dann gegeben (d.i. die Wahrheitsbedingungen sind erfüllt), wenn entweder eine notwendige Ableitungsbeziehung zwischen den Begriffen gegeben ist, wie in dem Satz »der Mensch lernt« die Beziehung zwischen dem Menschsein und der Lernfähigkeit, oder wenn Elementaraussagen über situative Gegebenheiten dem empirischen Befund nicht widersprechen. So ist die Aussage »Theaitetos sitzt« hinsichtlich der Wahrheit von der empirischen Tatsache »sitzender Theaitetos« abhängig (vgl. Derbolav 1972, S.158 ff.).

Obwohl der Problemgehalt der sprachphilosophischen Betrachtungen Platos schon eine beeindruckende Vielfalt an wichtigen Fragestellungen enthält, wäre es verfehlt, Platos Philosophieren zu einer Art Sprachphilosophie umdeuten zu wollen. In den späteren Diskussionen zu sprachphilosophischen Fragen hat auch nicht so sehr Plato, als vielmehr Aristoteles im Vordergrund gestanden, obwohl dieser kein eigenständiges Werk zur Sprachphilosophie verfaßt hat. Nicht so sehr seine Ausführungen zur Poetik und Rhetorik erweckten das besondere Interesse, sondern seine wenigen Bemerkungen zur Urteilslehre in der Schrift *De interpretatione*. Vor allem seine Einteilung des λογος (Logos), als bedeutsamer Lautäußerung, in Satzarten ohne Wahrheitswert (wie die Bitte oder die Frage) und solche mit Wahrheitswert (d.i. die Aussage, das Urteil) und die weiteren Ausführungen zum apophantischen Logos haben Aristoteles einen größeren Stellenwert innerhalb der Sprachphilosophie zuteil werden lassen. Im Hinblick auf das sprachliche Zeichen tendiert er zu der Meinung, daß es sich um eine willkürliche und damit kraft Konvention festgelegte Beziehung zwischen Laut und Sinn zu verstehen ist. (vgl. Ax 1992, S. 245 ff.) Die bloßen Zeichen und Lautgebilde beziehen sich auf die innerseelischen Eindrücke. Erst in der Verbindung beider werden die sprachlichen Zeichen zu Namen für die sprachunabhängige Wirklichkeit. Aristoteles nennt die bezeichnenden Namen ›σημαντικα‹. Aristoteles unterscheidet vier Instanzen, die an der Konstitution des sprachlichen Zeichens beteiligt sind: Schrift, Laut, innerseelischer Bereich (sprich: Psyche), und Dinge (sprich: außersprachliche Realität). Das Verhältnis von außersprachlicher Realität und Psyche klärt Aristoteles mit Hilfe der Wahrnehmung (vgl. De anima 416 b 33, 424 a 1): Die Wahrnehmung ist zunächst ein passiver, bloß rezeptiver Vorgang. Aristoteles erklärt die Gleichheit von Sinn und Objekt am Beispiel des Ringabdrucks im Siegelwachs. Die Sinneswahrnehmung und das Objekt kann man in Parallelität zum Verhältnis von Wachsabdruck und Ring sehen. Der Abdruck als Zeichen nimmt die Qualität des prägenden Objekts an, ohne dessen Materie zu übernehmen. Demzufolge sind Wahrnehmungs- und Denkinhalte identisch mit ihren Objekten, aber nicht die Objekte selbst, sondern nur ihr ειδος, d.i. ihr Bild bzw. ihre Form. Der Abbildungscharakter der Sprache gründet darin, daß das außerpsychische Sinnesobjekt über den Wahrnehmungsapparat ein Bild erzeugt, das durch Laut- bzw. Schriftzeichen symbolisiert werden kann. Von daher erscheint es naheliegend, das Verhältnis von Laut und Sinn als eine willkürliche und damit kraft Konvention festgelegte Beziehung zu verstehen (vgl. Ax 1992, S. 254 f.). Damit ist auch dem Schritt zum apophantischen Logos der Weg geebnet: Für diesen stellen die von der Sprache unabhängigen, für jeden Menschen identischen innerseelischen Eindrücke die letzten Elemente dar. In Verbindung mit willkürlichen Symbolisierungen können sie in einer Aussage als Namen (Subjekte) fungieren, denen ein Prädikat zu- oder abgesprochen wird. Dadurch gewinnen wir ein denkbar einfaches Modell der Repräsentation von Sachverhalten und eine Möglichkeit wahrheitsfähiger sprachlicher Weltrepräsentation (vgl. Braun 1959, S. 17 ff.).

Ganz allgemein gilt für die Antike, daß sich in den intensiven Diskussionen über das Problem der Sprachrichtigkeit die eigentliche Intention der Sprachkritik verbirgt. Grundlage für solche Streitfragen ist der metaphysische Fragekomplex der Übereinstimmung bzw. der Entsprechung von Sein, Denken und Sprechen.

2. Sprache – Denken – Wirklichkeit/ vox – intellectus – res

2.1 Sprachphilosophische Themen und Begriffe in der mittelalterlichen Philosophie

In der Philosophie des Mittelalters nimmt die philosophische Auseinandersetzung mit der Sprache einen breiten Raum ein. Im Rahmen unserer Darstellung kann das Spektrum der vielfältigen Untersuchungen nicht im Einzelnen erörtert werden. Da ich noch näher auf die Position von Wilhelm von Ockham eingehen werde, müssen einige wenige Bemerkungen über gewisse Grundtendenzen genügen. Damit soll und kann nur ungefähr angedeutet werden, in welcher Weise bereits Themenstellungen, die uns gegenwärtig noch beschäftigen, diskutiert wurden. Für die gegenwärtige Diskussion ist dieser Seitenblick auf Fragestellungen und Überlegungen des Mittelalters insofern von Interesse, als er uns eine Rückblende auf die eigene Tätigkeit ermöglicht. Aus historischen Betrachtungen kann die kritische Frage erwachsen, inwieweit oder an welchen Punkten die gegenwärtige Diskussion sich noch (oder wieder) im Fahrwasser der scholastischen Auseinandersetzungen bewegt.

Die Intensität der Beschäftigung mit Logik war vorrangig von der Aufgabenstellung geleitet, die semantischen Voraussetzungen der aristotelischen Logik zu analysieren. Diese Unternehmungen hängen eng mit der für die mittelalterliche Philosophie charakteristischen Methode der Textanalyse zusammen. Die Struktur eines Textes zu erschließen bedeutete vor allem auch, daß dessen Grundbegriffe geklärt und von Inkonsistenzen befreit werden mußten.

In diesem Zusammenhang zeigt sich im 12. Jahrhundert eine markante Änderung: Die Autorität der Tradition wurde zunehmend von der **Autorität der Argumente** abgelöst. Dadurch rückte die Logik als Wissenschaft des gelingenden Argumentierens in den Vordergrund. Durch diese Akzentverschiebung von der Grammatik zur Logik wurde unter Philosophie (wieder wie in der Antike) ein Argumentieren aus Vernunftgründen verstanden. Das hatte zur Konsequenz, daß an alle Aussagen über die Welt und den Menschen die Forderung herangetragen wurde, daß sie auf vernunfthafte Weise ausgewiesen werden müssen. Bei Ockham kristallisiert sich diese Entwicklung besonders deutlich heraus. Nach seinem Verständnis von Wissenschaft, kann als Wissen im strengen Sinn nur jenes Beweiswissen anerkannt werden, das sich durch Allgemeinheit und Notwendigkeit auszeichnet (vgl. Beckmann 1995, S. 17).

Der mittelalterlichen Logik wuchs die Aufgabe zu, das semantische Fundament, auf dem die Begriffslogik der Aristoteles ruht, zu untersuchen und, wo es erforderlich war, die nötigen Unterscheidungen einzuführen. Mit dem Versuch, die semantischen Voraussetzungen der natürlichen Sprache zu analysieren, ging die weiterführende Aufgabe einher, sich mit den konkreten empirischen Formen zu befassen, in denen die natürliche Sprache die rationale Struktur der Erfahrung darstellt (vgl. Moody 1966). Die mittelalterliche Logik ist zu verstehen als die Lehre von der Wahrheit und Falschheit der Sprache oder die Lehre von den Zeichen als Zeichen. Die Lehre von den Zeichen ist durchaus schon als ein Sprechen über die Sprache (d.i. als Metasprache) zu begreifen, um über die Struktur der Erkenntnis und der Sprache Aussagen machen zu können. Dadurch rückten folgende Themen in den Vordergrund:

1. Beziehung zwischen dem Terminus und den von ihm bezeichneten konkreten Gegenständen (Probleme der Denotierung),
2. Beziehung des Terminus zum gemeinten Inhalt (Probleme der Konnotierung).

Eine ausführliche Darstellung der verschiedenen Unternehmungen der mittelalterlichen Logik müßte zumindest die Entdeckung des ganzen Organons durch Abaelard und seine Zeit umfassen, ebenso die aristotelische Wissenschaftstheorie bei Thomas von Aquin und Boethius von Dacia, die Ockhams grundlegender Unterscheidung zwischen sprachlicher Form und äußerer Wirklichkeit noch vorausliegen. Es darf unterstellt werden, daß Ockham Kenntnis davon hatte, und daß er die für seine Überlegungen relevanten Diskussionen von Abaelard, Wilhelm von Shyreswood, Petrus Hispanus, Lambert von Auxerre ebenso kannte wie die seiner Zeitgenossen Johannes Buridanus und Walter Burleigh. Eine detailliertere Darstellung liefert die ausführliche Untersuchung *Logik und Semantik im Mittelalter* von Jan Pinborg (1972).

Die sprachphilosophisch relevanten Überlegungen, die den historischen Hintergrund für Ockhams Forschungen darstellen, kann man zusammenfassend dahingehend charakterisieren, daß man schon seit dem 12. Jahrhundert in bezug auf die natürlichen Sprachen versucht hat, die Struktur der Sprache, ihre grammatikalischen Kategorien, mit der Struktur der Wirklichkeit, d.i. mit den ontologischen Kategorien, zu verbinden. In besonderer Weise taten sich in der Scholastik eine ›Gruppe‹ von spekulativen Grammatikern, die Modisten, hervor. In den von ihnen verfaßten Traktaten *De modis significandi* kommt die Ansicht zur Geltung, daß es im wesentlichen nur eine einzige Grammatik gebe, die in den verschiedenen Einzelsprachen akzidentiell modifiziert werde. Der Zugang zu einer solchen allgemeinen Grammatik könne durch den Philosophierenden – ihrer Meinung nach – a priori (also unabhängig von Erfahrung) durch die Betrachtung der ontologischen Beschaffenheit der Dinge gefunden werden. Wenn der Philosoph nur sorgfältig die den Dingen eigenen Naturen betrachtet, würde er schon die wahre Gestalt der Grammatik finden – so bspw. bei Roger Bacon (vgl. Robins 1951, S. 77).

Die sprachphilosophischen Erörterungen des Mittelalters sind geprägt von Aristotelischem Gedankengut. Für die weiteren Fragestellungen ist immer noch die Annahme eines feststehenden Gegenstandsbereichs für jede Wissenschaft bestimmend. Das führte zu solchen Fragekomplexen bezüglich der Ontologie wie »Was ist die Substanz?«, »Was sind die Gegenstände, mit denen sich Logik, Grammatik und Semantik beschäftigen?«. Darüber hinaus zeigte man ein besonderes Interesse an psychologischen Fragen: »Wie entstehen Begriff und Bedeutungsinhalte von Termen im menschlichen Intellekt?« Ähnlich den Überlegungen Platos versuchte man eine Antwort auf die Frage zu finden, wie die Dinge zu ihren Namen kommen, in welcher Beziehung Name (nomen) bzw. Term (terminus) und benannter Gegenstand stehen. Die Antworten wurden kontrovers diskutiert.

Eine zentrale Rolle spielt der Streit um die Geltung von **Universalien**, d.i. von generellen Termen. Die Überzeugung, daß die Bezugsgegenstände von Namen nur irgendwelche individuellen Dinge bzw. etwas Räumlich-Wirkliches (res) sein können, führte zu dem Problem, wie man die allgemeinen Ausdrücke zu deuten habe. Ist es denkbar, daß für generelle Terme (neben den existierenden Gegenständen) noch eine andere Existenzform zu veranschlagen ist.

Den Anlaß für die Kontroversen um das Universalienproblem bildete die Einleitung zu den Kategorien des Aristoteles von Porphyrius. Die darin aufgeworfenen Fragen bilden gleichsam den thematischen Rahmen für den Universalienstreit:

1. Sind die Gattungen und Arten Substanzen oder existieren sie bloß in Gedanken?,
2. Sind Gattungen körperlich oder unkörperlich?,
3. Sind Gattungen von den wahrnehmbaren Objekten gesondert oder existieren sie nur in diesen?

Die Formulierung der ersten Frage kommt unserem gegenwärtigen Verständnis des Problems sehr nahe, auch wenn der Ausdruck ›Substanz‹ an dieser Stelle eher irreführend wirkt und die Bedeutung der Aussage ›existiert nur in Gedanken‹ klärungsbedürftig wäre. Im Satz zwei wird das Problem gleichsam in eine verdinglichende Ausdrucksweise übersetzt. Die dritte Frage nimmt auf einen Gegensatz Bezug, der für die mittelalterliche Philosophie von außerordentlicher Bedeutung ist: den Gegensatz zwischen der These ›**universalia ante res**‹ und der These ›**universalia in rebus**‹. Der Gegensatz dieser Thesen führt zu der Frage, ob das abstrakte Objekt unabhängig von den Einzeldingen (ante res) sei oder nur in ihnen (in rebus) zur Erscheinung komme. Eine solche Redeweise ist für unser Denken nicht mehr verständlich. Denn nur etwas, das selbst konkret ist, kann irgendwo sein oder an einem selbst konkreten Ort zur Erscheinung kommen. Zudem können wir die verdinglichende Formulierung, ob der generelle Term in den Gegenständen sei, nicht nachvollziehen. Für uns würde sich deshalb das Problem auf die Frage reduzieren, ob es ideale, abstrakte Gegenstände gibt oder nicht. Es ließe sich darüber streiten, ob man bspw. den (abstrakten) Begriff der ›Klasse der roten Dinge‹ nicht grundsätzlich ablehnen sollte. Der Nominalismus, den wir in Gestalt Ockhams noch kennenlernen werden, würde eine solche Forderung vertreten. Andernfalls haben wir neben den konkreten, raumzeitlich bestehenden Einzeldingen ein neues ideales Objekt, nämlich die Klasse der roten Dinge oder die Eigenschaft Rot oder die Röte. In der Fragestellung, ob dieses ideale Objekt getrennt sei von den Einzeldingen, zeigt sich eine verdinglichende Sichtweise: das ideale Objekt wird wie ein konkretes Ding ›behandelt‹. Schon im Mittelalter wurde die Problemstellung kritisch beurteilt. Boethius hat auf die Schwierigkeiten hingewiesen, die sowohl mit der Annahme, daß die Arten und Gattungen Substanzen seien, wie mit der Annahme, daß sie nur im Denken Bestand haben, einhergehen. Die erste Annahme hat zur Konsequenz, daß das den einzelnen Individuen Gemeinsame selbst als Individuum gehandhabt wird. Wenn die als Alternative formulierte Annahme gelten würde, dann würde den Universalien nichts in der Welt entsprechen und die Gedanken von ihnen wären eigentlich als Gedanken von nichts einzuschätzen. Trotz der genannten Schwierigkeiten haben die **universalia-in-mente-Theorie** (d.i. »Sein im Geist«) und die **universalia-in-rebus-Theorie** (d.i. »Sein in den Dingen«) als Gegensatzpaar die Diskussion auch weiterhin beherrscht. Das Problem, wie Universalien überhaupt entstehen können, wenn man ihnen nur ein »Sein im Geist« zuschreiben kann, kann keiner befriedigenden Lösung zugeführt werden. Thomas von Aquin schlägt bspw. eine Deutung der universalia-in-mente Theorie vor, wonach wir den Universalienbegriff durch Abstraktion gewinnen. Seiner Meinung nach habe das Universale in den Einzeldingen als das Eine im Vielen, als die Quidditas (d.i. das Wesen) Realität. Bei John Locke erfährt das Problem eine psychologische Akzentsetzung. Er versucht, die Bildung der Allgemeinbegriffe mit Hilfe einer Abstraktionstheorie zu erklären.

Für die Debatte über die Geltung von **Universalien** erweist sich eine grundsätzliche Klärung der Begriffe, wie sie von Stegmüller (1956, S. 202 ff.) ausführlich dargelegt wurde, als hilfreich: Ein genereller Prädikatausdruck wie ›rot‹ ist insofern allgemein, als er auf beliebige physische Objekte anwendbar ist. Ein solcher genereller Gebrauch als generelles Prädikat setzt aber nicht voraus, daß man damit die Wesenheit Röte annehmen müßte. Auch in All-Aussagen wie »alle Dächer (von Siena) sind rot« ist eine solche Annahme nicht nötig, da wir uns mit dem All-Quantor ›alle‹ auf einen Bereich konkreter Objekte beziehen. Wird hingegen wie bei Plato die Wesenheit Röte angenommen, so ist es nicht der generelle Term ›rot‹, der sie bezeichnet, sondern ein abstrakter singulärer Term Röte. Ein solcher Term hat eine analoge Funktion wie bspw. der Eigenname ›Sokrates‹. ›Sokrates‹ aber bezeichnet ein raumzeitlich begrenztes ›Ding‹, der Eigenname stellt also einen konkreten singulären Term dar. Bei ›Röte‹ ist dagegen ein idealer Gegenstand das Objekt der Benennung, weshalb man von einem abstrakten singulären Term spricht. Der eigentlich strittige Punkt ist deshalb im Gegensatz von Konkretem und Nicht-konkretem festzumachen, nicht aber im Gegensatz zwischen dem Allgemeinen und dem Einzelnen. Klassen von Dingen sind zwar in dem Sinne allgemein, daß sie mehrere Objekte enthalten – abgesehen von der Einerklasse, die nur ein einziges Element enthält. Aber eine Klasse kann insofern als eine bestimmte, allerdings nicht-konkrete Individualität angesehen werden, als ihre Allgemeinheit nur in Relation zu ihren vielen Elementen besteht. Der grundlegende Fehler lag also in der Gleichsetzung von idealem Sein und Allgemeinheit.

Hinsichtlich ihrer Wirkung hat die im Universalienstreit sich artikulierende Problemstellung der scholastischen Sprachphilosophie eine Sonderstellung eingenommen. Auch andere bemerkenswerte Überlegungen, die nicht von der gleichen Tragweite waren, sollten doch zumindest angesprochen werden. Die Momente, die dabei zur Sprache kommen, sind nicht als einheitlicher Grundzug der scholastischen sprachphilosophischen Überlegungen anzusehen, vielmehr stellen sie Aspekte unterschiedlicher Positionen dar. Zum Beispiel lassen sich in den Kontroversen zwei unterschiedliche Methoden der Bedeutungsanalyse ausmachen: Einerseits der Vorschlag, den tatsächlichen Gebrauch der Sprache durch eine Gruppe als kompetent anerkannter Benützer zu untersuchen, andererseits die Vorstellung, man könne a priori und vor Erforschung des Sprachgebrauchs die Bedeutung von Worten und auch von Sätzen mit Hilfe der aristotelischen Logik und Semantik analysieren (vgl. Gombocz 1992, S. 61 ff.). Bei Anselm von Canterbury finden wir bereits die Forderung nach einer logisch präzisen Idealsprache. Die Wechselbeziehung von Denken und Sprache bzw. von Sprache und Wirklichkeit steht schon seit dem 11. Jahrhundert im Mittelpunkt des Interesses. Dabei werden Sprache, Denken und Wirklichkeit (vox – intellectus – res) als selbständige Ganzheiten von gleicher logischer Struktur angesehen. Die Sprache wird einerseits als ein Mittel des individuellen Sich-Ausdrückens, der zwischenmenschlichen Kommunikation angesehen, gleichzeitig kommt ihr ein besonderer Stellenwert als Instrument des Denkens zu. Das führt dazu, daß logisch-semantische und ontologisch-metaphysische Problemstellung innerhalb der Sprachbetrachtung ineinander verwoben werden (Gombocz 1992, S. 65).

Die φυσει-θεσει-Kontroverse wirkt in modifizierter Form nach: Die aktuelle Bedeutung irgendeines Terms, d.h. seine Bedeutung in einem beliebigen Einzelfall seines Gebrauchs, gilt als prinzipiell auf eine postulierte Grundbedeutung rückführbar – statt von ›φυσει‹ spricht man von ›siginificatio per se‹ oder von ›naturalis‹. Eine solche Grundbedeutung wird als eine Wesenseigenschaft des Terms selbst ausgewiesen, welche seine Natur bzw. seine Form ausmacht. Im Zuge dieser Bedeutungslehre wird seitens der Termisten eine unterscheidende Klassifikation der **Terme** vorgeschlagen: Terme, die unabhängig und für sich alleine Bedeutung haben – die termini significativi bzw. **categorematici**, und die Terme, welche nur in Verbindung mit Termen der ersten Art etwas bedeuten – die termini consignificativi bzw. **syncategorematici**. (Eine genauere Erörterung folgt S. 23 ff.) Das besondere Augenmerk liegt dabei auf dem Nomen, das Substanz und Qualität in einem bezeichnet. Unter ›substantia‹ versteht man in diesem Kontext individuelle Gegenstände, unter ›qualitas‹ allgemeine Eigenschaften, an denen die individuellen Gegenstände partizipieren. Qualitas wurde dabei als eine Wesenseigenschaft gedeutet, d.h. sie benennt die Menge jener Gegenstände, zu denen das Individuum gehört (vgl. Gombocz 1992, S. 66). Eine besondere Rolle nimmt die Entwicklung der **Suppositionslehre** ein: Darin wird dem Umstand Rechnung getragen, daß gewisse Terme (wie bspw. Gattungsnamen bzw. Universalien) auch für ihren Begriffsinhalt stehen (›supponieren‹) können bspw. in den Aussagen ›Mensch‹ ist eine Spezies‹ oder ›Mensch‹ ist ein Nomen‹. In beiden Fällen wird nicht auf einen konkreten Menschen, sondern auf den Begriff bzw. auf das Wort Bezug genommen. Die Termisten entwickelten dazu die Lehre von den ›suppositiones‹, in der jeder Gebrauch eines Terms erklärt wird (vgl. Gombocz 1992, S. 67 ff.).

In dieser Aufzählung einiger Aspekte sprachtheoretischer Reflexionen der Scholastik kommt die Reichhaltigkeit und Intensität der Diskussionen nur andeutungsweise zum Vorschein. Auch wenn wir aus unserer heutigen Sichtweise Unzulänglichkeiten mancher dieser Theorien feststellen, kann man doch nicht übersehen, welche Bedeutung deren Analysen als Wegbereitern für die gegenwärtigen logisch-semantischen Analysen zukommt.

2.2 Wilhelm von Ockhams Beitrag zur Entwicklung der Sprachphilosophie

Die Entwicklungslinie von der Metaphysik zur Sprachphilosophie, wie sie in der Gestalt von Ockham (ca. 1286–1347) sichtbar wird, muß im Kontext der historischen Situation seiner Zeit gesehen werden. Ockham studierte nach Eintritt in den Franziskanerorden in Oxford. Schon frühzeitig sah er sich mit dem Vorwurf der Irrlehre konfrontiert. Mit seinen Überlegungen löste er die Kontroverse aus, ob der Ort der Wahrheit in den Dingen oder in den Aussagen über die Dinge zu suchen sei. Unter dem Schutz des Kaisers Ludwigs d. Bayern verbringt er nach seinem vom Papst ausgesprochenen Ausschluß aus der Kirche das letzte Drittel seines Lebens in München.

Es darf nicht der falsche Eindruck entstehen, Ockham stünde als einsamer Wegbereiter der logisch-semantischen Analyse inmitten einer von theologisch fundierter Metaphysik geprägten Welt. Ein solches historisches Mißverständnis müßte die zahlreichen Untersuchungen im Rahmen des Forschungsfeldes der mittelalterlichen Logik unterschlagen.

2.2.1 Der Schritt von der Metaphysik zur Erkenntnistheorie und Sprachphilosophie

Im Vordergrund von Ockhams Überlegungen steht die Frage, ob der Ort der Wahrheit in den Dingen oder in den Aussagen über die Dinge zu suchen sei. In dieser Umkehrung der Fragerichtung wird offenkundig, daß sich in der Gestalt von Ockham mehrere Entwicklungslinien metaphysischer Überlegungen bündeln, die für die Erkenntnistheorie und die Sprachphilosophie bedeutsam sind. Deshalb erscheint es zweckmäßig, sich mit seinen Ausführungen (vor allem in der Schrift *Summa Logicae*) eingehender auseinanderzusetzen. Der Titel ›Summa‹ deutet darauf hin, daß es sich um ein selbständiges systematisches Werk handelt, in dem die Lehre von den Begriffen (d.i. den Termini) und den logischen Schlußformen (d.i. den Syllogismen) behandelt werden. In dieser Schrift unternimmt Ockham den Versuch, die Logik unter Einbeziehung der spezifisch mittelalterlichen Neuerungen in geschlossener Weise systematisch darzustellen.

Im Gegensatz zu der ihm vorliegenden Tradition geht er von der Annahme aus, daß die Welt/die Wirklichkeit aus Einzeldingen bestehe. Die Annahme, daß es nur Einzeldinge gebe, gründet in seiner Vorstellung von der Schöpfertätigkeit Gottes: Gott bringt nicht allgemeine Prinzipien, sondern die vielen konkreten Einzeldinge hervor. Die Annahme, daß alles, was ist, von seinem Ursprung her individuell (und nach dem Dasein und Sosein **kontingent**, d.h. zufällig) ist, wird also theologisch begründet. Als kontingent in einem ontologischen Sinne läßt sich all das bezeichnen, was zwar in einer bestimmten **Gegebenheitsweise** vorliegt, was aber widerspruchsfrei anders sein könnte, als es (jetzt eben) gerade ist. Die Annahme, daß das Dasein kontingent sei, kann in ihrer Reichweite erst dann hinreichend verstanden werden, wenn man die gegenteilige Annahme in Betracht zieht. In der Philosophie der griechischen Antike, wie sie von Plato und Aristoteles vorgetragen wurde, ging man von einer Weltordnung aus, in der Notwendigkeit und Vernunft in gleicher Weise inbegriffen war. Wenn nun aber die Welt nicht mehr als geordneter Kosmos begriffen wird, sondern als eine der (von Gott geschaffenen) möglichen Welten, dann hat das auch bestimmte Konsequenzen für die menschliche Möglichkeit zur Erkenntnis.

> »Ockhams gesamtes Denken läßt sich als ein solches im Horizont der Kontingenz bezeichnen, und zwar insoweit, als es nach ihm außerhalb Gottes als dem einzigen notwendigen Sein keine notwendigen, sondern nur kontingente Dinge gibt. Das philosophische Pendant zum theologisch fundierten Omnipotenzprinzip ist mithin das Kontingenzprinzip. Es besagt: Was immer außerhalb Gottes ist: es kann nur als ein solches gedacht werden, das auch anders hätte ausfallen können, ja das jederzeit geändert werden kann.« (Beckmann 1995, S. 39 f.)

Eine Folge dieser Kontingenz (all dessen, was außerhalb Gottes ist), ist die Endlichkeit der menschlichen Vernunft. Die Annahme einer ewigen Ordnung, die in der Welt ihren Ausdruck gefunden hat, war damit verabschiedet. Daraus erwächst die Einsicht in die Selbstbeschränkung der eigenen Erkenntnismöglichkeiten. Mit Ockham ist also der Schritt zu einer Erkenntniskritik zu vollziehen:

> »In dem Augenblick, da die menschliche Vernunft die Welt nicht mehr als die notwendige Welt begreifen kann, sondern als eine der möglichen Welten denken muß, erfährt sich die menschliche Vernunft als eine solche, die neben ihren rationalen Möglichkeiten die eigene Begrenzung erkennen muß.« (ebd.)

Die Annahme, daß es nur Einzeldinge gibt, hat unterschiedlich zu beurteilende Konsequenzen. Vorteilhaft ist, daß damit die viel diskutierte Frage nach dem principium individuationis gegenstandslos geworden ist. Denn das Individuationsproblem stellt sich dort ein, wo ein allgemeines Wesen auf ein konkretes einzelnes Ding angewendet werden soll. Diese ontologische ›Bereinigung‹ ist mit einer nachteiligen Konsequenz auf der Seite der Erkenntnis erkauft. Denn als epistemologisches Problem stellt sich jetzt die Frage, wie es noch zu einer allgemeinen und notwendigen Erkenntnis kommen kann, wenn doch die Wirklichkeit auf kontingente Individualität reduziert wird.

Bevor wir den weiteren Gang seiner Überlegungen nachvollziehen, muß zuerst noch ein von Ockham formuliertes Prinzip erörtert werden, das sich als äußerst folgenreich für die weitere erkenntnistheoretische wie sprachphilosophische Diskussion erweisen wird. Dieses Prinzip oder Postulat hat als ›**Ökonomieprinzip**‹ oder als ›**Ockhams razor**‹ Eingang in die philosophische Diskussion gefunden. Mit diesem Postulat geht einerseits eine Kritik der ihm vorliegenden Metaphysik einher und gleichzeitig auch eine sprachphilosophisch bedeutsame Einschränkung. Das Ökonomieprinzip besagt: »Ohne Notwendigkeit darf eine Vielheit nicht gesetzt werden« (»pluralitas non est ponenda sine necessitate«). – Trotz der Bezeichnung ›Ockhams Rasiermesser‹ kann nicht Ockham als der Urheber dieses Prinzips angesehen werden. Es kommt dem Sinn nach schon in Platos Parmenides-Dialog und in der aristotelischen Physik zur Sprache. Auf das Postulat von Aristoteles (Physik I 187 b 10), nur eine kleinere und bestimmt begrenzte Mannigfaltigkeit von Prinzipien anzunehmen, statt von einer unendlichen Vielheit oder nur einem einzigen Prinzip auszugehen, nimmt Ockham in seinen Schriften über Aristoteles Bezug (vgl. Heinzmann 1992, S. 248).

Zum besseren Verständnis dieses Postulats muß man sich den darin enthaltenen konkreten Kritikpunkt vergegenwärtigen: Die Kritik zielt auf solche Formulierungen wie »jemand sei aus Gerechtigkeit ein Gerechter« oder »das Geeignete sei infolge des Geeignetseins geeignet«. Ockhams Kritik richtet sich gegen eine solche »Begründungskonstruktion«, die mit der Ursache einer Gerechtigkeit oder eines Geeignetseins hantiert. Er sieht in solchen Konstruktionen nur irreführende Annahmen am Werk, die im Grunde nichts erklären. Statt dessen stellen sie nur überflüssige Existenzannahmen dar, die zu einer ebenso überflüssigen Erweiterung der Ontologie führen. Diesen Konstruktionen liegt die Auffassung zugrunde, daß es einen Parallelismus zwischen Dingen und Begriffen gebe.

Das Ökonomiepostulat richtet sich gezielt gegen die Annahme, daß es so viele Begriffe gebe, wie es Dinge gibt. Seine diesbezügliche Skepsis kann

Ockham mit dem Hinweis plausibel machen, daß ein solcher Parallelismus nicht erklären kann, warum ein und dasselbe Ding ganz verschiedenen Begriffen zugeordnet werden kann. Die gegenteilige Annahme ist also, daß es nicht möglich ist, jeden Terminus als Namen für eine Sache zu konstruieren.

In einer anderen Formulierung desselben Postulats heißt es bei Ockham: »Eine Mehrheit darf nicht ohne Not zugrundegelegt werden«. In dieser Ausdrucksweise kommt deutlicher zum Vorschein, daß er damit eine erkenntnisleitende Regel aufstellt, die gleichzeitig eine semantische Regel impliziert: Man kann und soll so viele Begriffe verwenden (und ontologische Annahmen machen), wie zur Erklärung der betreffenden Sache erforderlich sind aber immer unter der Maßgabe der Sparsamkeit und Sachangemessenheit. In den Erklärungen der Phänomene dürfen also nur so viele Annahmen gemacht werden, als zur Erklärung unbedingt nötig sind. Daraus wird ersichtlich, daß das Ökonomieprinzip nicht in einem ontologischen Sinne, also in der Übersetzung »Seiendes darf nicht ohne Not vervielfacht werden«, aufzufassen ist. Eine solche Interpretation unterstellt Ockham die Forderung, man solle überflüssige Entitäten eliminieren. Hätte Ockham sein Postulat in diesem ontologischen Sinne vorgebracht, hätte er gleichzeitig ein Wissen davon behaupten müssen, aus welchen Entitäten sich die Wirklichkeit zusammensetzt. Jan P. Beckmann (1995, S. 191-207) weist ausführlich nach, daß Ockhams Formel damit eine falsche Deutung zuteil wird. Das Ökonomieprinzip wirkt in der Weise metaphysik-kritisch, daß es jene metaphysischen Thesen auszusondern hilft, für die es in der Wirklichkeit keine Grundlage gibt.

In seiner Bedeutung als Grundregel wissenschaftlichen Erklärens beinhaltet das Ökonomiepostulat gleichzeitig eine sprachkritische Funktion. Denn es spricht – wenn auch zunächst nur indirekt – aus, daß Erkenntnis nur sprachlich vermittelt gegeben ist und daß Sprache und Wirklichkeit nicht identisch sind. Weiterhin wird in diesen Bemerkungen Ockhams deutlich, daß die Annahme einer Objektivität der Erkenntnisbeziehung nicht mehr haltbar ist. Die Absage an eine solche Objektivität lenkt den Blick auf die subjektiven Bedingungen der Möglichkeit von Erkenntnis. In dieser Hinsicht artikuliert sich bei Ockham der Übergang von der Metaphysik zu einer sprachphilosophischen Orientierung, d.h. der Übergang von einer Seinsordnung zu einer Denkordnung, von der Gliederung der Seinsweisen zu Aussageweisen. Das grundlegende Interesse richtet sich auf die Art und Weise, wie begründete Aussagen über den ontologischen Status von Gegenständen der Wirklichkeit gemacht werden können. Am deutlichsten zeigt sich das in Ockhams Verständnis der Kategorien: Die Vielheit der Kategorien basiert seiner Ansicht nach nicht auf einer Verschiedenheit der Dinge, ausschlaggebend ist vielmehr, in welcher Weise Gegenstände begrifflich gefaßt werden (vgl. Beckmann 1995, S. 93 f.). Die besondere intellektuelle Leistung Ockhams besteht nicht zuletzt darin, auf den logischen Irrtum hingewiesen zu haben, der dabei eine Rolle spielte. Denn man dürfe nicht von der Unterscheidbarkeit der Begriffe auf eine reale Verschiedenheit der Dinge schließen. Daß die Dingstruktur nicht vermengt werden kann mit der kategorialen Bestimmung, zeigt sich auch darin, daß ein und dasselbe reale Dinge unter verschiedene Kategorien fallen kann, ohne daß dadurch seine Identität aufgehoben würde. Am Beispiel der historischen Gestalt Napoleon läßt sich das illustrieren: Ihn einmal als Sieger von Jena, ein anderes Mal als Besiegten von Waterloo zu bezeichnen, macht aus Napoleon nicht zwei verschiedene Gestalten.

Das besondere Interesse an Ockham innerhalb einer Darstellung der Sprachphilosophie kann man darin begründet sehen, wie er diesen Übergang von der traditionellen metaphysischen Fragestellung (bspw. nach dem Seienden) hin zur Sprachphilosophie vollzieht. Betrachten wir die grundlegende ontologische These (sie wird im folgenden noch eingehender erörtert), daß allein den Einzeldingen, d.i. dem Individuellen, Wirklichkeit zukomme. Dabei unterstellt Ockham, daß die Erkenntnis des konkreten, kontingenten Gegenstandes von der intuitiven Erfassung desselben ausgeht und auszugehen hat. Mit ›intuitiv‹ meint Ockham dabei, daß etwas der Einsicht unmittelbar zugänglich ist. In dieser Sichtweise kommt nun dem Terminus für den Gegenstand fundamentale Bedeutung zu. Die Terme sind jenes Instrumentarium, mit dessen Hilfe Sprache und Denken sich auf eine äußere (d.i. extramentale) Wirklichkeit beziehen.

2.2.2 Sprachphilosophische Grundlegungen

Bei Ockham finden sich also bereits jene Vorgaben, mit denen sich Sprachphilosophie notwendigerweise zu beschäftigen hat. Denn nunmehr stellt sich die Aufgabe, die Sprache daraufhin zu untersuchen, wie sprachliche Zeichen verwendet werden müssen, um den korrekten Gebrauch von Begriffen sicherzustellen.

Der Übergang von der Seinsordnung zur Denkordnung wird schon in der Grundfrage, wie wir Kenntnis von unseren Begriffen erlangen können, deutlich. Ockham geht von zwei möglichen Zugangsweisen aus: Jene Begriffe, mit deren Hilfe wir darüber entscheiden können, ob die begriffene Sache existiert (oder existieren kann), sind uns seiner Meinung nach unmittelbar zugänglich. Diejenigen Begriffe aber, bei deren Verwendung die Frage der realen oder möglichen Existenz der begriffenen Sache unthematisiert bleibt, sind seiner Ansicht nach ›abstraktiv‹ gewonnen. Abstraktiv sind auch die Allgemeinbegriffe, deren Begriffsinhalt durch die Abstraktion von einer Vielheit von Einzeldingen entsteht. Für die Erkenntnis ist davon auszugehen, daß Aussagen immer durch die Verbindung von Begriffen (d.i. von Subjekt- und Prädikattermini) in einem Satz ›entstehen‹. Wenn Ockham an dieser Stelle von ›Subjekt‹ spricht, dann versteht er darunter denjenigen Teil des Satzes, der Gegenstand einer Aussage werden kann; Subjekt ist das, wovon etwas prädiziert wird. Für die Verwendung in einem Satz ist Voraussetzung, daß eine Vertrautheit mit den verwendeten Begriffen gegeben ist. Dabei ist darauf zu achten, daß Ockham diese Vertrautheit nicht aus Erkenntnisobjekten ableitet und die Unterscheidung von ›intuitiv‹ und ›abstraktiv‹ auch nicht von den Erkenntnisobjekten her gewinnt. Die durch ihn vollzogene erkenntnistheoretische Neuerung zeigt sich gerade darin, daß damit verschiedene Weisen des Zugangs zu Erkenntnisobjekten beschrieben werden und daß zudem in Rechnung gestellt wird, daß ein und dasselbe Ding Gegenstand von intuitiver oder von abstraktiver Erkenntnis sein kann. Für Ockham ist also der Erkenntnisgegenstand von den (intuitiven oder abstraktiven) Erkenntnisakten zu unterscheiden.

Welcher der beiden Zugangsweisen räumt Ockham Priorität im Hinblick auf Erkenntnis ein? Seine Antwort darauf steht im Zusammenhang mit seiner grundlegenden ontologischen These, daß allein den Einzeldingen Wirklichkeit zukomme. Entsprechend führt er die intuitive Erkenntnis als die grundlegende an. Denn sie vermittelt dem Menschen die Gewißheit, daß »dieser konkrete erkannte Gegenstand« auch tatsächlich existiert. Sie nimmt Bezug auf ein vermittels der Sinneswahrnehmung gegebenes einzelnes Ding. Der Anstoß zur Erkenntnis geht von dem **Einzelding** aus. Grundlage ist also das ›**Einzelseiende**‹, das sich durch **Singularität** und **Existenz** auszeichnet. In der abstraktiven Erkenntnis wird von der singulären Präsenz abgesehen, insofern stellt diese einen Schritt zur Allgemeinheit der Dinge dar. Die Probleme, die eine solche Allgemeinheit der Dinge, die über die Verallgemeinerbarkeit der Aussagen gewonnen wird, mit sich führt, werden noch eingehender besprochen.

Seine ontologische These läßt sich nunmehr folgendermaßen umformulieren: Die Existenz von Einzeldingen ist Bedingung für die menschliche Erkenntnis, von den Einzeldingen geht die Erkenntnis aus. Entsprechend besteht Wissenschaft darin, daß sie Aussagen über Gegenstände macht und gleichzeitig zeigt (oder zeigen kann), daß diese Sätze mit Notwendigkeit gelten. Wesentlich für unseren Zusammenhang ist nur wiederum die von Ockham getroffene Unterscheidung zwischen dem, worüber eine Aussage gemacht wird, und dem Aussageinhalt. Dasjenige, worüber eine Aussage gemacht wird (die Dinge oder Sachen), ist etwas von dem Denken des Menschen Unabhängiges, während die Aussagen (d.i. die in Sätzen) vollzogene Verknüpfung von Subjekt- und Prädikattermini eine Leistung des Denkens darstellt. In diesem Sinne ist auch Ockhams Ausspruch zu verstehen: »Realwissenschaft handelt nicht von den Dingen, sondern von den Begriffen, welche für die Dinge stehen.« (OP IV, 12).

Vor dem Hintergrund dieser Akzentverschiebung kann man ersehen, welche Bedeutung nunmehr der Erforschung der Sprache zukommt und zukommen muß. Reflexionen über die sprachlichen Zeichen und ihre Bedeutung bilden dementsprechend (etwa ab Mitte des 13. Jahrhunderts) einen zentralen Gegenstand der Logik. Diese wird zur Theorie der formalen Bedingungen und Regeln wissenschaftlicher Rede. Im Vordergrund stehen dabei die Untersuchung der Eigenschaften der Termini im Satz, die Theorie der Supposition, die Konsequenzenlehre und die Modallogik (vgl. Beckmann 1995, S. 65 ff.).

Uns interessieren vorwiegend die ersten beiden Aspekte. Voraussetzung dafür, daß man Aussagen über die Wahrheit oder Falschheit von Sachverhalten treffen kann, ist, daß man sich zuvor Klarheit darüber verschafft hat, wie die im Satz verwendeten Termini für die von ihnen bezeichneten Sachverhalte stehen. Den Anfang der sprachphilosophischen Reflexion bildet die Untersuchung des einzelnen Terminus, da er den kleinsten bedeutungstragenden Bestandteil der (wissenschaftlichen) Argumentation darstellt. Dazu liefert Ockham als erstes die syntaktische Festlegung, nur das als Terminus zu bezeichnen, was in einem Satz an der Subjekt- oder an der Prädikatstelle auftreten kann. Nur solche Wörter haben für ihn selbständige Bedeutung. Diese Festlegung führt zu einer grundlegenden Unterscheidung zwischen den sog. kategorematischen Ausdrücken und den synkategorematischen. Für diese seit der Scholastik gebräuchliche Unterscheidung ist das Kriterium geltend, ob ein Ausdruck für sich allein (an der Subjekt- oder Prädikatsstelle, d.i. kategorematisch) auftreten kann und ob dessen Bedeutung unabhängig vom sprachlichen Kontext (d.i. autosemantisch) feststeht. Dieser autosemantischen Charakter kann allen Eigennamen und Verben zugesprochen werden. Davon abgrenzend bezeichnet man jene Ausdrücke als ›synkategorematisch‹, die nur in Verbindung mit Eigennamen (als Bezeichnungen für Gegenstände und Prädikate) auftreten können, wie bspw. die Ausdrücke ›als ob‹, ›aber‹, ›ein‹ u.a. – dies gilt natürlich auch für die logischen Partikel ›und‹, ›oder‹, ›wenn-dann‹.

Der **Begriff** (›conceptus‹) bezeichnet etwas vom Verstande Begriffenes (OT IV, 50), er ist als ein Produkt des Denkens oder als »gedanklicher Zugriff« zu verstehen, also ein mentales Phänomen. Die Zuordnung von ›**Terminus**‹ und ›**Begriff**‹ wäre dann so zu verstehen: Jeder Terminus hat ein begriffliches Korrelat, jeder Begriff kann als Terminus fungieren (d.h. eine entsprechende syntaktische Stelle einnehmen). Verständnisschwierigkeiten stellen sich allerdings dann ein, wenn Ockham die mentalen Termini in einer inneren, allen denkenden Wesen gemeinsamen Universalsprache verortet. Man müßte sich dieses Modell ad hoc dadurch plausibel machen, daß man in unterschiedlichen Kulturen einen gemeinsamen Begriff ›Dreieck‹ haben kann, unabhängig davon mit welchem Ausdruck dieser Begriff belegt wird, ob als ›triangulum‹, ›triangle‹ usw. Die Ad-hoc-»Erklärung« kann allerdings nicht darüber hinwegtäuschen, daß die Bezeichnung ›Universalsprache‹ erklärungsbedürftig wäre.

Für den weiteren Gang der Überlegung ist es erforderlich zu klären, auf welche Weise die Termini gebraucht werden. Diese Frage muß deshalb vorrangig beantwortet werden, da zu den Bedingungen, unter denen ein Satz wahr ist, auch die Verwendungsweise der Termini zu rechnen ist. Für Ockham sind die Termini sprachliche Zeichen, so daß in Frage steht, auf welche Art und Weise diese Zeichen für das von ihnen Bezeichnete stehen. Dieses Verhältnis »ein Zeichen steht für (›supponiert‹) einen Gegenstand oder einen Sachverhalt« wurde in der mittelalterlichen Logik ausführlich in der sog. ›**Suppositionstheorie**‹ erörtert. Um den Gang der Darstellung übersichtlicher zu gestalten, werde ich zunächst nur die Ockhamschen Differenzierungen anführen, daran folgt ein Exkurs über die Suppositionslehre.

Ockham führt dreierlei Weisen des Bezugs auf das von einem Sprachzeichen Bezeichnete an:

1. Die suppositio personalis: Ein Wort steht für den Gegenstand, den es bezeichnet, wie bspw. in der Aussage »jeder Mensch ist vernunftbegabt (oder: ist ein vernunftbegabtes Wesen)«. Der Ausdruck ›Mensch‹ steht dabei für jedes ein-

zelne Individuum, das damit bezeichnet wird. In der Aussage »Sokrates ist ein Mensch« steht der Ausdruck ›Mensch‹ für das konkrete Individuum ›Sokrates‹. Für Ockham ist die personale Supposition insofern die grundlegende, da nur in ihr ein Terminus für das steht, was er bezeichnet. Davon abgesetzt führt er zwei Weisen an, in denen diese Bezeichnungsfunktion nicht erfüllt ist.
2. In der materialen Supposition steht eine Ausdruck für sich selbst, d.h. bezieht sich auf seine Materie als Wort wie bspw. in der Aussage »›Jan‹ ist einsilbig (ist ein einsilbiges Wort)«;
3. in der suppositio simplex steht ein Terminus für einen vom Verstand hergestellten Allgemeinbegriff, so in der Aussage »›Mensch‹ ist eine Spezies der Gattung ›vernunftbegabte Lebewesen‹«. Dabei referiert der Ausdruck ›Mensch‹ auf einen Begriff.

Mit Hilfe der Suppositionslehre gelingt es Ockham, mehrere Fragen zu beantworten. Es wird aufgezeigt,
a) daß es Begriffe gibt, die für viele Dinge stehen können, und solche, die nur für eine Sache stehen, und
b) daß es Begriffe gibt, die für reale Dinge stehen, und solche, die sich auf etwas Allgemeines beziehen.

Die erste darin enthaltene Antwort ist zunächst eine Klärung der semantischen Beziehung, darin enthalten ist aber auch die weiterreichende These: Die Annahme einer vollständigen Entsprechung zwischen einem Reich der Begriffe und einem Reich der Dinge ist nicht haltbar. Der Stellenwert der Termini hängt also weder von einer solchen Ordnung der Isomorphie ab, noch davon, daß es die bezeichneten Dinge oder Sachen wirklich gibt. Vielmehr kommt den Termini die ›Fähigkeit‹ zur Supposition nur aufgrund ihrer Funktion in einem Satz zu.

Ein solcher Standpunkt hat weiterreichendere Konsequenzen, als man zunächst wahrnimmt. Denn er behauptet nichts Geringeres, als daß zwischen der logischen Aussagestruktur (des Satzes) und der Seinsstruktur der Welt (besser: dem ontologischen Sachverhalt) eine grundsätzliche Differenz besteht. Diese Differenz zu übersehen, hätte zur Folge, daß unzulässigerweise Logik und Ontologie miteinander vermischt würden. Der Stellenwert dieser Einsicht für die philosophische Diskussion wird damit sehr deutlich. Denn mit Ockhams Warnung, Logik und Ontologie nicht zu vermischen, geht die in seiner Metaphysikkritik bereits angedeutete Forderung einher, die formale Seite von Aussagen von den Dingen zu unterscheiden. Mit dieser Forderung verknüpft er sein Verständnis von Wissenschaft als einem grundsätzlich offenen System von Sätzen. Die ›Ordnung der Aussagen‹ tritt an die Stelle der ›Ordnung der Dinge‹. Das bedeutet keine geringe Verschiebung in der Denkweise der damaligen Tradition. Für uns zeichnet sich darin der Schritt von der Metaphysik zur Erkenntnistheorie und Sprachphilosophie ab. Die Grundlegung dazu ist in der Lehre von der Signifikation und von der Supposition zu sehen.

Man muß Ockhams Stellungnahme vor dem Hintergrund der beiden Prädikationstheorien sehen, die in seiner Zeit heftig diskutiert wurden: Die

Inhärenz-Theorie besagt, daß das Prädikat so aufgefaßt werden muß, daß es für einen allgemeinen Inhalt steht (d.i. intensional). Wenn in einem Satz mit Hilfe der Kopula ›ist‹ ein Prädikat mit einem Subjekt verknüpft wird (bspw. »der Schnee ist weiß«), dann drückt die Kopula aus, daß dieser Inhalt sich im Subjekt als Form findet. Die Vertreter dieser Annahme wurden von der Vorstellung geleitet, daß der Prädikatausdruck im Subjektausdruck enthalten ist.

Eine solche Auffassung ist nicht unbedingt von der Hand zu weisen, wenn man bspw. an Kants Erklärung des analytischen Urteils denkt. Für ihn ist im Begriff ›Körper‹ analytisch das Prädikat ›ist ausgedehnt‹ enthalten. Denn ein Körper ohne Ausdehnung ist nicht denkbar. Kant setzt davon die Mehrheit jener Fälle ab, die er als synthetische Urteile, also jene aufgrund von Erfahrungen zustandegekommenen Urteile, bezeichnet. In einem analytischen Urteil wird nur expliziert, was im Subjektbegriff enthalten ist. Solche Urteile haben nur begriffsauflösenden (d.i. explikativen) Charakter, ohne unsere Erkenntnis zu erweitern. Ihre Wahrheit kann nach dem Satz des Widerspruchs bestimmt werden: Da das Prädikat eines bejahenden Urteils schon im Begriff des Subjekts enthalten ist, kann es nicht ohne Widerspruch verneint werden. Synthetische Urteile dagegen sind begriffs- und erkenntniserweiternd, da sie dem Subjektbegriff ein neues Prädikat (aufgrund von empirischer Erfahrung) hinzufügen; deren Wahrheitswert hängt deshalb von empirischen Tatsachen ab.

Dieser kurze Verweis auf Kantische Unterscheidungen soll verdeutlichen, in welche Schwierigkeiten man sich mit der Inhärenztheorie verwickelt. Denn ihre Annahme, daß der Prädikatterm im Subjektterm enthalten sei, erhält bestenfalls dann eine gewisse Plausibilität, wenn man das sprachliche Verhältnis analog zu dem ontologischen Verhältnis von Substanz und Akzidentien denkt. Analog dazu, wie die Akzidentien als den Substanzen innewohnend gedacht werden, wäre nach dieser Theorie auch das sprachliche Verhältnis konstruiert. Die Unhaltbarkeit einer solchen Analogie offenbart sich, wenn man das Inhärenzschema an einem konkreten Satz diskutiert (vgl. Beckmann 1995, S. 75 f.). So müßte in der Aussage »Sokrates ist ein Mensch« das Prädikat ›ist ein Mensch‹ als im Subjekt Sokrates enthalten gedacht werden. Man könnte fast geneigt sein, dem zuzustimmen, wenn man sich nicht die Konsequenzen hinreichend vergegenwärtigt. Denn man müßte damit gleichzeitig annehmen, daß es so etwas wie ›Mensch-Sein‹ als allgemeine Eigenschaft gibt. Ockhams Ökonomiepostulat hatte vor einer überflüssigen Vermehrung solcher Annahmen gewarnt. Die Schwierigkeiten, die sich in dem zitierten Beispiel ergeben, bestünden darin, daß die allgemeine Eigenschaft ›Mensch-sein‹ sich sowohl in Sokrates wie in Plato finden müßte, obwohl das Mensch-sein des einen sich unterscheidet von dem des anderen. Die von der Inhärenztheorie berührten Probleme entstehen dann, wenn wir allgemeine Aussagen formulieren wollen.

Die Diskussion über die Haltbarkeit der Inhärenztheorie war schon damals in vollem Gange. Ihr wurde die **Identitätstheorie** gegenübergestellt, die besagt, daß sowohl Prädikat wie Subjekt extensional aufzufassen sind. D.h. ein Satz ist nicht wegen der Konnotation der Termini wahr, sondern weil es

Denotata (Bezeichnetes) gibt oder geben kann, für die sowohl Subjekt als auch Prädikat stehen. D.h. Termini werden als Namen verwendet (vgl. Pinborg 1972, S. 51 ff.).

Exkurs zur Suppositionslehre: Eine ausführliche Darstellung dieser Lehre, wie sie in Jan Pinborgs Werk *Logik und Semantik im Mittelalter* zu finden ist, kann an dieser Stelle nicht gegeben werden. Zu vielfältig sind die darin vorgenommenen Unterscheidungen einschließlich ihrer unterschiedlichen Benennungen. Die Suppositionslehre ist in diesem mittelalterlichen Entstehungsstadium als ein wesentlicher, wenn auch noch nicht hinreichend abgeklärter Versuch aufzufassen, die semantischen Folgen und Voraussetzungen der aristotelischen Satzanalyse explizit darzustellen. Aus dieser Gebundenheit an die aristotelische Analyse resultieren manche Unklarheiten und Widersprüche. Man kann die Suppositionslehre auch nicht mit einem klar umgrenzten Gebiet der modernen Logik in Verbindung bringen (vgl. Pinborg 1972, S. 63).

Ich ziehe es an dieser Stelle vor, eine ›bereinigte‹ Version wiederzugeben, die sich nur auf die gebräuchlichsten Unterscheidungen konzentriert und die Vielfalt der historischen Erörterungen außer acht läßt (vgl. Menne 1986, S. 19 ff.). Auszugehen ist von der Unterscheidung zwischen der Verwendungsweise ›**significatio**‹ und ›**suppositio**‹. Während in der Verwendungsweise der significatio über den Gegenstand etwas ausgesagt wird (d.i. Konnotation), beschränkt sich die Verwendungsweise der suppositio auf die Bezeichnungsfunktion. Aber selbst diese Bezeichnungsfunktion kann auf ganz unterschiedliche Weise wahrgenommen werden. Diese unterschiedlichen Weisen zu untersuchen, ist die Aufgabe der Suppositionslehre. Es wird sich zeigen, daß ihre Analysen dazu verhelfen, die Vermengung unterschiedlicher Verwendungsweisen zu vermeiden. Ihre vorrangige Leistung, die Zeichen für Dinge (d.i. objektsprachliche Zeichen) von den Zeichen für Zeichen (d.i. metasprachlichen Zeichen) zu unterscheiden, stellt einen Beitrag zur Sicherung der Eindeutigkeit und damit auch Folgerichtigkeit von logischen Schlüssen dar. Eine erste grundlegende Unterscheidung, die auch bei den Ausführungen zu Ockham schon erwähnt wurde, ist die zwischen der suppositio formalis und der suppositio materialis. Der entscheidende Unterschied zeigt sich daran, wie in den folgenden Sätzen das Wort »Hamburg« gebraucht wird:

a) »Hamburg ist der bedeutendste deutsche Hafen«,
b) »›Hamburg‹ ist der Name einer Großstadt«.

In (a) wird mit ›Hamburg‹ der Hafen einer Stadt bezeichnet, in (b) wird auf das Wort ›Hamburg‹ Bezug genommen. Die Verwendungsweise in (a) entspricht einer formalen Supposition, die in (b) einer materialen, da das ›Wortmaterial‹ der Bezugsgegenstand ist. Die formale Supposition kann nun weiterhin unterschieden werden nach begrifflicher (auch: logischer) und realer Supposition: In der begrifflichen wird die Art des Begriffs thematisch (bspw. »›Lebewesen‹ ist eine Gattungsbezeichnung«, »›Mensch‹ ist eine Artbezeichnung«), in der realen steht das Wort für eine Sache (bspw. »Helgoland ist eine Insel«). Bei der realen suppositio wird danach differenziert, ob sich das Wort auf einen allgemeinen Begriff bezieht, ohne auf die unter diesen Begriff fallenden Gegenstände Bezug zu nehmen, wie es bei der absoluten suppositio geschieht (bspw. »der Mensch ist ein vernunftbegabtes Wesen«), oder ob neben dem allgemeinen Begriff auch noch die einzelnen Exemplare miteinbezogen werden, wie es für die persönliche charakteristisch ist (bspw. »jeder Mensch ist ein vernunftbegabtes Wesen«).

Wir können die Erörterung der Suppositionslehre mit der Feststellung schließen, daß Logik und Sprache es nicht mit Gegenständen, sondern mit Zeichen zu tun haben. Solche Zeichen stehen entweder für Gegenstände oder für andere Zeichen. Da sprachliche Zeichen im Subjektterm und im Prädikatterm auftreten können, müssen deren unterschiedliche Eigenschaften geklärt sein, ebenso die Weisen der Verknüpfung in einer Aussage und schließlich müssen die Bedingungen wahrer Aussagen dargelegt werden. Es steht somit nur noch aus, daß wir den Stellenwert der Aussagen über Termini für die Festlegung der Wahrheitsbedingungen des Satzes kenntlich machen. Wofür supponieren der Subjektterm und der Prädikatterm? An dem Beispielsatz »Sokrates ist ein Mensch« läßt sich verdeutlichen, daß der Subjektterm ›Sokrates‹ ein ›Exemplar‹ jener Fälle ist, für die der Prädikatterm ›ist ein Mensch‹ stehen kann. Soweit sind die logischen Wahrheitsbedingungen für eine singuläre Aussage geklärt. (Für eine vollständige Wahrheitsbestimmung wäre noch erforderlich, daß jemand imstande ist festzustellen, daß der ausgedrückte Sachverhalt tatsächlich gegeben ist.) Wir haben aber eingangs schon darauf hingewiesen, daß die Wahrheitsbedingungen für Allgemeinaussagen zum Problem werden könnten. Nach Ockhams Auffassung sind generelle Termini als mentale Phänomene zu verstehen, sie sind im Intellekt und nicht in den Dingen. Auf welche Weise können sie dann wissenschaftlich sinnvoll verwendet werden? Wie im vorigen Fall einer singulären Aussage müssen Subjektterm und Prädikatterm für ein und dasselbe supponieren. Für allgemeine Aussagen gilt die zusätzliche Bedingung, daß Universalurteile nur dann wahr sind, wenn es mehrere Einzelfälle gibt, auf die der Prädikatterm zutrifft, d.h. wenn der verwendete Prädikatterm für dieselben Gegenstände verfizierbar ist wie der Subjektterm. Ein genereller Term darf also nicht in der Weise aufgefaßt werden, daß er sich auf ein Allgemeines beziehen würde. Die Allgemeinheit besteht nur in der Universalität des Zeichens, d.i. der Prädikation, und nicht der Dinge. So kann der Satz »der Student ist ein Lebewesen« dadurch als wahr ausgewiesen werden, daß man ihn umformuliert in die Allaussage »alle Studenten sind Lebewesen« und entsprechend dem All-Quantor für alle Individuen dies aufzeigen kann. Man benötigt keine Universalie des Studentseins (die man ohnehin nicht näher bestimmen könnte).

Die oben angesprochen Verschiebung von der Seinsordnung hin zu Aussageweisen läßt sich jetzt präzisieren. Die signikativen Ausdrücke werden als Termini im Satz verwendet und treten damit in ein bestimmtes Suppositionsverhältnis ein – im Falle der personalen Supposition stehen sie für Dinge. Die kategorialen Bestimmungen, also begriffliche Bestimmungen der Quantität (bspw. der Obelisk ist soundso viele Meter hoch) oder der Relation (bspw. der Obelisk in Rom ist größer als der in der Stadt Y) sind bestimmte Weisen der Prädikation und sind nicht aus einer irgendwie gearteten ontologischen Struktur der Dinge abgeleitet.

2.2.3 Ockhams Lösung des Universalienproblems

Der Schritt zur sprachphilosophischen Grundlegung des Denkens sollte uns von Problemen befreien, die mit den Aussagen der Metaphysik über das Seiende und mit den Vorgaben aus der Seinsstruktur verbunden waren. Dagegen setzt Ockham die Begriffe als Bestandteil einer Sprache, mit deren Hilfe der Mensch die Wirklichkeit deutet. Dabei erhalten diese Begriffe einen spezifischen ontologischen Status: Sie sind Intentionen des menschlichen Geistes (»intentiones animae«), die sich auf etwas außerhalb des Mentalen richten (OP I, 41). Dazu nimmt Ockham folgende Unterscheidung vor: Bezieht sich ein mentales Zeichen auf ein selbständig existierendes Einzelding, handelt es sich um eine ›intentio prima‹ (›Erstintention‹), bezieht sich dagegen das mentale Zeichen auf ein anderes Zeichen, spricht er von ›intentio secunda‹ (›Zweitintention‹). Mit dieser Differenzierung geht eine zweite einher: Die Zeichen einer Erstintention nennt er deshalb natürliche Zeichen, weil sie seiner Auffassung nach von den Einzeldingen unmittelbar verursacht sind (bspw. der Rauch durch das Feuer). Die Zeichen dagegen, die für andere Zeichen stehen, beruhen auf einer Konvention der Zeichenverwender (bspw. die Verkehrsschilder).

Aufgrund dieser Unterscheidungen ergibt sich eine Reihe von Fragen auf (vgl. Beckmann 1995, S. 97 f.): Wenn das natürliche Zeichen als durch Einzeldinge verursacht anzusehen ist, bedeutet das dann, daß dessen signifikative Funktion von der Präsenz der Einzeldinge abhängig ist? Wenn dem so wäre, könnten derlei Zeichen nicht auf konkrete Einzeldinge, die gerade nicht gegenwärtig sind, bezogen werden. Die zweite ungleich schwierigere Frage bezieht sich auf die Bezeichnungsfunktion der Allgemeinbegriffe. Können diese eine solche Bezeichnungsfunktion ausüben? Die Antwort auf die erste Frage haben wir teilweise schon kennengelernt: Ein Zeichen übt dann seine Funktion aus, wenn es für dasjenige steht, von dem es in einem Satz ausgesagt wird. In der Aussage »der Mensch ist vernunftbegabt« steht das Prädikat für jeden einzelnen Menschen. Dessen Präsenz ist dabei nicht unbedingt erforderlich.

Bei den Allgemeinbegriffen kann nicht unterstellt werden, sie würden durch Einzeldinge verursacht, denn sie verdanken sich ausschließlich der Tätigkeit des Verstandes. Insofern sind sie nicht als natürliche Zeichen einzustufen. Auf welche Weise können sie eine signifikative Funktion wahrnehmen bzw. worauf beziehen sich solche Allgemeinbegriffe überhaupt? Wir stehen mit diesen Fragen mitten in dem Universalienproblem, von dem bereits in bezug auf die mittelalterlichen sprachphilosophischen Reflexionen die Rede war.

Dabei erweisen sich eine ontologische und eine semantische Frage als klärungsbedürftig: Aus der ontologischen Perspektive gilt es, den Seinsstatus des Nicht-Individuellen zu klären, aus der semantischen Perspektive ergibt sich die Frage, ob man allgemeine Zeichen bzw. Namen zuläßt und wenn ja, wie sich die Allgemeinheit der Bezeichnung zur Einheit der Bedeutung verhält. Es wurde schon darauf hingewiesen, daß sich in der mittelalterlichen Diskussion mehrere Positionen (teilweise mit verschiedenen Akzentsetzungen) gegenüberstehen. An dieser Stelle müssen wir uns damit begnügen, die allgemeinen Grundzüge der gegensätzlichen Positionen herauszustellen.

Als Platonismus wird jene Auffassung bezeichnet, die dem Allgemeinen (als Idee oder als Gedanke Gottes) eine eigene Art der Realität zugesteht. Ein (gemäßigter) Realismus geht davon aus, daß die Universalien zur Wirklichkeit der Einzeldinge gehört (›universalia in rebus‹), allerdings räumt er ihnen keinen eigenen Realitätsstatus ein. Die Auffassung des Nominalismus ist es, daß die Universalien den Dingen nachgeordnet sind. Ihnen wird jegliche Realität außerhalb des Denkens abgesprochen.

Die Antwort Ockhams sucht der Notwendigkeit Rechnung zu tragen, daß die Wissenschaft ohne die Verwendung genereller Prädikate nicht auskommt. Das anstehende Problem läßt sich im Rahmen seiner Zeichentheorie so formulieren: Die Universalien sind Zeichen, die für existierende Einzeldinge oder für andere Zeichen verwendet werden können. Wenn aber ein solcher genereller Terminus in Aussagen über die Wirklichkeit zur Anwendung kommt, gilt es zu klären, wie er in identischer Bedeutung von einer Mehrheit von Einzeldingen prädiziert werden kann.

Im Vordergrund steht aber zunächst das Kernproblem des Universalienstreits, nämlich die Frage, ob das Allgemeine eine verstandesunabhängige Realität darstelle, die denjenigen konkreten Dingen innewohnt, denen sie gemeinsam zukommt. Als Paradebeispiel dient die Überlegung, ob die Gerechtigkeit in den einzelnen gerechten Handlungen verwirklicht wird. Dahinter steht die Annahme, die Universale ›Gerechtigkeit‹ gehöre als Realität eigener Art zu den in der Wirklichkeit auftretenden Einzelhandlungen. Der allgemeine Begriff steht also für etwas, das in den einzelnen Dingen oder Handlungen real vorhanden ist. Aus der umfangreichen Abhandlung Ockhams (vgl. OT II, 99–292) sollen an dieser Stelle nur die aussagekräftigsten Thesen zur Sprache kommen.

Zunächst sollen seine Einwände gegen die Auffassung des Universalienrealismus angeführt werden, in einem zweiten Schritt seine Ansicht, wie das Universalienproblem befriedigend gelöst bzw. aufgelöst werden kann (vgl. Beckmann 1995, S. 100 ff.).

Das scheinbar schlagende Beispiel der Gerechtigkeit weist Ockham mit der Bemerkung zurück, daß damit nicht wie beansprucht das Wesen der Gerechtigkeit gezeigt sei, vielmehr werde in solchen Definitionsversuchen nur angegeben, wie wir handeln müssen, damit man von einer gerechten (oder ungerechten) Handlung sprechen kann. Der Kern der Auseinandersetzung steckt aber in der Behauptung des Realismus: Das Allgemeine ist deswegen als etwas Reales anzusehen, da es Gegenstand der Wissenschaft ist und kennzeichnend für Wissenschaft sei es, daß sie sich auf die Wirklichkeit beziehe. Eine solche Aussage ist in gewisser Weise zirkulär. Die These läßt sich in zwei Teilaussagen aufschlüsseln:

a) die Wissenschaft beschäftigt sich mit dem Allgemeinen,
b) die Wissenschaft bezieht sich auf Realität.

Während die erste Teilaussage insofern Zustimmung erfahren kann, als in der Wissenschaft allgemeine Termini verwendet und allgemeine Aussagen getroffen werden, läßt die zweite Teilaussage noch ungeklärt, in welcher Weise der Bezug auf die Wirklichkeit gegeben ist. Ockham weist darauf hin, daß der unmittelbare Gegenstand von Wissenschaft die Aussagen über die Dinge und nicht die Dinge selbst sind. Der Bezug zur Wirklichkeit wird über die Referenz der verwendeten Termini sichergestellt. Es kann also keine Rede davon sein, daß für Wissenschaft ein realer Bezug auf das Allgemeine vorauszusetzen sei. Aufgrund seiner Überlegungen zur Supposition von sprachlichen Zeichen kann er den in diesem Realismus vorherrschenden Fehler aufklären. Wenn man den Allgemeinzeichen eine mit den Einzeldingen verbundene Realität zuzuschreiben versucht, dann vermengt man unzulässigerweise Zeichen und Bezeichnetes. Um diesen Fehler zu vermeiden, muß man an der Unterscheidung zwischen dem Suppositionsterm und dem Suppositionsbezug festhalten. Begriffe fungieren als Suppositionsterme – sie sind das, was supponiert, und sie stehen für Einzeldinge (vgl. OT II, 138). Der Realbezug von Wissenschaft wird also über den Bezug der Begriffe auf Einzeldinge sichergestellt. Nach der Auffassung des Realismus werden Allgemeinbegriffe ohne Bezug auf konkrete Einzeldinge verwendet, deshalb – so ihre Schlußfolgerung – müßten solche Allgemeinbegriffe auch für Allgemeines stehen und dieses würde eben eine Realität eigener Art darstellen. Aus den vorhergehenden Ausführungen wissen wir, daß Ockham allgemeine Aussagen prädikationslogisch auflöst. In der Aussage »der Mensch ist lernfähig« steht der Terminus ›Mensch‹ nicht für eine universelle Realität, sondern für seine allgemeine Prädizierbarkeit. Die Verbindung des Terminus ›Mensch‹ mit dem Prädikatsterm ›ist lernfähig‹ gilt für jeden einzelnen Menschen. Eine solche All-Aussage gilt für jeden Einzelfall. Für den Terminus ›Mensch‹ gilt die personale Supposition, jede andere Verwendungsweise käme einem suppositionslogischen Fehler gleich. Die Folge davon ist, daß die realen Einzeldinge mit den universalen Prädikaten verwechselt werden. Die Allgemeinheit besteht also nicht in dem Bezug auf Universales (d.i. in der universalen Referenz), Universalität ist vielmehr eine Eigenschaft von Prädikaten und nicht von Dingen. Wir können jetzt Ockhams Auffassung zum Allgemeinheitscharakter von Wissenschaft dahingehend zusammenfassen, daß der Gegenstand der Wissenschaft die Aussagen über die Dinge sind. »Realwissenschaft handelt nicht notwendig von den Dingen als dem unmittelbar Gewußten, sondern von etwas davon Verschiedenem, das für die Einzeldinge supponiert.« (OT II, 138) Die Auflösung des gestellten Universalienproblems läßt sich auf folgenden Nenner bringen: Singuläres und Allgemeines können nicht auf ein und dieselbe ontologische Ebene gestellt werden. Denn Singuläres existiert oder existiert nicht, Allgemeines dagegen wird entweder prädiziert oder nicht prädiziert. Existenz und Prädikation sind als verschiedene ontologische Ebenen, nämlich als eine ontische und als eine prädikationslogische auseinanderzuhalten.

In Abgrenzung zu den genannten Positionen des Platonismus und des Realismus können wir Ockhams Auffassung als Nominalismus bezeichnen, die sich dadurch charakterisieren läßt, daß sie ausschließlich Individuenvariablen zuläßt. Damit ist gemeint, daß Allgemeinbegriffe als Zeichen eine mehr oder weniger große Anzahl von Einzeldingen bezeichnen, aber nichts Allgemeines benennen. Es gibt in den Einzeldingen nichts, was allgemein wäre. In ontologischer Hinsicht vertritt der Nominalismus die These, daß es in der Wirklichkeit nur Einzeldinge gibt. Für die Erkenntnistheorie folgt daraus, daß die Erkenntnis zwar auf Allgemeinheit ausgerichtet ist, diese Allgemeinheit aber nicht durch Abbildung von Realitätsstrukturen zu erreichen ist, sondern durch einen von den Regeln der Logik und Grammatik kontrollierten Umgang mit (mentalen) Allgemeinbegriffen gewonnen wird (vgl. Beckmann 1995, S. 122).

Diese Festlegung wird von Ockham noch durch eine metaphysische Überlegung ergänzt. In den bisherigen Ausführungen kam nur zur Sprache, daß die Allgemeinheit an dem Zeichencharakter der in den Aussagen verwendeten Allgemeinbegriffe festzumachen sei. Unbeantwortet blieb bis dahin, inwiefern wissenschaftliche Aussagen auch den Charakter von Notwendigkeit haben können. Da Wissenschaft nach Ockham mit den Sätzen und nicht mit den Dingen zu tun hat, kann auch Notwendigkeit nur in den Sätzen liegen. In einer Welt, die von Kontingenz geprägt ist, kann kein existierendes Seiendes als notwendig genannt werden. Ockham ist nicht entgangen, daß noch Klärungsbedarf besteht hinsichtlich der Möglichkeit, wie eine Aussage über kontingentes Seiendes den Status einer notwendigen Aussage haben kann. Von Notwendigkeit kann man seiner Auffassung nach nur in der Hinsicht sprechen, daß ein Satz unter bestimmten Umständen raum-zeitlicher Bedingung wahr ist. Bspw. ist die Aussage »Theaitetos sitzt« ebenso kontingent wie der von ihr wiedergegebene Sachverhalt. Notwendig wahr ist der Sachverhalt nur insofern, als er das Resultat unmittelbarer Erkenntnis ist. Auch im Hinblick auf Allgemeinaussagen kann man von Notwendigkeit nur dann auf eine zulässige Weise sprechen, wenn man die Differenz zwischen ›ontisch‹ und ›ontologisch‹ beachtet. Die Aussage »wenn es einen Menschen gibt, dann ist er ein Lebewesen« gibt einen unter bestimmten Umständen notwendigen ontologischen Sachverhalt an. Unzulässig ist es, sie als eine Aussage über eine ontische Notwendigkeit, d.i. über ein notwendig Seiendes, zu interpretieren.

Trotz seiner Kritik an der Metaphysik schreibt Ockham ihr doch eine sprachkritische Wächterfunktion zu (vgl. Beckmann 1995, S. 132 f.). Sie habe darauf zu achten, daß in den Wissenschaften – man müßte ergänzen: und in der Philosophie – nicht der Irrtum Einzug hält, zwischen der Satzform von Wissenschaft und den Einzeldingen bestünde eine Art struktureller Affinität, so daß die Annahme berechtigt wäre, es gäbe so viele Dinge, wie es Begriffe gibt (OP I, 171). Ockham bezeichnet es als den folgenreichsten logischen Fehler in den Wissenschaften, die Anzahl der Dinge entsprechend der Anzahl der Begriffe beliebig zu vermehren. Von der Annahme, daß Begriffen in jedem Fall in der Realität ein Einzelding entspricht, ist es nicht weit zu der Annahme, daß die Struktur der Begriffe der Struktur der Einzeldinge entspreche (und umgekehrt). Es käme einem naiven Realismus gleich, wenn man davon ausginge, die Begriffe würden die Welt einfach abbilden und eine solche Abbildung sei dadurch gewährleistet, daß Begriffe und Seiendes einander zugeordnet seien.

3. Die empirische Grundlegung von Sprache als Mittel der Erkenntnis bei John Locke

John Locke (1632–1704) galt als einer der bedeutendsten Sprachphilosophen seiner Zeit. Man bewertete sein Werk dahingehend, daß im 3. Buch des *Essay concerning human understanding* (1690) die Verknüpfung der Semantik mit Logik und Grammatik, worum die sprachphilosophischen Ansätze in der Scholastik sich so sehr bemühten, auf befriedigende Weise gelungen sei. Im Rahmen einer problemgeschichtlichen Betrachtung der Sprachphilosophie sind Lockes Ausführungen über die Sprache insofern von Interesse, als sein empiristischer Denkansatz eine andere Konstellation von Sprache – Denken – Wirklichkeit erwarten läßt. Die Annahme, daß die Geltung der sprachlichen Zeichen in Abhängigkeit von den vorsprachlichen Ideen oder den identischen innerseelischen Eindrücken abhinge, kann unter dieser Voraussetzung nicht mehr als tragfähiges Gebilde angesehen werden. Die Zäsur zu den Auffassungen von Plato und Aristoteles ist offenkundig.

In unserem Zusammenhang erscheint von besonderem Interesse, wie Locke die Funktion der Sprache beurteilt. Als er sich zur Aufgabe stellte, den Umfang und die Zuverlässigkeit unserer Erkenntnis zu untersuchen, bemerkte er,

> »daß diese unsere Erkenntnis zu den Wörtern in einer so engen Beziehung steht, daß nur wenige klare und zutreffende Aussagen über die Erkenntnis möglich sind, ohne vorher genau zu erforschen, was die Wörter leisten und in welcher Art sie die Dinge bezeichnen. Denn die Erkenntnis, deren Gegenstand die Wahrheit ist, hat es stets mit Sätzen zu tun«. (Locke 1988, III. Buch, S. 117).

Gleichzeitig bringt er seine Einschätzung zum Ausdruck, daß man die Unvollkommenheit der Sprache in Rechnung stellen müsse, wenn es um Fragen der Erkenntnis ginge. Gefordert ist deshalb eine Art von Sprachkritik, mit deren Hilfe ein großer Teil der Probleme und damit auch der Anlaß zu philosophischen Streitigkeiten beseitigt würde.

Die Lehre von der Natur der Zeichen (d.i. die Semiotik) untersucht den Charakter der Zeichen, deren sich der Mensch bedient, um Dinge zu erkennen und sein Wissen anderen mitzuteilen (vgl. Streminger 1992, S. 308 f.; Arndt 1979, S. 183). Dazu nimmt Locke folgende Zweiteilung vor: das Mittel der Erkenntnis sind die Ideen (›ideas‹) – sie sind die »Stellvertreter« (representations) der Dinge, die Wörter wiederum sind die Zeichen der Ideen. Locke bringt dafür eine bemerkenswerte Begründung: Da die Ideen des einen Menschen dem anderen nicht direkt zugänglich sind, bedarf es sinnlich wahrnehmbarer Zeichen, mit Hilfe derer die Ideen öffentlich gemacht werden können. Auch wenn er dies noch anthropologisch damit begründet, der Mensch sei ein gesellschaftliches und daher auf Kommunikation ausgerichtetes Wesen, so macht er doch schon den Gegensatz zwischen Subjektivität und Intersubjektivität einerseits und die Notwendigkeit der Möglichkeit von Objektivität bzw. Intersubjektivität geltend. Diese Fragen werden auch den modernen Vertretern der analytischen Sprachphilosophie zum zentralen Thema. Der Zweck der Wörter besteht darin, sinnlich wahrnehmbare Zeichen der Ideen zu sein; die Ideen, für die sie stehen, machen ihre eigentliche und unmittelbare Bedeutung aus (vgl. Arndt 1979, S. 188 ff.).

Den Angelpunkt der sprachphilosophischen Auffassung stellt Lockes **Lehre von den Ideen** dar. Unter den Begriff der Idee fällt zunächst all das, was Gegenstand unseres Denkens sein kann. Um herauszubekommen, in welchem Sinne die Ideen die Bedeutungen sprachlicher Ausdrücke sind, müssen wir uns Klarheit darüber verschaffen, worauf sich Ideen beziehen. Eine erste Antwort darauf finden wir in Lockes Beschreibung, wie die Ideen in unserem Bewußtsein entstehen. Er unterscheidet dazu besondere (d.i. partikulare) von allgemeinen Ideen. Auf der Grundlage von Sinneseindrücken erhalten wir zunächst besondere Ideen. Wenn aber der menschliche Geist mit ihnen vertraut wird, werden sie im Gedächtnis abgespeichert und mit Namen versehen. Der Verstand ist nun imstande, diese Ideen von allen örtlichen und zeitlichen Umständen zu trennen, die bei der ursprünglichen Entstehung noch mitwirkten. Locke führt dazu das bereits bei Kindern vorhandene Vermögen an, von den Besonderheiten einzelner individueller Personen (Peter, Jakob, Marie und Johanna) abzusehen und das auszuschalten, was jeder einzelnen Person eigentümlich ist, um das zurückzubehalten, was ihnen allen gemeinsam ist. In einem solchen Abstraktionsvorgang gelangt man zur Idee und damit zur Bedeutung des Begriffes ›Mensch‹. In einem anderen Beispiel demonstriert er, wie ein Kind aus den einzelnen Beobachtungen von Kreide und von Schnee dieselbe Farbe erkennt, die es anderntags auch an der Milch bemerkt. Aus diesen Einzelbeobachtungen richtet es – nach Lockes Ansicht – sein Augenmerk auf die Farbe allein und gelangt so zu dem Namen ›weiß‹. Allgemeine Ideen entstehen also aufgrund eines Abstraktionsvorgangs (deshalb auch die Bezeichnung ›abstrakte Ideen‹). Gegen eine solche Abstraktionstheorie kann man den Einwand vorbringen, daß der Betrachter bereits einen Begriff davon haben muß, worin sich die Einzelexemplare gleichen, wenn er im Ähnlichen das Gleiche erkennen will. Er muß also bereits eine Idee von Weiß haben, wenn er das Gleiche in den verschiedenen Schattierungen feststellen will. Dann wäre die abstrakte Idee aber als eine Voraussetzung der Abstraktionsfähigkeit und nicht erst als deren Resultat anzusehen. Diese Problematik braucht uns hier nicht weiter zu beschäftigen. Bedeutsam ist Lockes zusätzliche Unterscheidung von einfachen und komplexen Ideen. Alle komplexen Ideen seien auf einfache Ideen zurückzuführen. Der besondere Stellenwert der einfachen Ideen ist in Lockes empiristischer Auffassung begründet. Nach dieser entstehen alle einfachen Ideen entweder durch äußere (sensation) oder durch innere Wahrnehmung (reflection). Grundlage der Ideen ist das, was uns durch die Sinne gegeben ist. Unsere Beobachtung ist entweder auf äußere sinnlich wahrnehmbare

Objekte gerichtet oder auf innere Operationen des Geistes, über die wir nachdenken. In diesem Spektrum liefert die Beobachtung unserem Verstand das gesamt Material des Denkens (Locke II, 1.2). In einer weiteren Unterscheidung zwischen realen und phantastischen Ideen rundet Locke seine Konzeption der Ideen ab. Real nennt er Ideen, »die in der Natur eine Grundlage haben«. Darunter faßt er diejenigen Ideen, die mit dem realen Sein und dem Dasein der Dinge oder mit ihren Urbildern eine Übereinstimmung aufweisen« (Locke II, 30.1). Bei den phantastischen Ideen ist keinerlei Übereinstimmung mit dem realen Sein und dem Dasein der Dinge gegeben. Der Realitätsbezug der Ideen ist demnach in der Grundlage, d.i. in dem durch die Sinne Gegebenen festzumachen. Für Locke sind deshalb alle einfachen Ideen real, weil sie entweder Abbilder (images) oder Darstellungen (representations) dessen sind, was existiert oder weil sie von Dingen außer uns verursacht sind (Locke II, 30.2). Als Beispiel für reale Ideen führt er ›Festigkeit‹, ›Ausdehnung‹, ›Gestalt‹ oder ›Beweglichkeit‹ an (Locke II, 8.9). Offensichtlich orientiert er sich dabei an Qualitäten, wie sie in der physikalischen Betrachtungsweise (seiner Zeit) gebräuchlich sind. Insofern kann er behaupten, daß es Gründe für die Annahme gibt, daß gewisse Ideen Abbilder von außer uns existierenden Dingen sind. Demgegenüber zählt er zu jenen Ideen, die keine realen Dinge abbilden (auch wenn sie durch reale Dinge hervorgerufen wurden), die subjektiven Empfindungseindrücke wie Farbe, Kälte oder Schmerzen. Als Beleg für den Realitätsbezug führt er eine Reihe von Argumenten an, die im Tenor darauf hinauslaufen, daß unsere Eindrücke wie unsere Empfindungen von etwas außer uns hervorgerufen sein müssen. Um bestimmte Eindrücke bekommen zu können, müssen wir uns der entsprechenden Umgebung bzw. Umwelt aussetzen. Der menschliche Geist kann von sich aus keine einfachen Ideen hervorrufen. Wenn er ein Feuer sieht, kann er seine Hand in dessen Nähe halten, um die Hitze zu bemerken. Ein solcher Empfindungseindruck fehlt, wenn ich mich nur an ein Feuer erinnere oder mir eines in der Phantasie ausmale (vgl. Locke IV, 11.5). Über die **Merk-** und **Mitteilungsfunktion** hinaus schreibt Locke der Sprache auch eine **Gestaltungsfunktion** zu: Dies zeigt sich an den komplexen Ideen. Wörter vertreten nicht nur Ideen, sondern beeinflussen sie auch in dem Sinne, daß sie komplexen Ideen durch die Namensgebung Dauer verleihen. Erst durch die Benennung werden Ideenkombinationen als Einheiten gedacht und stabilisiert. Im Hinblick auf die komplexen Ideen kann er davon sprechen, daß erst durch die Sprache sich die Gegenständlichkeit unserer allgemeinen Erkenntnis konstituiert. Die Wörter sind Zeichen und setzen Gegenständlichkeit. In diesem Sinne repräsentiert und schafft die Sprache Wirklichkeit.

> »Für einen Großteil komplexer Ideen gilt jedoch, daß sie durch die Benennung nicht nur ›vertreten‹, sondern erst als Einheit gedacht und anderen mitgeteilt werden. Wörter übernehmen hinsichtlich unserer komplexen Ideen eine wichtige Gestaltfunktion.« (Locke III, 5.10).

Andererseits erweist sich die Sprache als Werkzeug mit bestimmten Mängeln. Dies ist in der Unvollkommenheit der Sprache begründet. Locke lenkt damit den Blick auf die Frage, worin der Maßstab der richtigen Bedeutung zu sehen sei. Die Wörter, so seine Meinung, haben von Natur aus keine Bedeutung, so daß die Ideen, die sie vertreten, erlernt werden müssen. Dies ist aber

> »am schwierigsten da, wo erstens die Ideen, für die sie stehen, sehr komplex sind und aus einer großen Zahl von Ideen gebildet sind, die man vereinigt hat; zweitens die Ideen, für die sie stehen, in der Natur keine feste Verbindung haben und damit auch keinen irgendwo in der Natur existierenden sicheren Maßstab besitzen; sich drittens die Bedeutung zwar auf einen Maßstab bezieht, dieser aber nicht leicht zu erkennen ist; viertens die Bedeutung des Wortes und die tatsächliche Wesenheit (essence) des Dinges nicht genau übereinstimmen«. (Locke III, 9.5)

Die Bemerkung zum vierten Punkt läßt den Leser allerdings im Unklaren darüber, was man unter der tatsächlichen Wesenheit zu verstehen habe. Festzuhalten ist, daß Locke nicht einer natürlichen Richtigkeit der Sprache das Wort redet, sondern den willkürlichen Charakter (›Arbitrarität‹) der Worte herausstreicht. In der Sprache kommt nicht eine universale Vernunft zum Ausdruck, sondern ein unter spezifischen geschichtlichen und sozialen Bedingungen geprägtes Denken. Umgebung, Sitten und Gewohnheiten erscheinen als maßgeblich für die begriffliche Einteilung der Welt, für die Bildung komplexer Ideen und deren Bezeichnung (vgl. Haßler 1992, S. 119 f.).

4. Der Entwurf einer künstlichen Sprache bei Leibniz

Auch bei Leibniz (1946–1716) findet sich ein Dreistufenschema der semantischen Beziehung: Sprache – Ideen – Dinge. Von Locke unterscheidet sich Leibniz dadurch, daß er das Denken nicht als einen zeichenunabhängigen, mentalen Vorgang konzipiert. Vielmehr schreibt er den Zeichen eine erkenntnisstiftende Funktion zu (vgl. Krämer 1992, S. 224 ff.). Auch hinsichtlich der Herleitung der Ideen unterscheidet er sich von dem Empiristen Locke. Leibniz vertritt die Ansicht, daß alle Ideen vom Menschen selbst hervorgebracht sind: Alle Gedanken und Tätigkeiten unserer Seele stammen aus ihrem eigenen Grund und können ihr nicht von den Sinnen gegeben werden. Leibniz verwendet dabei den Ausdruck ›Idee‹ gleichbedeutend mit ›Begriff‹ oder ›Terminus‹. Er grenzt sich damit auch von Descartes ab, der neben den sog. angeborenen Ideen die Möglichkeit von erworbenen und selbstgemachten Ideen vorsah. Leibniz nennt all jene Erkenntnisse und Ideen angeboren, die vom Verstand allein erkannt und spontan hervorgebracht werden können. Dabei meint er nicht, daß solche Ideen wie bspw. der Satz des Widerspruchs schon immer bekannt sind, sondern daß man sich ihrer immer schon bedient, auch ohne sie ausdrücklich ins Auge zu fassen. Daraus wird ersichtlich, daß wir das Prädikat ›angeboren‹ nicht wörtlich verstehen dürfen, da das Kriterium für die Charakterisierung ›angeboren‹ einzig darin besteht, daß in diesen Ideen eine

Notwendigkeit erkannt wird, die nicht aus der Erfahrung, sondern nur aus der Vernunft stammen kann. Diese gleichsam programmatisch zitierten Thesen kennzeichnen die rationalistische Auffassung von Erkenntnis – in Abgrenzung zu der empiristischen Position (zu den Klassifizierungsversuchen vgl. Engfer 1996).

In seinen sprachgeschichtlichen wie sprachphilosophischen Untersuchungen geht Leibniz auf verschiedene Weise der Frage nach, wie die Beziehung zwischen dem Wort und dem (durch das Wort) Bezeichneten zu verstehen sei. Im folgenden soll zunächst seine sprachgeschichtlich inspirierte Auffassung der natürlichen Sprache behandelt werden, daran anschließend seine Lehre von der Natur der Zeichen, aus der sein Entwurf zu einer künstlichen Sprache erwächst. Dabei wird sich zeigen, in welchem Ausmaß Leibniz bereits der Konzeption einer Philosophie der idealen Sprache vorgearbeitet hat.

Leibniz geht zunächst davon aus, daß das Repräsentierende (d.i. das sprachliche Zeichen) einen natürlichen Bezug zu dem habe, was repräsentiert werden soll. Dabei stehen die Zeichen sowohl für Gedanken (d.i. Ideen) wie für Dinge. Angeleitet durch das Prinzip des hinreichenden Grundes will er es nicht bei dieser Feststellung belassen, sondern geht der Frage nach, worin die eigentliche Bedeutung der Wörter begründet sei. Eine Antwort darauf vermeint er dadurch gewinnen zu können, daß er nach den letzten Elementen der Sprache forscht. Hinter der Suche nach dem Ursprung der Sprache verbirgt sich die Vermutung, es könne eine naturhafte Basis ausfindig gemacht werden. Es müßte gelingen, letzte Elemente, d.i. die Wurzeln der natürlichen Sprachen, ausfindig zu machen, die ihrerseits nicht auf andere zurückgeführt werden können und aus denen dann die Bedeutung der anderen Wörter erklärbar ist. Leibniz glaubt diese Wurzeln in onomatopoietischen (d.i. lautnachahmenden oder lautmalenden) Lautgebilden gefunden zu haben. Sie repräsentieren eine naturhafte Beziehung zwischen dem Wort und dem Bezeichneten. An ihnen zeigt sich nach Leibniz, wie sich Sprache und Wirklichkeit unmittelbar treffen, wie die Wahrnehmung der Wirklichkeit unmittelbar in Sprache umgeformt wird. Zumindest für diese Sprachgebilde räumt Leibniz einen Bezug zum sinnlich Wahrnehmbaren ein. Gleichzeitig weist er aber darauf hin, daß der Mensch über sein entwicklungsgeschichtliches Anfangsstadium, das sich in dem Bezug zu den Sinnendingen artikuliert, hinausgeführt wird auf den Bereich des Denkens, der jenseits des sinnlich Wahrnehmbaren liegt (NA I, 3, § 8).

Den Wahrnehmungsbezug der lautmalenden Wörter versteht Leibniz nicht als Sinneserfahrung irgendwelcher empirisch-physikalischer Qualitäten. Leibniz spricht von einfachen Ideen und von solchen, die uns durch einen ›einzigen Sinn‹ zukommen (NA II, 2 u. 3). Aber er fügt sogleich einschränkend hinzu, daß man diese Ideen nur insofern als einfache behandeln kann, als sie durch unsere bewußte Wahrnehmung nicht weiter aufgegliedert werden. Ihre ›Einfachheit‹ wird erst aufgrund anderer Erfahrungen und mit Hilfe der Vernunftanalyse ersichtlich.

Die Perzeptionen der (anscheinend) einfachen Ideen sind – nach Leibniz – zusammengesetzt aus den Perzeptionen der Teile, aus denen diese Ideen zusammengesetzt sind. Entsprechend hat die Analyse einer gegebenen Erscheinung immer bei der Aufteilung in solche einfachen Qualitäten anzusetzen (NA II, 2; vgl. Heimsoeth 1914, S. 255). Leibniz leitet aus dieser molekularen Struktur der Erfahrungswelt nun nicht einen Abbildungscharakter der Sprache ab. Denn für ein Abbildungsverhältnis wäre es erforderlich, daß jedem einfachen Element der Erfahrung ein Wurzelwort und jedem komplexen Erfahrungselement eine entsprechende Zusammensetzung zugeordnet wäre. Den Grund der fehlenden Abbildung sieht er darin begründet, daß die Sprachentwicklung nicht allein durch die Wirklichkeit, sondern vor allem durch die Bedürfnisse der Menschen, die diese Worte schaffen, bestimmt ist. Das zeigt sich schon darin, daß nur bei wenigen Wörtern hinsichtlich ihrer Bedeutung erkennbar ist, aus welchen elementaren Ausdrücken (den ›Wurzeln‹) sie abgeleitet sind. Über die Bedeutung der meisten Wörter entscheidet der (gesellschaftliche) Gebrauch.

Aus entwicklungsgeschichtlicher Perspektive, meint Leibniz, müsse man beim Benennen der Dinge ein Zusammenwirken des namengebenden Subjekts und der Dinge unterstellen. Dabei spielen mehrere Faktoren eine Rolle: Die Beziehung zu den Dingen ist geprägt durch bestimmte Affekte und den pragmatischen Kontext, d.i. durch die für sie charakteristischen Umstände und Gelegenheiten. Daß bei der Benennung der Dinge nicht die Absicht der Abbildung im Vordergrund steht, zeigt sich nach Leibniz darin, daß der Mensch aus der Fülle der Eigenschaften irgendeine herausgreift, um nach dieser Eigenschaft das Ding zu benennen (NA II, 29, § 7). Im Wort ›Kuckuck‹ vermeint er einen deutlichen Beleg dafür zuhaben, wie der Gesang dieses Vogels den Namen motivierte. Da jedes Ding mit unendlich vielen Eigenschaften ausgestattet ist, liegt es nahe, daß bei verschiedenen Menschen (bzw. verschiedenen Sprachgemeinschaften) auch verschiedene Eigenschaften als bedeutsam herausgegriffen wurden und zu einer entsprechenden Namensgebung geführt haben (NA III, 3, § 6).

Leibniz' Auffassung, der Wirklichkeitsbezug der Sprache sei dadurch gewährleistet, daß das Repräsentierende einen natürliche Bezug zu dem Repräsentierten hat, ist nach den bisherigen Ausführungen nicht in einem strengen Sinne, etwa als Abbildungsverhältnis, zu verstehen. In Anlehnung an die φυσις-θεσις-Kontroverse stellt er in Abrede, daß eine feste naturgegebene Verbindung zwischen Wort und Sache angenommen werden könne. Denn das hätte zur Konsequenz, daß eine Sache immer nur einen Namen haben könnte. Da der Mensch Gründe (unterschiedlicher Art) für das Benennen hat, kann man die Sprache aber auch nicht als ein willkürliches Zeichensystem auffassen. Leibniz führt dazu ›natürliche Gründe‹ an, die nicht einer bewußten Wahl entspringen, sondern bestenfalls als unreflektierte Regungen des Instinktes (vor allem in der Frühzeit der menschlichen Entwicklung) aufzufassen sind (vgl. Heinekamp 1988, S. 383 f.).

Verfolgt man Leibniz' sprachgeschichtliche Untersuchungen weiter, so stößt man noch im Rahmen seiner Ausführungen zur natürlichen Sprache auf Ansätze einer Sprachkritik, die ihrerseits die Grundlage für seinen Entwurf einer künstlichen Sprache den Boden bereiten. Im Vordergrund stehen dabei die Überlegungen zum Verhältnis von Sprache und Denken. Denken, so Leibniz, vollzieht sich zwar im Medium der Sprache, aber die natürlichen Sprachen bilden, wie wir bereits gesehen haben, die Dinge nicht unvermittelt ab, sondern nur insofern, als sich die Wirklichkeit im Bewußtsein des Menschen spiegelt. Auch von den Sprachen heißt es, sie wären ein Spiegel des menschlichen Geistes und eine Quelle für die Erkenntnis. Dabei geht Leibniz davon aus, daß die einzelnen Subjekte (als Monaden) dasselbe Universum auf je verschiedene Weise spiegeln (Monadologie § 57). Erst die Vielfalt der verschiedenen Spiegelungen führt gleichsam zu einem Gesamtbild des Universums. Diese Bemerkungen deuten darauf hin, daß Leibniz nicht auf einem einfachen Wege von der Sprache zur Wirklichkeit gelangt. Betrachten wir die einzelnen Irrtumsmöglichkeiten genauer, die in dem Bemühen entstehen, die Ideen mittels Denken und Sprache möglichst genau zu erfassen: In manchen Fällen verfehlen sie ihr Ziel, weil einem sprachlichen Gebilde keinerlei Idee entspricht. Eine solche Situation tritt dann ein, wenn die Wörter gebraucht werden, ohne daß man sich ihrer Bedeutung vergewissert hätte. Irrtümer entstehen auch dadurch, daß der Gebrauch der Worte manchmal unbeständig ist, oder daß den Begriffen ungewöhnliche Bedeutungen gegeben werden, oder daß man die Worte für die Dinge hält, oder daß die Worte an die Stelle der Dinge gesetzt werden, die sie nicht bezeichnen (NA III, S. 181 ff.).

> Die »Worte dienen
> 1. um unsere Gedanken verständlich zu machen,
> 2. um dies auf leichte Weise zu tun,
> 3. um einen Zugang zur Kenntnis der Dinge freizulegen. Im ersten Punkt ist man mangelhaft, wenn man keine bestimmte und konstante Idee der Worte hat, die von den anderen angenommen und verstanden wird. Leichtigkeit des Ausdrucks fehlt einem, wenn man sehr komplexe Ideen hat, ohne deutlich unterschiedene Namen zu haben. (....) Wenn aber die durch Worte bezeichneten Ideen nicht mit dem übereinstimmen, was wirklich ist, bleibt man im dritten Punkte mangelhaft.« (NA III, S. 205)

Die sprachkritische Aufzählung von Irrtümern zeigt an, daß die erhoffte Spiegelung nicht automatisch eintritt. Damit ist ausgeschlossen, daß die Beziehung zwischen dem sprachlichen Zeichen und dem Gedanken als eine notwendige Beziehung aufgefaßt werden kann, denn dann wäre jeder Irrtum ausgeschlossen. Die Spiegelung kann auch nicht in dem Sinne verstanden werden, daß zwischen Ausdruck und Ausgedrücktem eine Ähnlichkeitsbeziehung bestehen müßte. Der Frage, wie man das Verhältnis Sprache – Wirklichkeit auf positive Weise bestimmen könnte, kommt Leibniz in seiner Lehre von der Natur der Zeichen näher. Die Ausgangsbasis ist sein erkenntnistheoretischer Realismus, wonach die Wirklichkeit dem Menschen vorgegeben sei. Allerdings ist diese Auffassung mit der zusätzlichen Annahme belastet, daß Wirklichkeitserkenntnis des Menschen durch die Wesenheit unserer Seele gegeben sei, die ein bestimmter Ausdruck, eine Nachahmung oder ein Bild der göttlichen Wesenheit sei. Auch nur unter dieser Annahme kann er ohne Bedenken davon sprechen, daß die Erkenntnis auf einer Angleichung (›adaequatio‹) des Denkens an die Wirklichkeit beruhe. Für Leibniz ist jede Erkenntnis durch

Begriffe vermittelt, woraus folgt, daß es keine von den Begriffen unabhängige Möglichkeit gibt, das Denken auf seine Übereinstimmung mit dem Sein hin zu überprüfen. Eine solche Konzeption, in der die Ideen den Wirklichkeitsbezug aus sich selbst haben sollen, steht in einem deutlichen Gegensatz zu der Auffassung, daß der Zusammenhang zwischen Darstellung und Dargestelltem auf einer willkürlichen Vereinbarung beruhe.

4.1 Die Begriffslehre

Wie wir oben gesehen haben, ist Leibniz der Ansicht, daß die genaue Entsprechung zwischen Zeichen und Ideen in der natürlichen Sprache deshalb nicht gegeben ist, weil diese nicht auf die natürliche Ordnung der Ideen, sondern auf die menschlichen Bedürfnisse und Interessen ausgerichtet ist. Aber welches Wissen hat Leibniz von den Ideen und deren natürlicher Ordnung? Ähnlich wie bei Descartes muß man auch bei Leibniz zwei Aspekte des Ideenbegriffs herausstellen: Zum einen das Vermögen unseres Geistes zu denken, zum anderen den Inhalt unserer Gedanken, die bei Leibniz rein geistigen Ursprungs sind – wie wir eingangs schon herausgestellt haben. Die Idee stellt also einerseits das unmittelbare Objekt unseres Denkens dar (d.i. Denkinhalt oder Denkgegenstand), andererseits so etwas wie ein mentales Vermögen, solche Ideen hervorzubringen. Durch diesen zweiten Aspekt will er zum Ausdruck bringen, daß die Ideen auch dann in unserem Geiste sind, wenn wir nicht gerade aktuell an sie denken. Die Idee besteht also nicht im Denkakt, sondern in der Fähigkeit, etwas zu denken. Damit unterstellt Leibniz, daß wir die Idee eines Dinges virtuell besitzen. So können wir die eingangs zitierte Auffassung verstehen, daß dem Menschen ›angeborene Ideen‹ eigen sind, die nicht erst erworben, sondern rein aus dem Geiste hervorgebracht sind. In diesem Zusammenhang ist Leibniz' Unterscheidung der Erkenntnisarten von Bedeutung. Nur die intuitive Erkenntnis liefert uns die Ideen, da nur sie zu klaren und deutlichen Begriffen führt, was bei der blinden oder symbolischen Erkenntnis nicht gegeben ist. Offensichtlich stehen bei Leibniz Idee, Begriff und intuitive Erkenntnis in einer engen Verbindung zueinander. Er verdeutlicht dies an dem Fall, daß wir fälschlich annehmen, eine bestimmte Idee von einem Ding im Geist zu haben. Ein solches blindes oder symbolisches Denken begnügt sich damit, Worte ganz vage zu verstehen, ohne ihre Ideen zu besitzen. Der Mangel dieses Denkens liegt darin, daß die verwendeten Ausdrücke begrifflich nicht erklärt werden bzw. die Auflösung der Begriffe nicht weit genug durchgeführt wurde (Meditationes de Cognitione, Veritate et Ideis, In: Die Philos. Schriften IV, S. 422 ff.). Einer wahren Idee entspricht ein möglicher Begriff, während einer falschen Idee entweder ein unmöglicher oder ein komplexer Begriff korrespondiert, dessen Teilbegriffe miteinander unverträglich und damit widersprüchlich sind. Die Möglichkeit der den Ideen entsprechenden Begriffsinhalte kann auf zwei Wegen erkannt werden: Entweder erbringt man den Nachweis der Existenz des Dinges, das unter den betreffenden Begriff fällt. Damit hat man die Möglichkeit des Begriffs durch die Wirklichkeit ausgewiesen d. h. was wirklich ist, ist auch möglich). Oder man zerlegt den Begriff in seine

Grundbegriffe oder in andere Begriffe, deren Möglichkeit bereits bekannt ist. Dann muß nur noch festgestellt werden, daß in diesen Begriffen keine miteinander unverträglichen Teilbegriffe enthalten sind (Die Philos. Schriften II, S. 63). Obwohl Leibniz die beiden Ausdrücke ›Idee‹ und ›Begriff‹ bisweilen synonym gebraucht, läßt sich folgende Unterscheidung festhalten: Die Idee ist das unmittelbare innere Objekt unseres Denkens, der Begriff ist eine dem Bewußtsein verfügbare Idee und als solcher immer Ergebnis des jeweiligen Denkaktes (vgl. Burkhardt 1980, S. 166). In seiner Begriffslehre legt Leibniz fest, daß ein Wort nur Bedeutung hat, wenn es das Zeichen eines Begriffs ist – ein Wort ohne Bedeutung ist ein Wort ohne Begriff (vgl. Parkinson 1965, S.11). Wenn man seine Einteilung der Begriffe zu Rate zieht, wird einerseits seine Vorstellung von der Erfahrungswelt und andererseits der Charakter der eingeborenen Ideen ersichtlich. Die einfachste Klasse von Begriffen bezieht er auf die mit den Sinnen erfaßbaren Objekte. Da diese Begriffe nicht dazu ausreichen, die Objekte hinreichend genau zu charakterisieren, bezeichnet er sie als »verworren«. Solche Objekte wie bspw. die Qualitäten rot, grün, blau, süß, bitter lassen sich nur durch hinweisendes Zeigen (d.i. ostensiv) definieren. Im Zuge der Erörterung der natürlichen Sprache wurden sie schon angesprochen als jene Begriffe, die aus der Erfahrung stammen und sich jeweils nur auf einen Sinn (bspw. Gesichtssinn, Geschmackssinn) beziehen. Diese Beschreibung deutet darauf hin, daß nach Leibniz der Erfahrungswelt eine molekulare Struktur zuschreibbar ist. Zur zweiten Klasse zählen jene Begriffe, die aus der Reflexion stammen und Gegenstand mehrerer Sinne oder des sensus communis sind. Leibniz rechnet dazu die Gegenstände der Mathematik, also die Begriffe ›Zahl‹ oder ›Figur‹. Er bezeichnet sie als »intelligibel« und »deutlich«.

Davon abgesetzt sind die rein intelligiblen Begriffe, die der menschliche Geist aus sich hervorbringt. Sie entsprechen den eingeborenen Ideen und haben keinerlei Bezug zu Vorstellungen. Leibniz führt diese Begriffe als Gegenstände der Metaphysik, Logik und Moral an, bspw. ›Substanz‹, ›Ursache‹, ›Wirkung‹, ›Ähnlichkeit‹.

Wesentlich für seine Begriffslehre ist die Bestimmung des individuellen und vollständigen Begriffs. Er betrachtet den Individuenbegriff deshalb als vollständigen Begriff (einer individuellen Substanz), weil man aus seinem Inhalt alle Prädikate eines Subjekts ziehen kann. Die in einem solchen Individuenbegriff enthaltenen Teilbegriffe dürfen nicht im Widerspruch zueinander stehen (Die Philos. Schriften II, S. 46). Anders als seine Nachfolger in der Angelegenheit Idealsprache hängt Leibniz noch dem Subjekt-Prädikat-Schema an. Mit seiner Auffassung, daß das Prädikat im Subjekt enthalten ist, formuliert er eine analytische Wahrheitstheorie, die auch Kant in Gestalt des analytischen Urteils anführt. Eine solche analytische Aussagentheorie steht im Verbund mit einer Begriffslehre, die vorgibt, daß ein Begriff immer eine Kombination von Teilbegriffen ist. Wir werden noch kennenlernen, in welcher Weise diese Begriffslehre mit Leibniz' Konzept der ›möglichen Welten‹ verbunden ist.

Wir können für seine dreistellige Semantik zunächst folgende Unterscheidung festhalten: Individuen und Individuenbegriffe – zwischen ihnen besteht eine eindeutige Relation; die Namen für Individuen, die Eigennamen bzw. nomina propria – sie stellen bei Leibniz willkürliche bzw. nichtanalysierte Bezeichnungen für Individuen oder für allgemeine Gegenstände (bspw. Mensch, Tier, Lebewesen) dar, die durch analysierte zu ersetzen sind. Diese Forderung läßt sich als Vorgriff auf die Theorie der Kennzeichnung (bei Russell) interpretieren. So müßte der Name ›Petrus‹ durch die analysierte Individualbezeichnung ›der Apostel, der Christus verleugnete‹ ersetzt werden. In einem solchen analysierten Begriff ist ein Teilbegriff enthalten, der eine für ein bestimmtes Individuum charakteristische Handlung benennt. Dadurch wird das Individuum eindeutig bestimmt (vgl. Burkhardt 1980, S. 169 f.).

Leibniz geht in seiner Begriffslehre nicht nur von der Annahme aus, daß es für jede individuelle Substanz genau einen Individuenbegriff gibt, sondern vertritt auch die Meinung, daß sich menschliche Gedanken und Begriffe in ganz wenige ursprüngliche auflösen ließen. Vor die Aufgabe gestellt, angeben zu müssen, wie solche einfachsten Begriffe erkennbar sein sollen, schränkt Leibniz angesichts der damit verbundenen Schwierigkeiten seine Aussage ein. Aber auch für die bescheidenere Forderung, wir müßten die einfachsten Ideen nur unterscheiden (und nicht erkennen), gibt er kein Kriterium für die Unterscheidbarkeit an (vgl. ebd., S. 170 ff.). Die mit seiner Begriffslehre einhergehende Annahme einfachster, unauflöslicher Begriffe (d.h. ein konzeptueller Atomismus) eröffnet ihm die Möglichkeit zu einem weiterführenden Gedanken: Die menschlichen Gedanken müßten in ganz wenige, grundlegende aufgelöst werden, diesen müßten dann Zeichen zugeordnet werden, aus denen sich dann abgeleitete Begriffe bilden lassen. Dadurch erhalten wir ein Konstitutionssystem von Begriffen. – Dieser Gedanke findet bei Russell, Wittgenstein und vor allem auch bei Carnap ein positives Echo. – Der Weg zu einer Kunstsprache ist damit bereits angedeutet.

4.2 Der Entwurf einer idealen künstlichen Sprache

Die eingangs unbeantwortet gebliebene Frage, wie die natürliche Ordnung der Ideen zu verstehen sei, wird von Leibniz mit Hilfe einer künstlich gebildeten Sprache gelöst. Der Gedanke einer solchen ideal konstruierten Sprache ist nicht einem originellen Einfall Leibniz' zuzuschreiben, vielmehr kann er dafür auf historische Vorbilder Bezug nehmen: Anselm von Canterbury (im 11. Jahrhundert) führte in seiner Schrift *De grammatico* eine ausführliche Diskussion über das Verhältnis von Umgangssprache und Idealsprache und den Zusammenhang von Grammatik und Logik (vgl. Pinborg 1972, S. 43). Auch Abaelard regte Untersuchungen zur logischen Unterscheidungen in den grammatischen Theorien an. Nicht zuletzt die ›Schule von Port Royal‹, repräsentiert durch den von Descartes beeinflußten Philosophen Antoine Arnauld und den Sprachforscher Claude Lancelot, trug in der Schrift *Grammaire générale et raisonnée* (1660) die Idee einer allgemeinen Grammatik vor, die allen Sprachen gemeinsam ist und folglich mit jenen Regeln enthält, die allen Sprachen gemeinsam sind.

Leibniz hat (seit 1676) wiederholt Anläufe für die Konstruktion einer idealen Sprache, einer lingua rationalis oder lingua universalis, unternommen. Zunächst versucht er, über die Analyse von vorfindbaren natürlichen

Sprachen zu einer Idealsprache zu gelangen. Die Analyse sollte eine rationale, allgemeine Grammatik erbringen. Zur Orientierung diente ihm die dreistellige Semantik, wie sie in der Scholastik üblich war, die durch das Schema res – intellectus – vox darstellbar ist. Das Wortzeichen (vox) ist auf den intellectus (d.i. Gedanken oder Begriff) bezogen und durch dessen Vermittlung auf die Dinge (res). Entsprechend richtet auch Leibniz das Augenmerk auf Gedanken und Begriffe, also jene der Erkenntnis dienenden sprachlichen Elemente (vgl. Burkhardt 1980, S. 88).

Für unseren Zusammenhang ist nicht so sehr von Interesse, welche einzelnen Schritte vollzogen werden, um zu einer Vereinfachung der Grammatik und der Eliminierung der überflüssigen Teile zu gelangen (vgl. ebd., S. 90 ff.). Unser Hauptaugenmerk richtet sich auf den Grundgedanken einer lingua rationalis, daß zum Auffinden und zum Beweis von Wahrheiten eine Analyse der Gedanken erforderlich sei. Da wir zur Bezeichnung der Gedanken sprachliche Zeichen (die ›characteristica‹ oder ›Charaktere‹) verwenden, sind sie einem analytischen Verfahren zu unterziehen, das zu seinem Resultat nicht weiter auflösbare Elemente haben soll. Als solche letzte Elemente der Sprache betrachtet Leibniz die ursprünglichen Wörter. Die Analyse muß bis zu diesen letzten Bedeutungseinheiten, d.i. den ursprünglichen Begriffen als Inhalten der ursprünglichen Wörter, vordringen.

Hier kommt wieder die Annahme Leibniz', daß es solche grundlegenden Begriffe gibt – auch wenn sie uns nicht unmittelbar zugänglich sind –, zum Tragen. Im Rahmen der Begriffslehre wurde schon auf seine Unterscheidung zwischen vollkommenen und unvollkommenen Begriffen hingewiesen. Jeder nicht ganz analysierte Begriff ist unvollkommen. Leibniz muß allerdings einräumen, daß wir keine vollständig analysierten Begriffe besitzen. Für den Mangel an Vollkommenheit nennt er zwei Bedingungen:

1. Gibt es mehrere Definitionen der Sache, auf die sich der Begriff bezieht, so kann eine durch die andere nicht bewiesen werden;
2. Definitionen, die aus der Erfahrung stammen, bleiben immer mit einem Rest Unsicherheit behaftet. Die Analyse der zusammengesetzten Begriffe wird nach Leibniz mit Hilfe von Definitionen vollzogen. Dabei sollen Definitionen komplexere Begriffe ersetzen (›substituieren‹), die Definitionskette ist solange fortzusetzen, bis man bei den absolut einfachen Begriffen angelangt ist. Insofern stellt jede Definition einen Schritt der Analyse dar (vgl. ebd., S. 219 ff.).

Die Analyse bis zu den letzten Grundbegriffen ist erforderlich, weil nur so a priori nachgewiesen werden kann, daß die Begriffe keinen Widerspruch enthalten, und damit auch ausgewiesen ist, daß es sich um reale Begriffe oder Begriffe möglicher Gegenstände handelt. Von den Grundbegriffen aus ergibt sich die Möglichkeit, die übrigen gängigen Sprachgebilde wieder synthetisch aufzubauen. Durch dieses Verfahren gelangt man dann von den ursprünglichen zu den zusammengesetzten Wörtern, von den Wörtern zu Konstruktionen aus mehreren Wörtern (d.i. den Sätzen), schließlich von den Sätzen zu einer ganzen Rede.

Diese grammatische Analyse stellt für Leibniz den Ausgangspunkt für den nächsten entscheidenden Schritt hin zum Aufbau einer logischen Syntax im Sinne eines logischen Kalküls dar. Auch wenn ihm eine detaillierte Ausarbeitung eines solchen Kalküls nicht gelungen ist, wirkt zumindest die Idee dazu gleichsam richtungsweisend für die späteren sprachphilosophischen Überlegungen zur idealen Sprache.

Spezifisch für die Idee der Kalkülisierung der Sprache ist die Auffassung, daß sich die Wahrheiten der Vernunft »wie in der Arithmetik und Algebra so auch in jedem anderen Bereich, in dem geschlossen wird, gewissermaßen durch einen Kalkül erreicht werden können« (Mittelstraß/Schroeder-Heister 1986, S. 397 f.). Dazu müßte man Zeichen finden, die geeignet wären, alle unsere Gedanken ebenso streng ausdrücken, wie die Arithmetik die Zahlen oder die Geometrie die Linien ausdrückt.

> »Ein Kalkül oder eine Operation besteht in der Herstellung von Beziehungen, welche durch Umwandlung von Formeln bewerkstelligt wird, wobei die Umwandlung entsprechend gewiß vorgeschriebenen Gesetzen vollzogen werden.« (Die Philos. Schriften VII, S. 206)

Ein solches Programm läßt sich nur mit Hilfe der Konstruktion einer Kunstsprache durchführen. Denn dadurch ist zum einen eine eindeutige Darstellung von Begriffen gewährleistet, zum anderen auch ein Weg zur Wahrheitsfindung der Urteile gegeben. Voraussetzung für den Kalkülbegriff ist, daß die konstitutiven Teilbegriffe der Grundfigur und Grundregel präzise gebildet und die Elemente des Kalküls, aus denen die Figuren zusammengesetzt werden, als Alphabet des Denkens hinreichend bestimmt sind. Die Zeichen müssen derart gebildet werden, daß sie die Gedanken darstellen und untereinander jene Beziehung haben, die die Gedanken ihrerseits untereinander haben. Ein Ausdruck ist eine Ansammlung von Zeichen, die die Sache, die ausgedrückt wird, vergegenwärtigen (Mittelstraß/Schroeder-Heister 1986, S. 398 f.). Daß Leibniz daran gelegen ist, ein solches Kalkül in Analogie zur Mathematik, d.h. zur Arithmetik, zu konstruieren, belegt das folgende Zitat:

> »Der Kalkül oder die Operation besteht in der Erzeugung von Beziehungen, vollzogen durch die Umwandlungen der Formeln gemäß gewissen vorgeschriebenen Gesetzen. Je mehr aber die Gesetze oder Bedingungen dem Rechner vorgeschrieben werden, um so mehr ist der Kalkül zusammengesetzt und auch die Charakteristik weniger einfach. Die Formeln (unter deren einfachsten man die Charaktere selbst verstehen darf), die Beziehungen und die Operationen verhalten sich offenbar wie der Begriff, die Aussagen und die Syllogismen. Auch die Beziehungen sind zusammengesetzt, die gewisse Operationen voraussetzen.« (Die Philos. Schriften VII, S. 206)

Leibniz ging es offensichtlich um die Entwicklung eines Verfahrens, Argumentationen auf ihre Gültigkeit hin zu überprüfen, indem man sie gleichsam mechanisch nachvollziehbar macht. Bei dieser kurzen Charakterisierung des Grundgedankens einer Kalkülisierung der Sprache, auf die wir uns in diesem Zusammenhang begnügen müssen, bleibt unerörtert, welche Regeln Leibniz für den Kalkül im Einzelnen aufstellt (vgl. Burkhardt 1980, S. 329), ebenso die Durchführung eines arithmetischen Logikkalküls, seine Entwürfe zu einem algebraischen Kalkül und die Erweiterungen des algebraischen Logikkalküls, in denen der Übergang von einer (intensionalen) Begriffslogik zu einer Klassenlogik erfolgt. Die Mängel, mit denen die Entwürfe Leibniz' behaftet sind, wurden einer eingehenden Kritik unterzogen. (vgl. Mittelstraß/Schroeder-Heister 1986, S. 401 ff.; Burkhardt 1980, S. 332 ff.)

Um die Sprache in die Form eines Kalküls transformieren zu können, bedarf es eines »passenden« Zeichensystems. Als Modell fungiert der Aufbau der echt teilbaren natürlichen Zahlen aus Primzahlen, entsprechend sollen die Grundzeichen der künstlichen Sprache in ihrer Zusammensetzung dieselbe Struktur aufweisen wie der Aufbau der aus Elementarbegriffen zusammengesetzten Begriffe. In der zu bildenden Sprache müssen die Wörter aus endlich vielen Zeichen (›Charakteren‹) nach bestimmten Kombinationsregeln hergestellt werden, und jedes Zeichen muß den von ihm bezeichneten Begriff und dessen Beziehungen zu anderen Begriffen eindeutig charakterisieren.

Am Anfang seiner Entwicklung einer Lehre von der Natur der Zeichen nennt Leibniz die Voraussetzungen dafür, daß etwas als Zeichen fungieren kann: Das Zeichen muß sinnlich wahrnehmbar sein – aufgrund dieser Eigenschaft führt Leibniz die Bezeichnung ›Charakter‹ ein. Insofern Zeichen für Gedanken und Vorstellungen stehen, schreibt Leibniz ihnen die Funktion der Gedächtnisstütze zu. Das Wort ist nur Stütze des Denkens. Dabei geht Leibniz davon aus, daß das Denken als ein Operieren mit Vorstellungen aufzufassen ist (Die Philos. Schriften IV, S. 361; vgl. Heinekamp 1988, S. 360). – In diesem Punkt besteht eine grundlegende Differenz zu den späteren Konzepten einer künstlichen Sprache. Allen voran Frege hat den Bezug auf Vorstellungen eingehend kritisiert. – Leibniz spricht den Zeichen aber auch eine erkenntnisfundierende Funktion zu, die er im Hinblick auf die Wissensbildung als ars inveniendi und als ars iudicandi benennt. In dieser zweiten Funktion stehen die Zeichen für Begriffe. Erst dadurch eröffnet sich die Möglichkeit zu einer formalisierten Sprache.

Die semantische Struktur sieht folgende Beziehungen vor: das (materiale) Zeichen ist den (allgemeinen) Begriffen (als erfaßte Ideen) zugeordnet und bezieht sich auf Gegenstände (d.i. die Individuen). Zeichen können also Ideen und Dinge vertreten. Leibniz fügt noch eine anthropologische Erklärung für die Notwendigkeit der Zeichen hinzu: Aufgrund der Begrenztheit des menschlichen Geistes ist der Mensch auf Zeichen angewiesen. Sie ermöglichen es, lange Gedankengänge zusammenzufassen. Er schreibt dem Zeichen vier Funktionen zu: der Mitteilung von Gedanken zu dienen (kommunikative Funktion), Gedächtnisstütze zu sein (Merkzeichen bzw. mnemonische Funktion), das Denken, das es ohne Zeichen nicht gibt, zu ermöglichen (denkkonstitutive Funktion: Zusammenfassung und Ordnung von Gedanken), und die erkenntnisfundierende Funktion (vgl. Heinekamp, 1976, S. 526). Letztere steht nunmehr im Vordergrund seines Interesses. Die Bezeichnung der Zeichenlehre als ›ars characteristica‹ deutet schon darauf hin, daß er ihr die Aufgabe zuordnet, die richtigen Zeichen zu finden und sie so zu ordnen, daß sie die Gedanken oder Begriffe und ihre Beziehungen wiedergeben. Dazu führt Leibniz die beiden Methoden der ars inveniendi und der ars iudicandi an. Mit Hilfe der ars inveniendi sollen aus einer gegebenen Menge von Sätzen alle ableitbaren Sätze deduziert werden – sie dient der Entdeckung neuer Wahrheiten. Als ars iudicandi bezeichnet er das Prüfungsverfahren, ob ein bestimmter Satz aus einer gegebenen Menge von Sätzen (bspw. einem Axiomensystem) ableitbar ist.

Für seinen Entwurf einer Universalsprache gilt nun die Forderung, daß die Zeichen die Struktur der Begriffe bzw. Ideen abbilden sollen. Das setzt eine genaue Kenntnis der Struktur der Ideen voraus, die wir im Rahmen seiner Begriffslehre schon erörtert haben: Da die meisten Begriffe komplex und aus einfachen Begriffen zusammengesetzt sind, ist es für den korrekten Gebrauch der Sprache erforderlich, die Begriffe in ihre Bestandteile aufzulösen. Die Analyse muß schließlich zu den Grundbegriffen führen. Aus diesen können dann sämtliche Begriffe durch Synthese gewonnen werden. Den analysierten Begriffen werden gleichsam wie Etiketten Zeichen zugeordnet. Damit mehrdeutige und synonyme Zeichen ausgeschlossen sind, muß eine eindeutige Zuordnung zwischen einem Zeichen und einem Begriff sichergestellt sein.

Für diese künstliche Sprache, die characteristica universalis, wird ein Isomorphismus zwischen den Dingen, den Begriffen und den Zeichen behauptet. Dadurch wäre die ideale Situation gegeben, daß nach durchgeführter Analyse und Zuordnung der Zeichen, ohne Mühe an einem Zeichen erkannt werden könnte, ob eine vorgegebene Verbindung von Zeichen einem wahren Satz entspricht, d.h. nach Leibniz' Definition, ob der Prädikatbegriff im Subjektbegriff enthalten ist. Von da aus ergibt sich zudem die Möglichkeit zu erkennen, welche neuen Verbindungen gebildet werden können. Daneben fordert Leibniz, daß alle Folgerungen, die aufgestellt werden, aus den Charakteren (d.i. den Wörtern) hervorgehen müssen. Dabei unterscheidet er zwischen Zeichen, die die Ideen nur darstellen (bspw. die Zeichen der Chemiker und Astronomen), und solche die auch dem Schließen dienen (bspw. in der Arithmetik und der Algebra). Die Brauchbarkeit eines Zeichens bemißt sich daran, ob es den Begriff der bezeichneten Sache hinreichend ausdrückt. Ist eine Übereinstimmung zwischen den Zeichen und den Dingen und ihren Beziehungen gegeben, dann entspricht jeder Operation, die mit den Zeichen vorgenommen wird, eine Aussage über die Gegenstände und Sachverhalte. Die durch Zeichenoperationen erreichten Ergebnisse haben dann auch für den Gegenstandsbereich, auf den die Zeichen bezogen sind, ihre Gültigkeit.

Leibniz' Annahmen der Isomorphie und des begrifflichen Atomismus wurden in der bisherigen Darstellung nicht weiter problematisiert. Allerdings kann man Zweifel anmelden bezüglich der damit einhergehenden Vorstellung, daß die Welt aus einfachen Gegenständen, die durch einfache (d.i. nicht weiter analysierbare) Individuennamen vertreten werden, bestehe. Ein solches Modell unterstellt eine einfache Abbildtheorie, »die das realistische Mißverständnis einer eineindeutigen Zuordnung sprachlicher Ausdrücke zu den Gegenständen, ihren Eigenschaften und Beziehungen weiterträgt« (Mittelstraß 1970, S. 198).

Hatte Leibniz das symbolische Denken zunächst als defizitär im Vergleich zum begrifflichen Denken dargestellt, so zeigt sich jetzt, daß er im richtigen Gebrauch des symbolischen Denkens die Möglichkeit gegeben sieht, zu wahren Aussagen über die Realität zu gelangen. Dabei muß man in Rechnung stellen, was Leibniz zur Wahrheit ausführt. In diesem Zusammenhang spielt der Ausdruck ›mögliche Welt‹, der auch in den gegenwärtigen Diskussionen zur logischen Semantik gebraucht wird, eine besondere Rolle.

Wir haben bereits darauf hingewiesen, daß Leibniz einerseits an der Annahme des erkenntnistheoretischen Realismus festhält, daß die Welt dem Menschen vorgegeben sei, andererseits aber herausstellt, daß Erkenntnis nur durch Begriffe vermittelt ist und daß es keine von den Begriffen unabhängige Möglichkeit gibt, das Denken auf seine Übereinstimmung mit dem Sein hin zu überprüfen. Wenn er von einer Angleichung des Denkens an die Wirklichkeit (d.i. adäquatio) spricht, dann kann er das bestenfalls mit Rekurs auf eine göttliche Ordnung tun, ohne diese mit den Mitteln seiner eigenen Theorie ausweisen zu können. In seiner Darstellung der Wahrheitsmöglichkeiten wird eine Adäquationstheorie der Wahrheit nicht in Anspruch genommen. Es geht ihm nicht um die Beziehung zwischen Aussage und einer dem Bewußtsein gegenüberstehenden äußeren Wirklichkeit, sondern um die Korrespondenz von Perzeption und Idee. Er vertritt damit eine **Kohärenztheorie der Wahrheit**, die nur nach der Übereinstimmung und Verträglichkeit der Phänomene (d.i. die Kompossibilität) fragt (vgl. Rescher 1974, S. 130–134). Seine Auffassung, daß sich die Ideen sowohl im Verstand wie in der Wirklichkeit finden, gewinnt ihre Plausibilität einzig darin, daß er Gott als Urheber der Ideen und der Welt gleichermaßen namhaft macht (vgl. Poser 1969, S. 23; Rescher 1973, S. 44).

Die Erörterung von Wahrheit bei Leibniz muß mit seiner Unterscheidung zwischen Vernunftwahrheiten und Tatsachenwahrheiten beginnen (vgl. Burkhardt 1980, S. 239 ff.). Die Vernunftwahrheit findet ihren Rückhalt in der begriffstheoretischen Festlegung, daß das Prädikat im Subjekt enthalten sei. Dieses analytische Wahrheitskriterium müßte genauer formuliert werden, daß das Prädikat im Begriff des Subjekts enthalten ist. Nur dann wird ersichtlich, daß es sich um eine Begriffsinklusion handelt. In Rahmen der Begriffslehre wurde Leibniz' Auffassung von dem Verhältnis zwischen den Teilbegriffen des Subjekts und des Prädikats angesprochen. Wenn Leibniz davon spricht, daß in der Prädikation die Identität der Begriffe von Subjekt und Prädikat zum Ausdruck kommt, dann meint er eine Identität von Teilbegriffen des Subjekts mit sämtlichen Teilbegriffen des Prädikats (Die Philos. Schriften II, S. 43, 52 ff.). In diesem Sinne ist auch seine Ausdrucksweise von der Identität einer Aussage zu verstehen, wenn er davon spricht, daß eine wahre Aussage entweder identisch ist oder aus identischen mit Hilfe von Definitionen bewiesen werden kann. Ein notwendiger Satz ist wahr, wenn er mit Hilfe der Begriffsanalyse in endlich vielen Schritten auf einen identischen Satz zurückgeführt werden kann. Bei kontingenten Sätzen ist eine solche Analyse im Prinzip nicht abschließbar.

Für solche analytischen Wahrheiten bzw. Aussagen behauptet er zudem notwendige Geltung. Der Charakter der Notwendigkeit ergibt sich aus dem Widerspruchsprinzip: Ein Satz ist notwendig gültig, wenn sein Gegenteil nicht möglich ist bzw. wenn man bei Annahme des Gegenteils zu einem Widerspruch gelangt. Die Beweisbarkeit seiner Notwendigkeit gelingt aufgrund der

Begriffsinklusion, denn in einem solchen Fall kann durch eine endliche Zahl von Auflösungsschritten gezeigt werden, daß der Prädikatbegriff im Subjektbegriff enthalten ist. Leibniz fügt eine Klärung dieses Notwendigkeitscharakters an, indem er zeigt, daß auch solche Sätze in gewisser Weise bedingt sind:

> »Was die ewigen Wahrheiten betrifft, so muß man feststellen, daß sie im Grunde alle bedingt sind und in Wirklichkeit in folgende Formulierung gefaßt werden müßten: wenn dies oder jenes gesetzt ist, so ist auch dies oder jenes andere. Wenn ich z.B. sage: Jede Figur, die drei Seiten hat, hat auch drei Winkel, so sage ich nichts anderes als das: Vorausgesetzt, es gibt eine Figur mit drei Seiten, so hat diese selbe Figur auch drei Winkel.« (NA III, S. 463 ff.)

Die Tatsachenwahrheiten stellen kontingente Wahrheiten dar. Auch für sie gilt zwar, daß der Prädikatbegriff im Subjektbegriff enthalten ist, aber der Subjektbegriff ist in diesem Fall aus unendlich vielen Teilbegriffen zusammengesetzt, so daß die Analyse für einen endlichen Verstand als nicht vollständig durchführbar anzusehen ist. Ein endgültiger Beweis ist auf diese Art nicht zu erbringen, also handelt es sich um hypothetische Wahrheiten, deren Notwendigkeitskritierium auf die Kohärenz der verschiedenen Aussagen beschränkt bleibt. Leibniz' Kohärenzprinzip der Wahrheit bedarf einer näheren Erörterung. Denn seine Aussage, daß eine kontingente Aussage infinit analytisch wahr ist, leuchtet nur ein, wenn man sein ›Prinzip der besten möglichen Welten‹ mit heranzieht. Die zugrundeliegende Annahme Leibniz' ist, daß die Welt, in der wir leben und für die diese Aussagen Gültigkeit beanspruchen, von Gott nach dem Prinzip des Besten erschaffen wurde. Dieses Prinzip besagt, daß ein Maximum an (miteinander vereinbaren) Erscheinungen durch ein Minimum von Gesetzen geregelt wird (Die Philos. Schriften VI, S. 603). Das zeichnet unsere Welt vor allen anderen, noch möglichen Welten aus. Die Kohärenztheorie erfährt dabei eine metaphysisch-theologische Grundlegung: Eine kontingente Aussage über einen Sachverhalt in der besten der möglichen Welten ist wahr, weil dieser Sachverhalt mit allen anderen Sachverhalten dieser Welt, die von Gott nach dem Prinzip des Besten erschaffen wurde, im Zusammenhang steht.

Von größerer Bedeutung für die weitere Diskussion in der modernen sprachanalytischen Philosophie ist Leibniz‹ semantische Definition der Notwendigkeit, die er mit Hilfe des »Modells« der möglichen Welten bewerkstelligt. Auszugehen ist von der Feststellung Leibniz', daß die tatsächlich existierende Welt nur eine von unendlich vielen möglichen Welten ist, die existiert haben könnten (Die Philos. Schriften II, S. 40). Sie ist insofern als die beste zu betrachten, als jede Veränderung samt ihren Auswirkungen eine Veränderung zum Schlechteren wäre. Deshalb habe Gott genau diese bestimmte Welt erschaffen. Die Unterscheidung zwischen der tatsächlich existierenden Welt und den verschiedenen anderen möglichen Welten erhält ihre besondere Bedeutung in bezug auf Leibniz' Klassifikation von Aussagen. In seiner semantischen Definition von Wahrheit bezieht sich Leibniz auf die möglichen Welten. Sind ein Satz und eine mögliche Welt gegeben, so wird dieser Satz wahr (bzw. falsch) in bezug auf diese mögliche Welt ausgesagt. Die Aussagen »Napoleon war Sieger der Schlacht von Jena« und »Napoleon war der Verlierer der Schlacht von Waterloo« sind wahr in bezug auf die tatsächlich existierende Welt, aber falsch in bezug auf die unendlich vielen anderen möglichen Welten. Diese Einschränkung gilt für jede Tatsachenbehauptung bzw. Tatsachenwahrheit. Sätze, die wahr sind in bezug auf die tatsächlich existierende Welt, jedoch nicht in bezug auf alle möglichen Welten, sind kontingente Wahrheiten. Anders als die kontingenten Wahrheiten gelten die notwendigen in bezug auf alle möglichen Welten. Es ist nicht denkbar, daß die Aussagen »alle Körper haben eine Ausdehnung« oder »entweder erlitt Napoleon bei Waterloo eine Niederlage oder nicht« in einer möglichen Welt nicht gelten. Das Satzbeispiel bezüglich der ausgedehnten Körper ist ein analytischer Satz nach dem Subjekt-Prädikat-Schema (d.h. zum Begriff des Körpers gehört der Prädikatsbegriff ›räumliche Ausdehnung‹) oder ein in logischer Hinsicht immer wahrer Satz (unabhängig von dem tatsächlichen historischen Ereignis), da die genannte Alternative Sieger oder Verlierer immer gilt bzw. einer der beiden denkbaren Fälle gegeben sein muß. Ein Satz ist eine notwendige Wahrheit dann und nur dann, wenn er von allen möglichen Welten wahr ist.

Von der semantischen Klärung von Wahrheit mit Hilfe des Modells von möglichen und tatsächlichen Welten können wir den Bogen spannen zu den Individuenbegriffen und zur Kompossibilität der Individuenbegriffe. Als erstes gilt es zu klären, was genau eine mögliche Welt sein soll. Die Frage läßt sich dahingehend präzisieren, ob mit der Annahme möglicher Welten die weitere Annahme einhergeht, daß sie jeweils als eine Ansammlung von Individuen zu verstehen sind, oder ob wir den Begriff ›mögliche Welt‹ so zu verstehen haben, daß er sich auf eine Menge von individuellen Begriffen bezieht (vgl. Mates 1988, S. 314 ff.). Die Annahme von ›möglichen Individuen‹ erscheint wenig befriedigend, naheliegender ist deshalb die Interpretation, daß sich Leibniz auf Individuenbegriffe bezieht. Ein Vergleich zwischen zwei Individuennamen soll das Problem verdeutlichen. Der Individuenname ›Napoleon‹ bezeichnet ein in der tatsächlichen Welt existierendes Individuum, der Name ›Pegasus‹ dagegen nicht, da kein geflügeltes Pferd dieses Namens existiert. Im Hinblick auf Leibniz' dreistellige Semantik können wir sagen, daß mit dem Individuennamen ›Napoleon‹ nicht allein die Person bezeichnet ist, sondern auch der vollständige individuelle Begriff von Napoleon. Ein solcher vollständiger Begriff umfaßt alle Attribute Napoleons, einschließlich der Ereignisse, die er erlebt hat und noch erleben wird. Auch mit dem Namen ›Pegasus‹ ist ein vollständiger individueller Begriff verbunden, der all jene Attribute umfaßt, die Pegasus gehabt hätte, wenn er existiert hätte. Ein vollständiger Begriff von Pegasus ist zwar gegeben, nicht aber ein entsprechendes Individuum, das Träger dieses Namens sein könnte. Wir können jetzt festhalten, daß Leibniz offensichtlich jedem Eigennamen einen vollständigen individuellen Begriff zuordnet, der so beschaffen ist, daß er durch ein Individuum verwirklicht werden könnte. Ein vollständiger individueller Begriff ist also eine Menge von einfachen (d.i. nicht weiter analysierbaren) Attributen, die zusammen genau von einem Individuum erfüllt werden können. Von Vollständigkeit ist in dem Sinne die Rede, daß der Begriff jedes einfache Attribut enthält, das ein solches Individuum besitzen würde (Die Philos. Schriften IV, S. 432). Leibniz behauptet nun, daß alle rein positiven Termini untereinander kompossibel sind (Die Philos. Schriften VII, S. 195). Individuelle Begriffe werden dann ›kompossibel‹ genannt, wenn sie gemeinsam verwirklicht werden können. Damit kommen wir wieder zurück auf den Begriff ›mögliche Welt‹. Eine mögliche Welt ist eine Menge von wechselseitig kompossiblen, vollständigen individuellen Begriffen und sie enthält jeden vollständigen individuellen Begriff, der mit den anderen kompossibel ist. **Kompossibilität** wird so zu einem Kriterium für die Aufteilung der vollständigen individuellen Begriffe. Jeder dieser Begriffe gehört nur zu einer möglichen Welt und zwei Begriffe sind nur dann kompossibel, wenn sie zu derselben möglichen Welt gehören.

Seine Aussagen zum Prinzip der Identität können wir aufgrund dieser Überlegungen so deuten, daß für Leibniz zwei Individuen der tatsächlich existierenden Welt identisch sind dann und nur dann, wenn ihre vollständigen Begriffe identisch sind. Sein Prinzip der Identität besagt, daß Dinge dieselben sind, wenn es möglich ist, überall das eine durch das andere zu ersetzen (d.i. zu substituieren), ohne daß sich der Wahrheitswert verändert (d.i. salva veritate). Daß A dasselbe ist wie B, bedeutet, daß das eine für das andere in jeder beliebigen Aussage salva veritate substituiert werden kann.

Auch wenn Leibniz diese Vorstellungen von einer idealen Universalsprache nicht weiter ausgearbeitet hat, kann man doch ersehen, in welcher Weise sein programmatischer Entwurf grundlegende Vorarbeiten für die späteren Konzeptionen einer idealen Sprache geleistet hat.

Trotz seiner Bemühungen um eine künstliche ideale Sprache, schätzt er nach wie vor auch die Vorzüge der natürlichen Sprache. In allen natürlichen Sprachen lassen sich zahlreiche Ausdrücke mit mehreren Bedeutungen und mit unscharfen Abgrenzungen zu anderen Wörtern aufweisen. Diesem Mangel der fehlenden Eindeutigkeit und Präzision der natürlichen Sprachzeichen steht wiederum ein nicht unbedeutender Vorteil gegenüber: Trotz ihrer begrenzten Mittel können die natürlichen Sprachen sich der unendlichen Fülle von Dingen und Situationen anpassen. Auf diesen Vorzug hat seinerseits Frege (1964, Vorwort) hingewiesen (vgl. Menne 1974, S. 169).

5. Funktionen der Sprache bei J. S. Mill: Denotation und Konnotation

Neben der rationalistischen Sprachauffassung eines Leibniz haben auch John Stuart Mills (1806–1873) Vorstellungen von den Funktionen der Sprache die späteren Sprachbetrachtungen beeinflußt. Seine sprachphilosophischen Untersuchungen im ersten Buch des *Systems der Logik* (1843) können insofern als vorbereitende Studien für die analytische Sprachphilosophie angesehen werden, als er darin einige wesentliche Differenzierungen vorweggenommen werden. Er stellt einen engen Zusammenhang zwischen erkenntnistheoretischen Überlegungen und semantischen Untersuchungen her.

Mill begrenzt das Aufgabenfeld nicht auf die Untersuchung von formal korrekten Ableitungen von Sätzen, sondern sieht deren Aufgabe auch darin, Prinzipien bereitzustellen, die eine Überprüfung der Wahrheit von Aussagen ermöglichen. Zur Bestimmung der Wahrheit deduktiver und induktiver Schlüsse bedarf es genauer Kenntnisse der Bedeutung ihrer Bestandteile, d.h. der Begriffe, aus denen sich die Aussagen zusammensetzen. Entsprechend umfaßt die Logik nach seinem Verständnis erkenntnistheoretische und semantische Untersuchungen zur Begriffs- und Aussagenbedeutung.

Einer Bedeutungstheorie kommt bei Mill in zweierlei Hinsicht eine grundlegende Funktion zu. Sie ist einer Untersuchung des Schließens voranzustellen, weil die Sprache das Instrument des Schließens ist. Mit der Analyse von Begriffsbedeutungen muß deshalb begonnen werden, weil die Aussagenbedeutung von der Bedeutung der Begriffe abhängig ist. Dabei geht er zunächst von der Unterscheidung zwischen zwei Typen des Wissens aus. Eine Form des Wissens ist insofern als logisch voraussetzungslos anzusehen, als es gänzlich auf einem unmittelbaren Bewußtsein bzw. auf Anschauung beruht. Eine solche Unmittelbarkeit ist Mills Auffassung nach in Gestalt der Sinnesdaten gegeben, da in ihnen eine unmittelbare Information über die Wirklichkeit enthalten ist. Eine ähnliche Auffassung wird uns wieder bei Russell begegnen, während Austin eine kritische Haltung dazu artikuliert. Eine andere Form des Wissens stellen jene Aussagen dar, die aus anderen wahren Aussagen logisch herleitbar sind.

Als grundlegend ist Mills semantische Unterscheidung zwischen ›nur verbalen‹ Aussagen und ›wirklichen‹ Aussagen zu betrachten – erstere bezeichnet er als ›**de dicto – Aussagen**‹, letztere als ›**de re -Aussagen**‹. Im Hinblick auf die Begriffsbedeutung definiert er zunächst den Unterschied zwischen allgemeinen und singulären Begriffen. Dabei legt er als Unterscheidungskriterium den **Begriffsumfang** zugrunde. Allgemeine Begriffe sind dadurch gekennzeichnet, daß sie in demselben Sinne von jedem einzelnen aus einer unbegrenzten Zahl von Dingen mit Wahrheit bejaht werden können. Mill verdeutlicht dies anhand des Namens ›Mensch‹, der vielen einzelnen Personen gegeben werden kann, ohne daß damit irgend etwas ihnen Gemeinsames bezeichnet werden soll. Ein allgemeiner Name kann jedem Einzelnen aus einer Menge prädiziert werden (System d. L., § 3).

Mit Mill sind also unter **allgemeinen Begriffen** die Prädikate zu verstehen, die unter Bezugnahme auf Eigenschaften Klassen von Objekten definieren. Im Unterschied dazu beziehen sich **singuläre Begriffe**, wie es Individuennamen bzw. Eigennamen sind, nur auf ein Objekt. Ihre unterschiedliche Funktion zeigt sich darin, daß allgemeine Begriffe ihren Objekten Eigenschaften zuschreiben, die singulären dagegen nicht.

Eine weitere Unterscheidung wird im Hinblick auf die Art der repräsentierten Objekte getroffen. Konkrete singuläre Begriffe repräsentieren ausschließlich Dinge (bspw. Tisch, Buch, die Person John Stuart Mill usw.), konkret allgemeine Begriffe sind die Gattungsbegriffe wie ›Mensch‹, ›Tier‹, die Farben ›weiß‹ oder ›rot‹ usw. Letztere stellen bei Mill insofern einen Spezialfall dar, als mit ›weiß‹ eine konkrete Farbe gemeint ist, die alle weißen Dinge repräsentiert. Davon unterschieden sind abstrakte Begriffe, die ausschließlich Eigenschaften repräsentieren wie Sichtbarkeit, Greifbarkeit, Viereckigkeit, Milchweiße oder die nominalisierte Form einer konkreten Eigenschaft wie ›das Weiße‹. Der Unterschied zwischen abstrakten singulären und abstrakten allgemeinen Begriffen ist darin zu sehen, daß sich erstere nur auf eine Eigenschaft wie ›Gleichheit‹, ›Ähnlichkeit‹, letztere auf eine unbestimmte Anzahl von Eigenschaften wie (bspw. die Farben eines Gegenstandes) beziehen. Grundlage der Differenzierung ist der ontologische Unterschied der repräsentierten Objekte.

Als letzte bemerkenswerte Differenzierung ist diejenige zwischen den Typen der begrifflichen Repräsentation zu nennen. Eine direkte Weise der Repräsentation stellt die **Denotation** dar, eine indirekte Weise die **Konnotation**. Der Begriff ›Mensch‹ denotiert alle Individuen, die zu seinem Begriffsumfang zählen, in konnotativer Funktion umfaßt derselbe Begriff all diejenigen Eigenschaften, die zu seinem Begriffsinhalt (bspw. vernunftfähig, zweibeinig usw.) zählen.

Spezifisch für Mills Auffassung ist es, daß er der konnotativen Funktion der Sprache eine Vorzugsstellung einräumt. Denn seiner Meinung nach bestimmt die Konnotation die Denotation, d.h. der Begriffsinhalt ist Voraussetzung für die Bestimmung des Begriffsumfangs. Konnotative Begriffe informieren darüber, welche Eigenschaften auf die denotierten Objekte zutreffen. Die Denotation kann deshalb nicht ohne die Konnotation bestimmend wirken, weil ihr kein Informationsgehalt zukommt. Die Funktion von denotativen Begriffen beschränkt sich auf die Bezeichnung von Individuenkonstanten. Durch die Bezeichnung können sie voneinander unterschieden werden. Mills Annahme, daß alle konkreten allgemeinen Namen konnotativ (›mitbezeichnend‹) sind, illustriert er an dem Wort ›Mensch‹. Es kann einzelne Personen wie Peter, Christoph, Philipp, Susanne bezeichnen und eine unbestimmte Zahl anderer Individuen. Der Name ›Mensch‹ wird deshalb auf sie angewandt, weil sie gewisse Attribute besitzen und um auszudrücken, daß sie diese Attribute besitzen. Mill nennt dazu eine Reihe von Attributen, die mit dem Namen ›Mensch‹ mitbezeichnet werden: Körperlichkeit, animalisches Leben, Vernünftigkeit und eine gewissere äußere Gestalt, die man menschliche nennt. Das Wort ›Mensch‹ bedeutet daher alle diese Attribute und alle Subjekte, welche dieselben besitzen. Was wir mit ›Mensch‹ bezeichnen, das sind die einzelnen Subjekte Möller, Sammer, Ricken, Sousa, nicht die Eigenschaften, die ihr Menschtum ausmachen. Deshalb spricht Mill davon, daß der konkrete Name die Subjekte direkt, die Attribute indirekt bedeutet. Ein mitbezeichnender Name bezeichnet die Subjekte und zeigt gleichzeitig die Attribute an. Mitbezeichnende Namen hat er aus diesem Grund auch **denominative** genannt, weil das Subjekt, das sie bezeichnen, von dem Attribut, das sie mitbezeichnen, einen Namen erhält. Mills Auffassung nach geben also die Attribute jenen Gegenständen ihre Bedeutung. Die denominative Funktion gilt allerdings nur für die konkreten allgemeinen Namen, nicht für die individuellen Namen. Letztere, die Eigennamen, bezeichnen nur dasjenige Individuum, das man mit dem Namen benennt, ohne irgendwelche Attribute anzuzeigen. Eigennamen haften den Sachen selbst an und sind nicht abhängig von dem Fortbestehen irgendeines Attributes der Sache.

Eine Eigenheit von Mills Auffassung ist darin zu sehen, daß man mit den Namen, die man Gegenständen gibt, irgendetwas mitteilt. Deshalb meint er, daß die Bedeutung der Namen nicht in dem liegt, was sie bezeichnen, sondern in dem, was sie mitbezeichnen. Einzig die **Eigennamen** haben keine Mitbezeichnung und dadurch streng genommen gar keine Bedeutung. Ein Eigennamen ist nur ein bedeutungsloses Zeichen, daß wir in unserem Geist mit der Vorstellung des Gegenstandes verknüpfen (System d. L., § 5).

Die wenigen Bemerkungen Mills kann man als eine kritische Auseinandersetzung mit einer einfachen Form des Nominalismus deuten. Diese Theorie suggeriert, man könne gleichsam beliebig irgendwelche Ausdrücke als Namen bestimmten Gegenständen zuordnen. Auf diese Weise würde ein Bereich von Ausdrücken einem Bereich von Gegenständen zugewiesen. Die Annahme eines Bereichs fertiger Gegenstände ist eine problematische metaphysische Annahme. Denn sie unterstellt eine Wirklichkeit als Inbegriff von Gegenständen und unterschlägt damit die konstitutive Funktion von Sprache. Selbst wenn man die Wirklichkeit darauf beschränken wollte, ein Inbegriff von Dingen zu sein, läßt sich die Annahme ihrer Sprachunabhängigkeit auf keine sinnvolle Art plausibel machen. Vielmehr wirkt die Sprache immer schon bei der ›Schaffung‹ von Gegenständen mit, da diese erst durch den sprachlichen Sinn auch ihren Charakter als Gegenstand bekommen. Die Studien von Humboldt und Cassirer bieten dafür hinreichende Belege. Mit Mills Auffassung verträgt sich auch die Kritik Saussures an der Vorstellung des Nominalismus, bei den sprachlichen Ausdrücken handle es sich um beliebige Zeichen, die keinerlei Bedeutungszusammenhänge untereinander aufweisen.

6. Sprache als menschliche Tätigkeit

Auch wenn Leibniz der nominalistischen Auffassung von Sprache, wie sie repräsentativ an John Locke dargestellt wurde, entschieden entgegentrat, wirkte die These von der Arbitrarität der sprachlichen Zeichen weiter. So entwickelte Condillac (*Essai sur l'origine des connaissances humaines*, 1746) eine sensualistische Theorie für die Entwicklung aller Denkvorgänge, in der diese These eine zentrale Rolle spielt (vgl. Haßler 1992, S. 120). Dadurch wurde die Frage nach der Richtigkeit der Sprache in eine Richtung gelenkt, die der φυσει-These im Kratylos wenn auch in anderer Form zu neuer Aktualität verhalf. Die Frage nach dem Sprachursprung rückte in der Vordergrund. Die Suche nach dem Ursprung der Sprache verband sich mit der Frage nach der ›natürlichen Richtigkeit‹ der Sprache. Diderot (*De l'interprétation de la nature*, 1753) stellt dazu Überlegungen an, ob sich aus der Reihenfolge der Entstehung von Bedeutungen nicht auch Hinweise für eine Antwort auf die Frage finden lassen, welche Wortfolge in der gegenwärtigen Verwendung der Sprachen die ›natürliche‹ sei. Aus der Vielzahl von Stellungnahmen und philosophischen Erklärungen zur wechselseitigen Beziehung von Sprache, Denken und Gesellschaft ist jene Diskussion herauszuheben, die sich mit der von der Berliner Akademie der Wissenschaften und Schönen Künste 1769 gestellten Preisfrage »Haben die Menschen, Ihrer Naturfähigkeit überlassen, sich Sprache erfinden können?« verband.

6.1 Sprache und Vernunft als Tätigkeit: Herder

In seiner Antwort (*Abhandlung über den Ursprung der Sprache*, 1772) umgeht Johann Gottfried Herder (1744–1803) den künstlich aufgebauten Gegensatz, der Mensch müsse entweder die Sprache von Gott haben oder sich diese als Naturwesen selbst geschaffen haben. Vertreter der zweiten These stehen vor der Schwierigkeit, erklären zu müssen, wie ein Naturwesen ohne Sprache und Vernunft ein vernünftiges Konstrukt wie die Sprache schaffen konnte. Es bleibt immer ein qualitativer Sprung zwischen Natur- und Sprachwesen, der durch keine Erklärung zufriedenstellend überbrückt werden kann. Herder, der in Königsberg neben seinem Medizinstudium Vorlesungen von Kant besuchte, setzt sich mit seinen Ausführungen zur Sprache in einen Gegensatz zu der Auffassung, daß die Sprache eine von Gott dem Menschen gegebene Einrichtung sei.

In seiner Abhandlung macht Herder zunächst naturhafte Komponenten der Sprache aus, die der Mensch in gewisser Weise durchaus mit dem Tier gemeinsam hat, nämlich die Sprache der Empfindungen, die affektiven Laute des Wohlbefindens und des Schmerzes. Aber auch wenn diese Naturlaute konstitutive Bestandteile der menschlichen Sprache sind, erschöpft sich diese doch nicht darin, sondern zeichnet sich durch das Moment der Reflexivität aus. Man muß in diesem Zusammenhang an Herders anthropologische Bestimmung des Menschen erinnern: Im Vergleich zur Instinktausstattung des Tieres erweist sich der Mensch als ein ›Mängelwesen‹. Die Natur hat ihm statt des Instinktes mit einem anderen Vermögen ausgestattet: Die positive Seite der fehlenden Determination durch Instinkte ist seine Freiheit. Mit dieser Freiheit geht die genannte Reflexivität (Herder nennt es ›Besonnenheit‹) einher. Darin zeigt sich für Herder, daß sich mit jeder menschlichen Tätigkeit ein Moment der Bewußtheit verbindet. Man kann sich das in zweierlei Hinsicht veranschaulichen: Die Artikulation eines Lautes geschieht nicht unwillkürlich, sondern enthält einen intentionalen Aspekt – er ist bewußt an eine andere Person gerichtet (bspw. um sie zum Mitgefühl zu bewegen) und soll etwas (bspw. ein Schmerzempfinden) zum Ausdruck bringen. Ebenso kann das Wahrnehmen eines Naturlautes bspw. des Blökens eines Schafes, von dem ›Bewußtsein‹ begleitet sein, daß dieser Laut die Existenz eines Schafes anzeigt. An diesem Beispiel läßt sich zeigen, daß der Mensch ein Naturzeichen als Merkzeichen in seiner repräsentativen Funktion faßt. In der Weise erklärt Herder auch, daß der Mensch sich selbst Sprache schafft. Das sprachliche Zeichen weist damit eine dreistellige Struktur auf: Der Mensch erzeugt ein Zeichen (d.i. ein sinnliches Material), das er als Repräsentanten für ein Objekt verwendet. Die Besonderheit dieses Schaffens von Sprache zeigt sich in der ›Gleichzeitigkeit‹ von Vernunft und Sprache. An der Bildung von sprachlichen Zeichen wirkt die menschliche Vernunft insofern mit, als aus dem Kontinuum von sensitiven

Eindrücken bestimmte Segmente zu gegliederten und distinkten gegenständlichen Einheiten ausgesondert werden. Sprache und Vernunft arbeiten mit Charakterisierungen und Typisierungen (Herder's Sprachphilosophie 1960, S. 206). Im Bereich der sinnlichen Erfahrung liefern die Phänomene selbst die vom Verstand auszuwählenden Merkmale. Der Verstand vereinheitlicht durch Typisierungen die mannigfaltigen sinnlichen Eindrücke zu Merkmalen einer gestalt- und sinnhaften Einheit (ebd., S. 190; vgl. Gaier 1988, S. 75 ff.). Die Merkmalsbildung geschieht in Abhängigkeit von einem nach bestimmten Umständen und Bedürfnissen gewählten Gesichtspunkt. Sprache ist für Herder eine zweckgebundene intentionale Gliederung der Welt zum Zweck der Überschaubarmachung und Aneignung (ebd., S. 100). Darin zeigt sich auch, wie Sprache als ein natürliches Organ des Verstandes zu begreifen ist. Auf der anderen Seite ist auch die Arbeit des Verstandes nicht ohne Merkmalsbildung möglich. Die Gliederung des Verstandes leistet wiederum die Sprache. Die Verquickung von Sprache und Vernunft verdeutlicht Herder durch die parallel stattfindenden Leistungen: Aus einem diffusen Allgemeinen werden durch den Verstand Partikularitäten durch Feststellung von Ähnlichkeiten, Unterschieden und Identitäten geschaffen. Auf der sprachlichen Seite korrespondiert dem eine Abstraktivität, die sich in Gemeinwörtern wie ›Baum‹, ›Herde‹ artikuliert. Der Begriff stellt für Herder ein abstraktives Kategorisieren dar. Er wird hervorgebracht durch eine Handlung des Verstandes. Der Begriff läßt sich demnach als ein Bündel von Merkmalen verstehen, durch das ein Objekt der Erfahrung charakterisiert ist.

Die Charakterisierung der Vernunftarbeit der Sprache läßt sich in einem doppelten Sinne zusammenfassend charakterisieren:

1. Vermittels der in einer Sprache verfügbaren Systematisierungen ordnet und bezeichnet der Mensch seine Gedanken, schafft er Begriffe und Verbindungen von Begriffen.
2. Sprache stellt den Umfang von sichtbar gewordenen Gedanken dar (vgl. ebd., S. 94; vgl. Schmidt 1968, S. 53).

Ein solches Schaffen der Sprache durch den Menschen kann nach Herder nicht durch das einzelne Subjekt geleistet werden, sondern vollzieht sich innerhalb eines sozialen Verbandes. Der Einzelne würde verwildern, dagegen führt die gemeinschaftliche Sprachtätigkeit zu einem Forstschritt in der sprachlichen und kulturellen Fortbildung. Wenn Kulturschöpfungen an eine Sprachgemeinschaft zurückgebunden sind, dann ergibt sich daraus zwangsläufig eine Vielfalt der Kulturen und der Weltanschauungen. Dem Relativismus der Kulturen steht ein historischer Relativismus zur Seite. Wenn die Vernunft ihre historische Gestalt erst durch die Sprache gewinnt, dann ist sie selbst in den Prozeß der Sprachentwicklung eingebunden. Daraus resultiert die historisch-situative Interessengebundenheit eines jeden Gedankens. Von daher erscheint es nicht mehr plausibel, von einer situationsunabhängigen Wahrheit und einer allgemeinen Vernunft zu reden. Diese Folgerung münzt Herder um in eine Kritik an Kants Streben nach allgemeinen Verstandesbegriffen (vgl. Schmidt 1968. S. 54 ff.).

6.2 Sprache als bildendes Organ des Denkens: Wilhelm von Humboldt und Cassirer

Humboldt (1767–1835) ordnete seine Studien zur Sprache nicht der Philosophie zu. Er studiert zunächst Rechtswissenschaften in Frankfurt/Oder und Göttingen, beschäftigt sich aber Zeit seines Lebens mit vergleichender Anthropologie und vergleichender Sprachbetrachtung. Aus dieser Verknüpfung resultiert auch seine These von der sprachlichen Weltansicht. Er behauptet damit ein Bedingungsverhältnis zwischen Sprache und Denken. Der philosophische Gehalt seiner Sprachbetrachtungen zeigt sich gerade darin, daß er zumindest schon in der Tendenz jenes Modell als fragwürdig erscheinen läßt, das dem Denken erste Priorität und der Sprache nur den Stellenwert der Vermittlung fertiger Gedanken einräumt. Der traditionelle erkenntnistheoretische Dualismus, der Denken und Wirklichkeit gegenüberstellt, verliert dadurch an Bedeutung. Da nach Humboldt die Sprache schon bei der Auffassung des Gegenstandes konstitutiv mitwirkt, verliert auch das Modell des Nominalismus seine Plausibilität. Es werden nicht irgendwelche Ausdrücke fertigen Entitäten zugeordnet, vielmehr gibt Sprache den kategorialen Rahmen ab, in dem sich Gegenständliches erst bilden kann. Wenn von ›Weltansicht‹ die Rede ist, dann ist damit gemeint, daß die Vorstellung von Wirklichkeit begründet ist in der Art, wie wir die Welt sprachlich fassen. Schon in den Kategorien einer Sprache, also in ihren grammatischen, d.h. morphologischen und syntaktischen, Formen wie in ihrem semantischen Aufbau kommt eine ›Sichtweise‹ zur Geltung.

Die Wahrnehmung kann nicht als passives Rezipieren einer fertigen Gegenstandswelt verstanden werden, vielmehr geht der Mensch beim Wahrnehmen und Erkennen immer schon mit einer ›logisierten‹ (d.i. sprachlich-kategorial geordneten) Welt um. Denn nicht die Gegenstände treten in seinem Denken oder seiner Rede auf, sondern die sprachlich vermittelten, durch Merkmale unterschiedenen Gegenstandsbegriffe (Humboldt 1988, S. 73; vgl. Schmidt 1968, S. 74). Die Bedeutung des Begriffs geht aus dem Satzzusammenhang hervor. Primär ist der Satz, bei Humboldt verstanden als Rede. Sowohl hinsichtlich der Genese wie hinsichtlich des Gebrauchs sind die Begriffe nicht von den Worten im syntaktischen Zusammenhang zu lösen (Humboldt 1988, S. 478). Humboldt mißt deshalb den grammatischen Formen eine besondere Bedeutung zu: Die grammatisch-logische Form der Sprache entspricht dem ›Organismus‹ des Denkens. Dementsprechend stehen Formen der Sprache und Denkformen in enger Beziehung. So stellen die grammatischen Formen, besonders die sogenannten Wortarten, gleichzeitig die Formbahnen der logische Ordnungsprozesse der Sprachbenutzer dar (vgl. Schmidt 1968, S. 71). Humboldt trägt damit bereits eine Semantik vor, in der es um die Einordnung der Kategorien des Denkens und des Redens geht.

Sprache als Auffassungsweise der Welt zeigt sich in einem doppelten Charakter: Als ›**Ergon**‹ repräsentiert sie ein Reservoir an (bereits getätigten) Welt-Anschauungen einer Sprachgemeinschaft. Diese Anschauungen liegen für den einzelnen Sprecher in begrifflicher Form vor und normieren damit den

Sprachgebrauch des einzelnen. Der Charakter der ›Energeia‹ kommt darin zum Vorschein, daß erst in Tätigkeit des sprachlichen Formens die wirklichkeitskonstituierende Leistung umgesetzt wird. Das Wort ist für ihn nicht Abdruck des Gegenstandes, sondern das im Geist erzeugte Bild des Gegenstandes. Energeia umfaßt bei Humboldt die gesamte konkrete Tätigkeit des menschlichen Geistes, sowohl der einzelner Individuen wie der ganzer Völker. Als Ergon repräsentiert die Sprache das bereits Erkannte. Sie stellt für das einzelne Individuum die geschichtlich kulturellen Vorgaben der eigenen Sprachgemeinschaft dar. Im Aspekt der Energeia ist der Möglichkeit der Entdeckung von zuvor Unbekanntem enthalten. Zur menschlichen Natur gehört das Produzieren von Sprache; Denken ist nur in und durch die Sprache möglich.

Die Überlegung Humboldts bieten Cassirer (1874–1945) die geeignete Grundlage, um in eine Auseinandersetzung mit verschiedenen erkenntnistheoretischen Positionen zu treten. Auf die seine *Philosophie der symbolischen Formen* (1923 ff.) leitende erkenntniskritische Fragestellung macht er schon in dem Aufsatz *Die Kantischen Elemente in Wilhelm von Humboldts Sprachphilosophie* (1923) aufmerksam: Humboldts Sprachtheorie stellt die endgültige Abwehr der bloßen Nachahmungs- und Abbildungstheorien dar. Cassirer weist darauf hin, daß bereits der Prozeß der Sprachbildung erkennen lasse, wie das Chaos unmittelbarer Eindrücke sich für uns erst dadurch gliedert, daß wir die Einzelmomente benennen. Dadurch wird dem Sinnlichen eine bestimmte gedankliche Qualität und der Welt der Eindrücke erst bewußthafte Konstanz verliehen. Die Möglichkeit der Benennung erfordert allerdings, daß sich aus der Vielfalt der Eindrücke bestimmte gleichbleibende Grundgestalten (anschaulicher und begrifflicher Natur) herausbilden können. Dazu reicht es nicht hin, daß sich ein sinnlicher Eindruck wiederholt, vielmehr hängt die Erinnerungsmöglichkeit davon ab, daß ein sinnlicher Inhalt an ein Zeichen gebunden ist. Diese Bindung an ein Zeichen impliziert für Cassirer zweierlei – und kann deshalb nicht in einem naiven Sinn als bloße Bezeichnung eines vorgegebenen sinnlichen Materials begriffen werden:

1. dem Zeichen kommt im Gegensatz zu dem realen Wechsel der Einzelinhalte des Bewußtseins eine bestimmte ideelle Bedeutung zu, die Kontinuität aufweist;
2. das Zeichen ist (anders als die gegebene einfache Empfindung) ein Repräsentant für eine Gesamtheit – besser: für den Inbegriff möglicher Inhalte.

Cassirer nimmt in diesem Zusammenhang einen Gedanken auf, den er in *Substanzbegriff und Funktionsbegriff* (1910) ausgeführt hatte:

> »Versteht man (daher) die Repräsentation als Ausdruck einer ideellen Regel, die das Besondere, hier und jetzt Gegebene […] in einer gedanklichen Synthese zusammenfaßt, so haben wir es hier mit keiner nachträglichen Bestimmung zu tun, sondern mit einer konstitutiven Bedingung allen Erfahrungsinhalts zu tun.« (Cassirer 1985, S. 377)

Sprache ist kein einfaches Produkt, sondern als ein kontinuierlicher Prozeß zu verstehen, in dem sich für den Menschen die Umrisse seiner Welt immer klarer abzeichnen.

Diese Grundstruktur des Erkennens, wonach jeder einzelne Inhalt in einem Netzwerk mannigfacher Beziehungen steht (PhSF Bd. I, 1985, S. 42 f.), ist in dem angelegt, was Cassirer die ›natürliche Symbolik‹ nennt: Jeder Inhalt verweist auf ein Ganzes und macht insofern auch das gerade nicht unmittelbar Präsente vorstellig. Der Terminus der ›**symbolischen Prägnanz**‹ charakterisiert dieses Verhältnis aus der Wahrnehmungsperspektive: Jede Wahrnehmung faßt zugleich mit dem sinnlichen Inhalt einen Sinnzusammenhang, der nicht auf das sinnliche Erlebnis reduzierbar ist. Diesen Umstand, daß dem Menschen nicht nur ein einzelner sinnlicher Eindruck gegeben ist, sondern damit auch schon immer ein geistiger Gehalt, bezeichnet Cassirer als Grundfunktion des Bedeutens. Als Resultat seiner Überlegung können wir festhalten, daß jede Form von Gegenständlichkeit symbolvermittelt ist, daß jedes sprachliche Zeichen der Grundfunktion des Bedeutens entspricht (ebd., S. 42, 235; vgl. Prechtl 1995, S. 199 ff.; Schwemmer 1997, S. 46 ff., S. 69 ff.).

Die Bedeutung der Sprachauffassungen von Humboldt und Cassirer ist darin zu sehen, daß sie die spezifische Leistung der Sprache im Hinblick auf die Sinnkonstitution herausgestellt haben. Sprache dient nicht der Darstellung oder Repräsentation von etwas, was bereits da ist oder sprachunabhängig gegeben ist. Die Tatsache, daß mit der Umgangssprache dem Menschen bereits ein Sinn vermittelt ist, berechtigt zu der Feststellung eines »Sinnapriori der Sprache« (vgl. Apel 1963, S. 26, 39). Im Hinblick auf die noch zu erörterten sprachanalytische Bedeutungstheorie kann man den Stellenwert der Sinnstiftung folegendermaßen bestimmen:

> »Ein reiner Verstand – dies zeigt die logische Semantik – vermag wohl die logische Eindeutigkeit einer Sprache sicherzustellen, nicht aber die Bedeutung selbst, die er präzisiert, der Welt selbst abzugewinnen. Dies ist in der Umgangssprache immer schon geschehen.« (ebd., S. 27).

Der Sprache kommt welterschließende Funktion zu, d.h. mittels Sprache wird die ›Welt als etwas in einer Bedeutsamkeit aufgeschlossen. Diese Sprachauffassung steht in einem Gegensatz zu jener Auffassung, die das sprachphilosophische Problem auf die Frage beschränkt, wie einer fertig gegebenen Tatsachenmannigfaltigkeit ein richtig geordnetes Zeichensystem zuzuordnen ist (vgl. Apel 1973, S. 192).

Die analytische Sprachphilosophie teilt mit der traditionellen Sprachphilosophie die Annahme, daß die Sprache uns die Welt erschließt und in der Sprache unser Verhältnis zur Welt zum Ausdruck kommt.

Kennzeichnend für die analytische Sprachphilosophie ist, daß sie sich in ihren Untersuchungen auf die Verwendungsweise sprachlicher Ausdrücke konzentriert. Natürlich ist auch schon ein Unterschied in der Form der Sprachuntersuchung festzumachen, aber der grundlegende Gegensatz zur Tradition wird erst durch die Auffassung der sprachanalytischen Philosophie begründet, daß Sprachuntersuchungen immer zugleich nicht-sprachliche Sachuntersuchungen, d.h. auch philosophische Probleme, einschließen (vgl. Hoche 1990). Der Zweck der Philosophie ist die logische Klärung der Gedanken – insofern ist die Philosophie als Tätigkeit der Kritik und nicht als Lehre zu begreifen. Die

Analyse der Sprache stellt gleichzeitig eine Analyse unseres Denkens und unserer Vorstellungen über die Welt dar. Das Bewußtsein, daß die Sprache ein besonderes Werkzeug des Menschen darstellt, kommt in spezifischer Weise zur Geltung: Mit Hilfe der Sprache beschreibt er die Wirklichkeit und benennt er Gegenstände.

II. ANSÄTZE UND PROBLEM-STELLUNGEN DER ANALYTISCHEN SPRACHPHILOSOPHIE

In der Metaphysik wie in der Erkenntnistheorie spielen Formen der Sprachkritik eine – wenn auch verschiedene – Rolle. Sprachkritik zeigt immer schon eine Nähe zur Erkenntniskritik, da mit ihr Fragen über die Bedingungen der Möglichkeit von Wirklichkeiterfassung und von Erkennen verbunden sind. In ihrer negativen Funktion zielt Sprachkritik darauf ab, den falschen Gebrauch der Sprache und damit auch Fehlformen des Denkens zu bereinigen. Es wurde zur Aufgabe sprachkritischen Denkens, die zunächst nicht bewußt gemachten Bedingungen von Sprechen und Denken zu thematisieren. Die problemgeschichtliche Darstellung zeigte, daß jeweils unterschiedliche Aspekte als thematisierungsbedürftig angesehen wurden. Einmal akzeptierte Resultate bleiben nicht unberührt von kritischen Fragen. In dieser Hinsicht ist die noch zu diskutierende sprachanalytische Philosophie von anderen Arten des Philosophierens nicht so sehr unterschieden. Auch sie ist von dem Bemühen getragen, die Wirklichkeit »unverzerrt« zu erkennen. Was sie von manchen der bisher dargestellten Positionen abhebt, ist die Fixierung des Blickes auf die Sprache und ihre möglichen Fallstricke. Das rührt daher, daß nicht selten Fragestellungen in der Philosophie in einer Begrifflichkeit vorgetragen wurden, die Raum zu beliebigen Spekulationen offen ließ. Dadurch konnte weder das Problem in eine handhabbare Form gebracht werden, noch die angebliche Lösung als zufriedenstellendes Ergebnis angesehen werden.

Das Bemühen um Wirklichkeitserkenntnis geht offensichtlich nicht ohne eine kritische Auseinandersetzung über die dafür erforderlichen Begriffe ab. Das ist in einer Naturwissenschaft wie der Physik nicht anders. Sie hat allerdings gegenüber der Philosophie den Vorteil, daß der ›Gegenstand‹, auf den sich ihre Begriffe und theoretischen Modelle beziehen, zum Prüfstein der Bewährung wird. Die Philosophie dagegen muß sich dazu noch überlegen, was sie als ihren Prüfstein betrachten will und hat zudem zu begründen, weshalb und wodurch dieser zum einem Kriterium der Überprüfung werden kann.

In der weiteren Diskussion werden Positionen der analytischen Philosophie vorgestellt, die diese Fragen in einer spezifischen Weise angehen. Eine Darstellung der sprachanalytischen Philosophie oder analytischen Sprachphilosophie sieht sich gleich zu Beginn vor die Schwierigkeit gestellt, das zu behandelnde Feld an philosophischen Forschungen nur behelfsmäßig angeben zu können. Das liegt zum einen darin begründet, daß die sprachanalytische Philosophie keine einheitliche Position darstellt – auch nicht darstellen kann, da sie im Laufe ihrer Entwicklung ganz unterschiedliche Wendungen vollzogen hat, zum anderen darin, daß die einzelnen Autoren schon mit einem unterschiedlichen Verständnis ans Werk gingen.

Bevor wir in die Diskussion der verschiedenen Positionen der sprachanalytischen Philosophie einsteigen, erscheint eine erste Klärung der Bezeichnung ›sprachanalytisch‹ angezeigt. Eine erste Verwirrung entsteht schon dadurch, daß einmal von analytischer Philosophie oder analytischer Sprachphilosophie ein anderes Mal von sprachanalytischer Philosophie die Rede ist. Wenn im folgenden Text unterschiedslos von analytischer Sprachphilosophie und sprachanalytischer Philosophie die Rede ist, dann beziehe ich mich dabei zunächst auf eine philosophiegeschichtliche Strömung, die mit Moore, Russell, Frege begonnen hat. Diese Namen lassen sich wegen systematischer Zusammenhänge in ihren sprachphilosophischen Interessen auf einen Nenner bringen. Gemeinsam ist ihnen eine kritische Absicht, die sie gegen unterschiedliche Formen und Positionen der traditionellen Philosophie vorbringen. An erster Stelle steht ihre Kritik an der Metaphysik als einer Art der Philosophie, die für sich in Anspruch nimmt, Aussagen über die Wirklichkeit zu machen. Dieser Anspruch sollte nicht dadurch eingelöst werden, daß seitens der Philosophie irgendwelche empirischen Feststellungen getroffen werden, sondern dadurch, daß man sich darüber Klarheit verschafft, welche Vorstellung von Wirklichkeit wir zugrunde legen können. Entsprechende Fragestellungen treten in der Erkenntnistheorie auf, in der man eine gesicherte Basis des Wissens ausweisen wollte und dazu die Beziehung des menschlichen Bewußtseins zu der äußeren Realität problematisierte. Die Behandlung dieser Fragen geschah entweder unter ontologischer Perspektive, der es um die Erkenntnis des Wahren geht, oder aus mentalistischer Perspektive, der es um die Bedingungen und Möglichkeiten des Bewußtseins als Grundlage der Erkenntnis geht (vgl. Schnädelbach 1991, S. 46 ff.). Die neue philosophische Strömung setzt mit einer Kritik ein, die sich gegen verschiedene Formen und Versuche, diese Fragen zu beantworten, richtet. Der Stein des Anstoßes waren verschiedene Begriffsbildungen einerseits und der Rekurs auf mentale Phänomene wie die subjektiven Vorstellungen andererseits. Die Parole der kritischen Strömung war, zunächst mit einer Analyse der Begriffe zu beginnen. Insofern artikulieren die verschiedenen Vertreter ein sprachanalytisches Interesse, das seinerseits auf unterschiedlichem Wege eingelöst werden kann. Damit ging aber gleichzeitig der Anspruch einher, für bestimmte philosophische Probleme eine adäquatere Zugangsweise zu schaffen. Beide Aspekte vermischen sich in dem Begriff der sprachanalytischen Philosophie. Mit der Forderung, die Philosophie solle ihre Fragen nicht blindlings zu beantworten versuchen, sondern sich zunächst einmal um die eindeutige und präzise sprachliche Formulierung ihrer Problemstellungen kümmern, ist jener kritische Aspekt genannt, der den verschiedenen Autoren gemeinsam ist.

> »Wenn die analytische Philosophie vom analysierenden Vorgehen Moores und Russells her ihren Namen bekommen und bis heute behalten hat, dann nicht deshalb, weil man ihre heterogenen Verfahren möglicherweise unter dem Namen »Analyse« zusammenfassen könnte, sondern weil sie sich die analytische Haltung zum Vorbild genommen hat: Die Überprüfung philosophischer Behauptungen an ihren Folgerungen; [...] die Forderung nach Klarheit und intersubjektiver Überprüfbarkeit; kurz die Überzeugung, daß die üblichen Standards sorgfältiger wissenschaftlicher Arbeit auch für den Philosophen zu gelten haben.« (Savigny 1970, S. 15)

Die Unterschiede treten dann auf, wenn es darum geht, auf der Grundlage der Kritik zu einem neuen Paradigma zu gelangen, in dem die Fragen nach der Grundlage der Erkenntnis in eine beantwortbare Problemstellung überführt werden. Die Lösungsstrategien orientierten sich zunächst an einer dem Vorbild der Mathematik abgelesenen logisch-syntaktischen bzw. logisch-semantischen Analyse der Sprache und der Bestimmung der Funktionen der Sprache. Demgemäß kann sprachanalytisches Philosophieren nicht einfach als Reflexion über die Sprache, sondern Philosophieren mittels der Sprache bzw. auf der Grundlage eines bestimmten Sprachmodells, verstanden werden (vgl. Hoche/Strube 1985, S. 23 ff.). Der kritische Aspekt beinhaltet den sprachanalytischen Kern, der konstruktive Aspekt die Perspektive einer analytischen Sprachphilosophie. Denn in der Sprache bzw. deren durch eine logische Analyse gewonnenen Struktur suchte man jenes neue Paradigma des Philosophierens.

Es empfiehlt sich, davon die Bezeichnung ›analytische Philosophie‹ abzuheben. Denn unter diesen Namen fallen auch jene Themen der modernen Wissenschaftstheorie, die Fragen der wissenschaftlichen Theoriebildung betreffen, die sich mit Fragen der Prüfung, Begründung und Bestätigung erfahrungswissenschaftlicher Theorien befassen. Der Zweig der modernen Wissenschaftstheorie steht natürlich in einem engen Zusammenhang mit dem ›linguistic approach to philosophy‹, der auch das Kennzeichen des neuen Paradigmas ist. Bei verschiedenen sprachlogischen Problemen gibt es enge Berührungspunkte. Denn zahlreiche Probleme haben einen syntaktischen und einen semantischen Aspekt, dessen grundsätzliche Erörterungen sich mit den Überlegungen der sprachanalytischen Philosophie decken (vgl. Stegmüller 1974, S. XI ff.). Vor allem in der Darstellung von Carnap werden solche Überschneidungen häufiger zur Sprache kommen. Sein Vorschlag, die Aufgaben der Philosophie in den Fragen einer Wissenschaftslogik zu suchen, kann aber nicht für die gesamte sprachanalytische Philosophie Geltung beanspruchen.

Die Forderung nach formalen Sprachen ist mit der Erwartung und Zuversicht verbunden, daß die Bedeutung von sprachlichen Ausdrücken mit Hilfe der Logik in präziser Weise erklärt werden kann. Der Philosoph solle sein Interesse nicht mehr auf das ohnehin unerkennbare Wesen der Wirklichkeit richten, sondern seine Tätigkeit auf die Erforschung des begrifflichen Instrumentariums verlegen, dessen wir bedürfen, wenn wir eine wahre Beschreibung der Welt anstreben. Wir müssen nach diesem Verständnis zuerst die sprachlichen Konventionen und das ihnen zugrundeliegende komplexe System von Regeln untersuchen.

Als Aufgabe steht nun an, daß der begriffliche Rahmen analysiert werden soll, innerhalb dessen über Wahrheit und Falschheit theoretischer Aussagen geurteilt wird. Ein solches Ansinnen war aus der Vorstellung heraus motiviert, daß Wörter, Sätze oder sprachliche Systeme einen objektiv bestimmbaren Gehalt haben. Diesen Gehalt, der sich als feste Bedeutung zeigen müßte, sollte die philosophische Sprachanalyse freilegen.

Die neue Tendenz der analytischen Sprachphilosophie besteht in ihrem Interesse, zu einer kritischen Beurteilung der den sprachlichen Systemen zugrunde liegenden Regeln zu gelangen. Um dieses Ziel zu erreichen, müßte es gelingen, mit Hilfe der Logik zu einer allgemeinen Bedeutungstheorie zu finden. Mit ihrer Hilfe könnte man die logischen Mechanismen, die das Verstehen von sprachlichen Ausdrücken voraussetzt, erklären. Eine formale Semantik müßte es also leisten, das Sprachsystem mit Hilfe von präzisen Begriffen zu analysieren. Eine exakt formulierte Wahrheitstheorie sollte den Bezug der Sprache auf die Wirklichkeit, d.h. die Beziehung der sprachlichen Gebilde auf Gegenstände der wirklichen Welt, auf adäquate Weise darstellen. Vorherrschend war der Gedanke, daß allein eine formale Wahrheitstheorie eine angemessene Erklärung von Bedeutung liefern kann. Es sollte erklärt werden, wie der Wahrheitswert komplexer Aussagen aufgrund der Wahrheitswerte der elementaren Sätze zu bestimmen seit. Der Bezug der Sprache auf die Welt wird demnach dadurch hergestellt, daß man den singulären und allgemeinen Ausdrücken einen Bezug zu Außersprachlichem (d.i. eine Extension) zuordnet (vgl. Lauener 1992, S. 852 ff.).

1. Die Form der Analyse: George Edward Moore

Auch wenn man die Wende zur sprachanalytischen Philosophie in gewisser Hinsicht als Zäsur in der Art des Philosophierens betrachten kann, steht sie in mehrfacher Hinsicht in einem Zusammenhang mit der sog. traditionellen Philosophie. Ein erster, negativer Bezug ist in der hauptsächlich von G.E. Moore (1873–1958) vollzogenen Opposition zum spekulativen Idealismus zu sehen. Moore fand in Russell einen Mitstreiter gegen die von Bradley und McTaggart vertretene idealistische Auffassung. Sie verstanden deren Position als die erkenntnistheoretische Behauptung, daß unsere lebensweltlichen Vorstellungen und Begriffe nicht als Wirklichkeit aufzufassen seien. Im strengen Sinne müßten wir unsere alltäglichen Erfahrungen als eine Scheinwirklichkeit auffassen. Die eigentliche Stoßrichtung eines solchen spekulativen Idealismus geht gegen die empiristische Annahme, daß die Wirklichkeit aus konkreten Dingen und Begebenheiten besteht. Diese Position wird erst hinreichend verständlich, wenn man sich den Hegelschen Argumentationskontext vergegenwärtigt, auf dem solche Ansichten ruhen. Hegel thematisiert in der *Phänomenologie des Geistes* (1807) unterschiedliche Auffassungen von Wahrheit und Gewißheit. Er will dabei zeigen, daß Auffassungen von ›Wahrheit‹, die als grundlegende Basis die Sinnlichkeit (die ohne jegliche Begriffe auszukommen glaubt) annehmen, ebenso unhaltbar sind wie eine empiristische Wahrnehmungstheorie. Die Phänomenologie des Geistes soll an die Stelle der psychologischen Erklärungen und der abstrakten Erörterungen über die Begründung des Wissens treten. Entsprechend lautete der ursprüngliche Titel *Wissenschaft der Erfahrung des Bewußtseins*. Hegel hatte mit seinem Werk den Anspruch verbunden, eine neue philosophische Wissenschaft zu begründen. Das Unternehmen Hegels muß man allerdings in den zugehörigen historisch-systematischen Rahmen einordnen: Es dient ihm zur Entwicklung einer neuen Metaphysik, die er als eine ›Wissenschaft der Wahrheit‹ bezeichnet. In seiner Wissenschaft der Logik stellt er dementsprechend die Formen des (›endlichen‹) Erkennens dar, nämlich ontologisch die Kategorien und logisch Begriff, Urteil und Schluß als Formen des Verstandesdenkens. Er will schließlich zeigen, wie dieses Erkennen in das metaphysische Denken übergeht (vgl. Pöggeler 1973, S. 329 ff.). Es ist hier nicht der Ort, Hegels Gedankengänge im Einzelnen zu erörtern. Aber es sollte deutlich geworden sein, daß Bradley und McTaggart sich in diesem metaphysischen Rahmen bewegen, wenn sie die Aussage treffen, die Grundlage der Wirklichkeit läge in den geistigen Formen, mit denen wir sie erkennen. In der Aussage »der Geist ist das einzig wahrhaft Wirkliche« kommt diese Position des Idealismus sehr pointiert zum Ausdruck.

Moore setzt dem Idealismus eine Reihe von ›Binsenweisheiten‹ entgegen, für die er mit Sicherheit behaupten kann, daß sie wahr sind und damit einer Beschreibung der Wirklichkeit entsprechen: Der Mensch hat einen Körper, der zu einem bestimmten Zeitpunkt in der Vergangenheit zur Welt kam; ein menschliches Wesen hat und hatte verschiedene Erlebnisse unterschiedlicher Art. Man kann sich gut vorstellen, wie Moore im Vorlesungssaal vor seinen Studierenden beide Hände in die Höhe hebt und demonstrativ erklärt: »dies sind meine Hände«. Er demonstriert damit eine Wirklichkeitsaussage, die kein Mensch bei klarem Bewußtsein bestreiten wollte oder könnte. Seine Kritik setzt ein mit dem Artikel »Die Widerlegung des Idealismus« und wurde ausführlicher fortgesetzt in der Vorlesungsreihe *Einige Hauptprobleme der Philosophie* (*Some Main Problems of Philosophy*, 1953) und in seiner Schrift *Eine Verteidigung des Common sense* (*A Defense of Common Sense*, 1925).

Ein konsequenter Idealist würde dem nur entgegenhalten, Moore habe sich gar nicht adäquat auf die Problemstellung eingelassen, sondern beharre auf einem naiven Standpunkt, von dem aus sich keine erkenntnistheoretischen und metaphysischen Probleme stellen. Damit träfe er sicherlich die Einstellung Moores, überginge aber gleichzeitig dessen grundsätzlichen Einwand gegen eine Philosophie solcher Art.

Betrachtet man Moores argumentatives Vorgehen gegen den Idealismus, wird gleichzeitig deutlich, inwiefern er damit eine neue Art des Philosophierens etabliert. Seine Methode wird als **logische Analyse** und Konsistenzprüfung charakterisiert. Er geht dabei so vor, daß er eine spekulative These (wie »Raum und Zeit sind unwirklich«) auf ihre verschiedenen Bedeutungsmöglichkeiten hin untersucht. Dadurch versucht er, eine solche These zu präzisieren, um anschließend die logischen Konsequenzen daraus zu ziehen. Diese Konsequenzen konfrontiert er mit Annahmen desselben Philosophen, um ihre gegenseitige Unvereinbarkeit zu demonstrieren. Die besondere Pointe seines Verfahrens besteht darin, daß er dabei nicht Annahmen von dessen philosophischem Denksystem ins Feld führt, sondern Annahmen, die für den Philosophen wie für uns alle in unserem gesamten Denken eine fundamentale Rolle spielen. Er würde dahingehend argumentieren, daß solche Annahmen kein vernünftig denkender Mensch ernsthaft in Zweifel ziehen kann. Bspw. müßte sich der Vertreter der These »die Zeit ist unwirklich« fragen lassen, ob er denn nicht auch die Meinung teile, daß gewisse Ereignisse früher als andere sind, konkreter daß die Person X früher geboren wurde als die Person Y. Auf diese Weise konfrontiert Moore eine solche These mit unbestrittenen Alltagsgewißheiten. Der Kritisierte hat bei seiner Antwort nur die Alternative: Entweder er hält an seinem philosophischen System fest, dann müßte die Alltagsgewißheit bestreiten oder ignorieren – darin würde sich die Irrelevanz von dessen philosophischem Denksystem für unsere Erfahrung zeigen, oder er gibt diese Alltagsgewißheit zu – das würde bedeuten, daß er sein eigenes philosophisches System nicht hinreichend ernst nimmt.

Wir können nach diesen wenigen Ausführungen zu Moore in einem ersten Resümee festhalten, worin die neue Form des Philosophierens besteht bzw. nach welchen Grundsätzen sie verfährt:

1. Eine philosophische Analyse ist zunächst und vorrangig eine Untersuchung von Aussagen und Begriffen.
2. Die für die Analyse relevanten Aussagen sollen in der Normalsprache formulierbar sein.
3. Solche Analysen sind auch in bezug auf die philosophischen Probleme der traditionellen Philosophie (sprich: Metaphysik) anzuwenden. Dabei wird sich zeigen, daß ein Großteil davon keine echten philosophischen Probleme darstellen. Moore denkt dabei vorrangig an die Aussagen der genannten idealistischen Philosophie.

Wenn man die Bedeutung solcher Probleme klären will, sollte man Moore zufolge nach bestimmten Analyse-Regeln verfahren. Grundlage solcher Regeln muß es sein zu prüfen, ob philosophische Aussagen (oder ein philosophisches Denksystem) mit Common-sense-Aussagen vereinbar sind. Im einzelnen lassen sich für die Analyse fünf Kriterien namhaft machen:

1. Eine philosophische Aussage muß mit Hilfe von allgemein bekannten Begriffen der Alltagssprache (›ordinary language‹) formuliert werden können.
2. Bei der Konfrontation von Problemen mit Common-sense-Auffassungen ist nur zu unterstellen, daß der weitaus größte Teil der Menschheit durch seine allgemeinen Handlungen erkennen läßt, daß eine solche Auffassung allgemeine Geltung hat. Moore will mit dieser Einschränkung dem Umstand Rechnung tragen, daß sog. Binsenwahrheiten nicht von allen Menschen ausdrücklich behauptet werden. Für diese Wahrheiten ist es ausschlaggebend, daß sie in einem allgemeinen und von jedermann verstandenen Sinn Gültigkeit haben.
3. Die Gültigkeit einer solchen Binsenweisheit wird durch den Hinweis auf andere gleichgeartete Aussagen bewiesen. (Durch diesen Zusatz will Moore jeden Versuch abwehren, die Common-sense-Auffassungen nochmals durch grundlegendere Aussagen etwa durch Bezug auf ein gesichertes Wissen beweisen zu wollen.)
4. Wenn ein Denksystem oder Aussagen einer philosophischen Position zu diesen Auffassungen in einem Widerstreit stehen, muß dies zu einem inneren Widerspruch führen (›performative Inkonsistenz‹). Wie dies zu verste-

hen ist, läßt sich prägnant an einer Aussage über die materielle Wirklichkeit von Dingen zeigen: Die Auffassung »materielle Dinge sind nicht wirklich« muß explizit behauptet werden. Eine solche Aussage kann nur durch eine Person vertreten werden. Eine Person muß aber ein Wesen mit einem Körper, der zu einem bestimmten Zeitpunkt geboren wurde, sein. Die Inkonsistenz ergibt sich daraus, daß der Inhalt der Aussage (»materielle Dinge sind nicht wirklich«) im Gegensatz zu der notwendigen Annahme steht, daß eine diese Auffassung äußernde Person materiell existieren muß (vgl. Flor 1996, S. 77ff.; Hoerster 1984, S. 9 ff.; White 1958). Moore bringt dies in einer Frage auf einen einfachen Nenner: Wie können die Idealisten Bradley und McTaggart behaupten, die Zeit sei etwas Unwirkliches, und gleichzeitig zugeben, *vor* dem Mittagessen gefrühstückt zu haben (Moore 1922, S. 208 f.).

Moore hatte aber noch auf eine andere Weise besonderen Einfluß auf die weitere Entwicklung der sprachanalytischen Philosophie, der meist übersehen wird. Russell (1988, S. 55) hat selbst auf den Stellenwert hingewiesen, den Moores Aufsatz »Über die Natur des Urteils« (The Nature of Judgement, 1889) für seine Auffassung von Tatsachen einnahm. Erwähnenswert ist dieser Bezug deshalb, weil Moores Ausführungen die Sichtweise von Russell und Wittgenstein in Bahnen lenkte, die ihnen den unbefangenen Zugang zu Frege versperrt.

Wie Frege ging es auch Moore um eine Kritik an den psychologistischen Assoziationen, in die der erkenntnistheoretische Begriff der Vorstellung eingebunden war. Beide setzten sich als Ziel den Nachweis, daß es etwas gibt, das unabhängig von unseren Denk- oder Vorstellungsakten ist. Moore entwickelt dazu eine Theorie des Urteils, in der er aufzeigt, daß Aussagen (propositions) aus Begriffen zusammengesetzt sind und daß in einem Urteil eine Aussage behauptet wird. Weder ein Begriff noch die Aussage können dabei als ein ›mental fact‹ aufgefaßt werden. Vielmehr stellt die Aussage einen Bereich des Objektiven dar, der unseren Vorstellungen und Denkakten als Bezugspunkt gegenübersteht. Die Aussage ist zwar dem Denken zugänglich, in ihrer Existenz und Beschaffenheit aber völlig unabhängig davon, ob eine Person sie behauptet. Im weiteren geht es ihm um die Klärung des Begriffs der Wahrheit. Dabei stellt Moore im besonderen heraus, daß die Wahrheit oder Falschheit einer Aussage nicht davon abhängen kann, ob sie in einer Beziehung zur Realität oder zu der Welt in Raum und Zeit steht. Eine allgemeine Definition des Begriffs der Wahrheit wäre durch die Beziehung einer Aussage zu einer Realität nicht zu gewinnen. Denn eine solche Beziehung setzt die Existenz der Realität bereits voraus und somit die Wahrheit der Aussage, daß die Realität existiert. Also beläßt Moore es bei der Feststellung, daß in einem Urteil eine ›Verbindung von Begriffen‹ behauptet wird. Genauere Analysen der Formen und Möglichkeiten der Verbindung von Begriffen stellt er nicht an. Er beläßt es zudem bei der Annahme, daß bestimmte Verbindungen von Begriffen von sich aus die Wahrheit der Aussagen garantieren, die aus diesen Verbindungen entstehen. Von einer solchen Annahme aus führt kein Weg zu einer allgemeinen Klärung von Wahrheit.

Moores Überlegungen zur Aussage wirken bei Russell und Wittgenstein im Begriff der Tatsache fort. Tatsachen werden dort ebenfalls in Analogie zum Satz verstanden. Wie der Satz aus Teilausdrücken besteht, so setzen sich auch Tatsachen aus Teilen zusammen. Die von Moore getroffene Gegenüberstellung von Vorstellung und vorgestellter Aussage wird übersetzt in die Gegenüberstellung von Satz und Tatsache. Dieser Dualismus von Vorstellung und vorgestelltem Begriff bleibt in bestimmter Hinsicht bei Russell bestehen. Er gibt den Rahmen für seinen Erklärungsversuch von Wahrheit ab.

2. Die Objektivität von Gedanken und ihre angemessene sprachliche Darstellung – Freges Konzeption einer idealen Sprache

Mit dem Namen Frege wird hauptsächlich seine Leistung bei der Fortentwicklung der formalen Logik assoziiert. Gottlob Frege (1848–1925), der Mathematik, Physik, Chemie und Philosophie studierte und sich in Mathematik habilitierte, lehrte Zeit seines Lebens an der Universität in Jena. Anders als zu seinen Lebzeiten ist es heute unumstritten, daß die von ihm erbrachte Entwicklung der Aussagen- und Prädikatenlogik einen entscheidenden Fortschritt darstellt. Aber auch die analytische Sprachphilosophie hat wichtige Impulse aus Freges Werk bezogen. Die entscheidenden Gedanken dazu formuliert er in unterschiedlichen Werken und Aufsätzen: *Grundgesetze der Arithmetik, begriffsgeschichtlich abgeleitet* (1893 u. 1903), *Begriffschrift. Eine der arithmetischen nachgebildete Formelsprache des reinen Denkens* (1879), *Logische Untersuchungen* (1986 b), *Über Sinn und Bedeutung* (1986 a; vgl. Carl 1982, Kutschera 1989, Stuhlmann-Laeisz 1995).

Auch wenn Frege nicht zum eigentlichen Kern der analytischen Sprachphilosophen gerechnet werden kann, stellen seine Ausführungen zur logischen Semantik in mehrfacher Hinsicht das gedankliche Grundgerüst der späteren Entwicklungen dar. Als pauschales Indiz für deren Einfluß können die zahlreichen personalen Beziehungen zu Personen, deren Stellenwert innerhalb der analytischen Sprachphilosophie unumstritten ist, angesehen werden. Russells Kontakte zu Frege sind hinreichend bekannt. Er hat sich nicht nur mit Freges Versuch einer Begründung der Mathematik durch die Logik auseinandergesetzt, sondern auch seine sprachphilosophischen Überlegungen unmittelbar an Frege angeknüpft. Wittgenstein, der nach seinem Besuch bei Frege 1911 in regem Briefwechsel mit ihm stand, hat in seinem Werk *Tractatus logico-philosophicus* darauf hingewiesen, daß er von Frege viele Anregungen empfangen habe und selbst in seinem Ausdrucksstil von Frege geprägt sei. Carnap hat zeitweise bei Frege in Göttingen studiert und verweist in seinem Werk *Bedeutung und Notwendigkeit (Meaning and Necessity,* 1947) auf die Bedeutung der semantischen Untersuchungen Freges. Hinter den persönlichen Beziehungen lassen sich grundlegende inhaltliche Gemeinsamkeiten ausmachen, weshalb die Erörterung seiner Überlegungen den anderen vorangestellt wird.

Die Bedeutung Freges für den Beginn der analytischen Sprachphilosophie stimmt nicht mit seiner eigenen Selbsteinschätzung überein. Frege suchte nicht gerade die Berührung mit der Philosophie, gleichwohl empfiehlt er seine *Begriffsschrift* (1879) den Philosophen als ein brauchbares Werkzeug: Auch die Philosophen sollten der der Darstellung der Denkformen einige Beachtung schenken (Frege 1986 c, S. 97). Er hat diese Schrift selbst in einen erkenntnistheoretischen Rahmen gestellt, dessen sprachphilosophische Voraussetzungen er dann reflektiert. Dabei verweist er auf die grundlegende Funktion der Sprache und bringt auch schon den Gedanken einer ›idealen Sprache‹ ins Spiel.

Folgender Grundgedanke bildet die Basis seiner Überlegungen: Ausgehend von der Auffassung, daß wir uns genauere Vorstellungen über die Welt erst mit der Sprache bilden können, müssen wir uns Gedanken darüber machen, wie eine Sprache beschaffen sein müßte, damit sie dieses Ziel gewährleisten kann.

> »Wenn wir aber das Zeichen einer Vorstellung hervorbringen, an die wir durch eine Wahrnehmung erinnert werden, so schaffen wir damit einen festen Mittelpunkt, um den sich Vorstellungen sammeln. [....] Die Zeichen sind für das Denken von derselben Bedeutung wie für die Schiffahrt die Erfindung, den Wind zu gebrauchen, um gegen den Wind zu segeln. [....] In Worten denken wir (trotzdem) und, wenn nicht in Worten, doch in mathematischen oder anderen Zeichen. Wir würden uns ohne Zeichen auch schwerlich zum begrifflichen Denken erheben. Indem wir nämlich verschiedenen aber ähnlichen Dingen dasselbe Zeichen gebe, bezeichnen wir eigentlich nicht mehr das einzelne Ding, sondern das ihnen Gemeinsame, den Begriff. Und diesen gewinnen wir erst dadurch, daß wir ihn bezeichnen [....].« (Frege 1986 c, S. 91 f.).

Dieser Feststellung schiebt er aber gleichzeitig die ersten Bedenken nach: »Die Sprache ist nicht in der Weise durch logische Gesetze beherrscht, daß die Befolgung der Grammatik schon die formale Richtigkeit der Gedankenbewegung verbürge.« (ebd., S. 92). Deshalb kommt er zu dem Schluß, daß sich die Sprache trotz ihrer Unentbehrlichkeit als mangelhaft erweist, »wenn es sich darum handelt, das Denken vor Fehlern zu bewahren«. Da die verschiedenen Mängel der Sprache ihren Grund u.a. in ihrer Veränderlichkeit haben, müssen wir als Ersatz für die Wortsprache ein Ganzes von Zeichen schaffen, »aus dem jede Vieldeutigkeit verbannt ist, dessen strenger logischer Form der Inhalt nicht entschlüpfen kann« (ebd., S. 94). An anderer Stelle stellt er heraus, daß die Unzulänglichkeiten der Wortsprachen nicht nur in der Vieldeutigkeit, sondern vor allem im Mangel fester Formen für das Schließen liegen (Frege 1967, S. 221).

Freges Hinweis, daß die *Begriffsschrift* sowohl eine Theorie des Schließens wie den Entwurf einer ›idealen Sprache‹ beinhalte, ist so zu verstehen, daß in der Erörterung von Begriffen und Unterscheidungen, die wir für die adäquate Darstellung des begrifflichen Inhalts benötigen, ein bedeutender Schritt für die Rechtfertigung wissenschaftlicher Erkenntnis zu sehen ist. Frege drückte das Verhältnis der natürlichen Sprache zu der (noch zu entwerfenden) künstlichen Sprache durch einen bildhaften Vergleich aus: Wenn die natürliche Sprache dem menschlichen Auge gleichzusetzen ist, dann die künstliche Sprache einem Mikroskop. So wie dieses Spezialwerkzeug zu bestimmten wissenschaftlichen Zwecken der Präzisierung des natürlichen Sehens dient, so kann man auch die ergänzende Funktion der künstlichen Sprache einschätzen.

In den wenigen von Frege zitierten Bemerkungen sind gleichsam schon alle relevanten Gesichtspunkte enthalten, um deren Klärung sich auch im weiteren die analytische Sprachphilosophie bemühte. Der gemeinsame Bodensatz der verschiedenen Positionen läßt sich an zwei Fragestellungen festmachen:
1. Wie ist wissenschaftlicher Erkenntnis sicherzustellen?
2. Welche Rolle kommt dabei der Entwicklung einer exakten Sprache zu?

Kennzeichnend für die analytische Sprachphilosophie ist es, daß beide Frage in einem engen systematischen Zusammenhang gesehen werden.

In der *Begriffsschrift* nimmt Frege es in Angriff, ein Antwort auf diese Fragen zu erbringen. Darin bietet er zum einen eine vollständige Übersicht sämtlicher logischer Schlußregeln und benennt zum anderen die Richtlinien zur Schaffung einer künstlichen Sprache. Seiner Intention nach sollte durch die Schaffung einer künstlichen Sprache der Weg dafür bereitet werden, daß in ihr die Urteile einer exakten Naturwissenschaft in gleicher Weise wie die der Mathematik ausgedrückt werden können. In diesem Werk kommt Frege auch auf den Zusammenhang von sprachphilosophischen und erkenntnistheoretischen Voraussetzungen zu sprechen.

Die leitende Fragestellung ist zunächst: Worin ist die wissenschaftliche Erkenntnis begründet? In den damit verbundenen Überlegungen wird der Grundstein für die spätere Distanz zu den erkenntnistheoretischen Überlegungen, wie sie von J. Locke geprägt wurden, gelegt.

Frege äußert erhebliche Bedenken gegenüber solchen philosophischen Unternehmungen, die durch eine geschichtliche Betrachtungsweise das ›Wesen der Dinge‹ zu erkennen suchen. Weder eine solche Wesensforschung noch eine psychologische Beschreibung der Bewußtseinsprozesse kann eine hinreichende Erklärung darüber abgeben, wie man eine beliebige Meinung von einer wissenschaftlichen Erklärung unterscheiden kann.

2.1 Die Voraussetzungen einer wissenschaftlichen Erklärung – erkenntnistheoretische Überlegungen

Der folgende Gedankengang Freges ist nur dann hinreichend zu erfassen, wenn wir uns die grundlegende Fragestellung vergegenwärtigen: Wie kann die Objektivität des Wahren hinreichend bestimmt werden. Dazu ist es erforderlich, sich damit näher zu beschäftigen, wie man sich mit sprachlichen Möglichkeiten auf eine von uns unabhängige Wahrheit beziehen kann.

Ein erster Schritt in diese Richtung bietet folgende notwendige Differenzierung: Um den Begriff der Wahrheit zu bestimmen, müsse – so Frege – zuvorderst unterschieden werden zwischen dem ›Für-wahr-halten‹ und dem

›Wahr-sein‹. Im ersten Fall stellt die urteilende Person den letzten Bezugspunkt dar. Die Unzulänglichkeit einer solchen Wahrheitskonzeption ist offensichtlich, denn eine Person kann sowohl Falsches wie Wahres als wahr beurteilen. Darüber können auch nicht all jene Versuche einer psychologischen Erklärung von Denkgesetzen hinwegtäuschen. Denn sowohl in den berechtigten wie unberechtigten Fällen des Für-wahr-haltens wären psychologische Gesetze im Spiel, ohne daß geklärt werden könnte, warum das Für-wahr-gehaltene auch wahr sein soll. Neben Husserl (*Logische Untersuchungen* Bd. I, 1900) ist Frege derjenige, der ganz entschieden einer unzulässigen Vermengung von logischen und psychologischen Gesetzen entgegentritt (vgl. Prechtl 1998, Kap. 4).

Seine Kritik am Psychologismus muß man vor dem Hintergrund einer starken Tendenz im ausgehenden 19. Jahrhundert sehen, Fragen der Erkenntnis durch psychologische Untersuchungen beantworten zu wollen. Die psychologische Betrachtungsweise wurde von der Untersuchung individueller Erkenntnisvorgänge auf die wissenschaftlichen Theorien (als Produkte des Erkennens) und Gegenstände ausgedehnt. Unter der Bezeichnung ›Psychologismus‹ hat man jene Auffassung zu verstehen, die die Psychologie zur Grundwissenschaft erheben will, da sich alle Erkenntnisleistungen nur psychologisch analysieren ließen. Das hat zur Konsequenz, daß man objektive Sachverhalte auf die psychischen Vorgänge zurückführt, durch die diese konstituiert werden. Ebenso wie Denken und Erkennen werden auch die gedachten und erkannten Sachverhalte als Psychisches aufgefaßt (vgl. Kutschera 1989, S. 162).

Im Zusammenhang mit der Psychologismuskritik schlägt Frege eine wichtige Differenzierung vor: Man müsse in bezug auf eine Meinung unterscheiden zwischen den diese Meinung veranlassenden Ursachen und den rechtfertigenden Gründen. Die Ursachen könnten durchaus im Sinne von psychologischen Gesetzen erklärbar sein, nicht aber die Rechtfertigungsgründe. Diese Unterscheidung wurde innerhalb der philosophischen Erkenntnistheorie nicht zuletzt durch Hume und Kant als Unterscheidung zwischen Genese und Geltung vertreten. Die Erklärung, wie eine Meinung entsteht, beantwortet nicht gleichzeitig die Frage, warum eine solche (wie auch immer entstandene) Meinung als richtig gelten könne.

Im Hinblick auf die rechtfertigenden Gründe bringt Frege eine schon seit Leibniz geläufige Unterscheidung vor: Die begründungsbedürftigen Wahrheiten lassen sich danach einteilen, ob der Beweis rein logisch erfolgen kann oder ob er nur durch Bezug auf Erfahrungstatsachen gestützt werden kann. Leibniz' Differenzierung zwischen Vernunftwahrheit und Tatsachenwahrheit kommt hier wieder zur Geltung. Für diesen Zusammenhang ist auch Kants Einteilung in analytische und synthetische Urteile (wie er sie in der *Kritik der reinen Vernunft* vorgenommen hat) einschlägig: Die synthetischen Urteile stellen eine Erweiterung der Erkenntnis dar und sind deshalb auf Erfahrung angewiesen, demgegenüber stellen analytischen Urteile eine Form der Begriffsexplikation dar: das von einem Subjekt ausgesagte Prädikat ist bereits in dem Subjektbegriff enthalten. So ist bspw. in dem Begriff ›Körper‹ das Prädikat ›ist ausgedehnt‹ enthalten. D.h. es ist kein Körper denkbar, der nicht auch

Ausdehnung hätte, und diese Feststellung wird nicht erst aus der Erfahrung gewonnen, sondern logisch semantisch erörtert.

Die Fregesche Bestimmung von ›analytisch‹ weicht allerdings von der Kantischen ab: Ein Satz ist genau dann analytisch, wenn sein Beweis nur von logischen Gesetzen und Definitionen Gebrauch macht (vgl. Prechtl 1996, S. 21 f.). Der synthetische Satz wird daher negativ abgegrenzt: Bei einem synthetischen Satz ist es nicht möglich, den Beweis zu führen, ohne Wahrheiten zu benutzen, welche nicht allgemein logischer Natur sind, sondern sich auf ein bestimmtes Wissensgebiet beziehen. Die Abweichung von Kant ist darin begründet, daß Frege weder die Terminologie ›Subjekt‹ und ›Prädikat‹ zu übernehmen bereit ist, noch die Auffassung, ein Prädikat könne in einem Subjekt(begriff) enthalten sein, für akzeptabel hält. Die Begründung dafür liegt in seiner Absage an die grammatischen Kategorien ›Subjekt‹ und ›Prädikat‹, auf die wir noch näher eingehen werden.

Nach dieser notwendigen Unterscheidung zwischen der subjektiven Überzeugung (von Wahr-sein) und dem objektiven Wahr-sein, unternimmt es Frege in einem nächsten Schritt, **allgemeine Gesetze des ›Wahr-seins‹** zu bestimmen. Unter solchen allgemeinen Gesetzen sind die Regeln gültiger logischer Schlußfolgerungen zu verstehen, die in der traditionellen Logik unter dem Titel ›Syllogistik‹ abgehandelt wurden (vgl. Prechtl 1996, S. 504 ff.). In der *Begriffsschrift* liefert Frege eine vollständige Übersicht sämtlicher logischer Schlußregeln (vgl. dazu Husted 1996, S. 85 ff.). Für unseren Zusammenhang ist festzuhalten, daß er darin den Begriff der Gültigkeit mit Hilfe der logischen Form und Wahrheit festlegt. Der Gedankengang läßt sich in knappen Zügen folgendermaßen wiedergeben: Ausgangspunkt ist die Festlegung, daß ein Argument dann und nur dann logisch gültig ist, wenn auch für jedes andere Argument mit der gleichen logischen Form gilt, daß wahre Prämissen auch zu wahren Konklusionen führen. Ein Beweis für die Gültigkeit des Arguments und für die Unmöglichkeit eines Gegenbeispiels ist damit allerdings noch nicht erbracht. Hier setzt Frege mit seinen Überlegungen ein. Die Suche nach einem logischen Gesetz bedeutet, den Nachweis zu erbringen, daß eine Aussage unter allen denkbaren Umständen wahr ist. Es gelingt ihm, einen Überblick über sämtliche aussagenlogischen Gesetze zu geben. Auf dessen Grundlage kann ermittelt werden, ob ein beliebiges aussagenlogisches Argument gültig ist oder nicht.

Als nächster Schritt steht nun die Entwicklung einer exakten Sprache an, die an die Stelle der natürlichen Sprache treten soll. Welchen Beitrag kann diese dazu leisten, die Objektivität von Wahrheit sicherzustellen? Ausgangspunkt der Überlegungen war die Frage, in welchem Sinne Urteile ›wahr‹ oder ›falsch‹ genannt werden können. Eine Antwort darauf erhält man nicht allein durch die Angabe der angeführten allgemeinen Gesetze des Wahr-seins, denn einen Wahrheitsanspruch formulieren wir in der Regel in Gestalt von Urteilen bzw. Urteilssätzen. Wir müssen deshalb unser Augenmerk auf die sprachliche Form, in der wir einen Urteilssatz zum Ausdruck bringen, richten. Frege stellt dazu systematische Überlegungen zu einer semantischen Theorie des Satzes an, um die Frage zu beantworten, wie man sich mit sprachlichen Möglichkei-

ten auf objektive Wahrheit, d.h. auf solche von uns als urteilenden Subjekten unabhängige Wahrheiten, beziehen kann.
Der weitere Gedankengang Freges läßt sich in zwei Teilschritte gliedern:
1. Was ist ein Urteil und worin ist der logische Kern zu sehen, der zum Träger von Wahrheit werden kann? (Diese Bezeichnung ›Träger von Wahrheit‹ ist nicht im streng terminologischen Sinne zu verstehen. Damit soll zunächst nur angedeutet werden, in welche Richtung sich die nachfolgenden Überlegungen bewegen.)
2. In welchem Verhältnis stehen der nach ›wahr‹ und ›falsch‹ beurteilbare Inhalt eines Satzes und Wahrheit zueinander? (Die Bezeichnung ›beurteilbarer Inhalt‹ wird nur vorläufig gebraucht, denn Frege führt statt dessen den Ausdruck ›Gedanke‹ ein, der aber erst im Folgenden geklärt wird.)
3. Mit welchen sprachlichen Mitteln wird der Gedanke ausgedrückt und was sind seine Bestandteile?

2.1.1 Was ist ein Urteil? – Zur Klärung der Voraussetzungen für eine ›ideale Sprache‹

In der *Begriffsschrift* unternimmt es Frege, eine künstliche Sprache, d.h. eine ›logisch vollkommene Sprache‹ (Frege 1986 a, S. 55) zu entwickeln, die an die Stelle der natürlichen treten soll. Darin muß vorrangig eine explizite Unterscheidung zwischen verschiedenen logischen Typen von Ausdrücken getroffen werden. Denn nur mit Hilfe einer solchen Typeneinteilung kann ausgeschlossen werden, daß dasselbe Wort einmal zur Bezeichnung eines Begriff und ein andermal zur Bezeichnung eines einzelnen unter diesen Begriff fallenden Gegenstandes dient (Frege 1986 c, S. 92) Frege versucht, das Logische der Sprache (gegenüber dem Grammatischen) dadurch abzusondern, daß er sich auf jenen Kern des Satzinhalts konzentriert, der nach ›wahr‹ oder ›falsch‹ unterschieden werden kann (d.h. der wahrheitsdefinit ist). In dieser Orientierung auf den logischen Kern zeigt sich gerade auch die Verschränkung von erkenntnistheoretischen und sprachphilosophischen Überlegungen. Nach Freges Auffassung konzentrieren wir uns damit auf den Punkt, der für den Anspruch auf Objektivität und Wahrheit der Erkenntnis von Bedeutung ist.

Gefordert ist eine systematisch angelegte Theorie der sprachlichen Darstellungsmöglichkeiten (von Urteilsinhalten und Gedanken). Von ihr haben wir zu erwarten, daß sie hinreichend klar den wahrheitsdefiniten Kern des Inhalts von Sätzen herausarbeitet, auf den sich wissenschaftliche Erkenntnis mit ihrem Anspruch auf Objektivität und Wahrheit bezieht. Von vorrangigem Interesse ist deshalb das Urteil, da in ihm ein Gedanke oder eine Meinung als wahr behauptet wird.

Wenn nun in einem Urteil eine Erkenntnis zum Ausdruck gebracht wird, dann müssen die darin enthaltenen Gedanken so verstanden werden, daß sie dem Anspruch auf Objektivität und Wahrheit gerecht werden können. Ein solches Urteil wird in Form eines Aussagesatzes ausgedrückt, weshalb sich unser Augenmerk darauf richten muß, welche Elemente der Sprache als geeignete Mittel zur Darstellung von Erkenntnis angesehen werden können.

2.1.2 Was ist der Träger von Wahrheit?

Für die Frage nach dem Träger von Wahrheit müssen wir uns nochmals die Unterscheidung zwischen dem Für-wahr-halten und dem Wahr-sein vergegenwärtigen. Wir können daran die Frage anschließen, wie ein Urteilsinhalt objektiv wahr sein kann. Frege wird später nicht mehr vom ›Urteilsinhalt‹, sondern vom ›Gedanken‹ sprechen. Um das anstehende Problem, um das es Frege geht, deutlicher werden zu lassen, bevorzuge ich zunächst den Ausdruck ›Urteilsinhalt‹. Zu unterscheiden ist also, das Für-wahr-halten (d.i. der Wahrheitsanspruch) und der Inhalt des Urteils. In bezug auf den Urteilsinhalt, wird ein Wahrheitsanspruch erhoben. Bspw. ist die Aussage »Borussia Dortmund ist deutscher Fußballmeister 1996/97« in zwei Teile zu gliedern: 1. der Wahrheitsanspruch wird ausgedrückt durch ein ›ich behaupte‹, 2. der Urteilsinhalt wird ausgedrückt durch einen daraufffolgenden Nebensatz »daß Borussia Dortmund deutscher Fußballmeister 96/97 ist«. Der in dem mit ›daß‹ eingeleiteten Nebensatz ausgedrückte Urteils- oder Aussageinhalt wird auch als **Proposition** bezeichnet. Auszugehen ist also von einer Behauptung (einem Urteil) und dem Urteilsinhalt, der in einer solchen Behauptung als wahr hingestellt wird.

Die Berechtigung eines Urteils muß nun von bestimmten Bedingungen abhängen, die nicht im Urteilenden selbst liegen. Durch den Bezug auf den Urteilenden würden wir uns immer im Bereich des bloß Subjektiven bewegen. Die Wahrheit soll aber gerade nicht von einem Urteilenden abhängig und damit bloß subjektiv sein, da der Wahrheitsanspruch nur dann erhoben werden kann, wenn Wahrheit als Objektives auszumachen ist. Was ›Träger von Wahrheit‹ sein soll, muß sowohl intersubjektiv als auch objektiv sein.

Um die Intersubjektivität und Objektivität von Urteilsinhalten zu klären, stellt Frege grundsätzliche Überlegungen an: Worin zeigt sich die Subjektivität und wie ist davon das Objektive abzugrenzen?

Die erste Vorklärung setzt mit der Unterscheidung zwischen den Vorstellungen und dem Urteilsinhalt, sprich: dem (intersubjektiven) Gedanken, ein. Vorstellungen haben immer subjektiven Charakter, da sie nach Freges Definition immer Empfindungen oder Eindrücke sind, die wir haben (können), wenn wir etwas wahrnehmen. Vergegenwärtigen wir uns die einfache gegenständliche Wahrnehmung (von ›Dingen der Außenwelt‹). Mit solchen Wahrnehmungen gehen immer zahlreiche Empfindungseindrücke einher. Diese sind wesentlich abhängig von einer vorstellenden, empfindenden oder fühlenden Person. Frege beschreibt sie als ›Inhalte eines subjektiven Bewußtseins‹. Empfindungen existieren nicht unabhängig von dem Empfindenden, sie existieren nur als Teile eines individuellen Bewußtseins.

Frege gelangt im Zusammenhang dieser Beschreibung der gegenständlichen Wahrnehmung zu zwei grundsätzlichen Feststellungen, die eine eindeutige Abkehr von den erkenntnistheoretischen Überlegungen, wie sie im Anschluß an J. Locke vorgetragen wurden, darstellen (vgl. Dummett 1973, S. 669 ff.):

1. Die Empfindungen sind nicht die Gegenstände der Wahrnehmung;
2. Bewußtseinsinhalte sind nur subjektiv, d.i. privat, und können deshalb nicht einen intersubjektiven Gedanken repräsentieren.

Mit der ersten Feststellung will Frege nicht ausschließen, daß Empfindungen bei der Identifikation eines Wahrnehmungsgegenstands ein Rolle spielen. Empfindungen werden nicht wahrgenommen, sondern man hat sie, indem man etwas wahrnimmt. Aber wenn wir bspw. den Schnee als weiß beschreiben, dann wollen wir eine objektive Beschaffenheit ausdrücken. So bezeichnen Farbprädikate keine subjektiven Empfindungen, sondern objektive Beschaffenheiten (Frege 1961, § 26). Dinge und ihre Eigenschaften gehören zum Bereich des Objektiven.

Mit der zweiten Feststellung hebt Frege darauf ab, daß man sich immer nur auf seine eigenen Vorstellungen und Empfindungen beziehen kann, nicht aber auf die einer anderen Person. Verschiedene Personen können dasselbe Ding sehen und jeder hat seine eigene Vorstellung dabei. Solche ›Begleitumstände‹ von Wahrnehmungen sind individuell verschieden und müssen deshalb geschieden werden von dem, was man wahrnimmt (Frege 1986 b, S. 40 ff.). Diese Privatheit ist grundsätzlich nicht aufzuheben, denn meine Vorstellungen und Empfindungen können von anderen nicht wahrgenommen. (Frege bringt auch das Beispiel von der Privatheit des Schmerzes, das bei Wittgenstein später eingehender diskutiert wird.) Wenn aber Vorstellungen immer nur einer Person zugänglich sind, dann erschließt sich keine Möglichkeit zur Intersubjektivität. Für Erkenntnis ist aber Voraussetzung, daß verschiedene Personen dasselbe Urteil fällen können. Deshalb setzt Frege der Subjektivität der Vorstellungen den öffentlichen Charakter materialer Gegenstände gegenüber.

In einer zweiten Vorklärung lenkt Frege das Augenmerk auf die traditionelle Weise, die Bedeutung der Wörter zu erklären. Dies geschieht in der Regel dadurch, daß wir die Wörter vereinzelt betrachten, um dann die Vorstellungen, die wir mit dem einzelnen Wort verbinden als dessen Bedeutung auszugeben. Die Bedeutungen werden also dadurch erklärt, daß man die Wörter in einen Zusammenhang mit ›inneren Bildern‹ bringt (bspw. das Wort ›Baum‹ mit einem inneren figürlichen Bild eines Baumes). Nun läßt sich andererseits zeigen, daß wir durchaus sinnvolle Aussagen machen können, mit denen sich keinerlei ›innere Bilder‹ verbinden lassen. Ein gutes Beispiel dafür sind abstrakte Sätze, mit denen wir unsere Entfernung von der Sonne beschreiben würden. Ein anderes Beispiel wird erst hinreichend verständlich, wenn wir den Zusammenhang von Urteilsinhalt und Wahrheit kennengelernt haben. Ich will es dennoch anführen, um den Kontext zu unseren jetzigen Überlegungen sichtbar werden zu lassen: »Dem Begriff ›sichtbarer Stern‹ kommt die Zahl 0 zu.« Frege bemerkt dazu: »Man wird vergebens versuchen, sich 0 sichtbare Sterne vorzustellen. Zwar kann man sich den Himmel ganz mit Wolken überzogen denken; aber darin ist nichts, was dem Wort »Stern« oder der 0 entspräche. Man stellt sich nur die Sachlage vor, die zu dem Urteil veranlassen kann: es ist jetzt kein Stern zu sehen.« (Frege 1969, S. 71). Daraus wird ersichtlich, daß die Bedeutung eines Wortes von der es begleitenden Vorstellung abzusondern ist – ein weiterer Aspekt der Trennung von Subjektivem und Objektivem. Mit seiner Kritik (in den beiden Vorklärungen) zielt Frege auf den Kern des Psychologismus, nämlich Begriffe und Gedanken als Vorstellungen aufzufassen. Diese Vermengung von Vorstellung und Vorgestelltem führt aber zu einer Auflösung der Außenwelt in Vorstellungen (vgl. Frege 1962, Bd. I, S. XIX f.).

Frege trifft mit seiner Kritik jene Form der Erkenntnistheorie, die auf der Suche nach einer unbezweifelbaren Basis der Erkenntnis die Gewißheit der eigenen Vorstellungen behauptet. Seine These ist: Objektiv ist ein Gedanke als Inhalt des Denkens, der den Denkakten verschiedener Menschen gemeinsam sein kann. »Der Gedanke ist dem Denkenden nicht so zu eigen, wie die Vorstellung dem Vorstellendem, sondern steht allen, die ihn auffassen, in derselben Weise gegenüber und als derselbe gegenüber.« (Frege 1969, S. 144 f.).

Träger von Objektivität kann also nicht etwas sein, was nur als Inhalt eines (individuellen) Bewußtseins existiert und was nicht intersubjektiv zugänglich ist. Die Möglichkeit, daß zwei Menschen mit demselben Satz denselben Sinn verbinden, setzt voraus, daß dieser Sinn beiden zugänglich ist. Gefordert ist also einerseits die Intersubjektivität und die Invarianz des Sinnes.

Wenn von Objektivität die Rede sein soll, dann kann sie nur die Objektivität des beurteilten (bzw. beurteilbaren) Inhalts sein, wofür Frege den Ausdruck ›**Gedanke**‹ einführt. Für den Gedanken reklamiert Frege Intersubjektivität in dem Sinne, daß er für alle Vernunftwesen, die ihn zu fassen vermögen, derselbe ist (Frege 1962, S. 7). Ein plausibles Beispiel dafür ist der Pythagoreische Lehrsatz in der Geometrie. Alle, die von der Richtigkeit dieses Lehrsatzes überzeugt sind, müssen damit denselben Sinn verbinden (Frege 1986 b, S. 68). Frege bringt diese Ansicht von der Objektivität des Gedankens teilweise in mißverständlichen Formulierungen wie: »die Gedanken bestehen unabhängig davon, daß sie überhaupt gedacht werden« zum Ausdruck. Er hängt dabei der Vorstellung an, daß die Objektivität der Gedanken auch dann gegeben ist, wenn einen solchen Satz wie bspw. den Pythagoreischen Lehrsatz noch niemand gedacht hätte.

Um seinem erkenntnistheoretischen Anliegen besonderen Nachdruck zu verleihen, sucht Frege den »Sonderstatus« der Intersubjektivität des Urteilsinhalts dadurch herauszustellen, daß er eine Einteilung von drei »Reichen« vornimmt. Von

1. dem subjektiven Bereich der Vorstellungen (d.i. Reich 1) einerseits,
2. dem Bereich des sinnlich Wahrnehmbaren (d.i. den Dingen der Außenwelt – d.i.: Reich 2) andererseits ist
3. der Bereich der Gedanken abzugrenzen. Um diese Unterscheidungen gleichsam dingfest zu machen macht Frege den Vorschlag, man müsse den objektivierbaren Urteilsinhalt, den Gedanken, einem ›dritten Reich‹ zurechnen (Frege 1986 b, S. 43 ff.). Da der Ausdruck ›Urteilsinhalt‹ oder ›beurteilbarer Inhalt‹ nicht ganz von psychologischen Assoziationen freizuhalten ist, erscheint es Frege angezeigt, ihn durch den Ausdruck ›**Gedanke**‹ zu ersetzen. Ihm kommt der Sonderstatus zu, einen allen gemeinsamen Inhalt

zu repräsentieren. Im Gedanken haben wir jenen gesuchten Träger des logischen Kerns zu sehen, nach dem zunächst gefragt war.

Der Anspruch der Rechtfertigung eines Urteils macht nur da Sinn, wo das Wahre unabhängig von unserem (subjektiven) Urteilen gegeben ist (Frege 1969, S. 11). Diese Formulierung wirkt mißverständlich, wenn man sie aus dem Kontext der bisherigen Überlegungen zu einem nicht-psychologistischen Ansatz herauslöst. Aufgrund solcher Formulierungen wurden Freges Ansichten nicht selten als Platonismus charakterisiert.

Um diesem Vorwurf zu begegnen, aber auch um die Eigenart der sprachphilosophischen Grundlegung Freges genauer zu kennzeichnen, erscheint es mir angezeigt, an dieser Stelle auf diesen Vorwurf näher einzugehen. Unter Platonismus ist jene Auffassung zu verstehen, wonach abstrakte Entitäten dem Denken ebenso vorgegeben sind wie Gegenstände der Außenwelt (vgl. Kutschera 1989, S. 180). Er geht von einer klaren Unterscheidung von Sein und Denken aus. Als Platonist wäre Frege mit der Frage konfrontiert, wie wir eine Wirklichkeit erkennen können, die von unserem Denken völlig unabhängig ist und wie wir sicher sein können, daß unsere Annahmen über diese Wirklichkeit richtig sind. Freges Annahme der Unabhängigkeit der Existenz abstrakter Entitäten (bspw. eines logischen Gesetzes oder eines Naturgesetzes) bezieht sich ausschließlich auf die Unabhängigkeit von einzelnen Denkakten, nicht aber auf die Abhängigkeit von der menschlichen Vernunft.

> »So verstehe ich unter Objektivität eine Unabhängigkeit von unserem Empfinden, Anschauen und Vorstellen, von dem Entwerfen innerer Bilder aus den Erinnerungen früherer Empfindungen, aber nicht eine Unabhängigkeit von der Vernunft; denn die Frage beantworten, was die Dinge unabhängig von der Vernunft sind, hieße urteilen, ohne zu urteilen, den Pelz waschen, ohne ihn naß zu machen.« (Frege 1961, S. 36)

Im Kontext dieses Zitats macht Frege deutlich, daß wir Objekte nur mit unseren Begriffen bestimmen können und daß empirische Begriffe auf Gegenstände selbst zutreffen. D.h. wir haben keine Vorstellung davon, wie solche Objekte unabhängig von begrifflichen Bestimmungen sind.

> »Die Objektivität der abstrakten Entitäten ist für Frege also keine Unabhängigkeit von der Vernunft in dem Sinn, daß wir ihre Beschaffenheit an sich von der Art und Weise unterscheiden können, wie wir sie begreifen. Sie sind nicht Produkte des Denkens, aber sie sind das, als was wir sie begreifen, ebenso wie die Außenwelt zwar kein Produkt der Erfahrung ist, aber für uns doch immer nur das sein kann, was sich uns in der Erfahrung zeigt.« (Kutschera 1989, S. 179)

Aus diesem Grund erscheint es zweckmäßiger, Freges These von der Unabhängigkeit als Realismus zu bezeichnen. Er besagt (in der Gestalt Freges), daß abstrakte Entitäten keine Produkte von Denkakten sind und daß sie nicht nur dann existieren, wenn sie gedacht werden.

Als nächste Frage steht zur Klärung an, mit welchen sprachlichen Möglichkeiten wir uns auf den Gedanken beziehen. Diese Fragestellung führt uns gleichsam ins Zentrum der logisch-semantischen Analysen, durch die Freges herausragende Stellung für die Entwicklung der analytischen Sprachphilosophie begründet ist. In diesen Analysen zeigt Frege zum einen, wie man mit sprachphilosophischen Mitteln die Mängel des von ihm kritisierten erkenntnistheoretischen Psychologismus beseitigt, zum anderen weshalb ›Subjekt‹ und ›Prädikat‹, als Formen der Grammatik und als Bestandteile der traditionellen Logik, nicht mehr als Bestandteile einer logischen Semantik angesehen werden können (vgl. Carl 1982, S. 21 ff.).

2.1.3 Mit welchen sprachlichen Mitteln wird der Gedanke ausgedrückt und was sind seine logischen Bestandteile?

Auszugehen ist von unserer durch die Grammatik geprägten Vorstellung, daß ein Gedanke aus der Verbindung von Subjekt und Prädikat entsteht. Diese Auffassung liegt auch der traditionellen Logik zugrunde, wenn sie die Frage, wie Urteile (oder Gedanken) zustande kommen, zu beantworten sucht. Sie ging von der Annahme aus, daß der Begriff unabhängig von Urteilen oder Gedanken gegeben sei. Das zugehörige Modell sieht so aus: Ein Begriff, der schon vor und unabhängig von einem Urteil gebildet wird, wird dadurch in ein Urteil überführt, daß er mit einem Einzelding in Verbindung gebracht wird: Ein Einzelding als Subjekt wird mit einem schon vorher gebildeten Begriff als Prädikat zusammengefügt. Die tragende Vorstellung dabei ist, daß ein Gedanke sich aus der Verbindung von Begriffen ergibt.

Genau diese Annahme bestreitet Frege in seiner Gegenthese, daß Begriffe erst durch Zergliederung des Gedankens (bzw. des Urteils) gewonnen wird: »Statt also das Urteil aus einem Einzeldinge als Subjekte mit einem schon vorher gebildeten Begriffe als Prädikate zusammenzufügen, lassen wir umgekehrt den beurteilbaren Inhalt zerfallen und gewinnen so den Begriff.« (Frege 1969, S.16 f.).

In der Literatur zu Frege wird dieser Grundsatz, daß die Bedeutung des Wortes nicht vereinzelt, sondern im Zusammenhang eines Satzes zu erklären sei, als **Kontext-Prinzip** zitiert (Frege 1961, S. 116). Begriffe lassen sich also nur als Teile von Gedanken (oder Urteilen) verstehen. Wenn der Begriff durch Zerlegung des Gedankens gewonnen werden soll, setzt das voraus, daß der Ausdruck dieses Gedankens in sich gegliedert ist (ebd., S. 18 f.). Eine klare Vorstellung, was Frege damit gemeint haben kann, gewinnen wir dann, wenn wir uns näher betrachten, wie Begriffe verwendet werden. Begriffe dienen dazu, Dinge zu charakterisieren und Beziehungen zwischen ihnen herzustellen. Ein Begriff, der eine Eigenschaft eines Gegenstandes oder einer Relation zwischen zwei oder mehreren Gegenständen ausdrückt, kann nie vorkommen, ohne daß nicht auch ein Ding (oder mehrere) wenigstens angedeutet wäre, dem diese Eigenschaft zukäme (ebd., S. 19 f.). Diese Funktion können Begriffe nur in Urteilen erfüllen, denn die Vorstellungen von Eigenschaften und Beziehungen können nicht losgelöst von den Dingen gebildet werden.

Wie es zu verstehen sei, daß Begriffe durch die Zerlegung von Gedanken gewonnen werden, demonstriert Frege an einem mathematischen Beispiel: An dem beurteilbaren Inhalt »$2^4 = 16$« kann man sich die 2 durch anderes ersetzbar denken, etwa durch (-2) oder durch 3. Diese Ersetzbarkeit kann man dadurch andeuten, daß an die Stelle von 2 ein x gesetzt wird, also »$x^4 = 16$«. Durch ein solches Verfahren wird ersichtlich, daß der beurteilbare Inhalt in einen bleibenden und einen veränderlichen Teil zerfällt (Frege 1969, S. 17). In dem angeführten Beispiel ergibt der bleibende Teil den Begriff ›vierte Wurzel aus 16‹, die Stelle des veränderlichen Teil wird offengelassen, was durch das x angezeigt wird. Diese Zergliederung eines Gedankens in einen konstanten und einen variablen Teil ist die (in der Mathematik gebräuchliche) Unterscheidung in Argument und Funktion. In dem angeführten Beispiel ist die 2 der Argumentausdruck und die Potenz 4 der Funktionsausdruck.

Frege will damit zeigen, daß man Begriffe dadurch gewinnt, daß man sie als den konstanten Teil eines Gedankens versteht. Die Begriffe selber lassen sich allein als Teile eines Gedankens verstehen, der zu ergänzen ist durch den variablen Teil und zusammen mit diesem zu einem Gedanken führt. Dabei ist man gezwungen, bei der Bildung von Begriffen von Gedanken auszugehen, die relativ zu einer gewählten Art der Analyse in einen konstanten und einen variablen Teil verfallen. Konstante und variable Teile existieren nicht unabhängig von dem Gedanken, dessen Teile sie sind. Der konstante Teil schreibt eine bestimmte Ergänzung vor, d.h. er zeigt an, welche Ergänzungen vorgenommen werden müssen, damit ein ganzer Gedanke entsteht. Der konstante Teil eines Gedankens ist der Teil eines Gedankens, der, ergänzt durch einen variablen Teil, zu einem Gedanken führt. D.h., die Begriffe sind als Gedankenfragmente aufzufassen, die in bestimmter Weise zu einem Ganzen ergänzt werden müssen. In der sprachlichen Darstellung wird das dadurch angezeigt, daß der Ausdruck eines Begriffs ›Leerstellen‹ enthält, an denen Zeichen für als variabel angesehene Teile des Gedankens eingesetzt werden können.

Frege hat sich damit gleich zweier Probleme entledigt. Er hat die Stelle der grammatischen Ausdrücke ›Subjekt‹ und ›Prädikat‹ als Bestandteile eines Gedankens ›**Argument**‹ und ›**Funktion**‹ eingeführt. (Auf die Notwendigkeit dieser Veränderung werde ich noch zu sprechen kommen.) Und er hat gezeigt, wie wir gegebene Teile eines Gedankens dadurch als Begriff identifizieren können, daß wir den Gedanken in Funktion und Argument unterscheiden. **Begriffe** können erst aufgrund der Zerlegung in Argument und Funktion bestimmt werden. Dadurch, daß wir Begriffe nur im Zusammenhang mit Urteilen bilden, wird auch ersichtlich, worin die Priorität des Gedankens vor seinen Teilen besteht. Begriffe dienen dazu, Dinge zu charakterisieren oder Relationen zwischen ihnen herzustellen. Diese Funktion können sie aber nur in Urteilen übernehmen, in denen sie Dingen zugeschrieben werden; d.h. sie können diese Funktion nur in Urteilen erfüllen. »Ein Zeichen einer Eigenschaft erscheint nie, ohne daß ein Ding wenigstens angedeutet wäre, dem diese Eigenschaft zukäme.« (ebd., S. 19).

Nach den bisherigen Ausführungen dürfte deutlich geworden sein, inwiefern Frege das Verhältnis von Begriff und Urteil anders bestimmt als die traditionelle Logik. Damit ist aber noch nicht einsichtig geworden, weshalb diese Unterscheidung auch für die logische Semantik zur Anwendung kommen sollte.

Betrachten wir so einfache Sätze wie »Berlin ist eine Großstadt«, dann erscheint die Subjekt-Prädikat-Unterscheidung als hinreichend. Freges Einwand richtet sich auf andere Fälle, die durch die Beispielsätzen »Stephan spricht mit Carola« oder »Berlin liegt zwischen Amsterdam und Warschau« demonstriert werden können. In diesen Beispielsätzen können unterschiedliche Namen zum Subjekt erklärt werden. Das Problem wird vollends deutlich, wenn wir Sätze mit Quantifizierungsausdrücken heranziehen. Die Subjekt-Prädikat-Unterscheidung reicht nicht hin, um den Satz »Jeder Junge liebt ein bestimmtes Mädchen« zu analysieren, denn der Satz läßt sich in zwei Bedeutungen verstehen: (a) »Es gibt ein bestimmtes Mädchen, das von jedem Jungen geliebt wird«; (b) »Für jeden Jungen gibt es ein bestimmtes Mädchen, das er liebt«. Nach der herkömmlichen Unterscheidung nach Subjekt (S) und Prädikat (P) ergeben sich in der Schreibweise der traditionellen Logik die Sätze: (a) »einige S sind P« und (b) »alle S sind P«. Daß P in beiden Fällen zusammengesetzte Prädikate mit unterschiedlichen Strukturen bezeichnen, wird daraus nicht ersichtlich.

Die Satzanalyse mit Hilfe der Argument-Funktions-Unterscheidung bietet dagegen größere Klarheit hinsichtlich der logischen Struktur. Den Beispielsatz »Stephan spricht mit Carola« können wir demnach untergliedern in den Funktionsausdruck ›spricht mit‹ und die beiden gleichwertigen Argumentausdrücke ›Stephan‹ und ›Carola‹. Ein solches Verfahren kann auf jeden beliebigen Satz angewendet werden: Man bildet den Funktionsausdruck, indem man den Argumentausdruck herauslöst (bspw. in dem Satz »Peter schnarcht«: den Argumentausdruck ›Peter‹).

Frege führt zur Wiedergabe von einfachen Sätzen verschiedene Zeichen ein: An die Stelle von namensähnlichen Ausdrücke (wie ›Stephan‹ oder der ›König von Frankreich‹) treten Kleinbuchstaben des Alphabet-Anfangs (a, b, c usw.), an die Stelle von Funktionsausdrücken die Großbuchstaben F, G, H (usw.). So wird der einfache Satz »Peter schnarcht« in formaler Sprache mit ›Fa‹ (zu lesen als: die Eigenschaft F kommt a zu, oder: a hat die Eigenschaft F) wiedergegeben, wobei ›F‹ für ›schnarcht‹ steht und ›a‹ für ›Peter‹; bei komplexeren Sätzen wie »Berlin liegt zwischen Amsterdam und Warschau« ergibt sich die Schreibweise F(a,b,c), wobei ›F‹ für ›... liegt zwischen ...‹ und ›a‹ für ›Berlin‹, ›b‹ für ›Amsterdam‹, ›c‹ für ›Warschau‹ stehen und die Reihenfolge von a, b und c anzeigt, daß a das Subjekt, b und c das Objekt darstellen. Bei diesem komplexeren Satz wird ein Relationsausdruck ›... liegt zwischen ...‹ durch ›F‹ dargestellt.

Diese knappe Darstellung der Übersetzung in eine formalisierte Sprache muß an dieser Stelle genügen. Es sollte nur plausibel gemacht werden, inwiefern Freges Kritik an der Subjekt-Prädikat-Unterscheidung und seine Ersetzung durch die Argument-Funktions-Unterscheidung auch für die logische Semantik ihre Relevanz hat. Sie führt zu einer neuen Gliederung des Gedankens und bietet eine Interpretation der unterschiedlichen Gedankenteile, die sich grundlegend von der grammatischen Einteilung unterscheidet.

Freges These, daß die Bedeutung eines Wortes nicht vereinzelt, sondern im Zusammenhang eines Satzes zu erklären sei, bietet möglicherweise Anlaß zu einigen Mißverständnissen. Wie könnte Frege bestreiten wollen, daß wir die einzelnen Wörter eines Satzes verstehen, auch in dem Fall, in dem wir nicht den ganzen Satz akustisch einwandfrei aufnehmen konnten (bspw. in einer unterbrochenen Aussage: »die Bombe, die in der stark frequentierten Eingangshalle ...«). Frege muß mit dieser These etwas anderes intendiert haben. Wir kommen seiner Intention nur näher, wenn wir zwei Arten von Bedeutung unterscheiden: Eine erste Art von Bedeutung ist damit gegeben, daß wir bspw. wissen, was mit dem Wort ›Bombe‹, mit dem Wort ›Eingangshalle‹ gemeint ist. Nach einer anderen Form von Bedeutung wird gefragt, wenn ich die Bedeutung eines Wortes, das an der Subjektstelle oder das an der Prädikatsstelle steht, erklären will. Freges These stellt also eine Erklärung der Bedeutung von Wörtern hinsichtlich ihres syntaktischen Stellenwertes dar. Danach muß man zur Bestimmung der Bedeutung davon ausgehen, daß sie im Zusammenhang eines Satzes stehen. Die Wörter werden als Teilausdrücke von Sätzen angesehen, die Bestimmung ihrer Bedeutung muß eine Angabe der Bedeutung von Satzteilen sein. Freges Fragestellung zielt darauf ab, von der grammatischen Bedeutung (wie Subjekt, Prädikat) der Ausdrücke zur Bedeutung i.S. von logischen Bestandteilen eines Urteils zu gelangen. Wir können jetzt die Problemstellung Freges genauer verstehen, wenn wir von der als semantisches Prinzip formulierten Annahme ausgehen, daß die Bedeutung eines Satzes eine Funktion der Bedeutung seiner Teilausdrücke ist.

Die Priorität des Urteils vor dem Begriff bzw. des Gedankens vor seinen Teilen ergibt sich aus Freges Betonung der logischen Analyse des Gedankens. Diese logische Analyse des Gedankens in Argument und Funktion ersetzt die grammatischen Ausdrücke ›Subjekt‹ und ›Prädikat‹. Sie beruht auf der Annahme, daß Begriffe unselbständig sind und nur in einem Urteil vorkommen können. Die zentrale Bedeutung der *Begriffsschrift* ergibt sich nicht zuletzt aus der darin geleisteten Begründung der logischen Analyseform.

2.2 Das Verhältnis von Gedanke und Wahrheit

Nachdem Frege die Allgemeinheit der Gedanken besprochen hat, geht er auf den Sinn und die Bedeutung von Ausdrücken ein. Er vollzieht den nächsten Analyseschritt, indem er einen Satz in seine Teile zerlegt, von denen keiner selbst wieder ein Satz ist. Als solche Teilausdrücke werden Eigennamen und Begriffsnamen angeführt, um anschließend deren Sinn und Bedeutung zu erörtern.

Erst nach dessen Erörterung ist er in der Lage, das Verhältnis von Gedanke und Wahrheit zu beschreiben. Die Theorie von Sinn und Bedeutung ermöglicht eine Bestimmung des Urteils als ein Fortschreiten von einem Gedanken zu seinem Wahrheitswert.

Als Resultat der vorangehenden Überlegungen ist festzuhalten, daß der Gedanke als der wahrheitsfähige Kern des ›Inhalts‹ eines Behauptungssatzes anzusehen ist. Indem wir urteilen, stellen wir einen Gedanken als wahr hin, und dieser Gedanke muß so beschaffen sein, daß man ihn überhaupt als wahr bezeichnen kann. Der Gedanke, den ein Satz ausdrückt, identifiziert Frege als den ›wahrheitsrelevanten Kern‹ des Inhalts eines Satzes. (Diesen Kern bezeichnet er als den ›Sinn des Behauptungssatzes‹.)

In *Sinn und Bedeutung* gibt Frege eine semantische Erklärung der Teilausdrücke **Eigennamen** und **Begriffsnamen**. Nicht selten beschränken sich die sprachphilosophischen Darstellungen zu Frege auf die Wiedergabe dieser Analysen. Dabei wird aber nicht hinreichend zur Sprache gebracht, welchen Stellenwert sie für die Gesamtproblematik seiner Urteilslehre haben. Der Ausgangspunkt der Überlegung war die Unterscheidung zwischen dem subjektiven Führ-wahr-halten und dem objektiven Wahr-sein und die Unterscheidung zwischen dem Behauptungsteil eines Satzes und dem Urteilsinhalt (sprich: dem Gedanken). Der Zusammenhang der Schrift *Sinn und Bedeutung* zu diesen Ausgangsfragen ist darin zu sehen, daß in ihr das Verhältnis von Gedanke und Wahrheit geklärt werden soll. Bisher waren die Voraussetzungen für die Allgemeinheit des Gedankens erörtert worden. Nun steht die Frage an, wie es zu erklären ist, daß der Gedanke als wahr anerkannt wird. Frege hatte unterschieden zwischen der Anerkennung der Wahrheit und dem Inhalt, der als wahr anerkannt wird. Der beurteilbare Inhalt wird in *Sinn und Bedeutung* in das, was er den Gedanken, und das, was er den Wahrheitswert nennt, aufgeteilt. In dieser Zergliederung ist eine entscheidende Weiterentwicklung zu sehen. Erst hier wird vollends ersichtlich, wie die erkenntnistheoretischen Überlegungen zur Urteilslehre und die sprachphilosophischen Überlegungen zum Satz aufeinander verweisen (vgl. Carl 1982, S. 42 f.).

Die von Frege getroffene Unterscheidung zwischen Urteil und beurteilbarem Inhalt, die so weder in der natürlichen Sprache noch in der traditionellen Logik vorkommt, trägt dem Umstand Rechnung, daß man einen Gedanken ausdrücken kann, ohne ihn explizit zu behaupten. Viele unserer Sätze der Alltagssprache stellen keine Behauptung dar. Ein Urteil ist nur da gegeben, wo ein Urteilsinhalt als wahr hingestellt wird. Durch diese Unterscheidung zwischen dem Inhalt und dem Wahrheitsanspruch gelangt Frege zu einer genaueren Bestimmung des Urteils: Ein Urteil oder eine Behauptung verbinden das Denken eines Gedankens mit der Anerkennung seiner Wahrheit. »Urteilen kann als das Fortschreiten von einem Gedanken zu seinem Wahrheitswerte gefaßt werden.« (Frege 1986 a, S. 50). Wie man sich dieses Fortschreiten genauer vorzustellen habe, wird erst durch die Anwendung der Unterscheidung von Sinn und Bedeutung auf Sätze verständlich.

2.2.1 Bedeutung

Auf einige Verständnisschwierigkeiten stoßen wir, wenn wir Freges Begriff von Bedeutung klären wollen. Sein Gebrauch von ›Bedeutung‹ weicht zum Teil erheblich vom normalen Sprachgebrauch ab. Diese Hemmnisse des Verständnisses lassen sich dadurch etwas eindämmen, daß wir uns zunächst Freges allgemeine Bemerkungen zur Bedeutung vor Augen führen. Um die allgemeine Bedeutung eines Zeichens darzulegen, verweist Frege auf die allem Sprechen und Denken zugrundeliegende Absicht. Diese Absicht, von etwas zu sprechen (oder zu denken), bestimmt den umfassenden Bereich dessen, was die Bedeutung eines Zeichens sein kann. D.h., daß all das ›**Bedeutung**‹ genannt werden kann, worüber wir sprechen wollen, wenn wir ein Zeichen verwenden (Frege 1986 a, S. 43). Als allgemeine Bestimmung ist also festzuhalten: Die Bedeutung eines Zeichens ist das, wovon wir sprechen wollen, wenn wir es verwenden.

Diese allgemeine Bestimmung gilt es nun zu konkretisieren in bezug auf die singulären Ausdrücke, auf Begriffsworte und auf Sätze. Gehen wir von den singulären Ausdrücken aus, von denen wir wissen, daß sie in einem elementaren Satz an den Argumentstellen eines Prädikats vorkommen können. Als singuläre Ausdrücke fungieren **Eigennamen**, die nach Frege den Zweck haben, einen Gegenstand zu bezeichnen. Dieser Gegenstand ist dann die Bedeutung des Eigennamens. Die von Frege verwendete Ausdrucksweise »Namen bedeuten Gegenstände« wird durch die Umformulierung in »Namen bezeichnen Gegenstände« verständlicher. (Diese Umformulierung ist in der Weise nur für die Namen plausibel, damit ist nicht geklärt, inwiefern Prädikate oder ein Satz Bedeutung im Fregeschen Sinne haben kann.) Dabei ist unter ›Zeichen‹ und ›Namen‹ irgendeine Bezeichnung für einen Gegenstand und in dieser Bezeichnungsfunktion eine Beziehung auf einen bestimmten Gegenstand gemeint. In Freges Formulierung ausgedrückt: Unter dem **Namen** ist eine Bezeichnung zu verstehen, deren Bedeutung ein bestimmter Gegenstand ist. Dabei kann man sich unter dem **Gegenstand** sowohl ein konkretes Ding vorstellen, aber auch einen geometrischen Punkt, eine Zahl oder eine Klasse.

Wir können demgemäß als **semantische Funktion** festhalten: Ein Zeichen (Name, Wortverbindung, Schriftzeichen) hat einen Bezug zu einem (durch das Zeichen bezeichneten) Gegenstand. Für Begriffe und Sätze kann der Bedeutungsbegriff nicht in derselben Weise festgelegt werden. Denn es wäre zunächst schlicht unverständlich, behaupten zu wollen, Sätze würden in derselben Weise Gegenstände bezeichnen wie singuläre Ausdrücke. Wenn Frege davon spricht, daß die Bedeutung eines Eigennamens der Gegenstand selbst sei, so wüßten wir nicht, wie sich eine solche Aussage auf den Satz übertragen ließe. Was meint Frege, wenn er trotzdem sagt, daß sowohl Begriffswort wie Sätze ihre Bedeutung bezeichnen?

Begriffswörter unterscheiden sich von Namen dadurch, daß ihre Bedeutungen keine Gegenstände sind (Frege 1986 d, S. 67 ff.). Auf diese wichtige Unterscheidung hat Frege ausdrücklich hingewiesen, um darüber aufzuklären, daß man einen **Begriff** nicht so auffassen dürfe, als würde sich ein Allgemeinname auf einen Gegenstand beziehen. Wenn Begriffswörter etwas bezeichnen, dann darf diese Beziehung nicht mehr als ein Verhältnis von Name und Gegenstand interpretiert werden. Begriffsworte bezeichnen nur Begriffe, so bezieht sich das Wort ›Planet‹ nicht unmittelbar auf die Erde, sondern auf einen Begriff, unter den auch die Erde fällt.

An dieser Stelle muß eine kurze terminologische Klärung nachgereicht werden: Bei einem Prädikat handelt es sich um einen Ausdruck, der (anders als ein Eigenname) sich nicht auf einen eindeutig bestimmten Gegenstand bezieht, sondern sich in der Weise auf mehrere Gegenstände bezieht, daß er die Eigenschaften benennt, die solchen Gegenständen zugeschrieben werden. Um dem hinreichend Rechnung tragen zu können, führt man zweierlei Ausdrücke ein: ›Begriff‹ und ›Prädikat‹. Wenn man ausdrücken will, daß einem Gegenstand a ein Prädikat F zukommt, wählt man die Formulierung: der Gegenstand a fällt unter den Begriff F. In dieser knappen terminologischen Klärung können wir jetzt festlegen, daß jedes Prädikat für einen Begriff steht und daß Prädikate Begriffe ausdrücken. Allerdings kann man durchaus auch für Prädikate einen Bezug herstellen, indem man folgende Umformulierung vornimmt: Ein Prädikat bezeichnet die Klasse derjenigen Dinge, die unter den Begriff fallen, den das Prädikat ausdrückt.

Wir können uns den Unterschied zwischen Begriff und Namen auch dadurch klar machen, daß wir bei einem Begriff immer danach fragen, ob und was unter ihn falle, bei einem Eigennamen sind solche Fragen sinnlos, denn er hat einen Bezug zu einem Gegenstand. Aus früheren Überlegungen wissen wir, daß Begriffswörter als Teilausdrücke von Sätzen aufzufassen sind. Der Begriff wurde als Funktion erklärt, die durch ein Argument, d.i. durch einen Eigennamen, ergänzt werden muß. Durch diese Ergänzung ergibt sich ein Satz, der entweder wahr oder falsch ist. Wenn man im Sinne dieser Erläuterung davon spricht, daß ein Begriffszeichen ein unvollständiger Satz ist, dann ergibt sich daraus, daß die Bedeutung von Begriffswörtern nur im Hinblick auf die Bedeutung von Sätzen bestimmt werden. Es ist offenkundig, daß die Bedeutung von Begriffswörtern nicht mehr nach dem Schema Name-Bezeichnetes oder Name-Gegenstandsbezug interpretiert werden können. Derselbe Vorbehalt gilt für die Ausdrucksweise, der Satz bezeichne seinen Wahrheitswert bzw. der Wahrheitswert des Satzes sei seine Bedeutung.

Frege bestimmt die Bedeutung (den Bezug) eines Prädikats als den Begriff, den es ausdrückt, durch den **Begriffsumfang** (durch die Frage, was unter den Begriff falle). Aufgrund dieser **extensionalen Bestimmung** können wir festlegen, daß zwei Prädikate dann denselben Begriff ausdrücken, wenn sie denselben Umfang haben. In jedem Satz können also Begriffswörter einander vertreten, wenn ihnen derselbe Begriffsumfang entspricht (vgl. Frege 1969, S. 128 f.).

Um herauszubekommen, was mit der Bedeutung des Satzes gemeint sein kann, ist es erforderlich, auf Freges Ausführungen zum Urteil zurückzugreifen. In einem Urteil wird die Behauptung aufgestellt, daß ein Gedanke (d.i. ein Urteilsinhalt) wahr sei. Das läßt sich an dem folgendem Beispiel illustrieren: »ich behaupte: 2 + 3 = 5«. Dabei stellt der Urteilsinhalt ›2 + 3 = 5‹ einen Wahrheitswert dar. Der vorangehende Zusatz ›ich behaupte‹ artikuliert darüber hinaus den Anspruch, daß der Urteilsinhalt wahr sei. Dieses ›ich behaupte‹ wird von Frege durch einen Urteilsstrich (⊢ 2 + 3 = 5) dargestellt. Er will damit anzeigen, daß der Urteilsanspruch nicht etwas bezeichnet, sondern nur angibt, wie der Sprechende den Urteilsinhalt verwendet. Der Urteilsstrich als das ›Zeichen mit behauptender Kraft‹ ist kein satzbildender Ausdruck, sondern er gibt eine bestimmte Verwendung, die der Sprecher von einem Satz macht, an. Er dient nicht mit anderen Zeichen zusammen zur Bezeichnung eines Gegenstandes.

Dadurch haben wir die Unterscheidung gewonnen zwischen der semantischen Bestimmung der Zeichen (die den Urteilsinhalt ausdrücken) und der Verwendung dieser Zeichen (was durch den Urteilsstrich dargestellt wird).

Die allgemeine Aussage »die Bedeutung eines Zeichens ist das, wovon wir sprechen wollen, wenn wir ein Zeichen verwenden« kann jetzt in dem Sinne auf den Urteilssatz angewendet werden: Sätze werden in dem Sinne verwendet, daß angegeben wird, daß sie das Wahre bedeuten. Indem wir einen Satz behaupten, erkennen wir den Gedanken, den er ausdrückt, als wahr an. Der Behauptungssatz spricht also von der Wahrheit, insofern ist die Bedeutung des Satzes die Wahrheit.

Jetzt können wir auch die Aussage Freges verstehen, daß das Urteilen als Fortschreiten von einem Gedanken zu seinem Wahrheitswert gefaßt werden kann. Dadurch will er zum Ausdruck bringen, daß das Urteil das Denken eines Gedankens mit der Anerkennung der Wahrheit des Gedankens verknüpft.

Wir können jetzt den Fragekomplex der Bedeutung durch folgende Zusammenfassung abschließen: Bei Namen ist die Bedeutung der Gegenstand, der bezeichnet wird. Die Bedeutung eines Prädikats ist ein Begriff – der Begriff ist dasjenige, worunter der (durch den Eigennamen) genannte Gegenstand fällt. Ist der Gegenstand bezeichnet, der die Bedeutung des Namens ist, so ist der Wahrheitswert des Satzes allein davon abhängig, ob er unter den Begriff fällt. Der Begriff ist dasjenige, was die Wahrheitswertdefinitheit des Satzes ermöglicht (vgl. Carl 1982, S. 126).

2.2.2 Sinn und Bedeutung

Um die Unterscheidung von Sinn und Bedeutung verstehen zu können, müssen wir uns zunächst die semantische Funktion von Bezeichnungsausdrücken (d.i. den Namen) vergegenwärtigen. Frege fügt dieser semantischen Funktion des Bezeichnens eine weitere hinzu, wenn er für den Bezeichnungsausdruck auch noch einen Sinn postuliert. Wir drücken mit einem Zeichen dessen Sinn aus und bezeichnen mit ihm dessen Bedeutung. Er will mit der Einführung einer weiteren semantischen Funktion folgendem Umstand Rechnung tragen: Wir können den Namen ›Abendstern‹ verwenden, um den Planeten Venus zu bezeichnen, aber genauso gut können wir diesen Planeten mit ›Morgenstern‹ benennen. Die beiden verschiedenen Namen haben zwar den Bezug (bei Frege: die Bedeutung) auf den Planeten Venus gemeinsam, mit dem Namen verbindet sich aber jeweils ein anderer Sinn. Denn der Ausdruck ›Morgenstern‹ meint jenen Stern, der am Morgen am längsten deutlich zu sehen ist, und der Ausdruck ›Abendstern‹ jenen Himmelskörper, der am frühen Abend am deutlichsten von allen »Sternen« zu sehen ist. Beispiele aus der Geometrie wie das ›gleichwinklige Dreieck‹ und das ›gleichseitige Dreieck‹ veranschaulichen das auf eine andere Weise. Unter dem Sinn eines Namens haben wir also die Art, wie der bezeichnete Gegenstand durch den Namen gegeben ist, zu verstehen.

Im Hintergrund dieser Überlegungen steht die Frage, wie wir ein angemessenes Verständnis von Identitätsaussagen gewinnen können. Frege gelangt zu der Einsicht, daß Gleichheit als eine Identität des Bezeichneten aufzufassen ist. Die Identität geht gleichwohl mit einem Unterschied im Hinblick auf die

Gegebenheitsweise des Bezeichneten einher. Um den Unterschied in den Weisen, wie ein Gegenstand aufgefaßt wird, terminologisch Rechnung zu tragen, führt Frege den Ausdruck ›**Sinn**‹ ein. Auf das anstehende Problem wird im Zusammenhang mit den Streitpunkten der Referenztheorie noch näher eingegangen. An dieser Stelle soll es nur kurz skizziert werden. Wenn wir einmal unterstellen, daß die Namen a und b dasselbe Objekt bedeuten, so würde a = a dasselbe besagen wie a = b, da sich der Inhalt eines Satzes nicht ändert, wenn man in ihm einen Ausdruck durch einen bedeutungsgleichen anderen ersetzt. Eine Aussage der Form a = b kann aber andererseits auch einen Informationswert haben, den wir für die Tautologie a = a nicht reklamieren können. Das Beispiel mit ›Morgenstern‹ und ›Abendstern‹ ist ein Beleg dafür. Denn hinter der Gleichsetzung der beiden Namen steckt ein bestimmtes Wissen der Astronomie, das in der Weise nicht immer bestanden hat. Die Gleichheit kann nur darin bestehen, daß sich beide Ausdrücke auf denselben Gegenstand beziehen, der Unterschied in der Gegebenheitsweise bleibt durch die sinnverschiedenen Ausdrücke aber erhalten.

Frege findet damit zu dem semantischen Prinzip, daß der Sinn eines Ausdrucks dessen Bedeutung (d.i. Bezug) bestimmt. In Verlängerung dieser Einsicht gilt, daß ein Satz nur dann einen Sinn ausdrückt, wenn alle seine relevanten Teile einen Sinn haben.

Wenn Frege behauptet, daß jeder den Sinn eines Eigennamens erfaßt, der seine Muttersprache hinreichend kennt, dann deutet er den Sinn offenbar als eine Art Kennzeichnung. Der Sinn einer Kennzeichnung ist in den meisten Fällen eindeutig bestimmt, da diese die Gegebenheitsweise des Bezugsgegenstands explizit angibt.

Für die Fregesche Erweiterung der semantischen Funktion lassen sich also folgende sachliche Gründe anführen:

1. Wir müssen im Hinblick auf die Sprache in Rechnung stellen, daß oft genug auch Ausdrücke benutzt werden, deren Sinn wir (als Mitglieder einer Sprachgemeinschaft) verstehen, obwohl diese sich auf keinen realen Gegenstand beziehen (können). Beliebte Beispiele dafür sind die Eigennamen von mythologischen Gestalten wie Odysseus (über dessen reale historische Existenz wir nicht Bescheid wissen) oder irgendwelche Fabelwesen wie das geflügelte Pferd, aber ebenso Kennzeichnungsausdrücke aus der Mathematik wie ›die kleinste reelle Zahl, die größer ist als 1‹. Wir verwenden dann einen Ausdruck, dem zwar Sinn zukommt, aber kein Gegenstandsbezug. Wir können nun unterscheiden zwischen Eigennamen,

   a) die keinen Sinn (in diesem Fall verstehen wir den Ausdruck nicht) und also auch keinen Bezug haben,
   b) die einen Sinn haben, aber keinen Bezug (wie bei der mythologischen Gestalt des Odysseus),
   c) die Sinn und Bezug (auf ein reales Objekt) haben. Diesen Unterscheidungen suchte man terminologisch folgendermaßen Rechnung zu tragen: Ein Eigenname bezeichnet einen Gegenstand (d.i. der Bezug oder die Referenz), ein Eigenname drückt seine Bedeutung aus.

2. Die Sinnverschiedenheit trotz gleicher Bedeutung (d.i. Bezugs auf denselben Gegenstand) spielt im Hinblick auf die Erkenntnis bzw. Erkenntniserweiterung eine bedeutende Rolle. Das angeführte Beispiel vom Abendstern und Morgenstern bezeugt eine Erkenntniserweiterung in der Astronomie. Denn es beinhaltet ein (empirisch begründetes) Wissen darüber, daß sich beide Eigennamen nicht auf verschiedene Fixsterne beziehen, sondern auf den Planeten Venus. Die Gleichheit der Bedeutung (d.i. des Bezugs) ist in diesem Falle von anderer Natur, als wenn ich von der Bedeutungsgleichheit (in Freges Terminologie: ›Sinngleichheit‹) von »x ist ein Junggeselle« und »x ist ein unverheirateter Mann« sprechen würde. Im ersten Fall ist einerseits eine Gleichheit des Bezugs und andererseits eine Verschiedenheit in der Art des Gegebenseins des Bezeichneten festzustellen. Im zweiten Fall handelt es sich um analytische Bedeutungswahrheiten. Als analytische Sätze bestimmt Frege solche, die entweder logisch wahr oder aufgrund von Definitionen (x ist ein Junggeselle (x ist ein unverheirateter Mann) auf logische Wahrheit zurückführbar sind.

Nach den bisherigen Erörterungen kann folgende Festlegung gelten: Wir drücken mit dem Eigennamen (Wort, Zeichen, Zeichenverbindung oder Ausdruck) seinen Sinn aus und bezeichnen mit ihm seine Bedeutung. Es ist ersichtlich, daß Frege nun die Möglichkeit unterstellen kann, daß sinnverschiedene Namen denselben Gegenstand bezeichnen können (bei Frege: dieselbe Bedeutung haben). Derselbe Sinn kann andererseits in derselben Sprache verschiedene Ausdrücke haben (bspw. ›Gegner‹ – ›Kontrahent‹), erst recht natürlich in verschiedenen Sprachen.

Nachdem die semantische Funktion der Bezeichnungsausdrücke geklärt ist, kann man zu der Frage übergehen, wie Sinn und Bedeutung des Satzes zu verstehen sind. Um festzustellen, was den Gedanken ausmacht, kann man die beiden Sätze (der Identität)

a) »der Morgenstern ist identisch mit dem Morgenstern« und
b) »der Morgenstern ist identisch mit dem Abendstern« einandergegenüberstellen.

Während im Satz (a) eine Tautologie formuliert wird, ändert sich der Gedanke in Satz (b). Denn in (b) wird ein Erkenntniswert, nämlich daß die beiden sinnverschiedenen Bezeichnungsausdrücke ›Morgenstern‹ und ›Abendstern‹ denselben Gegenstand (nämlich den Planeten Venus) bezeichnen, zum Ausdruck gebracht. Aus diesem Beispiel wird ersichtlich, daß sich der Gedanke ändert, ohne daß sich die Bedeutung (d.i. der Wahrheitswert) eines Satzes ändert. Wir haben festgestellt, daß die Bedeutung des Satzes die Wahrheit ist, also kann der in dem Satz ausgedrückte Gedanke nicht die semantische Funktion der Bedeutung innehaben. »Nehmen wir einmal an, der Satz habe eine Bedeutung! Ersetzen wir nun in ihm ein Wort durch ein anderes von derselben Bedeutung, aber anderem Sinne, so kann dies auf die Bedeutung des Satzes keinen Einfluß haben« (Frege 1967, S. 148).

Das **Prinzip der Ersetzbarkeit** (d.i. der **Substitution**) nimmt Frege als Kriterium für die Entscheidung, ob der durch einen Satz ausgedrückte Gedanke als dessen Sinn oder als dessen Bedeutung aufzufassen ist.

Wir können als Resultat festhalten, daß ein Satz einen Wahrheitswert bezeichnet und einen Gedanken ausdrückt. Die Bedeutung des Satzes ist dabei abhängig von den Bedeutungen (d.i. den Bezügen) der in ihm vorkommenden Namen, ebenso ist der Sinn des Satzes abhängig von dem Sinn der Namen. Daraus ergeben sich die beiden **Substitutionsprinzipien**:

1. Die Bedeutung des Satzes ist invariant gegenüber der Substitution bezugsgleicher Namen bzw. bezugsgleicher Ausdrücke;
2. Der Sinn eines Satzes ist invariant gegenüber der Substitution sinngleicher Ausdrücke (vgl. Kutschera 1989, S. 67).

Das Substitutionsprinzip steht in einem engen Zusammenhang mit dem Kompositionalitätsprinzip, das im Zusammenhang mit der Frage der Wahrheitsbedingungen noch erörtert wird. Es besagt, daß die Bedeutung eines Satzes von der Bedeutung seiner Bestandteile abhängig ist. Daraus wird ersichtlich, daß die Bedeutung des Satzes sich nicht verändert, solange nur Ausdrücke mit gleicher Referenz ausgetauscht werden.

Frege muß allerdings an einem Punkt sein Substitutionsmodell einschränken. Denn es lassen sich Fälle denken, in denen die Bedeutung (d.i. der Bezug) eines Ausdrucks nicht in allen Kontexten dieselbe ist. Frege weist selbst darauf hin, wie der Teilsatz »A hat den B gesehen« in eine komplexe Aussage »A log, daß er den B gesehen habe« übertragen werden kann. Der falsche Teilsatz »A hat den B gesehen« kann nun in dem komplexeren Satz »A log, ...« nicht ohne weiteres durch den ebenso falschen Teilsatz »A hat C gesehen« ersetzt werden. Denn es ist nicht auszuschließen, daß sich dadurch der Wahrheitswert des Satzes verändern könnte. Das Beispiel, das Quine ins Feld führt, verdeutlicht dies besser: In dem Satz »Es ist eine mathematische Wahrheit, daß ›9 = 9‹« kann der Name ›9‹ nicht durch den bedeutungsgleichen Namen ›die Anzahl der Planeten‹ ersetzt werden, ohne daß daraus ein falscher Satz würde.

Freges Lösung besteht darin, daß er solche Kontexte als indirekte oder **oblique Kontexte** bezeichnet. Diese werden immer in Nebensätzen ausgedrückt. Für indirekte Kontexte ist es dann spezifisch, daß sich der Ausdruck nur auf den Sinn bezieht. In der Aussage »Fritz hat das Buch gelesen« wäre die Bedeutung der Ausdrücke die Person Fritz und das Buch, das gelesen wird. In der Aussage »Fritz behauptet, daß er das Buch gelesen habe« wird keine Aussage über das Buch gemacht, sondern einzig über den Sinn des Nebensatzes. Damit räumt Frege aber auch ein, daß die Bedeutung eines Ausdrucks auch kontextabhängig sein kann (vgl. Kutschera 1989, S. 80 ff).

2.3 Der Gedanke in seinem Bezug auf Wahrheit

Wir können uns nun der letzten Frage zuwenden, wie die Wahrheit des Gedankens zu bestimmen sei bzw. welche Wahrheitsbedingungen gegeben sein müssen. In welchem Sinne sprechen wir von Wahrheitsbedingungen? Es erscheint mir ganz hilfreich, diese Frage vorweg abzuklären. Dazu bietet sich an, die Fregesche Unterscheidung in unvollständige und vollständige Sätze nachzuvollziehen.

Er geht dabei von der Annahme aus, daß ein Gedanke entweder wahr oder falsch (also wahrheitsdefinit) ist, aber nicht einmal wahr und ein anderes Mal falsch. Allerdings muß er natürlich einräumen, daß es in unserer Umgangssprache Sätze gibt (wie »es regnet« oder »ich friere«), die je nach Umständen und Situation, in der sie geäußert werden, abwechselnd wahr oder falsch sein können.

Ein wechselnder Wahrheitswert ist bei solchen Sätzen gegeben, in denen auf einen »Sprecher«, auf bestimmte Zeit- und Ortsumstände Bezug genommen wird. In einem solchen Fall finden okkasionelle Elemente Einzug in den Ausdruck eines Gedankens. Da ohne Kenntnisse des Sprechers (besser: desjenigen, der die Äußerung gemacht hat) und der Umstände bzw. der Situation der Äußerung, nicht über den Wahrheitsgehalt entschieden werden kann, bezeichnet Frege solche Sätze als unvollständige Ausdrücke eines Gedankens. Was er mit der Bezeichnung ›Unvollständigkeit‹ meint, kann man sich mit Hilfe zweier Sätze plausibel machen:

a) »ich friere« und
b) »bei seinem Staatsbesuch in Polen im Jahr 1978 hat der Bundeskanzler der Bundesrepublik Deutschland gefroren.«

Für den zweiten Satz kann jeder (der der deutschen Sprache mächtig ist) die Wahrheitsbedingungen angeben, unter denen dieser Satz berechtigterweise behauptet wird. D.h. jeder kann sich das nötige (historische) Wissen aneignen, um festzustellen, wer dieser Bundeskanzler war. Im ersten Falle dagegen weiß ich zwar, daß der Satz dann wahr ist, wenn derjenige, der diesen Satz geäußert hat, tatsächlich friert (bzw. gefroren hat). Dabei weiß ich aber nicht, wer diesen Satz geäußert hat bzw. wer sich mit ›ich‹ sprachlich artikuliert. Deshalb kann man nur für den Satz (b) ein definites Wissen der Wahrheitsbedingungen geltend machen, für (a) dagegen nicht.

Unvollständigkeit besagt in diesem Zusammenhang also, daß Sätze mit okkasionellen Elementen nur im Kontext der Äußerung einen bestimmten Gedanken ausdrücken. Frege würde also als vollständige Ausdrücke eines Gedankens nur diejenigen Sätze bezeichnen, die unabhängig von der Situation der Äußerungen einen bestimmten Gedanken ausdrücken. Der Satz (a) »ich friere« besitzt die Wahrheitsbedingungen nur im Zusammenhang mit der Situation der Äußerung, kann also in einem anderen Zusammenhang wiederum falsch sein. Frege aber geht es um Sätze, die an sich wahrheitsdefinit sind, d.h. daß die Wahrheitsbedingungen nicht in Abhängigkeit von den subjektiven Bedingungen eines Sprechenden oder Denkenden stehen. Deshalb meint Frege auch, daß die Wahrheitsfähigkeit in solchen Fällen nicht gegeben ist, wenn sie von den Umständen abhängig ist – sie ist nur dann gegeben, wenn auf den Sinn eines Satzes die Begriffe Wahrheit oder Falschheit generell anwendbar sind. Daß der Sinn gewisser Sätze wahrheitsfähig ist, besagt also nur, daß die

Begriffe der Wahrheit und der Falschheit auf den Sinn dieser Sätze anwendbar sind. Das darf aber nicht so gedeutet werden, daß es möglich sein muß, daß der Sinn eines Satzes wahr ist. Denn sonst würden logisch falsche Sätze keinen Sinn haben.

Der nächste Schritt muß dem angestrebten Ziel näherkommen, die Wahrheitsbedingungen des Gedankens zu bestimmen. Unter ›**Wahrheitsbedingungen**‹ sind jene Bedingungen zu verstehen, die erfüllt sein müssen, damit wir eine Behauptung zu Recht erheben. Einen ersten Hinweis darauf hat uns Frege gegeben, als er den Gedanken als ›Inbegriff‹ der Wahrheit oder Falschheit ins Feld führte. In seiner Schrift *Sinn und Bedeutung* gibt Frege nun die weiterführende Klärung des Verhältnisses von Gedanke und Wahrheit als einer Beziehung zwischen dem Sinn eines Satzes und seiner Bedeutung. Daraus gewinnen wir schließlich auch die abschließende Darstellung des Verhältnisses von Gedanke, Wahrheit und Urteil.

Ausgangspunkt ist die als semantisches Prinzip formulierte Festlegung, daß ein komplexer Ausdruck nur dann eine Bedeutung hat, wenn all seine Teilausdrücke Bedeutung haben. In allgemeiner Form besagt dieses **Kompositionalitätsprinzip**: Die Bedeutung eines Satzes ist eine Funktion von den Einheiten, aus denen er zusammengesetzt ist. (Den Zusammenhang mit dem Prinzip der Substitution habe ich oben bereits angesprochen.) Die Bedeutung/der Bezug eines Satzes steht in Abhängigkeit zu den Bedeutungen/Bezügen der in ihm vorkommenden Namen. »Wenn man etwas behauptet, so ist immer die Voraussetzung selbstverständlich, daß die einfachen oder zusammengesetzten Eigennamen eine Bedeutung haben.« (Frege 1967, S. 154).

Aus den früheren Überlegungen wissen wir, daß für die behauptende Verwendung eines Satzes vorausgesetzt ist, daß dieser einen vollständigen Gedanken ausdrückt. Damit dies sichergestellt ist, müssen alle seine semantisch relevanten Teilausdrücke einen Sinn haben. Wäre einer von ihnen sinnlos, wäre davon der gesamte Satz betroffen (Frege 1969, S. 250). Eine weitere Voraussetzung besteht darin, daß jeder Satzteil eine Bedeutung hat. Denn nur dann können wir ein Urteil fällen und dadurch eine Erkenntnis gewinnen. Ein Wahrheitswert ist nur dann gegeben, wenn ein Gedanke bzw. ein Satz wahr oder falsch sein kann.

Wir müssen uns nochmals einen Teil seiner Ausführungen zur Urteilslehre vergegenwärtigen, den wir bereits im Zusammenhang mit der Frage nach der Bedeutung des Satzes angesprochen haben. Sätze werden in dem Sinne verwendet, daß angegeben wird, daß sie das Wahre bedeuten. Indem wir einen Satz behaupten, erkennen wir den Gedanken, den er ausdrückt, als wahr an. Der Behauptungssatz spricht also von der Wahrheit, insofern ist die Bedeutung des Satzes die Wahrheit. Frege erörtert seine Sichtweise an dem Beispielsatz »der Gedanke, daß 5 eine Primzahl ist, ist wahr«. Vordergründig sieht es so aus, daß dem Gedanken ›daß 5 eine Primzahl ist‹ das Prädikat wahr zugeordnet wird. Für Frege ist das eine gänzlich verfehlte Interpretation. Denn der genannte Satz unterscheidet sich im Grunde nicht von dem einfachen Satz »5 ist eine Primzahl«. Die Behauptung der Wahrheit liegt in der Form des Behauptungssatzes, wodurch der Gedanke als wahr hingestellt wird. In der

Form des Behauptungssatzes sprechen wir bereits die Anerkennung der Wahrheit aus, nicht erst durch den prädikativen Zusatz ›ist wahr‹. Frege will damit zeigen, daß die Verwendung des Prädikats ›ist wahr‹ keine hinreichende Bedingung dafür ist, daß ein Gedanke als wahr ausgegeben wird.

Das Verhältnis des Gedankens zum Wahren läßt sich nur als das Verhältnis des Sinns zur Bedeutung erklären, d.h. die Wahrheit ist kein Bestandteil des Gedankens (Frege 1986 a, S. 49).

Die Besonderheit von Freges Überlegung zeigt sich gerade in ihrer Verschiedenheit zu vorangehenden Konzepten. Die herkömmliche Auffassung besteht darin, daß in einer Behauptung ein Urteil als wahr hingestellt wird. Dabei wird unterstellt, daß Wahrheit als eine Eigenschaft gewisser Gedanken zu verstehen ist. Diese Auffassung tritt in zweierlei Formen in Erscheinung: Entweder wird behauptet, daß das Verhältnis des Gedankens zum Wahren ein Verhältnis des Subjekts zum Prädikat ist, oder sie wird so dargestellt, daß es sich um ein Verhältnis des Gegenstandes zur Eigenschaft handelt.

Der Auffassung, daß das Verhältnis des Gedankens zum Wahren als das Verhältnis des Subjekts zum Prädikat anzusehen ist, hält Frege zweierlei entgegen:

(1) Eine solche Auffassung legt es nahe, das Prädikat ›wahr‹ als ein reales Prädikat zu begreifen. Sätze der Form »der Gedanke, daß der Sachverhalt xy vorliegt (daß p), ist wahr«, scheinen eine solche Auffassung nahezulegen. Es sieht vordergründig so aus, daß wir die Wahrheit als Eigenschaft dem Gedanken beilegen, und daß der Gedanke als Gegenstand dem Begriff des Wahren subsumiert würde. Daß das Prädikat »ist wahr« kein reales Prädikat ist, zeigt sich aber darin, daß es keinen wesentlichen Beitrag zum Gedanken liefert. Deshalb kann das Subsumptionsmodell keine adäquate Darstellung sein.

(2) Frege weist darauf hin, daß Subjekt und Prädikat in logischer Hinsicht nur Gedankenteile darstellen. Das heißt aber, daß man durch das Zusammenfügen von Subjekt und Prädikat immer nur zu neuen Gedanken gelangt, aber nie von einem Gedanken zu dessen Wahrheitswert. Er macht zwei Stufen geltend, die man strikt auseinanderhalten müsse: Die eine Stufe stellt das Verstehen eines Gedankens, den ein Satz ausdrückt, dar, eine andere Stufe ist die Anerkennung der Wahrheit des Gedankens. Die in einer Behauptung erhobene Anerkennung der Wahrheit eines Gedankens geht über das Erfassen des Gedankens hinaus . Insofern stellt es eine andere Stufe dar, wenn es um die Frage der Wahrheit und der Erkenntnis geht (Frege 1986 a, S. 49).

Dieses Stufenmodell soll gerade durch Freges Unterscheidung von Sinn und Bedeutung/Bezug einsichtig gemacht werden. Das Verhältnis von Gedanke und Wahrheit muß nach Frege also als das Verhältnis von Sinn (eines Satzes) zu seiner Bedeutung gedacht werden. Frege gibt keine Analyse der Verwendung des Prädikats ›ist wahr‹, vielmehr beschreibt er das Verhältnis, das zwischen einem Gedanken und seiner Wahrheit besteht.

3. Die Theorie der definiten Beschreibung: Bertrand Russell

Neben George Edward Moore gilt Bertrand Russell als Geburtshelfer der sprachanalytischen Philosophie. Russell (1872–1970), lehrte lange Jahre, wenn auch mit größeren zeitlichen Unterbrechungen, am Trinity College in Cambridge. An jenem College hatte er Mathematik und Philosophie studiert und dabei Moores kritische Haltung gegenüber der Philosophie seines örtlichen Kollegen McTaggart kennengelernt. Offensichtlich war Russell mehr von Moores analysierendem Verfahren angetan als von der von Hegel geprägten idealistischen Philosophie, wie sie von McTaggart und Bradley zu dieser Zeit vertreten wurde. In Russell ging die Philosophie in enger Kooperation mit mathematischem Denken einher, was nicht zuletzt durch seine Kenntnis von Leibniz und Frege begründet war. Von Leibniz leitet sich die Überlegung her, in der Philosophie durch die logische Analyse der Sprache einer ›characteristica universalis‹, also einer idealen Zeichensprache den Boden zu bereiten. Mit Hilfe einer solchen künstlichen Sprache sollte ein exaktes System der Grundlagen menschlichen Wissens (d.i. eine mathesis universalis), in dem sich alle philosophischen Probleme lösen ließen, formuliert werden. Russells Beschäftigung mit Frege machten ihn mit dessen Bestrebung bekannt aufzuzeigen, daß die formale Logik als Grundlage der Mathematik einzuschätzen sei. Frege wollte zeigen, wie die natürlichen Zahlen aus dem Klassenbegriff heraus zu definieren sind.

Russells Verdienst war es, als einer der ersten die wissenschaftliche Bedeutung von Freges Leistungen hinsichtlich der Grundlegung von Logik und Mathematik erkannt und positiv gewürdigt zu haben. Andererseits aber trug er durch eine fundamentale Kritik an Freges Konzeption dazu bei, daß dessen Unternehmungen als gescheitert angesehen werden mußten.

Frege war der Ansicht, daß sich die Arithmetik logisch begründen lassen müsse. Von seinem Werk *Grundgesetze der Arithmetik, begriffsgeschichtlich abgeleitet* (1893 u. 1903) war der zweite Band noch nicht erschienen, als ihn Russell in einem Brief auf eine Antinomie in seinem Grundlegungsversuch hinwies. Eine Antinomie bedeutet, daß in dem fraglichen System ein Satz gegeben ist, der zugleich beweisbar und widerlegbar ist. Ein solcher Nachweis stellte für ein nach strengen Maßstäben formalisiertes System eine vernichtende Kritik dar.

Russells Philosophie ist auch stark von den Diskussionen mit Wittgenstein geprägt. Dieser war auf Empfehlung Freges nach Cambridge gekommen, um sein Studium bei Russell fortzusetzen. Im Vorwort zu seiner *Philosophie des Logischen Atomismus* erklärt Russell explizit, daß es ihm in dieser Schrift um die Erörterung von Gedanken ginge, die er von Wittgenstein übernommen habe. Es wäre ein Mißverständnis, wollte man diese Bemerkung in dem Sinne deuten, daß zwischen den Theorien beider völliger Gleichklang bestünde. Von Wittgenstein unterscheidet ihn sein Interesse an erkenntnistheoretischen Fragen, das ihn zu einer empiristischen Deutung der logisch einfachsten Aussagen führte.

Russells Nähe zu Moore wird deutlich, wenn er seine Skepsis bezüglich der metaphysischen Annahmen der Philosophie ausbreitet und gleichzeitig der Philosophie als genuine Aufgabe die logische Analyse der Sprache zuschreibt. »Der wichtigste Teil besteht nach meiner Meinung in der Kritik und Klärung von Begriffen, die leicht als fundamental betrachtet und unkritisch hingenommen werden können.« (Russell 1971b, S. 41). Dazu rechnet er solche für die Metaphysik wie die Erkenntnistheorie gleichermaßen zentralen Begriffe wie ›Geist‹, ›Materie‹, ›Bewußtsein‹, ›Erkenntnis‹, ›Erfahrung‹, ›Kausalität‹, ›Wille‹, ›Zeit‹. Aufgrund ihrer Vagheit könnten sie keiner exakten Wissenschaft zugehören. Gleichzeitig spricht Russell die Empfehlung aus, »unsere Philosophie auf die Wissenschaft zu bauen, weil das Risiko eines Irrtums in der Philosophie ganz sicher größer ist als in der Wissenschaft« (ebd., S. 45). – Diese pauschale Einstufung der Philosophie ist sicherlich ebensowenig haltbar wie das unkritische Lob der Wissenschaft.

3.1 Antinomienlehre und Typentheorie

Bevor wir zu einer Darstellung der Philosophie des Logischen Atomismus kommen, müssen wir uns mit seiner Antinomienlehre eingehender auseinandersetzen, da die Konsequenzen daraus in nicht unerheblichen Maße Eingang finden in den Entwurf einer künstlichen Sprache. Um die Problemstellung in den Blick zu bekommen, müssen wir uns zunächst vergegenwärtigen, wie die Bildung von Klassen vor sich geht. Um eine Klasse zu bestimmen, können wir entweder die Elemente dieser Klasse aufzählen (d.i. extensional bestimmen) oder diese mit Hilfe einer oder mehrerer Eigenschaften definieren (d.i. intensional bestimmen – bspw. die Klasse der Primzahlen). Der intensionalen Bestimmung wird dann der Vorzug gegeben, wenn eine unendliche Anzahl von Elementen (bspw. die Klasse der ganzen Zahlen) gegeben ist. Russell zeigt nun auf, wie die Bildung einer intensionalen Klasse mit Hilfe einer Aussagenfunktion geleistet werden kann: Eine bestimmte Klasse besteht aus Entitäten, die eine solche Aussagenfunktion wahr werden lassen – bspw. die Klasse der Menschen aus Entitäten, die die Aussagenfunktion »x ist ein Mensch« erfüllen. Die Gefahr einer Antinomie tut sich dann auf, wenn man in Erwägung zöge, eine solche Bestimmungsmöglichkeit auch auf Klassen zu erweitern, deren Elemente selbst Klassen sind. Das läßt sich an folgendem Fall demonstrieren: Man bildet zwei Klassen

(a) die Klasse, die kein Element aus sich selbst ist (bspw. die Klasse aller Ministerpräsidenten der Bundesländer),
(b) die Klasse, die ein Element aus sich selbst ist (bspw. die Klassen der zählbaren Klassen).

Mit Hilfe der Aussagefunktion kann die Bestimmung der Klassen auf folgende Weise vollzogen werden:

(a) x ist nicht ein Element aus sich selbst,
(b) x ist ein Element aus sich selbst.

Dadurch wird eine merkwürdige Konsequenz sichtbar: Diejenige Klasse, welche nicht ein Element aus sich selbst ist, kann in die erste Aussagefunktion eingesetzt werden, wodurch diese zu einer wahren Aussage wird. Wie wir wissen, besteht eine bestimmte Klasse aus Entitäten, die eine bestimmte Aussagefunktion wahr machen. Die Aussagefunktion ›x ist nicht ein Element aus sich selbst‹ wird dadurch erfüllt, daß wir für ›x‹ die bestimmte ›Klasse, die sich nicht als Element enthält‹ einsetzen. Jetzt zeigt sich, daß die eingesetzte Klasse ein Element derjenigen Klasse ist, die sich nicht selbst als Element enthält. Dadurch erhalten wir folgende widersprüchliche Situation: Einerseits soll durch die Einsetzung gezeigt werden, daß diese Klasse sich nicht selbst als Element enthält – dadurch wird sie aber gerade zu einem Element ihrer eigenen Klasse. Andererseits dürfte sie in dem Fall, daß sie jetzt ein Element ihrer eigenen Klasse geworden ist, gerade nicht zu dieser Klasse gerechnet werden, die so bestimmt war, daß sie sich nicht selbst als Element enthält.

An einem anderen häufig zitierten Beispiel für eine solche Antinomie wird das anschaulicher: Ein Kreter trifft die Aussage »alle Kreter lügen«. Wenn er selbst kein Kreter wäre, ergäbe sich daraus kein Problem. Da er aber selbst ein Kreter ist, kommen wir in die Schwierigkeit, nicht mehr zu wissen, was richtig und falsch ist. Denn lügt er als Kreter wirklich, dann würde seine Aussage (daß alle Kreter lügen) einerseits inhaltlich gar nicht stimmen, andererseits hätte sie in bezug auf seine Person zumindest ihre Richtigkeit (der Inhalt seiner Aussage ist ein Lüge, sein eigenes Verhalten wiederum würde genau dem gelogenen Inhalt der Aussage entsprechen). Stimmt es dagegen tatsächlich, daß alle Kreter lügen, dann würde er zum Zeitpunkt dieser Äußerung gerade nicht lügen, obwohl er Kreter ist.

Russell sieht den Grund dieser Antinomien in der unzulässigen Form der Reflexivität oder Eigenreferenz (d.i. der Beziehung auf sich selbst) von Klassen (Russell 1964, S. 37, S. 62).

Seine Lösung des Problems besteht in dem Vorschlag einer **Typentheorie**. Man müßte zunächst verschiedene Entitäten voneinander unterscheiden: Individuen, Klassen von Individuen, Klassen von Klassen von Individuen usw. Die Reihenfolge der Entitäten kann gleichzeitig als Hierarchie von Entitätstypen aufgefaßt werden. Jede Entität – so die Forderung – darf nur einem logischen Typ zugehören und eine solche Entität kann nur ein Element eines höheren logischen Typs sein. Durch eine solche Typenbildung wird verhindert, daß die Entitäten eines logischen Typs selbst wiederum eine neue Entität bilden können. Genau darin besteht das Problem der Selbstbezüglichkeit, das wir in den angeführten Beispielen kennengelernt haben. Die Typentheorie wurde zwar ursprünglich entwickelt, um Probleme der Logik und Mathematik zu lösen, sie kommt aber auch zum Tragen bei der Analyse sprachlicher Ausdrücke, vor allem dann, wenn die Bildung einer künstlichen Sprache ansteht (vgl. Rheinwald 1988, S. 59 ff.). Sie stellt modellhaft dar, wie durch eine logische Analyse Klarheit für sprachliche, grammatikalisch korrekt gebildete Aussagen zu gewinnen ist.

Im Hinblick auf die Einschätzung der natürlichen Sprache teilt Russell Freges Meinung: Beide sehen deren Unzulänglichkeit in der Vagheit zahlreicher

Ausdrücke und leiten daraus die Notwendigkeit der Bildung einer logisch korrekten Sprache ab. Eine erste deutliche Akzentverschiebung zu Frege zeichnet sich aber bereits ab, wenn Russell seine Ansicht konkretisiert:

> »Alle unsere Wörter sind mehr oder minder von Vagheit infiziert, womit ich meine, daß nicht immer klar ist, ob sie auf einen Gegenstand zur Anwendung kommen oder nicht. Es gehört zur Natur von Wörtern, mehr oder weniger allgemein zu sein und nicht nur auf einen Einzelfall zur Anwendung zu kommen, aber das würde sie nicht vage machen, wenn die Einzelfälle, auf die sie zur Anwendung kommen, eine bestimmte Klasse wären.« (Russell 1971 b, S. 43 f.)

Aus dieser Feststellung leitet er als Zweck einer logischen Idealsprache ab:

> »erstens, Schlüsse von der Natur der Sprache auf die Natur der Welt zu verhindern, die falsch sind, weil sie von den logischen Mängeln der Sprache abhängen; zweitens, durch eine Untersuchung dessen, was die Logik von einer Sprache verlangt, die Widersprüche verhindern soll, anzudeuten, welche Art von Struktur wir vernünftigerweise für die Welt annehmen können.« (ebd., S. 44)

Eine solche Vorstellung, wir könnten von der Logik einer Sprache den Schritt zu einer Strukturaussage über die Welt gelangen, finden wir bei Frege nicht. Offensichtlich strebt Russell eine Verknüpfung von sprachphilosophischen und erkenntnistheoretischen Gehalten an.

3.2 Erkenntnistheoretische Annahmen

Mit dem Schritt zur logischen Analyse der Sprache eröffnet Russell gleichzeitig erkenntnistheoretische Fragestellungen. In den traditionellen erkenntnistheoretischen Auseinandersetzungen ging es um die Fragen der Tragweite der menschlichen Erkenntnis, der Abhängigkeit des erkannten Objekts vom erkennenden Subjekt und nicht zuletzt um die Frage, wie wir vom direkt gegebenen Bewußtseinsinhalt zur Erkenntnis der äußeren Welt gelangen können. Russell setzt diesen Problemstellungen eine andere Perspektive entgegen: »Die oberste Regel wissenschaftlichen Philosophierens lautet: Wo immer möglich, müssen an die Stelle erschlossener Entitäten logische Konstruktionen treten« (Russell 1976, S. 111). Dieser Vorschlag stellt gleichsam das Resultat vorangehender Überlegungen über das Subjekt-Prädikat-Schema und über Beziehungssachverhalte dar. In seiner Beschäftigung mit Leibniz setzte er sich mit dessen Auffassung, daß das Prädikat im Subjekt enthalten sei, auseinander. Russell kann sich mit einer solchen Theorie der Relationen, wonach Beziehungen nur in der Vorstellung des Bewußtseins und nicht in der Wirklichkeit liegen, nicht abfinden. Wenn a größer ist als b, oder wenn a der Vater von b ist, dann handelt es sich um äußere Relationen, die man auch daraufhin überprüfen kann, ob sie in der Weise gegeben sind. Angeregt durch Peanos Axiomensystem der Arithmetik kam ihm die Einsicht, daß nicht die Betrachtung von Begriffsumfängen nach dem Subjekt-Prädikat-Schema zur gewünschten Antwort führt, sondern die Annahme von ein- und mehrstelligen Funktionen wie ›x ist eine Zahl‹, ›x ist Nachfolger von y‹. Russell nimmt die Mathematik und ihre Aussagen über ›größer‹, ›kleiner‹, ›Nachfolger von‹ usw. zum Modell für die Aussagen über die Wirklichkeit. Er will einerseits bestehende Sachverhalte untersuchen und andererseits den Zeichen Entitäten zuordnen. Die sprachliche Zweiheit von Subjektzeichen und Prädikatzeichen erscheint ihm hinreichend, um die ontologische Gliederung in Substanz und Eigenschaft wiedergeben zu können. Anders als in der traditionellen Syllogistik, in der ein Term sowohl an der Subjekt- wie an der Prädikatstelle stehen kann, soll von vornherein festgelegt sein, ob ein Ausdruck ein Individuenname, ein Prädikatausdruck oder ein Relationsausdruck ist. Nach Russells Auffassung zeigt sich die Parallelität von logischer und ontologischer Struktur und entsprechend auch die enge Beziehung zwischen der logischen Analyse der Sprache und der ontologischen Analyse der Wirklichkeit.

Der logischen Analyse der Sprache gehen einige erkenntnistheoretische Annahmen voraus (vgl. Carl 1974, S. 38 ff.). Russell geht davon aus, daß wir das, was ein Satz besagt, nur insofern verstehen können, als wir mit dem Gesagten bekannt sind. Bekanntschaft ist für Russell ein »privates Wissen«, so daß auch das Verstehen eines Satzes zu etwas Privatem wird. Er entwirft dazu ein einfaches Modell einer empirischen Erkenntnistheorie. Zur Voraussetzung für das Verstehen einer Bedeutung macht er das Wissen des Sprechers und des Hörers. Denn ob ein Sprecher sich auf einen Gegenstand bezieht (und eine singuläre Aussage in bezug auf ihn macht), hängt davon ab, ob er mit dem Gegenstand bekannt ist. Die erkenntnistheoretische Annahme gibt nur die Bedingungen an, wann eine gegebene Aussage eine singuläre Aussage ist. Der logischen Analyse der Sprache ist es noch vorbehalten zu bestimmen, was eine singuläre Aussage ist.

Erst vor dem Hintergrund Russells rudimentärer Erkenntnistheorie gewinnen die weiteren Überlegungen hinreichend Konturen. Verwendet ein Sprecher einen Ausdruck zur Bezeichnung eines einzelnen Gegenstandes, so gilt dieser Ausdruck für Russell als ein ›**logischer Eigenname**‹. »Ein Name im logischen Sinne als Wort, dessen Bedeutung ein Individuum ist, kann nur auf ein Individuum angewendet werden, mit dem der Sprecher bekannt ist, weil man nichts benennen kann, womit man nicht bekannt ist.« (Russell 1976 b, S. 200).

Dabei kann man von der einfachsten (d.i. der singulären) Tatsache ausgehen, wie sie in der Aussage »dies ist weiß« ausgedrückt ist. Als nächsteinfache Tatsachen wären nach Russell diejenigen anzusehen, die Relationen zwischen zwei Individuen darstellen. Solche einfachen **Tatsachen** nennt er ›atomar‹. Die atomaren Tatsachen enthalten neben den Relationen noch die Terme dieser Relationen. Terme in atomaren Tatsachen definiert er als »**Individuen**«. Dabei handelt es sich um eine rein logische Definition, man braucht kein Wissen darüber zu haben, welche Individuen es gibt. Daß ein einzelner Gegenstand eine Eigenschaft hat, wird durch einen Satz formuliert, dessen Subjekt-Ausdruck ein logischer Eigenname ist. Einen solche Satz nennt Russell ›atomic proposition‹, den durch ihn bestimmten Sachverhalt ›atomic fact‹ (Russell 1976 b, S. 198 f.).

Bedingung für den logischen Eigennamen ist es also das Wissen, daß der Gegenstand existiert, den er benennt. Wir können jetzt folgenden Zusammenhang festhalten: Jede atomare Tatsache und jeder singuläre Satz setzen die Existenz eines einzelnen Gegenstandes voraus. Gibt es ihn nicht, dann kann es keine Tatsache geben, in der er als Konstituens vorkommt, und auch keinen singulären Satz, der sich auf ihn bezieht. Ein solcher Satz ist in diesem Sinn nicht sinnvoll (›significant‹). Als Konstituenten von Tatsachen gelten Russell die existierenden Dinge der Welt. Damit können wir jetzt Russells fundamentales epistemisches Prinzip in der Analyse von Sätzen (mit Kennzeichnungen) verstehen: Jeder Satz, den wir verstehen, muß vollständig aus Konstituenten zusammengesetzt sein, mit denen wir bekannt sind (Russell 1976 c, S. 73).

Die genannten Annahmen bilden die Basis für seine weiteren Überlegungen.

Die zugrundegelegte Annahme der **Bekanntschaft** mit Gegenständen entspricht jener einfachen Form von Erkenntnistheorie, wie Russell sie bei seinem Lehrer Moore kennengelernt hat. Unter Bekanntschaft versteht Russell, daß eine Person in einer direkten kognitiven Relation zu einem Objekt steht, d.h. sich des Objekts selbst unmittelbar gewiß ist (Russell 1976 c, S. 66). In dieser Annahme lebt die Auseinandersetzung seines Lehrers mit unterschiedlichen erkenntnistheoretischen Positionen wieder auf. Russell grenzt sich dabei von dem Positivismus eines Ernst Mach ab, für den nur die Annahme von Sinnesdaten akzeptabel ist, ebenso von idealistischen Positionen, die nur ein geistiges Objekt gelten lassen, und nicht zuletzt von jener an Frege erinnernden Position, die zwischen Subjekt und Objekt eine dritte Entität, nämlich einen Inhalt oder Gedanken, annimmt.

Er hält dabei bewußt an dem Dualismus zwischen Subjekt und Objekt fest, weil dieser ihm erkenntnistheoretisch fundamental erscheint. Im Wort ›Bekanntschaft‹ soll zum Ausdruck kommen, daß einem Subjekt etwas bekannt ist. Russell stellt sich dabei eine einfache Wahrnehmungssituation vor, in der man gewisse Dinge vor sich hat. Bei einer solchen Art von Erfahrung nimmt eine Person die sie umgebenden Dinge einfach zur Kenntnis (Russell 1976 a, S. 133).

Russell spricht in diesem Zusammenhängen auch von Sinnesdaten, dabei meint er sinnlich wahrnehmbare Eigenschaften von Gegenständen. Er nähert sich damit nicht der positivistischen Position Machs an, vielmehr bezeichnet er all das als Sinnesdatum, was uns in der Wahrnehmung gegeben sein kann. Sinnesdaten sind nicht als subjektive Erlebnisse zu begreifen, sondern als Teile der Außenwelt. Allerdings sind sie in dem Sinne als privat einzustufen, als nach Russell verschiedene Beobachter nicht dieselben Sinnesdaten haben können. Eine weitere Erörterung von Russells nicht unproblematischer Theorie der Sinnesdaten ist für unseren Zusammenhang nicht erforderlich (vgl. dazu Carl 1972, S. 249 ff.).

Auch wenn die Wahrnehmung die Grundlage der Bekanntschaft abgibt, läßt sich dies nicht auf unmittelbares Erleben von Gegebenem reduzieren, sondern schließt auch die Möglichkeit der Erinnerung und des Wiedererkennens ein. Wesentlich erscheint Russell nur, daß die Bekanntschaft ein direktes und unmittelbares Erfahren ist und nicht erst aufgrund von Schlußfolgerungen gewonnen oder aus einer vorausgegangenen Erkenntnis abgleitet ist. Die Bekanntschaft ist ein Wissen, das der Erkenntnis von Wahrheit vorgeordnet ist. Russell räumt allerdings auch ein, daß wir nicht nur von einzelnen Gegenständen Bekanntschaft haben können, sondern auch von Begriffen und Ideen. Bspw. nehmen wir nicht nur individuelle Gelbtöne war, sondern auch das universelle Gelb. Auch universelle Relationen können Objekte der Bekanntschaft sein. In dieser unmittelbaren Beziehung ist seiner Ansicht nach begründet, daß die schlichte und unmittelbare Erfahrung von Dingen nicht in Zweifel gezogen werden kann. Wir können uns nicht darüber täuschen, daß wir etwas erfahren (Russell 1967, S. 43 ff.).

Russell unterscheidet nun das Wissen durch **Beschreibung** von der Erfahrung durch Bekanntschaft. Zunächst müssen wir uns plausibel machen, in welcher Weise uns ein solches Wissen gegeben ist. Russell führt dazu den Fall an, daß ich von einem einzelnen Gegenstand, über den eine Aussage gemacht wird, nur durch Beschreibung weiß. Unter einer Beschreibung versteht er den Ausdruck ›ein Soundso‹ oder ›ein Mann‹ oder – im Fall einer **definiten Beschreibung** – den Ausdruck ›der Soundso‹ oder ›der Mann mit der eisernen Hand‹. In einem solchen Fall, erfahren wir von einem Sprecher etwas über eine bestimmte Person, das kennzeichnend für diese Person sein soll. Wir können uns nicht direkt auf diese uns unbekannte Person beziehen. Wir können aber mit Begriffen bekannt sein und zusätzlich das Wissen haben, daß es genau einen Gegenstand gibt, auf den der Begriff zutrifft bzw. der unter diesen Begriff fällt. Russell demonstriert dies an dem Beispiel Bismarcks und dessen Kennzeichnung ›der erste Kanzler des Deutschen Reiches‹. Wir kennen die einzelnen Begriffe. Die fehlende Bekanntschaft mit dem Gegenstand wird dann durch die Bekanntschaft mit den Begriffen bzw. Eigenschaften, die durch die Kennzeichnung bestimmt werden, behoben. Russell zufolge haben wir dadurch ein **deskriptives Wissen** von einem Gegenstand, daß wir wissen, daß es der Gegenstand ist, welcher irgendwelche Eigenschaften hat, mit denen wir bekannt sind. Er formuliert in diesem Zusammenhang sein fundamentales erkenntnistheoretisches Prinzip der Analyse von Aussagen, die Beschreibungen enthalten: »Jede Aussage, die wir verstehen können, muß vollständig aus Bestandteilen bestehen, mit denen wir bekannt sind« (Russell 1976 c, S. 73). Das Verstehen eines sprachlichen Ausdrucks setzt voraus, daß eine Bekanntschaft mit dem gegeben ist, wofür der Ausdruck steht. Fundamental ist dieses Prinzip deshalb, weil darin auf die grundlegende Form, wie sich Sprache auf Welt bezieht, Bezug genommen wird. Das Verstehen eines Ausdrucks setzt voraus, daß man weiß, worauf er anzuwenden ist. Wir könnten nicht wissen was die Worte ›rot‹ oder ›blau‹ bedeuten, wenn man uns nie solche Farben gezeigt hätte. Russell zufolge ist die ostensive (d.i. hinweisende) Erläuterung eines Ausdrucks die rudimentäre Form des Lernens und der Erwerbung von Bekanntschaften.

Die Verständigung mit Hilfe der Sprache setzt voraus, daß es eine für Sprecher und Hörer gemeinsame Welt gibt, die sie durch Erfahrung kennenlernen. Aus diesem Grunde haben bei Russell ostensive Erläuterungen einen zentralen Stellenwert. Das Wissen durch Beschreibung stellt insofern eine Erweiterung unserer Erfahrung dar, als uns dadurch Erkenntnisse vermittelt werden, die über die Grenzen der persönlichen Erfahrung hinausweisen. Wir wissen dann, daß es genau einen Gegenstand gibt, der eine bestimmt (in der Kennzeichnung genannte) Eigenschaft hat. Dieses Wissen ist das Wissen der Wahrheit einer Aussage.

Russells Modell der Verständigung auf der Grundlage der Erfahrung läßt zumindest eine wichtige Frage offen. Wenn die Bekanntschaft immer auf eigener, d.h. individueller Erfahrung eines einzelnen Individuums beruht, wie ist dann sichergestellt, daß die verschiedenen Individuen sich über eine Erfahrung verständigen können. Offensichtlich ist so etwas wie eine Sprachgemeinschaft oder gemeinsame Kultur unausgesprochen unterstellt. Dieses Problem wird spätestens dann virulent, wenn verschiedene Personen sich mittels verschiedener Kennzeichnungen auf einen Gegenstand beziehen. Woher können sie wissen, daß es derselbe Gegenstand ist, den sie meinen, oder daß es sich nur um unterschiedliche Kennzeichnungen ein und desselben Gegenstandes handelt. Russells Antwort ist wenig befriedigend: »Was uns befähigt, trotz der voneinander abweichenden Kennzeichnungen, die wir gebrauchen, uns zu verständigen, ist, daß wir wissen, daß es einen wahren Satz bezüglich des wirklichen Bismarcks gibt, und daß, wie sehr wir auch die Beschreibungen variieren mögen, (solange die Beschreibung korrekt ist) der beschriebene Satz derselbe ist«. (Russell 1976 c, S. 72 f.).

3.3 Der Logische Atomismus und die logische Analyse der Sprache

Russell bezeichnet seinen Versuch einer ontologischen Beschreibung als »Logischen Atomismus«. Dabei schwebt ihm eine genaue Beschreibung der Beziehung zwischen der Welt, die er als Menge aller Tatsachen betrachtet, und einer logisch perfekten Sprache vor. Die Entwicklung seiner Theorie erstreckt sich über mehrere Schriften: Ein erster Ansatz findet sich in *Our Knowledge of the External Word* (1914), den er dann ausführlicher in *The Philosophy of Logical Atomism* (1918) darstellt und schließlich in *Logical Atomism* (1924) mit einigen Modifikationen versieht.

Mit der von ihm selbst gewählten Bezeichnung ›**Logischer Atomismus**‹ verbindet Russell eine bestimmte Art des Philosophierens, in dem »genaue und verifizierbare Einzelereignisse an die Stelle ungeprüfter, auf das Ganze gehender Behauptungen, die durch eine unbestimmte Berufung auf die Einbildungskraft empfohlen werden«, gesetzt werden (Russell 1961, S. 14). Die Anleitung zu einem solchen Philosophieren hatte er, wie oben bereits erwähnt, aus seiner Beschäftigung mit der Philosophie der Mathematik gewonnen. Stand dort die Erörterung logischer Grundbegriffe im Vordergrund, legt er in der Philosophie das Gewicht auf die logische Analyse der Sprache. Für ein derartiges Analyseverfahren hat der Grundsatz, von absolut unbestreitbaren Fakten auszugehen, erste Priorität. Hinsichtlich der Frage, was darunter zu verstehen ist, lehnt er sich zunächst eng an Moores Common-sense-Theorie an. Als unbestreitbar gilt das, was von allen für selbstverständlich und sicher gehalten wird, wie es bei den Tatsachen des alltäglichen Lebens der Fall ist.

Allerdings ist sich Russell bewußt, daß er sich dabei auch auf vage und mehrdeutige Dinge stützen würde, was nicht seiner ursprünglichen Intention entsprechen kann. Deshalb schickt er seine Forderung nach, wir müßten zu etwas Präziserem und Bestimmtem gelangen. Mittels Analyse müßten wir eine Präzisierung des vorgegebenen Alltagswissen erreichen können. Dazu muß aber im Einzelnen geklärt werden, welche Form der Präzisierung und Klarheit anzustreben ist und angestrebt werden kann.

Eine kurze Charakterisierung von Russells **Logischem Atomismus** soll die Richtung seiner weiteren Überlegungen verständlich machen (vgl. Russell 1976 b, S. 178 ff.). Auszugehen ist von der Überzeugung, daß es viele einzelne Dinge gibt und daß die augenscheinliche Mannigfaltigkeit in der Welt nicht nur aus scheinbaren Bestandteilen einer einzigen unteilbaren Realität besteht. Den Namen ›Logischer Atomismus‹ verwendet Russell deshalb, weil die Atome, zu denen er als den letzten unzerlegbaren Bestandteilen bei der Analyse kommt, nicht physikalische, sondern **logische Atome** sind. Darunter faßt er zum einen die Dinge, die er Individuen nennt, und zum anderen die Prädikate und Relationen. Als letzte Elemente, aus denen die Welt besteht, behauptet er noch eine andere Art von Objekten, die uns in der Welt begegnen, nämlich die Tatsachen. In seinem Verständnis sind die Tatsachen die Dinge, die mit Hilfe von Aussagen behauptet oder verneint werden. Die Außenwelt, nach deren Erkenntnis wir streben, kann also nicht durch die Aufzählung von Individuen vollständig beschrieben werden, vielmehr muß man die Tatsachen in Betracht ziehen. Wenn wir von einem bestimmten Ding sagen, daß es eine bestimmte Eigenschaft habe oder in einer bestimmten Beziehung (d.i. Relation) zu einem anderen stehe, so drücken wir eine Tatsache aus. Unter einer **Tatsache** versteht er also diejenigen Dinge, die eine Aussage entweder wahr oder falsch machen. Bspw. ist die Aussage »es regnet« nur bei einem bestimmten Zustand des Wetters wahr und bei einem anderen falsch. Der Zustand des Wetters, der die Aussage wahr oder falsch macht, ist das, was Russell als Tatsache bezeichnet. Dabei unterscheidet er folgende Arten von Tatsachen:

a) singuläre (z.B. »dies ist weiß«) von generellen (z.B. »alle Menschen sind sterblich«),
b) positive (»Sokrates lebte«) von negativen (»Sokrates lebte nicht«),
c) Tatsachen, die einzelne Dinge oder Qualitäten betreffen, von vollkommen generellen, wie sie uns in der Logik begegnen,
d) Tatsachen über die Eigenschaften von Einzeldingen und solche von Relationen zwischen zwei oder mehreren Dingen. Die singuläre Aussage »dies ist weiß« stellt bei diesen Arten die einfachste Art einer Tatsache dar, die Relation zwischen zwei Individuen die nächst einfache. Diese Einfachheit begründet die Bezeichnung ›Logischer Atomismus‹.

Jede Tatsache wird durch einen Satz bzw. eine Aussage ausgedrückt, den atomaren Tatsachen entspricht die atomare Aussage. Diese enthält die Eigennamen, die für Individuen stehen, und ein Prädikat, wenn eine einstellige Relation oder eine Qualität, oder ein Verbum wenn eine Relation höherer

Ordnung bezeichnet wird. Ein **Eigenname** im logischen Sinn, dessen Bedeutung ein Individuum ist, kann nur auf ein Individuum angewendet werden, mit dem der Sprecher bekannt ist. Im Logischen Atomismus hat man allen Eigennamen einen Bezug zu sichern; um dies zu gewährleisten und damit allen Sätzen einen Wahrheitswert zu sichern, wird eine Idealsprache postuliert, in der Eigennamen nur für atomare unzerstörbare Objekte stehen.

Die molekularen Aussagen, die Russell zudem noch anführt, stellen Verknüpfungen von atomaren Aussagen dar, die mit Hilfe der Satzoperatoren ›und‹, ›oder‹, ›wenn‹ vollzogen werden. Jeder sinnvolle Satz läßt sich mittels vollständiger logischer Analyse in eine Wahrheitsfunktion von nicht weiter analysierbaren Elementarsätzen umwandeln.

Russell hatte damit die Wichtigkeit der Wahrheitsfunktionen für das Verständnis der logischen Sätze herausgestellt. Der Vorzug solcher Wahrheitsfunktionen besteht darin, daß die Wahrheit der Sätze nicht vom Sinn der sie konstituierenden Teilsätze abhängig ist, sondern nur von dem Wahrheitswert der Teilsätze. Besteht z. B. ein Satz aus zwei durch ›und‹ verknüpfte Teilsätze p und q, dann ergibt sich der Wahrheitswert ›wahr‹ für den komplexen Satz, wenn sowohl p als auch q wahr sind. Wenn einer von beiden Teilsätzen den Wahrheitswert ›falsch‹ hat, dann ist auch der komplexe Satz falsch. Für eine solche Feststellung von Wahrheit ist es unerheblich, was in den beiden Teilsätzen p und q ausgesagt wird.

Um die logische Form unseres Wissens zu bestimmen, entwickelt Russell eine ›**Theorie der Beschreibung**‹. Dabei gibt er folgende Problemstellung vor: Die Richtigkeit unserer Analyse einer Aussage muß sich daran erweisen, daß man die Bedeutung eines jeden Wortes des Satzes bestimmt, in dem eine Aussage vorgebracht wird. Denn ein Wort in einem Satz muß eine feste Bedeutung haben. In einer ersten Antwort auf dieses Problem gelangt Russell zu der Feststellung, daß die Bedeutung eines Wortes darin zu sehen ist, daß es für einen Gegenstand steht. Solche gegenstandsbezogenen Wörter werden als ›**Namen**‹ bezeichnet: Namen stehen für einen bestimmten Gegenstand, indem sie ihn bezeichnen. Die obige Feststellung kann in dem Sinne verallgemeinert werden, daß jedes Wort eines sinnvollen Satzes eine Bedeutung hat.

Diese erste Antwort wirft aber eine Reihe von Folgeproblemen auf. Denn wie sollte dieser Bezug für alle Ausdrücke eines Satzes sicherzustellen sein. Anhand des Beispielsatzes »Stephan liebt Carola« kann man sich verdeutlichen, daß die Annahme des Gegenstandsbezugs bestenfalls für die beiden genannten Personen gilt, für den Ausdruck ›liebt‹ aber kein solcher Bezug namhaft gemacht werden kann. Die Schwierigkeiten vervielfachen sich, wenn man Sätze heranzieht, in denen bspw. über nicht-existierende Personen Aussagen getroffen werden oder die Existenzaussage gerade verneint wird. In den Sätzen »Odysseus' List führte zum Ende des Trojanischen Krieges« oder »Odysseus hat nie gelebt, er ist nur eine Gestalt der griechischen Sage« wird mit dem Eigennamen ›Odysseus‹ auf etwas Bezug genommen, das nicht existiert. Von welcher Art von Bezug sprechen wir dann noch? Wenn man nicht auf die wenig befriedigende Idee verfallen will, verschiedene Seinsweisen zu postulieren, welche Möglichkeiten gibt es dann, sinnvoll die Existenz von etwas zu bestreiten?

Russells Lösungsweg liegt in dem, was er eine ›bestimmte (d.i. **definite**) Beschreibung‹ bzw. ›**Kennzeichnung**‹ nennt. Er führt dazu folgende Beispielsätze an: »Der Mann mit der eisernen Maske«, »die Person, die als letzte in diesen Raum kam«. Diese Beispielsätze sollen zum einen zeigen, was man sich unter Kennzeichnungen vorstellen soll und zum anderen demonstrieren, daß Kennzeichnungen nicht als Namen aufzufassen sind, denn es bleibt unbestimmt, auf wen sich diese Ausdrücke beziehen.

Es wäre aber auch denkbar, daß wir über geschichtliche Ereignisse sprechen, in denen Personen eine Rolle spielen, für die wir direkte Bekanntschaft nicht unterstellen können. Aus Russells Beispielsatz »Julius Cäsar wurde ermordet« wird ersichtlich, daß wir von Julius Cäsar nur insofern Kenntnis haben, als wir verschiedene Beschreibungen von ihm kennen. Russell demonstriert, wie eine **vollständige Analyse des Satzes** auszusehen hat und zu welchem Ergebnis man dabei gelangt: Die vollständige Formulierung der Bedeutung dieser Aussage über Julius Cäsar ist, daß es genau einen Gegenstand gibt, der die Eigenschaft hat, Julius Cäsar genannt zu werden, und daß eben dieser Gegenstand ermordet wurde. Das Resultat der Analyse ist ein allgemeiner und komplexer Satz, der eine explizite Existenzaussage enthält.

Die Allgemeinheit der Aussage ergibt sich dadurch, daß wir über irgendeinen Gegenstand sprechen, der bestimmte Eigenschaften hat, und von dem gewußt wird, daß er allein diese Eigenschaften hat. Die Bekanntschaft mit Julius Cäsar ist dabei nicht vorausgesetzt, wohl aber die Kenntnis dieser Eigenschaften. Wir haben damit nicht die Kenntnis eines einzelnen Gegenstandes, sondern nur das Wissen, daß irgendein Gegenstand und nur dieser bestimmte Eigenschaften hat. Anstelle eines nur vermeintlichen gegenständlichen Bezugs haben wir die Behauptung eines Satzes. Die Komplexität des Satzes ergibt sich aus den zwei Teilaussagen: Die erste Teilaussage bringt zum Ausdruck, daß irgendein Gegenstand gemeint ist, von dem man weiß, daß er allein gewisse Eigenschaften hat, die zweite liefert eine Charakterisierung des so bestimmten Gegenstandes.

Von besonderer Bedeutung für die logische Analyse des Satzes ist der dritte Aspekt: Der Satz soll eine explizite Existenzbehauptung darstellen. Enthält das grammatische Subjekt eine Kennzeichnung, dann ergibt sich daraus die Möglichkeit, von etwas von-der-und-der-Art zu sprechen und gleichzeitig die Existenz von etwas, das so-und-so beschaffen ist, sinnvoll zu behaupten. Die Existenzaussage ist mit dem ersten Schritt der Analyse verbunden (vgl. Carl 1974, S. 45 f.).

Für Russell ist dadurch der Beleg erbracht, daß die logische Form der Sätze, die einen Namen enthalten (wie bspw. »Schiller schrieb das Drama *Kabale und Liebe*«), eine gänzlich andere ist als die von Sätzen, die eine Kennzeichnung enthalten. Mit Hilfe des Kennzeichnungsbeispiels ›der Verfasser von Waverly‹ will er den grundlegenden Unterschied verdeutlichen. Wenn wir wissen, daß ein gewisser Scott dieser Verfasser ist, könnten wir auf die Idee kommen zu sagen, sowohl der Kennzeichnungsausdruck wie der Name Scott bezeichnen eine bestimmte Person. Insofern könnte man auch die Kennzeichnung als singulären Ausdruck werten, da beide als grammatisches Subjekt in einem Satz fungieren könnten. Russell vertritt demgegenüber die Meinung, daß eine Kennzeichnung nicht für einen einzelnen Gegenstand steht und daß ein Satz, in dem eine Kennzeichnung mit einem einstelligen Prädikat vorkommt, nicht als singulärer Satz anzusehen ist.

Die Begründung dafür sieht er in dem Umstand, daß nur ein einfacher Ausdruck (wie der Name es ist) dazu dienen kann, einen bestimmten Gegenstand zu bezeichnen. Bei diesem reicht es aus zu wissen, auf welchen Gegenstand der Name anzuwenden ist, um zu verstehen, wie der Ausdruck sinnvoll zu verwenden ist. Die Bedeutung einer Kennzeichnung dagegen ist durch ihre signifikanten Teilausdrücke bestimmt. Man braucht nicht zu wissen, wer dieser Verfasser genau ist, um die Bedeutung der Ausdrücke dieser Kennzeichnung zu verstehen. Hier ist in einem anderen Sinne von ›Bedeutung‹ die Rede als beim Namen. Denn ›Bedeutung‹ meint hier nicht wie beim Namen einen gegenständlichen Bezug, sondern ist allein durch unseren Sprachgebrauch der einzelnen Ausdrücke festgelegt. Ein literarisch gebildeter Engländer wüßte durchaus mit dem Ausdruck ›der Verfasser von Waverly‹ etwas anzufangen, da er wüßte, wer damit gemeint ist. Die Bedeutung des Namens ›Scott‹ könnte er nicht ohne weiteres verstehen, wenn ihm nicht bekannt wäre, wer dieser Scott ist (d.i. wen dieser Name bezeichnet).

Ein singulärer Ausdruck (d.i. bspw. der Name) hat insofern Bedeutung, als er etwas bezeichnet. Erst dadurch kann er zum Bestandteil eines sinnvollen Satzes werden. Die Bedeutung eines singulären Ausdrucks wird von Russell mit dem Gegenstand, für den dieser steht, identifiziert. Der singuläre Ausdruck hat nur unter der Voraussetzung, daß die Existenz des Bezeichneten gegeben ist, eine Bedeutung. Dagegen können die Kennzeichnungen durchaus in einem sinnvollen Satz vorkommen, obwohl sie nicht etwas bezeichnen – also nach der obigen Festlegung keine Bedeutung haben. Die Lösung dieses Problems besteht nach Russells Theorie der Beschreibung darin, daß wir Kennzeichnungen sinnvoll verwenden können, ohne angeben zu können, daß sie auf einen Gegenstand oder eine Person zutreffen.

Das würde die Frage beantworten, wie negative Existenzaussagen (bspw. »das runde Viereck existiert nicht«) als sinnvolle Sätze betrachtet werden könne. Die Sinnhaftigkeit eines solchen Satzes würde nach einem Common-sense-Verständnis niemand ernsthaft in Zweifel ziehen wollen. Das sprachphilosophische Problem besteht aber darin, daß ein solcher Satz die Existenz eines bestimmten Gegenstandes bestreitet. Wir können aber nicht annehmen, daß ein solcher Gegenstand existiert, und dann gleichzeitig behaupten, daß es ihn nicht gibt. Die Lösung, die Russell aufgezeigt hat, besteht in der Annahme, daß wir bei Sätzen mit singulären Ausdrücken und bei negierten Existenzsätzen von verschiedenen logischen Formen auszugehen haben. Bei einem singulären Satz mit einem einstelligen Prädikat finden die konstitutiven Elemente des Satzes, also der Eigenname und das Prädikat, eine Entsprechung in den Konstituenten der Tatsache, die durch den Satz zum Ausdruck gebracht wird. Diese Annahme der Entsprechung darf nun nach Russell bei negierten Existenzsätzen nicht gelten. Denn sonst könnte die Existenz des Konstituenten, der durch den Ausdruck das runde Viereck bezeichnet wird, nicht sinnvoll bestritten werden.

Bevor wir die dafür grundlegende These zitieren, bedarf es einer kurzen Erläuterung, was es mit den Konstituenten auf sich hat. In dem Satz »Napoleon ist tot« werden folgende Konstituenten der Tatsache zum Ausdruck gebracht: das Individuum Napoleon und die Eigenschaft, tot zu sein. Diese werden durch den Namen und das Prädikat bezeichnet. Jetzt wird die grundlegende These bezüglich der logischen Form des singulären Satzes verständlich: Die logische Form eines Satzes ist die Form, die ein Satz hat, wenn seine Konstituenten den Konstituenten des durch ihn bestimmten Sachverhalts ein-eindeutig zugeordnet werden können (vgl. Carl 1972, S. 228). Dies ist nach Russell die Form des logisch analysierten Satzes. Jetzt zeigt sich, daß ein singulärer Satz, in dem ein Eigenname vorkommt, sich allein schon deshalb grundlegend von einem Satz mit Kennzeichnungen unterscheiden muß, weil die Kennzeichnungen verwendet werden können, ohne daß ihnen ein Konstituent auf der Seite der Tatsachen entsprechen würde. Wenn eine Kennzeichnung in einem Satz vorkommt, dann gibt es keinen Konstituenten dieses Satzes, der dieser Kennzeichnung im Ganzen entspricht (Russell 1976 b, S. 244).

Die besondere Leistung Russells besteht darin, die dafür erforderliche logische Analyse eines solchen Satzes entwickelt zu haben. An seinem Beispielsatz »der Verfasser von *Waverly* existiert« macht er dies auf folgende Weise deutlich: Man muß zunächst die Frage stellen, was der Verfasser von *Waverly* ist, und erhält dann die Antwort: eine Person. Wir können Frage und Antwort als zwei Teilsätze in folgende Form bringen: »x schreibt ›Waverly‹« und »der Verfasser von ›Waverly‹ ist die Person, die ›Waverly‹ schreibt«. Den ersten Teilsatz können wir mit Russell als eine Aussage- oder Satzfunktion bezeichnen.

Bevor wir zur endgültigen Auflösung kommen, muß der Unterschied zwischen einem Satz und einer Satzfunktion besprochen werden:

> »Eine **Aussagefunktion** ist ein Ausdruck, der einen oder mehrere indeterminierte Bestandteile enthält und der zu einer Aussage wird, sobald diese indeterminierten Bestandteile determiniert werden.« (Russell 1976 b, S. 228)

Im Unterschied zum Satz enthält die Satzfunktion eine Variable (durch ›x‹ ausgedrückt), die völlig unbestimmt ist. Eine Satzfunktion ist einfach irgendein Ausdruck, der einen unbestimmten Konstituenten enthält, und der ein Satz wird, sobald man den (oder die) unbestimmten Konstituenten bestimmt. Dies geschieht dadurch, daß man angibt, welche konkrete Person (im oben gegebenen Beispiel) für die unbestimmte Variable eingesetzt werden kann. In dem Beispiel muß die Satzfunktion zwei Eigenschaften haben: Sie muß wahr sein für wenigstens ein x und sie muß wahr sein für höchstens ein x. Durch das x ist angezeigt, wo wir einen anderen Ausdruck einzusetzen haben, damit ein vollständiger Satz entsteht.

Wir können jetzt allgemein festlegen, was für eine solche Variable zu gelten hat:

1. Wenn sie in einer Satzfunktion ›Fx‹ vorkommt, muß diese Funktion zu einem Satz werden (können), wenn x eine festgelegte bestimmte Bedeutung erhält.

2. Zu einer Variable gehört ein bestimmter Wertebereich (d.i. der Argumentbereich der Funktion). Die Angabe eines Arguments der Funktion liefert einen Funktionswert, der bei den hier betrachteten Funktionen stets ein wahrer oder falscher Satz ist.

Unter den möglichen Variablen können wir unterscheiden zwischen solchen, die einen Satz wahr machen, und solchen, die zu einer falschen Aussage führen. Im ersten Fall spricht Russell davon, daß die Interpretation einer Variable die Satzfunktion erfüllt. Bei der Interpretation der Variablen können wir zudem danach unterscheiden, ob eine Satzfunktion bei jeder Interpretation der in ihr vorkommenden Variablen erfüllt ist oder nur bzw. wenigstens bei einer. Im ersten Fall ist die Satzfunktion notwendig wahr oder immer wahr, im zweiten Fall ist wenigsten eine Aussage wahr, d.h. die Satzfunktion ist möglich. Wenn die Satzfunktion von keiner Interpretation erfüllt wird, ist sie unmöglich, da jeder Funktionswert zu einer falschen Aussage führt.

Auf unser Beispiel ›der Verfasser von *Waverly*‹ angewandt ergibt sich folgende Umformulierung:

1. Jemand, der den Roman ›Waverly‹ geschrieben hat, ergibt die Satzfunktion: x schreibt den Roman ›Waverly‹ – in symbolischer Schreibweise ausgedrückt F(x);
2. Wenn wir von dem Verfasser dieses Romans sprechen, nehmen wir an, daß es nur einen solchen Verfasser gibt, und dieser ist identisch mit dem, der die Funktion F(x) erfüllt;
3. Sollte noch die weitere Bestimmung dazukommen, daß x ein Schotte ist, dann müßten wir dies ergänzend hinzufügen durch G(x).

Durch die Umformulierung wird ersichtlich, daß Kennzeichnungen einen bestimmten Gegenstand beschreiben und nicht bezeichnen. Wir haben dadurch folgenden Satz erhalten: Es hat jemand den Roman ›Waverly‹ geschrieben, und wer auch immer diesen Roman geschrieben hat, ist identisch mit jenem, und dieser ist ein Schotte – in symbolischer prädikatenlogischer Schreibweise ausgedrückt: $\exists (x) (F(x) \wedge (y) (F(y) \rightarrow (x = y)) \wedge G(x))$. Dies besagt, daß es eine Interpretation der Variablen ›x‹ gibt, welche die dem Ausdruck ›$\exists (x)$‹ folgende Satzfunktion erfüllt.

Die Existenz ist wesentlich eine Eigenschaft von Aussagefunktionen, d.h. daß diese in wenigstens einem Fall wahr ist. Russell weist es als Trugschluß aus, wenn man die Existenz dem Ding zuschreiben wollte, das eine Aussagefunktion erfüllt. Einzig den Aussagefunktionen kann man Existenz zuschreiben. Die Aussage »die Dinge, die es in der Welt gibt, existieren« ist insofern eine korrekte Behauptung, weil man damit etwas über eine bestimmte Klasse von Dingen aussagt. »Existenzaussagen behaupten also nichts über Individuen, sondern nur über Klassen oder Funktionen.« (Russell 1976 b, S. 231).

Russell hat damit gezeigt, wie Existenzaussagen auf eine eindeutige Weise zu verstehen sind. In einer Aussagefunktion müßten wir der Variable ›x‹ eine bestimmte Bedeutung geben, um einen wahren oder auch falschen Satz zu erhalten. Was dabei aber unbeantwortet bliebe, ist die Frage, nach welche Kriterien wir entscheiden können, welcher Argumentbereich für eine gegebene Funktion anzunehmen ist. Russell begnügt sich mit der Feststellung, daß zu jeder Aussagefunktion ein Argumentbereich gehört. Er gibt nicht einmal einen Hinweis darauf, wie der Argumentbereich für eine Aussagefunktion festgelegt wird.

4. Die Abbildungsfunktion der Sprache: Wittgensteins Tractatus

Wittgenstein tritt zunächst mit einer Schrift in die sprachphilosophische Diskussion ein, die ihn als einen weiteren Vertreter der Idealsprachphilosophie erkennen läßt. Ludwig Wittgenstein (1889–1951) hat bei Russell in Cambridge Logik und Mathematik studiert. Seine Schrift *Tractatus logico-philosophicus* erschien nach einem ersten Abdruck 1921 in der Zeitschrift *Annalen der Naturphilosophie* in einer deutsch-englischen Ausgabe (mit einem Vorwort von Russell). Wittgenstein kehrt erst nach einigen Jahren, in denen er u. a. als Dorfschullehrer tätig war, wieder an seine alte Universität in Cambridge zurück. Er wurde 1939 Nachfolger von Moore auf dem Lehrstuhl für Philosophie in Cambridge.

Die Einschränkung, seine Sprachphilosophie zunächst nur in der Form, wie er sie im *Tractatus* ausgearbeitet hat, zu besprechen, deutet schon darauf hin, daß sein späteres Werk, die *Philosophischen Untersuchungen* eine andere Richtung der Argumentation einschlagen wird.

Der *Tractatus* läßt sich in die Reihe der Entwürfe einer logisch vollkommenen Sprache, d.h. als ein weiteres Modell einer Idealsprachphilosophie, einreihen. Einer gleichsam unbefangenen Lektüre versperrt sich der Text nicht allein durch seine sprachliche Dichte, sondern durch die immer schon vorausgesetzten Vorgaben Fregescher und Russellscher Problemstellungen. Die Nähe zu Frege und Russell kommt nicht von ungefähr, denn beide stellen in gewisser Hinsicht die Lehrer Wittgensteins dar. Noch als Student für Maschinenbau beschäftigt er sich mit Russells *Principles of Mathematics* und erhält dadurch Kenntnis von Freges Arbeiten zur logischen Grundlegung der Mathematik. Bei einem Besuch in Jena erhielt er von Frege den Ratschlag, bei Russell in Cambridge zu studieren (Kenny 1974, S. 12).

Allerdings darf das Lehrer-Schüler-Verhältnis nicht in dem Sinne gedeutet werden, daß Wittgensteins sprachphilosophische Überlegungen bruchlos an die genannten Autoren anschließen würden. Dadurch würde man die Originalität seines eigenen Schaffens verkennen. Vielmehr greift er deren Problemstellungen in kritischer Absicht auf, um sie schließlich auf seine spezifische Weise zu verändern. Wir werden später sehen, wodurch sich Wittgensteins semantische Theorie des Satzes von der Freges unterscheidet (vgl. Anscombe 1971, S. 12).

Die in Wittgensteins *Logisch-philosophischer Abhandlung* enthaltenen logisch-semantischen Untersuchungen verfolgen zweierlei Absichten: zum einen die Grundlegung einer logisch vollkommenen Sprache – mit den entsprechenden Modifikationen gegenüber Frege und Russell, zum anderen die Abgrenzung des logisch und sinnvoll Sagbaren vom Unsagbaren. Anders als noch Frege stellt Wittgenstein seine Abhandlung explizit in den Kontext philosophischer Untersuchungen, allerdings mit dem entscheidenden Zusatz, daß es ihm um die Aufklärung der in zahlreichen philosophischen Problemen enthaltenen Mißverständnisse geht. Wie sehr er dabei dem Programm einer Idealsprachphilosophie verpflichtet ist, wird darin offenkundig, daß er den Weg der Aufklärung der Mißverständnisse in der logischen Struktur der Sprache vorgegeben sieht.

Wittgenstein hat Freges Theorie von Sinn und Bedeutung aufgenommen, sie aber nicht mehr in der dargestellten Verschränkung von Sprachphilosophie und Erkenntnistheorie übernommen. Vielmehr erhalten Sinn und Bedeutung dadurch einen neuen Stellenwert, daß Sprache und Wirklichkeit unvermittelt einander gegenübergestellt werden (vgl. Kienzler 1997, S. 179 ff.).

Die Darstellung von Wittgensteins Sprachphilosophie soll sich an den in die Struktur seines Textes eingelassenen Vorgaben orientieren (vgl. Carl 1982; Kenny 1974; Lange 1996; Stenius 1969; Vossenkuhl 1995). Wittgenstein gliedert seinen Text in 7 Hauptthesen, die sich, wenn man von bestimmten Überschneidungen einmal absieht, nach folgenden Themen einteilen lassen: Die ersten beiden Thesen beziehen sich auf die ontologischen Vorannahmen seiner Philosophie. Dazu gehören seine Aussagen über die ›Welt‹, über ›Sachverhalte‹ und über ›Tatsachen‹. Die dritte These stellt den Bezug zur Erkenntnistheorie her. Darin wird die Beziehung zwischen der Welt und den Gedanken über die Welt erörtert. Die These vier führt seine sprachphilosophischen Untersuchungen ein. Darin zeigt Wittgenstein auf, daß sinnvolle Sätze die geeigneten Mittel zur Formulierung der Gedanken sind. Die Thesen fünf und sechs behandeln die innere Struktur der Sprache und geben ein generelles Schema für den sinnvollen Satz an. In der These sieben werden der Zusammenhang von Sprache und Erkenntnis und die Grenzen der Sprache erörtert (vgl. Stegmüller 1969, S. 526). Mit Ausnahme der ersten beiden Thesen kann der Aufbau der Abhandlung durchaus in Parallele zu Freges Gedankenentwicklung gesehen werden.

Bevor wir uns mit den einzelnen Themen eingehender auseinandersetzen, möchte ich zunächst Wittgensteins allgemeine Problemstellung benennen. Das Rahmenthema des *Tractatus* läßt sich in die Frage kleiden: Wie kann man die Möglichkeit der Wahrheit von Sätzen erklären? Es geht dabei darum, das Verhältnis von Sprache und Wirklichkeit so zu beschreiben, daß die Möglichkeit wahrer Sätze verständlich wird. Anhand der grundlegenden Problemstellung können wir den Unterschied zu Frege konkretisieren: Diesem ging es um den gesicherten Begriff des Urteils und um eine angemessene Beschreibung des Verhältnisses von Gedanke und Wahrheit. Wittgensteins Überlegungen ließen sich auch mit dem Titel »die Repräsentation der Welt durch die Sprache« umschreiben. So wird deutlich, daß sein Erklärungsziel sich darauf richtet, die

Sprache als Bedingung und Möglichkeit der Erfassung von Wirklichkeit auszuweisen.

Wie Frege sieht er sich genötigt, seine Ansichten über die Sprache und ihre spezifische Leistung jenseits der Alltagssprache zu entwickeln, denn in der gewöhnlichen Sprache tritt die logische Struktur nicht hinreichend klar zu Tage. Allen voran steht dabei die Subjekt-Prädikat-Form, in die verschiedene logische Formen hineinprojeziert werden. Bei einer genauen Analyse fänden wir, so Wittgensteins Meinung, logische Formen, die mit den Formen der gewöhnlichen Sprache sehr wenig Ähnlichkeit haben.

Wir haben bereits bei Russell den Vorzug der Wahrheitswertfunktionen kennengelernt. Dadurch wird eine Analyse von Sätzen ohne Bezug auf den Inhalt der Sätze möglich gemacht. Auch wenn Wittgenstein daran anknüpft, darf sein Philosophieren nicht als bloße Wiedergabe von Russells Gedankengut interpretiert werden (vgl. Pears 1989, S. 49 ff.). Denn er verbindet damit die weiterführende Fragestellung, wie man zeigen könne, daß auch die an (empirische) Erfahrung gebundenen Aussagen Notwendigkeit für sich beanspruchen dürfen. Diese Fragestellung hatte auch schon Kant in seiner *Kritik der reinen Vernunft* aufgeworfen. Dort wird unterschieden zwischen synthetischen und analytischen Urteilen. Die synthetischen sind jene auf empirische Erfahrung bezogenen (d.i. a posteriori) Sätze, die zur Erkenntniserweiterung beitragen. Da sie von der Erfahrung abhängen, kann man ihnen nicht den Status notwendiger Geltung zusprechen, Die analytischen Urteile dagegen gelten notwendig und unabhängig von Erfahrung (d.i. a priori). Ein Beispiel eines solchen analytischen Urteils stellt der Satz »Körper haben räumliche Ausdehnung« dar. Kant erläutert den analytischen und damit notwendigen Charakter mit Hilfe des Subjekt-Prädikat-Schemas. Um die notwendige Geltung dieses Satzes einsehen zu können, benötige ich keinerlei empirische Erfahrung, da das Prädikat ›hat räumliche Ausdehnung‹ in dem Subjektbegriff ›Körper‹ enthalten ist. D.h. ich kann den Begriff ›Körper‹ nicht ohne räumliche Ausdehnung denken. Kant beläßt es nicht bei dieser Feststellung der beiden Arten von Urteilen, sondern verbindet damit die weiterführende Frage: Wie kann man erklären, daß Urteile, die auf Erfahrung bezogen sind (also erkenntniserweiternde Aussagen) auch notwendig sind. In seiner Terminologie formuliert: Wie sind synthetische Sätze a priori möglich? Diese Frage leitet seine Untersuchungen zur Begründung der Kategorien an. Wittgensteins Überlegung zielt in dieselbe Richtung – wenn auch seine Lösungsstrategie eine andere ist.

Wittgenstein sieht in den logischen Sätzen nur Tautologien. Darunter versteht er Sätze, in denen sich die Wahrheitswerte (›wahr‹ oder ›falsch‹) ihrer Teilsätze gegenseitig aufheben bzw. sich durch ein »logisches Gleichgewicht« (Tract. 6.121) auszeichnen. Tautologien sind unter allen Umständen (d.i. in allen möglichen Welten) wahr, unabhängig davon, wie die Wirklichkeit beschaffen ist. Dies läßt sich am Prinzip der Nicht-Widersprüchlichkeit demonstrieren, dem Postulat, daß eine Aussage nicht gleichzeitig wahr und falsch sein kann. Der Ausdruck A: $\neg (p \wedge \neg p($ – (es gilt nicht: p und non-p) gilt in jedem Fall, unabhängig davon, ob die durch ›p‹ symbolisierte Teilaussage wahr oder falsch ist. In dieser Hinsicht stellt die Tautologie einen unabhängig von der Erfahrung (d.i. a priori) notwendig gültigen Satz dar. Da solche logischen Sätze aber die Wirklichkeit völlig unbestimmt lassen, eröffnen sie keinen Erkenntniszuwachs, d.i. sie sind ›nichtsagend‹. Für Wittgenstein steht damit fest, daß auch durch die Anwendung eines logischen Satzes auf einen sinnvollen (d.i. empirisch gehaltvollen) Satz niemals eine Aussage gewonnen werden kann, die über den Inhalt des sinnvollen Satzes hinausginge. Die bedingungslos geltenden Aussagen der Logik sind insofern als analytische anzusehen, als sich die Rechtfertigung ihrer Gültigkeit bereits aus der Satzstruktur ergibt – sie tragen den Beweis ihrer Geltung in sich. (Die Bezeichnung ›analytisch‹ erfährt damit eine andere Erklärung als bei Kant.)

4.1 Die ontologischen Annahmen: Welt, Sachverhalt, Tatsache

Wenn Wittgenstein seine Abhandlung mit der Erörterung der ontologischen Annahmen beginnt, dann hat das folgenden systematischen Grund: Zu jeder beschreibenden (d.i. deskriptiven Sprache), mit der wir über etwas sprechen, gehört eine Ontologie. Wir können immer nur in einer bestimmten Sprache Aussagen in der Form, daß sich etwas so und so verhält, machen. Das bedeutet, daß wir für unseren Sprachgebrauch eine bestimmte Ontologie immer schon voraussetzen, die wir in dieser Sprache nicht sinnvoll in Frage stellen können. Mit dem Ausdruck ›Ontologie‹ meint man eine Gesamtheit von Objekten, Eigenschaften, Bezeichnungen, Sachverhalten, über die man mit dieser Sprache bestimmte Aussagen macht. Für unsere Alltagssprache stellen wir die Frage nach dem Gegenstandsbereich unser Sprache nicht, da dieser durch die gemeinsamen, kulturell bedingten Vorstellungen von Wirklichkeit unausgesprochen festgelegt ist.

Für das Unterfangen Wittgensteins, eine logisch vollkommene Sprache zu entwickeln, stellt es allerdings ein sachliches Erfordernis dar, auch bezüglich des Gegenstandsbereichs hinreichend Klarheit zu schaffen. So wie man beim Aufbau einer prädikatenlogischen Sprache einen nicht-leeren Objektbereich als Menge aller Gegenstände, über die man eine sinnvolle Aussage machen kann, zugrundelegt, bemüht sich auch Wittgenstein um eine Klärung des Objektbereichs. Allerdings hat es damit seine besondere Bewandtnis. Denn er bezeichnet gerade diejenigen seiner Aussagen, die sich mit der ontologischen Struktur der Realität und den Abbildungskategorien befassen, als sinnlos. Er bringt damit den unbefangenen Leser in eine absurde Situation, da dieser etwas rezipieren soll, was von dem Autor selbst scheinbar als sinnlos qualifiziert wird. Es wäre allerdings ein falsches Verständnis, dahinter eine Art von Selbst-Disqualifikation zu sehen. Das Kriterium ›sinnvoll / sinnlos‹ hat etwas damit zu tun, daß Wittgenstein die sprachliche Darstellungsfunktion auf empirische Tatsachen bezieht. Deshalb kann für ihn Philosophie nicht als theoretische Wissenschaft aufgefaßt werden, sie hat bestenfalls eine erläuternde Funktion. Er selbst ist deshalb in der problematischen Lage, wie die Philosophie theoretische Aussagen über die ontologische Struktur der Wirklichkeit und über die Grundfunktionen der Sprache machen zu müssen, um das Ziel einer logisch vollkommenen Sprache erreichen zu können. Andererseits werden genau solche Aussagen aus der Perspektive dieser Sprache als sinnlos ausgegrenzt. Was es damit auf sich hat, werden wir in Kapitel (4.6.) durch Wittgensteins Unterscheidung zwischen dem, was sich sagen läßt, und dem, was sich nur zeigen läßt, kennenlernen.

Diese ontologischen Annahmen sind grundlegend für Wittgensteins Form des ›**Logischen Atomismus**‹ – auch wenn er anders als Russell diesen Titel niemals für seine Philosophie in Anspruch nimmt. Die Ausführungen seiner Vorannahmen bleiben äußerst dunkel. »Es wird weniger argumentiert als verkündet, Fachausdrücke werden angehäuft und vervielfacht (Form = Inhalt = Substanz; Tatsachen = Wirklichkeit; Wesen = Natur = Form).« (Kenny 1974, S. 89). Aber auch die verwendeten Fachausdrücke werden in ganz anderen Bedeutungen verwendet, als es in der philosophischen Tradition üblich ist.

Wittgenstein trifft die grundlegende Unterscheidung zwischen **Tatsachen** und Nicht-Tatsachen. Verwunderlich erscheint, daß Wittgenstein unter Nicht-Tatsachen die Einzeldinge faßt, die unserem Alltagsverständnis nach doch den Inbegriff von Tatsachen repräsentieren. Demgegenüber behauptet er: »Die Welt ist die Gesamtheit der Tatsachen, nicht der Dinge« (Tract. 1.1).

Um zu einem adäquaten Verständnis dieser grundlegenden These zu gelangen, müssen wir uns die Ausgangsbasis Wittgensteins vergegenwärtigen: einerseits die Annahme, daß jedem Paar von kontradiktorischen Sätzen genau eine Tatsache entspricht, nämlich die Tatsache, die den einen von ihnen wahr und den anderen falsch macht, andererseits seine Auffassung von ›Gegenstand‹, von ›Sachverhalt‹ und von ›Tatsache‹.

4.1.1 Gegenstand und Sachverhalt

Eine Klärung des Verhältnisses von Gegenstand und Sachverhalt hat mit den einzelnen Bestandteilen zu beginnen. Den **Sachverhalt** beschreibt Wittgenstein als Verbindung von Gegenständen. Ein Gegenstand ist wesentlich ein möglicher Bestandteil eines Sachverhalts (Tract. 2.011). Die Möglichkeit, zusammen mit anderen Gegenständen in Sachverhalten vorzukommen, liegt sowohl in seiner Natur, als auch in seinen inneren Eigenschaften und seiner Form (Tract. 2.0123 ff.). Hinter diesen wenigen Sätzen verbirgt sich eine komplexe Theorie darüber, wie ein Gegenstand gegeben sein kann. Dabei geht Wittgenstein schlicht von der Annahme der Existenz einfacher Gegenstände aus, ohne ein hinreichendes Beispiel dafür zu geben, was man sich unter einem **Gegenstand** vorzustellen habe. Der Grund seines Glaubens an die Existenz von Gegenständen ist in der Annahme zu sehen, es müsse Gegenstände in der Welt geben, auf die sich Namen und Elementarsätze einer vollständig analysierten Sprache beziehen (Kenny 1974, S. 91).

Bringt Wittgenstein sich und den Leser damit nicht in eine fragwürdige Position? Denn es scheint so, daß die Annahme von Gegenständen bedingt ist durch die Annahme, daß Namen und Elementarsätze die letzten Bestandteile des Satzes sind. Also wird durch sprachphilosophische Annahmen diktiert, daß es Gegenstände geben müsse, da sich ansonsten die sprachlichen Elemente auf nichts beziehen könnten und daher sinnlos wären. Die eigentliche Antwort auf diese Frage ergibt sich erst aus der Erörterung von Elementarsätzen. Denn im Zusammenhang damit führt Wittgenstein aus, daß die Logik voraussetze, daß es eine Welt gibt, daß Namen etwas bezeichnen und daß Elementarsätze Sinn haben (Tract. 5.552, 6.124). (An anderer Stelle legt er fest, daß Namen als einfache Zeichen für einfache Gegenstände anzusehen sind.)

Der Vergleich mit dem Schachspiel soll zunächst dazu verhelfen, zu einem besseren Verständnis seiner Aussagen zu Gegenständen und Sachverhalten zu finden (vgl. Kenny 1974, S. 92). Wir müßten uns die Schachfiguren und die Felder des Schachbretts als die Gegenstände der Welt vorstellen. Als Sachverhalt könnten wir dann die Beziehungen zwischen den Figuren und den Feldern verstehen. Von einer positiven Tatsache könnten wir in der Weise sprechen, daß eine Figur auf einem bestimmten Feld steht. Wittgensteins Diktum »die Welt ist alles, was der Fall ist« auf das Schachbeispiel übertragen hieße, die Welt ist die Stellung auf dem Schachbrett zu irgendeiner Zeit. In einem anderen Beispiel werden Wittgensteins Sätze zur Bestimmung der Welt mit Hilfe der Wahrnehmungspsychologie veranschaulicht (vgl. Stenius 1969, S. 23 ff.; Stegmüller 1969, S. 527 f.). Die Wahrnehmung komplexer Gegenstände vollzieht sich nicht dadurch, daß zunächst viele einzelne Gegenstände wahrgenommen und dann zu einem Gesamtbild integriert werden, sondern kommt durch Differenzierung und Gliederung eines ursprünglich undifferenzierten Wahrnehmungsfeldes zustande. Dadurch bekommt das Feld eine Struktur, so daß es in Einzelteile analysiert werden kann. Innerhalb eines Wahrnehmungsfelds gewinnen wir insofern eine Wahrnehmungsgestalt, sobald wir das Feld als etwas auffassen, das aus verschiedenen Objekten mit bestimmten Eigenschaften besteht, die in bestimmten Relationen zueinander stehen. Im diesem Rahmen können wir jetzt sagen, daß die Struktur des Feldes durch bestimmte Tatsachen festgelegt ist, nämlich durch die Tatsachen, daß die Gestalt aus ganz bestimmten Objekten besteht und daß diese Objekte ganz bestimmte Eigenschaften besitzen. Es ist aber auch zu beachten, daß die wahrgenommene Gestalt nicht mit dem Wahrnehmungsfeld identifiziert werden darf, denn die Wahrnehmungsgestalt wird erst gesehen, nachdem das Feld mit einer Struktur versehen worden ist. Diesem Verständnis liegt eine spezifische kategoriale Einteilung zugrunde: die wahrgenommene Gestalt ist der Kategorie der Dinge zuzurechnen, das Wahrnehmungsfeld der Kategorie der Tatsachen.

Im Anschluß an diese Illustration können wir auch verstehen, warum Wittgenstein die Welt nicht als eine Ansammlung von Dingen begreift, wie es unser Alltagsverständnis nahe legen könnte. So könnte die Bibliothek des philosophischen Instituts nicht durch eine Aufzählung der Tische, Stühle, Regale und Bücher hinreichend beschrieben werden. Denn eine Vorstellung von dieser Bibliothek können wir uns erst dann verschaffen, wenn neben der Aufzählung auch die Anordnung der Gegenstände zueinander zur Sprache kommt.

Für die Bestimmung des Gegenstandes ergibt sich daraus die Feststellung, daß jeder **Gegenstand** auf Verbindungen mit anderen Gegenständen bezogen, also immer in **Sachverhalte** eingebettet ist (Tract. 2.0141). Gegenstände sind nicht ohne Sachverhalte denkbar, andererseits kann es aber auch keine

Sachverhalte ohne Gegenstände geben. Den Sinn seiner Analyse können wir also darin sehen, daß er uns unter der Perspektive der Wirklichkeitserkenntnis auf diesen grundlegenden Umstand hinweist. Wir erfahren dadurch auch, daß Wittgenstein mit dem Ausdruck ›Gegenstand‹ oder ›Ding‹ nicht ein Einzelding meint. Denn er spricht einerseits davon, daß ein Sachverhalt eine Verbindung von Dingen oder Gegenständen sei (Tract. 2.01), andererseits wissen wir, daß in einem Sachverhalt mindestens ein Attribut beteiligt sein muß. Dieser Umstand legt es nahe, folgende Unterscheidung zu treffen: Wir haben auf der einen Seite die Kategorie der **Tatsachen**, auf der anderen die Kategorie der **Dinge** oder **Gegenstände**. Zur Kategorie der Dinge sind dann sowohl Attribute, d.h. Eigenschaften und Relationen, wie auch Einzeldinge zu rechnen (vgl. Stegmüller 1969, S. 535). Diese Erläuterungen sind allerdings noch durch den Satz: »der Gegenstand ist einfach« (Tract. 2.02) zu ergänzen. Das bedeutet, daß das Wort ›Ding‹ oder ›Gegenstand‹ analysierbar ist in atomare Dinge, damit meint Wittgenstein Einzeldinge und Attribute. Die **atomaren Dinge** können in atomaren Sachverhalten als Elemente auftreten. Wittgenstein bezeichnet also das als ›Ding‹ oder ›**Gegenstand**‹, was in einem **atomaren Sachverhalt** als Element vorkommen kann. Er fügt dem hinzu, daß die Möglichkeit, in einem Sachverhalt auftreten zu können, in dem Ding bereits präjudiziert ist (Tract. 2.0121). Ein wesentliches Merkmal des Begriffs ›Gegenstand‹ besteht in der »Möglichkeit seiner Verbindung mit anderen« (Tract. 2.0121) – vergleichbar dem Merkmal ›im Raum sein‹ für den Begriff des räumlichen Gegenstandes.

Wir können diesen ersten Schritt der Erklärung mit der Feststellung abschließen, daß Wittgenstein das Ding und den Sachverhalt in einem gegenseitigen Bedingungsverhältnis sieht: Das Ding kommt nur in Sachverhalten vor, die Möglichkeit des Sachverhalts ist durch das Ding gegeben. Es gibt nicht Dinge und Sachverhalte, sondern es gibt nur Sachverhalte, weil und insofern es Dinge gibt. Wenn wir Aussagen über die Wirklichkeit machen wollen, können sich diese nur auf Sachverhalte und Dinge, die als Bestandteile von Sachverhalten auftreten, beziehen.

Ein zweiter Erklärungsschritt ergibt sich aus der Frage, ob wir von einem **Gegenstand** nur reden können, indem wir ihn als Bestandteil eines ganz bestimmten Sachverhalts bezeichnen. Wittgensteins Antwort darauf: »Das Ding ist selbständig, insofern es in allen möglichen Sachlagen vorkommen kann, aber diese Form der Selbständigkeit ist eine Form des Zusammenhangs mit dem Sachverhalt, eine Form der Unselbständigkeit« (Tract. 2.0122). Ein Gegenstand steht zwar immer in einem bestimmten Sachverhalt, aber der Gegenstand kann auch noch in möglichen anderen Sachlagen vorkommen. Aus diesem Grund ist der Gegenstand von jenem bestimmten Sachverhalt, in dem er vorkommt, zu unterscheiden. Eine Veränderung ist nur durch die Veränderung der Konfiguration der Gegenstände denkbar. Gegenstände können nach verschiedenen Hinsichten unterschieden werden: ihrer logischen Form nach, d.h. sie können verschiedene mögliche Sachverhalte eingehen; ihren äußeren Eigenschaften nach, d.h. sie befinden sich faktisch in verschiedenen wirklichen Sachverhalten; ihrer numerischen Verschiedenheit nach, d.h. auch wenn sie (in einem bestimmten Fall) ununterscheidbar sind, bedeutet das nicht ihre Identität. »Die Identitätskriterien für Gegenstände nehmen nicht Bezug auf bestimmte Sachverhalte, in denen sie vorkommen. Aber diese Indifferenz ist keine Unabhängigkeit von den Sachverhalten in denen er vorkommen kann.« (Carl 1982, S. 174). In der Konsequenz dieser Auffassung liegt die Feststellung, daß wir einen Gegenstand dann kennen, wenn wir »sämtliche Möglichkeiten seines Vorkommens in Sachverhalten« kennen (Tract. 3.0123). Die Form des Gegenstandes wird als die Klasse all der Sachverhalte angesehen, zu der dieser mit anderen Gegenständen überhaupt verbunden werden kann.

Wir können als Resultat der Erörterungen zwei **ontologische Annahmen** festhalten:

1. Die Gegenstände bilden die unveränderliche und feste Form, Substanz und Inhalt der Welt (Tract. 2.021 ff.). Mit dieser Feststellung will Wittgenstein offensichtlich zum Ausdruck bringen, daß Gegenstände als das Feste und Bestehende anzusehen sind, die Sachverhalte dagegen als Verbindungen oder Konfigurationen das »Unbeständige« und »Wechselnde«. Auch wenn es zur »Natur« der Gegenstände gehört, nur in Sachverhalten bestehen zu können, bestimmt Wittgenstein sie als das Bleibende im Wechsel der Sachverhalte.
2. »Sind alle Gegenstände gegeben, so sind damit auch alle möglichen Sachverhalte gegeben« (Tract. 2.0124). Die Gesamtheit der Gegenstände bestimmt so die Gesamtheit aller möglichen Sachverhalte. Auf den Aspekt der Möglichkeit werden wir nochmals zu sprechen kommen, wenn wir den Begriff des logischen Raumes erörtern.

Wittgenstein grenzt sich in bezug auf die ›Dinge‹ bzw. ›Gegenstände‹ explizit von Frege und Russell ab. Beiden unterstellt er, daß sie bei dem Begriff ›Gegenstand‹ an konkrete Dinge wie Stühle, Tische u.a. dachten, die in einem Subjekt-Prädikat-Satz durch Substantive bezeichnet werden. Er hält dieser Auffassung entgegen, daß die Elementarsätze in keiner Weise den Subjekt-Prädikat-Sätzen der Umgangssprache entsprechen. Für Wittgenstein erscheint die Frage, ob die Gegenstände eher Dinge, Eigenschaften oder Relationen sind, sinnlos. Die **Gegenstände** gehören zur **Methode der Darstellung**, die in seinen Augen grundlegender ist als die Subjekt-Prädikat-Form. In einem Vergleich illustriert er sein Verständnis von ›Gegenstand‹: Jede Farbe läßt sich als Kombination verschiedener Intensitäten der vier Grundfarben Rot, Gelb, Blau und Grün darstellen. Jede Aussage über Farben läßt sich mittels Symbolen formulieren, die zeigen, wo sich diese Farben auf der Skala der Grundfarben befinden. Auf diese Weise werden die Grundfarben zu Elementen der Darstellung. In ähnlicher Weise sollten die Gegenstände hinsichtlich ihrer Darstellungsfunktion verstanden werden (Kenny 1974, S. 130 f.).

Abschließend können wir festhalten, daß nicht Gegenstände oder Dinge als einfache Elemente anzusehen sind, vielmehr sind sie als Bestandteile von Sachverhalten zu betrachten. Darin liegt ein erster Unterschied zwischen der alltagssprachlichen Auffassung und jener, die sich um die logisch vollkommene Struktur der Sprache bemüht. Diese ontologische Festsetzung gewinnt ihre Plausibilität nur vor dem Hintergrund des **Prinzips vom Satzzusammenhang**: »Der Ausdruck hat nur im Satzzusammenhang Bedeutung« (Tract. 3.314). Darin zeigt sich auch die gegenseitige Verschränkung von ontologischen Annahmen und logischen Analysen.

4.1.2 Sachverhalt und Tatsache

Bislang ungeklärt blieb die begriffliche Zuordnung von ›Sachverhalt‹ und ›Tatsache‹. Jede beliebige Behauptung, die nicht allein aufgrund rein formallogischer Kriterien gültig ist, stellt nach Wittgenstein einen Sachverhalt dar. Ein **Sachverhalt** ist etwas, was möglicherweise der Fall ist. Wenn es sich um einen bestehenden Sachverhalt handelt, ist der Satz wahr, und genau in diesem Fall wird dieser wahre Sachverhalt ›**Tatsache**‹ genannt. Falls der Sachverhalt nicht besteht, ist auch keine Tatsache gegeben.

Es wurde oben schon darauf hingewiesen, daß Wittgenstein mit dem Begriff der Tatsache eine Kategorie von Entitäten bezeichnet, die er scharf von den Gegenständen unterscheidet. Diese Unterscheidung findet ihre Entsprechung in der Differenz von Satz und Name. Der Tatsache wird ein besonderer Stellenwert im Hinblick auf die Bedeutung des Satzes beigemessen. Wir werden im Zusammenhang der Erörterung von Sinn und Bedeutung auf Wittgensteins These eingehen, daß eine Tatsache die Bedeutung eines Satzes sei.

Von besonderer Bedeutung für seine Ontologie erweist sich die Unterscheidung in atomare und komplexe Sachverhalte (›**Sachlagen**‹). Die **atomaren Sachverhalte** sind etwas ›logisch Einfaches‹, das nicht selbst wieder in einfachere Sachverhalte zerlegt werden kann, sondern sich in Dinge und Attribute aufgliedern läßt. Von atomaren Sachverhalten sagt Wittgenstein zudem, daß sie voneinander unabhängig seien. Das bedeutet, daß man aus dem Bestehen eines Sachverhalts nicht auf das Nichtbestehen aller übrigen schließen kann, die durch das Satzsystem beschrieben werden. Diese Annahme hält er in seinen späteren Schriften nicht mehr aufrecht, nachdem er eingesehen hat, daß sich bspw. aus der Aussage »ein Mensch ist zwei Meter groß« durchaus schließen läßt, daß er nicht drei Meter groß ist (Wittgenstein/Waismann 1967, S. 63 f.). Die Behauptung der Unabhängigkeit müssen wir so verstehen, daß bei zwei vorliegenden Sachverhalten folgende vier Möglichkeiten denkbar sind: jeder von beiden kann bestehen oder aber auch keiner von beiden, oder nur einer von beiden besteht und der andere nicht (also entweder a und b nicht oder b und a nicht).

4.2 Logischer Raum

Die häufig zitierte Redeweise von den Möglichkeiten macht deutlich, daß Wittgenstein mit den Sachverhalten noch keine Aussage über die wirkliche Welt getroffen hat, sondern nur denkbare Möglichkeiten für jede mögliche Welt benannt sind. Wittgenstein bezeichnet die Summe der möglichen und bestehenden Sachverhalte (im Schachbeispiel die Menge der nach den Regeln erlaubten Möglichkeiten) und der möglichen und nichtbestehenden Sachverhalte als ›**logischen Raum**‹ (Tract. 1.12 f.). Folgende Sätze können jetzt den

Zusammenhang von Sachverhalt und logischer Struktur wiedergeben: Die Gegenstände verbinden sich zu Sachverhalten, in denen sie zueinander in einer wohlbestimmten Beziehung stehen. Der Art ihres Zusammenhangs entspricht die **Struktur des Sachverhalts** (Tract. 2.032), die **Form eines Sachverhalts** ist die Möglichkeit seiner Struktur (Tract. 2.033). Die Struktur des Sachverhalts ist jene bestimmte Weise, in der die Gegenstände des Sachverhalts konfiguriert sind (Tract. 2.15).

Wie können wir uns den Zusammenhang zwischen wirklicher und **möglicher Welt**, den Wittgenstein mit Hilfe des Begriffs ›**logischer Raum**‹ erklärt, plausibel machen? Wir müßten dazu eine Vielzahl von atomaren Sachverhalten bestimmen, indem wir jene Sätze aussondern, die von anderen abhängig sind. Dadurch gewinnen wir jene Beschreibungskomponenten, die voneinander unabhängig sind. Nach Wittgenstein könnten wir dann davon ausgehen, daß dieser logische Raum genau so viele Dimensionen hat, als es voneinander unabhängige Komponenten der Beschreibung dieser Welt gibt (vgl. Stegmüller 1969, S. 530). In jeder Dimension treten dann jeweils nur zwei Sachverhalte auf, die miteinander unverträglich sind: entweder die Aussage, daß ein bestimmter Sachverhalt besteht, oder die gegenteilige Aussage, daß dieser Sachverhalt nicht besteht. Die zu ein und derselben Dimension des logischen Raumes gehörenden atomaren Sachverhalte sind allerdings nicht voneinander unabhängig, sondern miteinander unverträglich. Um das deutlicher hervorzuheben, wird dieser logische Raum auch als ›Ja-Nein-Raum‹ bezeichnet.

> »Da die Aussage, daß ein bestimmter Sachverhalt besteht, logisch äquivalent ist mit der Behauptung, daß der andere nicht besteht, kann man in jeder Dimension einen dieser beiden Sachverhalte als atomaren Sachverhalt frei auswählen; der andere, durch eine negative Aussage beschriebene, ist dann nicht atomar.« (ebd., S. 530).

Wenn wir diese Analyse zugrunde legen, können wir den Blick zurückwenden auf die Frage, wie eine Beschreibung der Wirklichkeit aussehen könnte. Nach diesem Modell wird eine vollständige Beschreibung der wirklichen Welt dadurch geliefert, daß die bestehenden Sachverhalte, also die Tatsachen, angegeben werden und daß ausdrücklich hinzugefügt wird, daß dies alle **atomaren Tatsachen** sind. Diese Erläuterung zeigt, daß Wittgensteins Diktum von der Welt als Tatsache in einem denkbar abstrakten Sinne zu verstehen ist.

4.3 Logischer Atomismus

Wir können an dieser Stelle bereits angeben, worin Wittgensteins Logischer Atomismus besteht. Ein Aspekt, der eben angesprochen wurde, liegt in der Zweiteilung in logisch atomare Tatsachen und solche, die zu logisch atomaren Tatsachen komplementär sind. Das entspricht den beiden möglichen Aussagen, daß Sachverhalte bestehen und komplementär dazu den negativen Aussagen, daß diese Sachverhalte nicht bestehen (vgl. ebd., S. 530).

In bezug auf die Bestimmung des Dinges macht sich ein zweiter Aspekt des Logischen Atomismus bemerkbar: Die Welt ist analysierbar in **atomare Dinge**.

Unter den logisch atomaren Dingen sind genau die Einzeldinge und Attribute zu verstehen, die in den Sachverhalten vorkommen. Diese von Russell als **Atomismusprinzip** bezeichnete Auffassung drückt Wittgenstein in dem Satz aus:

> »Jede Aussage über Komplexe läßt sich in eine Aussage über deren Bestandteile und in diejenigen Sätze zerlegen, welche die Komplexe vollständig beschreiben« (Tract. 2.0201).

Diesem Satz liegt die Annahme zugrunde, daß die Welt aus ›einfachen Gegenständen‹ unterschiedlicher Beschaffenheit besteht, die in unterschiedlichen Beziehungen zueinander stehen. Die einfachen Beziehungen und Beschaffenheiten der einfachen Gegenstände sind die Sachverhalte, die ihrerseits durch **Elementarsätze** wiedergegeben werden.

Auf der Grundlage des Logischen Atomismus kann Wittgenstein eine weiterführende Erklärungsperspektive entwickeln: Wenn uns alle Elementarsätze gegeben wären und wir außerdem wüßten, daß dies tatsächlich die Gesamtheit aller Elementarsätze ist, könnten wir aus ihnen sämtliche übrigen wahren Sätze logisch ableiten. Da solche Sachverhalte in einer Vielzahl von Elementarsätzen zum Ausdruck kommen, müssen die in den atomaren Sachverhalten vorkommenden Elemente allen möglichen Welten gemeinsam sein. Wir haben aber gesehen, daß diese Gegenstände zusammen die ›Substanz der Welt‹ ausmachen. So können wir verstehen, daß die Substanz selbst etwas allen möglichen Welten Gemeinsames ist, also dasjenige worin alle diese Welten in bezug auf »Dinge« übereinstimmen (vgl. Stegmüller 1969, S. 530).

Für das den Logischen Atomismus kennzeichnende Postulat, daß die Existenz einfacher unzerstörbarer Atome und unteilbarer Sachverhalte angenommen werden müsse, weiß Wittgenstein auch einen logischen Grund anzuführen: Bei einem Elementarsatz müssen wir davon ausgehen, daß den Wörtern, aus denen dieser Satz besteht, immer etwas entspricht. Solche Wörter, die Einfaches benennen, sind die ›**eigentlichen Namen**‹. Würde diesen Namen nichts entsprechen, hätte ein solcher Satz keinen Sinn. Man muß also dafür sorgen, daß die in einem Satz verwendeten Namen sich auf etwas Bestehendes beziehen (d.i. daß sie **Bedeutung** haben). Russells Strategie bestand darin, solche Namen auf erkenntnistheoretisch gesicherte Gegenstände (d.i. unmittelbar bekannte Gegenstände wie etwa Sinnesdaten) zu beziehen, Wittgenstein dagegen wollte sie auf metaphysisch garantierte Gegenstände (vgl. Tract. 2.0211), d.i. auf unzerstörbare letzte Elemente, beziehen (vgl. Kenny 1974, S. 94 ff.).

In seinen Bemerkungen zu Wittgenstein führt Russell selbst schon einen zentralen Einwand gegen diese Position des Atomismus an: Es gibt keinen Grund, an die Existenz einfacher Gegenstände und durch Elementarsätze abbildbarer Sachverhalte zu glauben (Russell 1988, S. 121).

In der Vorstellung der eindeutigen Zerlegbarkeit besteht der Absolutismus des *Tractatus*. Denn mehr oder weniger unausgesprochen liegt dieser Vorstellung die Annahme zugrunde, daß die Menge der atomaren Sachverhalte sowie die Substanz der Welt ein für allemal festliegen. Wittgenstein hängt der Vorstellung an, daß man eine Auswahl jener atomaren Sachverhalte, in denen ein bestimmtes Ding vorkommt, bestimmen kann. Ein solcher logischer Teilraum bildet das Wesen (oder die Natur) des betreffenden Dinges. Wittgenstein bezeichnet dies als die logische Form des Dinges. Damit sind sämtliche Möglichkeiten bestimmt, in denen ein Ding in atomaren Sachverhalten vorkommen kann. Wittgenstein geht noch einen entscheidenden Schritt weiter: Kennt man die logische Form aller atomaren Individuen und Attribute, dann gelangt man zur logischen Form der Substanz. Kennt man diese, so seine Auffassung, dann kennt man auch die Anzahl der Individuen und Attribute in der Welt. Die Form der Substanz gibt den Rahmen dafür an, was möglicherweise der Fall ist – ist also vergleichbar einer Art innerer Struktur der Welt (vgl. Stegmüller 1969, S. 538).

Diese Vorannahme ist allerdings nicht ohne weiteres akzeptabel. Denn ebensogut denkbar wäre es, daß die Welt der Tatsachen auf verschiedene Weisen in Einzeltatsachen und letzte Elemente zergliedert werden könnte. Das hätte zur Folge, daß alle grundlegenden Begriffe von Wittgensteins Ontologie zur Disposition stünden. Sie wären nicht mehr als absolut zu begreifen, sondern nur relativ auf die bestimmte, von Wittgenstein so getroffene Analyse der Welt als Tatsache. Die Idee der Idealsprache beruht auf der ontologischen Konzeption: die Sprache als Spiegelbild der atomistischen Struktur der Welt als Tatsache.

Denn Wittgenstein geht es darum zu zeigen, daß die Logik zwar davon abhängt, daß etwas existiert, d.h. daß es Tatsachen gibt, daß die Logik aber unabhängig davon ist, wie diese Tatsachen beschaffen sind. Daß es Tatsachen gibt, ist selbst nicht durch einen Satz beschreibbar. Wir können aber das Dasein der Welt nicht anders denken als in der durch die Logik vorgegebenen Weise (Tract. 5.552). Wittgenstein weist darauf hin, daß sich jene Aussagen über die ontologische Struktur der Wirklichkeit und über die Entsprechung von syntaktischer Struktur der Sätze und der ontologischen Struktur der abgebildeten Tatsachen nur zeigen lassen, da sie in Sätzen nicht darstellbar sind. Wir werden darauf noch gesondert eingehen (vgl. Kap. 4.6.). Die logische Analyse der Sätze gibt den Rahmen dafür ab, was sich aus logischer Sicht als mögliche Wirklichkeit zeigen kann. Insofern müssen sich Logik und Ontologie als ineinander verschränkt erweisen.

Mit seinen Ausführungen zur Ontologie kommt Wittgenstein einem alten philosophischen Bedürfnis nach, nämlich eine Antwort auf die Frage zu finden, wie wir uns die Seinsstruktur der Welt vorzustellen haben. Die Art und Weise, wie er es erfüllt, unterscheidet sich allerdings grundlegend von der philosophisch-metaphysischen Tradition. Darin mag auch der sachliche Grund für die von ihm getroffene Reihenfolge der Thesen liegen. Denn er nimmt eine radikale Umformulierung vor, indem er nicht mehr von objektiven Seinsstrukturen spricht, sondern die logischen Strukturen einer denkbaren Wirklichkeit benennt. Die thesenartige Formulierung der ontologischen Annahmen findet darin ihre Berechtigung, daß sich diese einerseits nicht weiter beweisen oder begründen lassen und andererseits erst durch die später ausgeführten Analyse der Sprache eingelöst werden.

Wittgenstein beschreitet aber nicht den Weg, den Begriff der Wirklichkeit dadurch erklären, daß er Aussagen über deren objektive Strukturen trifft oder die Summe des begrifflichen Wissens benennt. Seine Antwort ist: Wir können uns nur des logischen Raums, in dem ein solches Wissen möglich ist, vergewissern.

4.4 Der erkenntnistheoretische Gehalt: Die Abbildung – der Gedanke und das Satzzeichen

Die Überlegungen zur Bestimmung des logischen Raums lassen die Frage, wie man sich die Beziehung von Welt und Gedanken vorzustellen habe, noch ungeklärt. Wittgensteins Antwort auf diese Frage findet sich in seinen Ausführungen zur logischen Abbildung.
Das Vorstellen von Tatsachen durch Bilder erläutert er in den Sätzen:

> »Daß sich die Elemente des Bildes in bestimmter Weise zueinander verhalten, stellt vor, daß sich die Sachen so zueinander verhalten. Dieser Zusammenhang der Elemente des Bildes heiße seine Struktur und ihre Möglichkeit seine Form der Abbildung« (Tract. 2.15)

Unter Struktur ist die Art und Weise, wie Gegenstände zusammenhängen, zu verstehen. Wir wissen aus den Ausführungen zum logischen Raum, daß die Struktur eine der möglichen Verbindungen ist, die die Gegenstände aufgrund ihrer logischen Form eingehen können. Die Form der Abbildung wird von Wittgenstein als die Möglichkeit der Vorstellungsbeziehung bezeichnet. Eine solche Beziehung besteht darin, daß eine Verbindung von **Bildelementen** eine Vorstellung davon ist, daß die Gegenstände in dieser Weise verbunden sind. Diese Vorstellung soll eine richtige Darstellung abgeben: Sofern ein **Bild** etwas darstellt, soll es eine Tatsache darstellen, d.h. die Gegenstände so verbunden wiedergeben, wie sie wirklich sind. Die besondere Pointe der **Abbildtheorie** Wittgensteins ist es, daß ein Bild diese Gegenstände in der Weise miteinander verbunden darstellt, wie die Elemente des Bildes selbst verbunden sind. Ist diese Vorstellung richtig, so verhalten »sich die Dinge so zueinander wie die Elemente des Bildes« (Tract. 2.151; vgl. Pears 1989, S. 49 ff.).

Wittgenstein ergänzt diese allgemeinen Aussagen zur Abbildung durch die Feststellung, daß der Gedanke (bzw. der Elementarsatz, in dem der Gedanke ausgedrückt wird) die gleiche logische Form hat wie der Sachverhalt, den er verkörpert. Er drückt das in dem Satz aus: »Das logische Bild der Tatsachen ist der Gedanke« (Tract. 3.0) aus. Wir erleichtern uns den Zugang zu dieser These, wenn wir vorgreifend ihren sprachphilosophischen Bezug herstellen. In seiner Theorie der Satzbedeutung bringt Wittgenstein zum Ausdruck, daß der Satz ein Bild der Wirklichkeit sei, d.h. daß jeder sinnvolle Satz ein Bild dessen ist, was er beschreibt (Tract. 4. 01).

Der Ausdruck ›Bild‹ darf allerdings nicht in einem anschaulichen Sinne gedeutet werden, so als ob eine Ähnlichkeit zwischen darstellendem Bild und dem Dargestellten vorläge. Es kann nur ein **logisches Bild** gemeint sein, das sich mit dem Abbildungsbegriff der Mathematik in Verbindung bringen läßt (vgl. Stegmüller 1969, S. 539 ff.; Kutschera 1975, S. 51 ff.). Das zeigt sich schon darin, daß Wittgenstein nicht von einer Beziehung zwischen Bild und

Tatsache spricht. Vielmehr stellt er den Begriff der Struktur in besonderer Weise heraus. Die Struktur ist der Zusammenhang, der zwischen den Bildelementen einerseits und den Gegenständen andererseits besteht. Er weist zusätzlich auf die **abbildende Beziehung** hin: »Nach dieser Auffassung gehört also zum Bild auch noch die abbildende Beziehung, die es zum Bild macht« (Tract. 2.1513). Diese abbildende Beziehung ergibt sich aber dadurch, daß den Elementen des Bildes Gegenstände zugeordnet werden. Auch wenn in bezug auf die logische Abbildung nicht eine Ähnlichkeit zwischen Bild und Abgebildetem unterstellt werden kann, so muß doch zwischen beiden eine Gemeinsamkeit bestehen. »In Bild und Abgebildetem muß etwas identisch sein, damit das eine überhaupt ein Bild des anderen sein kann« (Tract. 2.16 f.). Das gesuchte Identische findet Wittgenstein in der logischen Form der Abbildung des Bildes (Tract. 2.17).

Wir müssen uns zunächst plausibel machen, was Wittgensteins Aussage bedeutet, daß aufgrund der **Form der Abbildung** eine Tatsache ein Bild einer anderen Tatsache sei. Für den Abbildungscharakter der Sprache gibt uns Wittgenstein noch den entscheidenden Hinweis, daß Tatsache bzw. Sachverhalt und Satz vom gleichen Strukturtyp sind bzw. sein müssen. Das bedeutet, daß in ihnen gleich viele Gegenstände bzw. Eigennamen und gleich viele gleichstellige Attribute vorkommen müssen und daß eine entsprechende Interpretationsregel vorliegen muß. Was dabei unter ›Eigennamen‹, ›gleichstelligen Attributen‹ und ›Interpretationsregel‹ zu verstehen ist, muß noch besprochen werden, nachdem wir uns eine Vorstellung über den Abbildcharakter geschaffen haben.

Ein Beispiel soll uns eine erste Veranschaulichung bieten (vgl. Stegmüller 1969, S. 540): Eine komplexe Tatsache wird in einfache Sachverhalte analysiert. Für die in dem Sachverhalt enthaltenen Dinge könnten wir bspw. zum einen zwei Personen a und b, zum anderen die Vater-Relation V und die Eigenschaft Fußballtalent T benennen. Die Tatsache müßten wir uns in drei Einzeltatsachen gegliedert vorstellen: a sei der Vater von b, zudem sei b talentiert für das Fußballspiel. Damit hätten wir die äußere Struktur dieser komplexen Tatsache festgelegt. Die innere Struktur ergibt sich durch die Angabe von Zahl und Kategorie der beteiligten Elemente: zwei Individuen, ein einstelliges (›ist talentiert für Fußball‹) und ein zweistelliges Attribut (›... ist Vater von ...‹). Die Vorgabe für den **Abbildungscharakter** war, daß das gesuchte Bild dieselbe innere Struktur besitzt wie die abzubildende Tatsache, also die gleiche Zahl von Elementen, eine zweistellige Relation und eine Eigenschaft. Die Gleichheit der inneren Struktur ist die grundlegende Voraussetzung für den Abbildungscharakter, denn sie ermöglicht eine umkehrbar eindeutige Zuordnung zwischen dem Bild und dem Abgebildeten. Es ist also die logische Form, die Bild und Wirklichkeit gemeinsam haben müssen (Tract. 2.18). **Gedanken** sind in besonderem Maße logische Bilder, da ihre Form der Abbildung gerade aus der logischen Struktur besteht (vgl. Kenny 1974, S. 75). Die **Struktur** ist für Wittgenstein die Art und Weise, wie Gegenstände im Sachverhalt oder die Elemente im Bild zusammenhängen (Tract. 2.032 u. 2.15). Es ist erkennbar, daß die Abbildung von Tatsachen durch Bilder durch die Zuordnung von Bildelementen und Gegenständen erklärt wird. Auch wenn dies als geklärt akzeptiert wird, bleibt noch eine Frage offen: Wodurch ist sichergestellt, daß die Verbindung der Bildelemente eine Verbindung von Gegenständen vorstellt?

Wir kommen auf diese Frage zurück, nachdem wir den Zusammenhang zwischen Bild und Satzzeichen thematisiert haben. Dazu müssen wir noch die weiteren Sätze (Tract. 3.1 u. 3.2) zur Kenntnis nehmen: »Im Satz drückt sich der Gedanke sinnlich wahrnehmbar aus« – »Im Satz kann der Gedanke so ausgedrückt sein, daß den Gegenständen des Gedankens Elemente des Satzzeichens entsprechen.« Den Ausdruck ›Satzzeichen‹ erläutert Wittgenstein so (Tract. 3.12): »Das Zeichen, durch welches wir den Gedanken ausdrücken, nenne ich das Satzzeichen. Und der Satz ist das Satzzeichen in seiner projektiven Beziehung zur Welt.« Den Gegenständen des Gedankens können dann dadurch Elemente des Satzzeichens entsprechen, daß jedem Gegenstand (des Gedankens) ein Zeichen entspricht und der Konfiguration der Gegenstände (im Gedanken) die Konfiguration der Zeichen im Satz. Wittgenstein ergänzt diese Feststellung durch den Zusatz, daß diese Zeichen einfache Zeichen sein müssen und daß der Satz, der solche Zeichen enthält, »vollständig analysiert« ist (Tract. 3.201). (Was man sich unter einer vollständigen Analyse vorzustellen habe, kann erst im Zusammenhang mit den Überlegungen zum ›Elementarsatz‹ erörtert werden.)

In einem nächsten Schritt läßt sich dieser Bildcharakter konkretisieren in bezug auf das, was Wittgenstein ›Satzzeichen‹ nennt (vgl. Stegmüller 1969, S. 546; Kutschera 1975, S. 54). Der Bezug zu den vorhergehenden Ausführungen ist dadurch gegeben, daß er im Satzzeichen eine **projektive Beziehung** zur Welt sieht, während der Satz das ist, was zur Projektion gehört (Tract. 3.13). Wittgenstein mag dabei die geometrische Projektion als Modell vor Augen gestanden haben, bei denen Figuren von einer Ebene in eine andere projiziert werden. Das **Satzzeichen** ist eine semantische Tatsache und als solche ist mit ihr eine **Projektionsmethode** verbunden. Durch die Interpretation der Elemente des Satzzeichens sind diese den Gegenständen zugeordnet, die durch diese Elemente vertreten werden. Um das zu konkretisieren, müssen wir dabei von (einfachen) Sätzen ausgehen, in denen behauptet wird, daß bestimmte Dinge eine Eigenschaft besitzen oder daß zwischen bestimmten Dingen eine Relation besteht. Bezogen auf das obige Beispiel soll der Satz »Peter ist der Vater von Philipp« das Bild einer Tatsache sein. Formulieren wir diesen Satz mittels abkürzender Symbole, dann steht ›a‹ für ›Peter‹ und ›b‹ für ›Philipp‹ und ›R‹ für die Relation ›ist Vater von‹. Der in der symbolischen Schreibweise formulierte Satz aRb stellt einen komplexen Ausdruck dar. Damit dieser komplexe Ausdruck zu einem Satzzeichen werden und damit als Bild der fraglichen Tatsache dienen kann, muß ihm eine bestimmte Interpretationsregel zur Seite gestellt werden. Unter einer Interpretationsregel ist eine Bezeichnungsregel zu verstehen, die einem Namen das durch diesen Namen Bezeichnete zuordnet. D.h. die Interpretationsregel ordnet dem Namen ›a‹ das Individuum Peter zu, dem Namen ›b‹ das Individuum Philipp. Eine besondere Schwierigkeit tritt jetzt dadurch auf, daß wir nicht sagen dürfen, das Symbol ›R‹ stehe für die Relation ›ist Vater von‹. Denn wenn das Satzzeichen ein Bild mit der gleichen Struktur wie die beschriebene Tatsache sein soll, dann muß ›R‹ als logisches Attribut (das auf die Symbole ›a‹ und ›b‹ angewandt wird) gelesen werden. Das Symbol ›R‹ kann nur als sichtbares Zeichen für dieses logische Attribut aufgefaßt werden. Wir müßten also zu folgender Formulierung greifen: In der symbolischen Schreibweise ›aRb‹ besteht eine Relation zwischen zwei individuellen Objekten dergestalt, daß das eine Objekt links vom Symbol ›R‹ und das andere rechts davon geschrieben steht. – Zu einer solchen Formulierung können wir nur dann finden, wenn wir uns wie Wittgenstein auf die Symbolsprache der formalen Logik beschränken. In einem umgangssprachlichen Kontext bleibt dies schlicht unverständlich. – Wir hätten damit erreicht, daß wir nunmehr von der R-Relation sprechen (statt nur von ›R‹ als Symbol), um damit anzuzeigen, daß das ›R‹ in der symbolischen Schreibweise selbst attributiven Charakter hat. Denn für den Bildcharakter ist ausschlaggebend, daß Namen für Attribute selbst attributiven Charakter haben müssen, da sonst die Strukturgleichheit nicht mehr gewährleistet wäre.

Für die Darstellung von Sachverhalten durch logische Bilder ist es grundlegend, daß am eigentlichen Satzzeichen soviel zu unterscheiden ist, wie am Sachverhalt. Darin besteht ihre Identität. Damit ein logisches Bild einen Sachverhalt darstellen kann, muß eine ein-eindeutige Zuordnung von Bild und Sachverhalt gegeben sein. Logische Bilder stellen demnach Sachverhalte in der Weise dar, »daß sie eine Verbindung von Gegenständen durch eine Verbindung von Bildelementen abbilden« (Carl 1982, S. 197; vgl. Tract. 2.19). Wenn also ein Bildelement einen Gegenstand vertritt (d.i. wenn ein Name einen Gegenstand bezeichnet), dann ist das Bildelement von der logischen Art des Gegenstandes bedingt, für das es steht. Diese logische Art des Gegenstandes besteht in der logischen Form, die sich durch die Klasse aller möglichen Verbindungen dieses Gegenstandes mit anderen Gegenständen ergibt. Die logische Form der Gegenstände wirkt gleichsam auf die logische Form der Bildelemente zurück (vgl. Carl 1982, S. 189). Dadurch scheint gewährleistet, daß die durch das Bild vorgestellte Verbindung unter den repräsentierten Dingen möglich ist. Die logische Form ist insofern die Form der Wirklichkeit, als die Wirklichkeit als die Gesamtheit dessen aufzufassen ist, wovon wir uns überhaupt ein Bild machen können. Damit die Logik auf einen Satz anwendbar ist, muß die syntaktische Behandlung seiner Namen bekannt sein. »Die syntaktische Verwendung der Namen charakterisiert vollständig die Form der zusammengesetzten Gegenstände, welche sie bezeichnen.« (vgl. Kenny 1974, S. 100) Dazu muß man aber die Zusammensetzung dessen kennen, worüber der Satz spricht. Wir können aus der äußeren Struktur des Satzzeichens unmittelbar die äußere Struktur des abgebildeten Sachverhalts erkennen. Die erkenntnistheoretische Pointe seiner **Abbildungstheorie** ist darin zu sehen, daß ein sinnvoller Satz auf jeden Fall ein **isomorphes Bild** eines möglichen Sachverhalts ist, d.h. daß das Bild die Objekte des Originals als so miteinander kombiniert darstellt, wie dies durch seine eigene äußere Struktur, d.i. seine syntaktische Struktur, gezeigt wird. Die Satzwahrheit läßt sich als Isomorphie von Bild und Original ausdrücken, während ein falscher Satz ein nichtisomorphes Bild der durch ihn beschriebenen Tatsache darstellt (vgl. Stegmüller 1969, S. 543; Savigny 1970, S. 71 f.).

Obwohl für Russell wie für Wittgenstein die Beziehung des Abbildens einen wesentlichen Bestandteil ihres sprachphilosophischen Ansatzes darstellt, zeigen sich doch wesentliche Unterschiede zwischen beiden. Denn Russell hatte anfänglich jedem Zeichen eine abgebildete Entität zugeordnet, bei Wittgenstein dagegen haben nur die elementaren Aussagen abbildende Funktion. Aufgabe des Philosophen sei es deshalb, die Zusammensetzung der Elementarsätze zu untersuchen. Durch diese wesentliche Akzentverschiebung erscheint der Logische Atomismus in einer vereinfachten Form. Hinsichtlich der Elementarsätze (d.i. der atomaren Aussagen) behauptet Wittgenstein, daß der Konfiguration der einfachen Zeichen in der Aussage eine Konfiguration von Elementen in der Sachlage entspreche. Anders als Russell zählt er zu den logischen Atomen nicht Individuen und Universalien (bei Russell vor allem Relationen), sondern spricht nur von einer Konfiguration von Gegenständen: »Der Sachverhalt ist eine Verbindung von Gegenständen (Sachen, Dingen).« »Im Sachverhalt hängen die Gegenstände ineinander wie Glieder einer Kette« (Tract. 2.01). »Der Elementarsatz besteht aus Namen. Er ist ein Zusammenhang, eine Verkettung von Namen« (Tract. 4.22). Im Satzzeichen sind die Bildelemente die darin vorkommenden Namen, die Interpretationsregeln sind die semantischen Bezeichnungsregeln für diese Namen.

4.5 Der Gedanke und der sinnvolle Satz

Die Abbildungstheorie ist auch in bezug auf Gedanken in Geltung, was Wittgenstein in der Feststellung zum Ausdruck bringt, daß ein logisches Bild einer Tatsache ein Gedanke sei und dieser in einem Satz auf sinnlich wahrnehmbare Weise ausgedrückt würde (Tract. 3., 3.1). **Gedanken** sind also als **logische Bilder** aufzufassen, da ihre Form der Abbildung überhaupt nur aus ihrer logischen Struktur besteht. Deshalb kann der Gedanke nichts darstellen, was den Gesetzen der Logik widersprechen würde (Tract.3.03 – 3.0321). Die Verbindung zu den obigen Ausführungen gibt der Satz ab: »Das Zeichen, durch welches wir den Gedanken ausdrücken, nenne ich das Satzzeichen. Und der Satz ist das Satzzeichen in seiner projektiven Beziehung zur Welt« (Tract. 3.12). Den weiterführenden Schritt artikuliert Wittgenstein in dem Satz: »Im Satz kann der Gedanke so ausgedrückt sein, daß den Gegenständen des Gedankens Elemente des Satzzeichens entsprechen« (Tract. 3.2). Dies wird dadurch sichergestellt, daß jedem Gegenstand des Gedankens ein Zeichen entspricht und der Konfiguration der Gegenstände im Gedanken die Konfiguration der Zeichen im Satz (Tract. 3.21). Der **Gedanke** hat dieselbe logische Form wie der **Satz**, aber erst durch Sätze werden Gedanken in sinnlich wahrnehmbaren Zeichen realisiert. Ein Gedanke kann auf keine andere Weise zum Ausdruck gebracht werden.

Wittgenstein entwickelt auf seine Art eine **Theorie des Bezeichnens**. Grundlegend dafür ist, daß das Zeichen und dasjenige, wofür das Zeichen steht, sich unmittelbar gegenüberstehen. D.h. dasjenige, was bei Frege noch als Sinn in Geltung war, ist dadurch ausgeschaltet. Diese besondere Form der Beziehung von Zeichen und dem, wofür das Zeichen steht, wird auf das ›Benennen‹ beschränkt (vgl. Ishiguro 1989, S. 96 ff.).

Diese Tatsache, daß die Bildelemente Gegenstände vertreten, gilt es terminologisch zu fassen. Die dafür einschlägigen Sätze sind: »Der Name vertritt im Satz den Gegenstand« (Tract. 3.22). »Ein Name steht für ein Ding, ein anderer für ein anderes Ding und untereinander sind sie verbunden, so stellt das Ganze – wie ein lebendes Bild – den Sachverhalt vor« (Tract. 4.0311). Bei Sätzen werden diejenigen Ausdrücke, die für ein Ding stehen, als ›**Namen**‹ bezeichnet. Sie sind jene einfachen Zeichen, die nur in Elementarsätzen auftreten. Dieses Verhältnis von **Name** und **Gegenstand** ist bei Wittgenstein als eine **Bedeutungsbeziehung** zu verstehen: »Der Name bedeutet den Gegenstand. Der Gegenstand ist seine Bedeutung« (Tract. 3.203). Er spricht auch davon, daß der Name für einen Gegenstand stehe. Dem Namen kommt nur diese direkte semantische Beziehung zu, darüber hinaus hat er – anders als bei Frege – keine weitere Funktion; d.h. er drückt keine Gegebenheitsweise des Gegenstandes aus, die eine bestimmte Art und Weise der Identifikation des Benannten bestimmen könnte. In diesem Zusammenhang ist an Wittgensteins **Prinzip des Satzzusammenhangs** zu erinnern. Es besagt, daß der Ausdruck nur im Satzzusammenhang Bedeutung hat (Tract. 3.314). »Nur der Satz hat einen Sinn; nur im Zusammenhange des Satzes hat der Name Bedeutung« (Tract. 3.3). In seinen Ausführungen zum Sachverhalt hat Wittgenstein die Feststellung getroffen, daß Gegenstände nur als Bestandteile eines Sachverhalts vorkommen können. Wenn nun die Gegenstände die Bedeutung von Namen sind, können Namen auch nur dann Bedeutung haben, wenn sie in einem Satz vorkommen, der einen Sachverhalt darstellt.

Dem die logische Analyse der Sprache anleitende Prinzip des **Satzzusammenhangs** können wir zweierlei entnehmen:

1. Der Satz bildet die kleinste selbständige **Sinneinheit**,
2. Kleinere Einheiten wie bspw. Wörter haben nicht für sich eine Bedeutung. Dieses Prinzip steht in einem engen Zusammenhang mit der **ontologischen Festsetzung**, daß die Welt aus Tatsachen und nicht aus Dingen besteht. Dadurch wird auch ersichtlich, daß bei Wittgenstein die **Aussagesätze** im Vordergrund stehen. Weder Dinge für sich noch ein bloße Ansammlung von Namen der Dinge können einen Aussagesatz wahr machen, sondern erst die Tatsache (daß etwas der Fall ist) (vgl. Lange 1996, S. 23 ff.).

Durch diese Erklärungen der Namenstheorie ist der Weg zur Erklärung des **Elementarsatzes** geebnet. Die besondere Bedeutung, die Wittgenstein dem Elementarsatz zumißt, wurde schon mehrmals herausgestellt. Er formuliert sie ausdrücklich in dem Satz: »Der einfachste Satz, der Elementarsatz, behauptet das Bestehen eines Sachverhalts« (Tract. 4.21). Anschließend fügt er die denkbar knappe Erklärung hinzu: »Der Elementarsatz besteht aus Namen. Er ist ein Zusammenhang, eine Verkettung, von Namen.« (Tract. 4.22).

Im Elementarsatz ist seiner Ansicht nach das Fundament der Sprache erreicht (vgl. Lange 1996, S. 48 f., 101 ff.). Da in ihm einzig die Namen als

Elemente enthalten sind, können wir anknüpfend an die vorangehenden Ausführungen festhalten, daß mit den Namen ontologisch absolut Einfaches vertreten und in einer Verkettung von Namen die Verkettung der Gegenstände im Sachverhalt abgebildet wird. Wittgenstein bietet uns keine Beispiele für solche Elementarsätze an, sondern beläßt es bei den Bestimmungen, daß sie voneinander völlig unabhängig sind und in ihnen keine logischen Operatoren enthalten sein dürfen, d.h. daß sie eine operatorenfreie Verkettung von Namen sind. Diese Festlegung führt dazu, daß der Elementarsatz nicht negiert werden kann, da eine Negation diesen bereits zu einem komplexen Satz machen würde. Der negierte Elementarsatz wäre nicht mehr elementar, weil er eine logische Operation (d.i. die Negation) enthielte. Aus den Ausführungen zum logischen Raum wissen wir zudem, daß die Gesamtheit der wahren Elementarsätze die Welt vollständig beschreibt (Tract. 4.26).

Am Elementarsatz macht Wittgenstein zwei zentrale Grundsätze seiner Sprachphilosophie fest: Der **Grundsatz der Bipolarität**: »Nur das ist ein Satz, was sowohl wahr sein kann als auch falsch sein kann« (Tract. 2.21–2.221, 4.023 f.) und die Forderung der **Bestimmtheit des Sinns** (Tract. 3.23) stellen neben dem Prinzip des Satzzusammenhangs die tragenden Eckpfeiler seiner Theorie dar. Was man unter der Bestimmtheit des Sinns zu verstehen habe, wird in der Sekundärliteratur unterschiedlich beantwortet. Wittgenstein selbst gibt dazu eine Deutungshilfe in einer Tagebuchnotiz: »[...] wir fühlen daß die Welt aus Elementen bestehen muß. Und es scheint, als sei das identisch mit dem Satz, die Welt müsse eben das sein, was sie ist, sie müsse bestimmt sein. Oder mit anderen Worten, was schwankt, sind unsere Bestimmungen, nicht die Dinge. [...] Die Welt hat eine feste Struktur« (vgl. Lange 1996, S. 47). Aus diesen ontologischen Aussagen können wir entnehmen, daß er damit gegenüber der vagen Umgangssprache eine Analyse jeden Satzes in unzweideutige Elementarsätze einfordert. Er vertritt dabei die Auffassung, daß alle Sätze unserer Umgangssprache bereits logisch geordnet sind (Tract. 5.5563). Wenn jemand einen Satz mit Verständnis äußere, enthielte dieser implizit schon eine **vollständige Analyse des Satzes**. Unter einem vollständig analysierten Satz versteht Wittgenstein jenen, der einen Namen für jeden Gegenstand in dem (im Satz) ausgedrückten Gedanken enthält (Tract. 3.2). Charakteristisch für den Elementarsatz ist es, daß er das Bestehen eines Sachverhalts behauptet. Und diese Behauptung muß in allen Sätzen bereits auf irgendeine Weise enthalten sein. Wittgenstein schließt mit der Feststellung, daß sich allein durch die Anwendung der Logik entscheide, welche Elementarsätze es gebe (Tract. 5.557). Aus den bisherigen Erörterungen müßte zumindest ersichtlich geworden sein, daß er von einer strukturellen Entsprechung zwischen Elementarsätzen und Sachverhalten ausgeht. Jene stellen eine Verkettung von Namen dar, diese eine Verkettung von Gegenständen.

4.6 Der Sinn des Satzes und das Wahrheitsproblem

Die Verwendung der beide Begriffe machen Freges Wirkung auf Wittgenstein offenkundig. Allerdings unterscheidet sich seine Konzeption grundlegend von der Freges, wie im Folgenden deutlich werden wird. Die Erörterung von ›Sinn‹ führt uns an Wittgensteins zentrale Problemstellung, nämlich Aufschluß über das Wesen der Wahrheitsbeziehung zu geben, heran.

Auszugehen ist von dem **Grundsatz der Bipolarität** der Sätze: Nur das ist ein Satz, was sowohl wahr sein kann als auch falsch sein kann. Dieser Grundsatz ist in seinem Bezug zum **logischen Bild** zu sehen. Das Bild ist in dem Sinne das Bild einer Tatsache, daß seine Verbindung von Elementen ausdrückt, daß sich die Dinge so zueinander verhalten. Allerdings ist es denkbar, daß die Verbindung der Elemente im Bild nicht der Verbindung der Dinge entspricht. Mit dem logischen Bild wird zwar die Wahrheit intendiert, aber dazu ist erforderlich, daß es der Tatsache entspricht. Wir müssen deshalb präziser formulieren: »Das Bild stellt dar, was es darstellt, unabhängig von seiner Wahr- oder Falschheit, durch die Form der Abbildung« (Tract. 2.22). – »Das Bild stimmt mit der Wirklichkeit überein oder nicht; es ist richtig oder unrichtig, wahr oder falsch« (Tract. 2.21). Ebenso können wir einen Satz verstehen, ohne über dessen Wahrheit oder Falschheit Bescheid zu wissen. Der Sinn ist also der von dem Bild dargestellte Sachverhalt. Von den Sachverhalten wissen wir, daß sie Verbindungen von Gegenständen sind. Der von dem Bild dargestellte Sachverhalt besteht in einer Verbindung der Gegenstände, die durch die Bildelemente vertreten werden. Dieser Sachverhalt ist der Sinn des Bildes. Entsprechendes gilt für den Satz: Ist der Sinn des Satzes der von ihm dargestellte Sachverhalt, dann besteht er in einer möglichen Verbindung von Dingen. Um die Wahrheit oder Falschheit eines Bildes bzw. eines Satzes festzustellen, muß der Sinn des Bildes (d.i. das, was er darstellt) mit der Wirklichkeit verglichen werden. Wir können jetzt Wittgensteins korrespondenztheoretische Auffassung der **Wahrheit** formulieren: Ein Satz kann nur dann wahr oder falsch sein, wenn er einen Sinn hat. Die Wahrheit oder Falschheit eines Satzes ergibt sich dadurch, daß sein Sinn notwendigerweise mit der Wirklichkeit übereinstimmt oder nicht. Das Erfassen des Sinns eines Satzes setzt zunächst nicht voraus, daß wir bereits seinen Wahrheitswert kennen, sondern ist Voraussetzung dafür, daß man erkennen kann, ob er wahr oder falsch ist. Wenn also genau die Sachverhalte bestehen, die der Sinn des Bildes bzw. des Satzes verlangt, und diejenigen nicht bestehen, die sein Sinn ausschließt, dann ist das Bild bzw. der Satz wahr (vgl. Carl 1982, S. 202 ff.; Lange 1996, S. 76). Wittgenstein schließt sich darin Russell insoweit an, daß er eine Unterscheidung trifft zwischen Sachverhalten, die nicht zu bestehen brauchen, und Tatsachen, d.h. Sachverhalten, die bestehen.

Wittgenstein verknüpft mit der dargestellten Erklärung der Wahrheit von Sätzen eine bestimmte Erklärung für das Verstehen von Sätzen. »Einen Satz verstehen, heißt, wissen, was der Fall ist, wenn er wahr ist« (Tract. 4.024). D.h. mit dem Verstehen des Satzes geht die Kenntnis des Sachverhalts einher, der bestehen muß, wenn der Satz wahr ist. Man muß also die Tatsache kennen, aufgrund deren er wahr ist. Dieses Wissen von dem hier die Rede ist, haben wir dann, wenn wir die Bestandteile des Satzes verstehen, d.h. wenn wir wissen, welche Gegenstände durch welche Namen vertreten werden und wie die Namen im Satz miteinander verbunden sind. Ein solches Wissen ist gleichzusetzen mit dem Erfassen des Sachverhalts. Wir können auf dieser Grundlage eine gedankliche Konstruktion vollziehen, indem wir uns klar machen, was der Fall ist, wenn der Satz wahr ist. Diese Konstruktion können wir unabhängig von der Kenntnis der tatsächlichen Wahr- oder Falschheit des Satzes vollziehen.

4.7 Grenzen der Sprache

Russell war noch der Auffassung, daß die logische Analyse der Sprache in einer Entsprechung zur ontologischen Analyse der Wirklichkeit stehen müsse. Wittgenstein setzt dem entgegen, daß einzig die Analyse der Sprache das Ziel der Philosophie sein könne. Er hält die Vorstellung einer Entsprechung von Logik und Ontologie für inakzeptabel (vgl. Küng 1963, S. 32). Es erscheint ihm schlicht unmöglich, darüber eine Aussage zu machen. Wittgenstein Kriterium für eine sinnvolle Aussage ist, daß sich der Sinn des Satzes dadurch bestimme, daß die Bedingungen angegeben sind, unter denen man ihn wahr nennen würde. Dieses **Verifikationsprinzip** ist Voraussetzung für den sinnvollen Gebrauch eines Aussagesatzes.

Wir müssen uns dazu die Ausführungen zu Form und Struktur vergegenwärtigen:

»Die Form ist die Möglichkeit der Struktur« (Tract. 2.033). In diesem Zusammenhang erläutert Wittgenstein, daß das Bestehen interner Eigenschaften und Relationen nicht durch Sätze behauptet werden kann, sondern sich in jenen Sätzen zeigt, welche die Sachverhalte darstellen (Tract. 4.122, 4.124). Bei der Beziehung zwischen Sprache und Welt handelt es sich also um eine interne Beziehung, die nicht zum Gegenstand einer externen Perspektive gemacht werden kann.

Wenn Wittgenstein von den Grenzen der Sprache redet, meint er die Grenzen des empirischen Sprechens. Damit verbunden war auch seine Kritik an den metaphysischen Aussagen der Philosophie. Seine ursprüngliche Auffassung war es, die Probleme der Philosophie würden gelöst, indem man durch eine Kritik der Sprache die Grenzen des empirischen Sprechens festlegt. Im Verlaufe der Analysen hat sich ergeben, daß seine **Theorie der Bedeutung** zu zwei grundsätzlichen Bestimmungen gelangt:

1. Jeder empirische Satz hat genau eine Bedeutung.
2. Jeder empirische Satz hat diese Bedeutung, daß seine Wörter Dinge darstellen.

Die Darstellung von Tatsachen hängt von der Darstellung von Dingen durch Wörter ab. Ein Wort kann nur dann ein Ding darstellen, wenn es ihm zugeordnet ist.

Diese erste Grenzziehung erläutert also, was notwendigerweise der Fall sein muß, wenn der Satz genau eine Bedeutung hat, d.h. wenn dieser Satz wahr ist. Dadurch hat Wittgenstein in gleicher Weise die Grenze für den Inhalt einer Behauptung und die Grenze für den Bereich der Wirklichkeit angegeben, den ein empirischer Satz vermitteln kann. Wir haben als Resultat seiner Untersuchung erhalten, daß die Elementarsätze im System der empirischen Aussagen die innere Begrenzung abgeben (vgl. Pears 1971, S. 53 ff.). Von da aus kann dann festgelegt werden, wie die Reichweite, also eine Begrenzung nach außen, zu bestimmen ist. Dazu ist es nur erforderlich zu zeigen, wie sich alle empirischen Sätze aus Elementarsätzen aufbauen lassen. Wittgenstein gelangt dabei zur **Extensionalitätsthese**, die besagt: Jeder empirische Satz ist eine Wahrheitsfunktion der Teilsätze, die in seiner Analyse vorkommen. D.h. alle empirischen Sätze sind Wahrheitsfunktionen von Elementarsätzen.

Wir können jetzt die Besonderheit seiner Grenzziehung in Abgrenzung zu einer anderen Form erkenntnistheoretischer Bestimmung näher charakterisieren: Es geht Wittgenstein nicht um die Frage, ob die Bekanntschaft mit den Gegenständen, die in den Elementarsätzen genannt werden, durch eine sinnliche Wahrnehmung sichergestellt sein muß. Wittgenstein will sich mit solchen Fragen nicht belasten. Ihm geht es einzig darum zu zeigen, daß sich die Existenz von Gegenständen direkt aus der Sprache ableiten läßt, weil ihre Existenz in den Namen, die ihnen zugeordnet sind, gespiegelt wird. Wittgenstein hat damit in einem ersten Schritt gezeigt, daß für die Bedeutung eines empirischen Satzes vorausgesetzt werden muß, daß das, was dargestellt wird, existieren muß. In seinen weiteren Ausführungen hat er dann aber gleichzeitig darauf hingewiesen, daß die Wirklichkeit keine Ansammlung von Dingen ist und der Sachverhalt nicht durch eine Aneinanderreihung von Namen dargestellt werden kann. Erst der Satz ist eine semantische Tatsache. Die vorangehenden Analysen Wittgensteins haben gezeigt, in welchem Sinne er davon spricht, daß Sätze logische Bilder sind, die eine ihnen entsprechende Konstruktion aufweisen. In ihnen zeigen sich die Regeln, denen die Struktur der Wirklichkeit unterworfen ist. Diese Regeln geben die Grenze des Gesamtbereichs der Möglichkeiten an. Der Bereich des logisch Möglichen legt den Bereich des Wirklichen fest. Die logischen Möglichkeiten, auf welche Weise Elementarsätze miteinander verknüpft werden können, lassen sich angeben: Wenn zwei Prämissen gegeben sind, dann muß der Schlußsatz wahr sein. Wittgenstein kann das noch »strenger« formulieren: Eine Begründung ist dann gültig, wenn die Kombination ihrer Prämissen mit ihrem Schlußsatz eine Tautologie ergibt (bspw.: wenn ›p‹ und ›wenn p dann q‹ gegeben sind, dann ist ›q‹ wahr). Dadurch hat Wittgenstein eine einfache Theorie der logischen Notwendigkeit für den Bereich des Aussagbaren erbracht (vgl. Pears 1971, S. 81).

Wir haben Wittgensteins Grenzziehung der Sprache so wiedergegeben: Eine Aussage ist deshalb sinnvoll, weil sie behauptet werden kann. Dazu bedient man sich eines Aussagesatzes, mit dessen Verwendung als Behauptung man zu erkennen gibt, was behauptet wird. Für Wittgenstein steht fest, daß wir über einen Aussagesatz nicht nochmals eine sinnvolle Aussage machen können. Damit ist uns aber auch die Möglichkeit verwehrt, eine Aussage über die Entsprechung von Logik und Ontologie zu machen. Wittgenstein erklärt das ganz lapidar damit: Jede Aussage zeige bereits alles, was sich über das Verhältnis von Sprache und Welt ausmachen läßt, da sie auch zeigt, wie wir über ihre Wahrheit und Falschheit entscheiden können.

Die Erklärung für seine Auffassung gibt er in folgenden Sätzen:

> »Der Satz kann die gesamte Wirklichkeit darstellen, aber er kann nicht das darstellen, was er mit der Wirklichkeit gemeint haben muß, um sie darstellen zu können – die logische Form.« (Tract. 4.12)

Um die logische Form darstellen zu können, müßten wir uns mit der Meta-Aussage außerhalb der Logik stellen können. Die Sprache markiert so die Grenze des Sagbaren. Deshalb unterscheidet Wittgenstein zwischen dem Bereich des Sagbaren und des Zeigbaren. Die Sprache bzw. der Satz zeigt die logische Form der Wirklichkeit, er weist sie auf, aber er kann sie nicht nochmals darstellen. (Tract. 4.121). Deshalb müssen wir alle metasprachlichen Aussagen zu Scheinsätzen deklarieren. Die logische Form, die sich in den Sätzen und der Wirklichkeit zeigen läßt, stellt gleichzeitig die Bedingung der Möglichkeit von Sätzen dar. Nur unter der Bedingung der logischen Form können Sätze die Wirklichkeit abbilden. Wollten wir darüber eine Aussage machen, müßten wir außerhalb der Logik und außerhalb der Welt sprechen. Unsere Aussagen kommt aber nur unter der genannten Bedingung der logischen Form die Charakterisierung zu, sinnvolle Aussagen zu sein. Deshalb schreibt Wittgenstein auch der Logik insgesamt einen transzendentalen Status zu (Tract. 6.13). Er benützt damit nicht nur einen Kantischen Ausdruck, sondern teilt auch dessen Verständnis, daß wir nicht außerhalb des Denkens bzw. der Sprache nach Maßstäben suchen können (vgl. Vossenkuhl 1995, S. 99 ff.).

Wittgensteins Abbildungsfunktion der Sprache läßt sich abschließend so charakterisieren: Wir verstehen die logische Form als Möglichkeit von Aussagen über die Wirklichkeit. Was wir als logische Form von Sätzen erkennen, können wir als logische Form der Wirklichkeit deuten. In diesem Sinne zeigt die Wirklichkeit ihren logischen Charakter.

5. Die Präzisierung der Gebrauchssprache und die Bildung einer wissenschaftlichen Sprache bei Carnap

Carnap (1891–1970) studierte Mathematik, Physik und Philosophie in Freiburg und Jena. In den Jenaer Jahren wurde durch Freges Einfluß die Grundlage für sein philosophisches Interesse an der Entwicklung einer künstlichen Sprache gelegt. Von 1931 bis 1936 war Carnap Professor an der deutschen Universität in Prag, von 1936–1952 an der University of Chicago, ab 1954 an der University of California. Die Unterschiede zwischen Carnap und Frege erklären sich daraus, daß Carnap frühzeitig mit Überlegungen in Berührung kam, die in einem Diskussionskreis in Wien zum Thema wissenschaftlicher Auseinandersetzungen gemacht wurden. Dieser philosophische Gesprächskreis, der sich in den 1920er Jahren in Wien um Moritz Schlick bildete und sich im Zuge gemeinsamer Kongresse und wissenschaftlicher Tagungen zu einer philosophischen Schule entwickelte, ging unter der Bezeichnung ›**Wiener Kreis**‹ in die Geschichte der Philosophie ein. Ihm gehörten neben Schlick so bekannte Namen wie Feigl, Frank, Gödel, Hahn, Kraft, Neurath und Waismann an. Neben den Mitgliedern der Berliner Gesellschaft für empirische Psychologie (Dubislav, Grelling, Reichenbach) vertraten auch Ayer und Hempel eine mit dem Wiener Kreis übereinstimmende philosophische Position. Als eigenständige Gruppe trat der Wiener Kreis zum ersten Mal bei der Tagung der Deutschen Physikalischen Gesellschaft und der Deutschen Mathematiker Vereinigung im September 1929 in Prag auf. Auch bei ihren Vorträgen auf den folgenden Tagungen in Königsberg (1930), Prag (1934), Paris (1935), Kopenhagen (1936) Paris (1937), Cambridge/England (1938) brachten die Mitglieder des Wiener Kreises ihr gemeinsames Interesse an der Erkenntnislehre der exakten Wissenschaften und an der Einheit der Wissenschaften zum Ausdruck. Vor allem Schlick, Neurath, Feigl, Carnap und später auch Ayer lenkten den Anspruch einer exakten Erkenntnis- und Wissenschaftslehre auch auf die Philosophie. Dabei unterzogen sie jene Fragen und Aussagen der Philosophie einer radikalen Kritik, die, wie in der Metaphysik, als grundlegende Feststellungen über die Wirklichkeit vorgetragen wurden. Nach ihrer Auffassung sollte sich das (einzig sinnvolle) Interesse der Philosophie auf die Wissenschaftslogik richten (vgl. Kraft 1968). Ihre philosophische Position wurde unterschiedlich bezeichnet: Logischer Positivismus, Neopositivismus, Logischer Empirismus, Analytische Philosophie – im folgenden werde ich den Ausdruck ›Logischer Empirismus‹ verwenden.

Der Zielpunkt der Kritik war die in ihren Augen unwissenschaftliche Verfahrensweise der traditionellen Philosophie, im Besonderen die Denkart der Metaphysik. Unter der Bezeichnung ›Metaphysik‹ faßten sie die unterschiedlichen Formen von Philosophie, die ihrem Anspruch nach auf einem apriorischen Weg (d.h. unabhängig von aller Erfahrung) zu Behauptungen über die Wirklichkeit gelangen wollen. Ihrer Überzeugung nach ist es unmöglich, durch reines Nachdenken und ohne empirische Kontrolle (auf der Grundlage von Beobachtungen) zu Begriffen oder Aussagen über die Beschaffenheit und über die Gesetze der Wirklichkeit zu gelangen. Von wissenschaftlichen Erkenntnissen konnte demnach nur in den Formalwissenschaften wie der Logik und der Mathematik oder in den empirischen Realwissenschaften die Rede sein. Die intersubjektive Kontrolle in der Anwendung formaler Verfahren wird demnach dadurch erreicht, daß die vorgetragenen Lehrsätze auf logische Fehler hin von allen überprüfbar sind. Im Bereich der empirischen Wissenschaften besteht die Kontrolle der Behauptungen in den Beobachtungen oder Experimenten. Eine solche Überprüfung wird dadurch vollzogen, daß man zunächst aus einer Theorie Voraussagen ableitet, um dann zu prüfen, ob diese Voraussagen unter den angegebenen Bedingungen eintreten.

Der Anspruch auf wissenschaftliche Erkenntnis in der Philosophie kann dieser Auffassung nach nur für bestimmte Bereiche zu Recht erhoben werden, d.h. philosophische Untersuchungen müßten sich auf die Logik, die Erkenntnis- oder Wissenschaftstheorie beschränken (vgl. Stegmüller 1969, S. 346).

Die Bezeichnung ›Logischer Empirismus‹ ist darin begründet, daß die Vertreter des Wiener Kreises für ihre Untersuchungen denselben Wissenschaftscharakter wie die Naturwissenschaften in Anspruch nehmen. Diese Fixierung auf die Naturwissenschaften als Maßstab trug dieser Position die Bezeichnung ›Szientismus‹ ein. Im Vordergrund steht – wie bei Frege, Russell und Wittgenstein – die Einsicht, daß Wissenschaftlichkeit nur dann gewährleistet ist, wenn die gemachten Aussagen intersubjektiv überprüfbar sind. In der Konsequenz dieser Einstellung formulieren sie als erstes Postulat, daß für alle philosophischen Behauptungen genaue Überprüfungskriterien aufgestellt werden müssen, die eine strenge wissenschaftliche Diskussion der philosophischen Fragen und Problem ermöglichen. Die Möglichkeit solcher Kriterien wurde zum Gradmesser dafür, ob philosophische Fragen und Aussagen als sinnvoll oder als sinnlos einzuschätzen sind. Der Logische Empirismus benennt dazu zwei Kriterien: das **Sinnkriterium** und das **Basistheorem**. Das Sinnkriterium legt fest, daß die verwendeten Begriffe, soweit sie nicht formale Begriffe der Logik oder Mathematik sind, empirischen Gehalt haben müssen. Dies ist dann gegeben, wenn über die Anwendbarkeit solcher Begriffe in jedem konkreten Fall allein mit Hilfe von Beobachtungen entschieden werden kann. Andernfalls handelt es sich um Scheinbegriffe, die aus dem wissenschaftlichen Gebrauch zu entfernen sind. Mit Hilfe dieses Kriteriums wollte man sicherstellen, daß die in der Wissenschaft verwendeten Ausdrücke intersubjektiv verständlich sind. Denn eine unabdingbare Voraussetzung für eine wissenschaftliche Diskussion besteht in der allgemein geteilten Bedeutung der verwendeten Ausdrücke. Nach Auffassung des Logischen Empirismus ist diese Voraussetzung nur unter den Bedingungen des Sinnkriteriums gegeben. Repräsentativ für eine strenge Interpretation dieses Kriteriums steht Neuraths ›Physikalismus‹, der nur Aussagen über materielle Gegenstände zuläßt und nur die Zuordnung von sprachlichen Zeichen zu physikalische Entitäten vorsieht.

Das **Basistheorem** zielt auf die Form der Begründbarkeit ab: Alle wissenschaftlich akzeptierbaren Aussagen müssen sich erfahrungsmäßig bewähren oder rein logisch begründbar sein. Der Bezug auf Erfahrung wurde seitens des Logischen Empirismus zunächst so verstanden, daß Aussagen über Beobachtungen zu berichten haben oder aus solchen Beobachtungsaussagen logisch ableitbar sein müssen. In diesem Sinn verstand man das Kriterium der empirischen **Verifizierbarkeit**. Diesen Anspruch schränkte man im Zuge der weiteren Diskussionen dahingehend ein, daß Sätze nur prinzipiell empirisch nachprüfbar sein müssen. D.h. es muß im Prinzip möglich sein, zumindest solche Beobachtungen zu beschreiben, die eine Aussage (bzw. Hypothese) widerlegen würden. Der Sinn dieses Theorems bestand in der Eliminierung von Begründungsformen, die auf eine unmittelbare oder gar höhere Einsicht rekurrieren.

Auf der Grundlage des Sinnkriteriums und des Basistheorems wurde die theoretische Philosophie Kants einer eingehenden Kritik unterzogen mit dem Resultat, daß dessen synthetisch-apriorisches Begriffs- und Urteilssystem als gescheitert anzusehen sei (vgl. Stegmüller 1969, S.356 ff.).

Aber nicht allein die Diskussionen im Wiener Kreis prägten Carnaps Denken, sondern ebenso Freges Studien zur Logik und Russells Schriften zur Mathematik. Auch Wittgenstein wirkt gleichsam im Hintergrund mit, zumal sein *Tractatus* im Wiener Kreis für längere Zeit Gegenstand eingehender Diskussionen war. Wie Frege, Russell und Wittgenstein war auch Carnap von der Idee angetan, durch den Aufbau eines formalen Sprachsystems, d.i. einer künstlichen Sprache, die erkenntnistheoretischen Fragen der Philosophie mit logisch-syntaktischen bzw. logisch-semantischen Mitteln zu lösen. Geleitet von der im Logischen Empirismus vertretenen Einschätzung, daß der Mangel der Alltagssprache in ihren zahlreichen Vagheiten und Mehrdeutigkeiten bestehe, sah er seine Aufgabe darin, die Alltagssprache durch formalisierte Sprachsysteme zu ersetzen. Denn logische und wissenschaftstheoretische Untersuchungen können der Auffassung des Logischen Empirismus nach nur dann zu einem befriedigenden Ergebnis führen, wenn sie – dem Beispiel der Logik und Mathematik folgend – an einer formalisierte Sprache anknüpfen.

In Carnaps Denken lassen sich drei deutliche Akzentsetzungen voneinander abheben: Sein erster Entwurf eines Konstitutionssystem ist in der Schrift *Der logische Aufbau der Welt* (1928) festgehalten, der Aufbau einer präzisen Sprache auf der Grundlage präziser Regeln wird in *Die logische Syntax der Sprache* (1934) vorgestellt, eine neue Methode für die semantische Analyse der Bedeutung liefert Carnap in *Bedeutung und Notwendigkeit* (*Meaning and Necessity*, 1947). Auf die Fülle seiner Veröffentlichungen zur Theorie der Wahrscheinlichkeit und zu Problemen der induktiven Methode (1952, 1959) kann an dieser Stelle nicht eingegangen werden.

Die Entwicklung seines Denkens spiegelt die Art seiner Auseinandersetzung mit grundlegenden Fragen wider. Wie er seine erste Schrift eher als einen Entwurf denn als ein definites System einstufte, so ging es ihm auch in den späteren Abhandlungen nicht um ein festes Lehrgebäude. Vielmehr war sein ständiges Forschen von der Einstellung getragen, den überzogenen Anspruch, definitive und endgültige Wahrheiten erbringen zu können, zu vermeiden. Bestenfalls könne er Versuche anstellen, eine exakte Wissenschaftssprache aufzubauen, Begriffe zu präzisieren. Die ständige Auseinandersetzung und – wo angezeigt – die Revision einmal behaupteter Festlegungen sollte den Anspruch der Auseinandersetzung auf eine wissenschaftliche Basis unterstreichen (vgl. Stegmüller 1969, S. 423).

5.1 Der Entwurf eines Konstitutionssystems

Carnap versucht bereits in seinem frühen Werk *Der Logische Aufbau der Welt*, die Überlegungen des Wiener Kreises umzusetzen. Den Ausgangspunkt bildet die Absicht, die in einer Wissenschaft verwendeten Begriffe und Aussagen in einen systematischen Zusammenhang zu bringen. Den systematische Zusammenhang von Aussagen erreicht eine Wissenschaft durch ihren axiomatischen Aufbau, der systematische Zusammenhang der Begriffe blieb ein Desiderat, das Carnap mit seinem Erstlingswerk einzulösen versucht. Bei dem Unternehmen, sämtliche empirische Begriffe in einen Ableitungszusammenhang zu bringen, mag als Vorbild die Mathematik, d.h. der Aufbau der Zahlen gedient haben. Für einen Mathematiker ist es eine vertraute Vorstellung, daß sich die ganzen Zahlen aus den natürlichen Zahlen bilden lassen, aus den natürlichen wiederum die rationalen, aus diesen die reellen. Für die logischen und mathematischen Begriffe hatten bereits Frege und Russell gezeigt, wie das Problem des Zusammenhangs und der Zurückführbarkeit auf einige wenige Grundbegriffe gelöst werden könnte.

Auch in der philosophischen Tradition mangelt es nicht an solchen Bemühungen, aus letzten, nicht mehr weiter begründbaren oder begründungsfähigen Begriffen bzw. Prinzipien alle anderen Begriffe abzuleiten. Carnaps Anspruch ging so weit, sämtliche empirische Begriffe, nicht nur die einer Einzelwissenschaft, in einen systematischen Ableitungszusammenhang zu bringen. In einem solchen **Konstitutionssystem** sah er die einzig wissenschaftlich akzeptable Methode, wie die Erkenntnis auf die Basis einer rationalen Rekonstruktion gestellt werden kann. Mit Hilfe des Konstitutionssystems erscheint es möglich aufzuzeigen, wie sämtliche möglichen Begriffe stufenweise aus bestimmten Grundbegriffen abgeleitet werden können (Carnap 1966, S. 1).

Da die Grundlage des Systems einen empirischen Bezug beinhalten sollte, geht Carnap davon aus, daß sich die undefinierten Grundbegriffe auf etwas beziehen müssen, das unmittelbar aufweisbar ist. In dem, was Carnap ›**eigenpsychisch**‹ nennt sieht er jene Instanz, die nur die bewußten Erlebnisse eines Subjekts, nur Selbsterlebtes, enthält (Carnap 1966, S. 82). Das bedeutet, daß er sog. **Elementarerlebnisse**, d.i. die unzerteilte Gesamtheit des in einem Augenblick Erlebten, als Grundelemente annimmt (ebd., S. 83 ff.; vgl. Stegmüller 1969, S. 388). Damit hat er jene ›Grundgegenstände‹ eingeführt, die die Basis des Systems bilden sollen. Obwohl er mit den Elementarerlebnissen einen subjektiven Ausgangspunkt für alle Erkenntnis wählt, erscheint es Carnap doch möglich, mit Hilfe dieses Systems zu einer intersubjektiven, objektiven Welt zu gelangen, die begrifflich erfaßbar ist und zwar als identische für alle Subjekte (Carnap 1966, S.3). Sein Entwurf versucht, zwei Wissenschaftszweige miteinander zu verbinden, die bislang getrennt behandelt wurden: Zum einen die durch Russell und Whitehead entwickelte Relationstheorie, die seiner Meinung nach fast alle Probleme der reinen Ordnungslehre zu behandeln gestattet; zum anderen die Zurückführung der Wirklichkeit auf das Gegebene, wie es u.a. von den frühen Positivisten Avenarius und Mach, aber auch von Poincaré und Driesch gefordert wurde. In seinem Ansatz soll nun jene Relationstheorie auf die Wirklichkeitsanalyse angewendet werden, um die logischen Formbildungen eines konstitutionalen Begriffssystems zu formulieren. Sollte ein solches Konstitutionssystem der Begriffe (oder Gegenstände) gelingen, dann hätte er gleichzeitig gezeigt, daß und inwiefern die Gegenstände nicht in verschiedene unzusammenhängende Gebiete zerfallen, sondern als ein Gebiet von Gegenständen und daher nur als eine Wissenschaft aufzufassen sind. Die unterschiedlichen Gegenstandsarten wären nur unterschiedlichen Stufen des Konstitutionssystems zuzuordnen. Wie das zu verstehen ist, werden wir bei der Darstellung der verschiedenen Stufen sehen. Carnap macht dabei keinen Unterschied zwischen einem Begriff und einem

Gegenstand, da eine solche Unterscheidung nur psychologische Bedeutung hat, nämlich ein Unterschied in der repräsentierenden Vorstellung. Unter logischen Gesichtspunkten erscheint ihm diese Unterscheidung als unerheblich (ebd., S. 5) Das Vorbild Russell/Whitehead bringt ihn auf die Idee, für sein Konstitutionssystem die Grundrelation die Ähnlichkeitsbeziehung einzuführen (ebd., S. 104 ff.). Eine **Ähnlichkeitserinnerung** besteht dann zwischen zwei Elementarerlebnissen, wenn sie sich in der Erinnerung als einander ähnlich darstellen. Im systematischen Aufbau seines Systems dient diese Ähnlichkeitsrelation als Grundlage, um die Klasse der Elementarerlebnisse als den Bereich dieser Relation zu definieren. (Bspw. kann man aus der Relation ›x ist farbgleich mit y‹ eine Farbe definieren als eine größte Menge von farbigen Karten, die miteinander farbgleich sind.)

Carnap hat nun zu zeigen, wie alle empirischen Begriffe aus den Grundbegriffen konstituierbar sind. D.h. sämtliche Realbegriffe müßten auf den Begriff der Ähnlichkeitserinnerung zurückgeführt werden können.

Für sein weiteres Vorgehen nimmt der Begriff der **Struktur** (im Sinne des rein Formalen einer Relation) einen besonderen Stellenwert ein. Denn Carnap will damit zeigen, daß es grundsätzlich möglich ist, alle Gegenstände durch bloß strukturelle Eigenschaften (also gewisse formallogische Eigenschaften von Relationen oder Relationsgefügen) zu kennzeichnen. Dadurch könnten dann alle wissenschaftlichen Aussagen in reine Strukturaussagen umgeformt werden (ebd., S. 7). Daher gelten als die eigentlichen Grundbegriffe des Konstitutionssystems nicht die Grundelemente, d.i. die eigenpsychischen Elementarerlebnisse, sondern die **Grundrelationen**. Das entspricht seiner Auffassung von **Konstitution**, daß ein Beziehungsgefüge seinen Gliedern gegenüber primär ist. In einer **Strukturbeschreibung** wird nur die Struktur der Beziehungen, d.h. ein Inbegriff aller ihrer formalen Eigenschaften angegeben. Unter den formalen Eigenschaften einer Beziehung versteht Carnap solche, die sich ohne Bezugnahme auf den inhaltlichen Sinn der Beziehung und auf die Art der Gegenstände, zwischen denen sie besteht, formulieren lassen. Sie bilden den Gegenstand der Relationstheorie. Die formalen Eigenschaften lassen sich ausschließlich mit Hilfe logistischer Zeichen definieren (Carnap 1966, S. 13).

Die besondere Pointe der Strukturbeschreibung ist u.a. auch darin zu sehen, daß damit die Theorie der Gegenstandsnamen und der Kennzeichnungen ersetzt werden soll. Für diese Theorie hat eine wissenschaftliche Aussage nur dann einen Sinn, wenn die Bedeutung der vorkommenden Gegenstandsnamen angegeben werden kann. Eine solche Angabe kann entweder dadurch geleistet werden, daß der gemeinte Gegenstand wahrnehmbar gemacht und durch eine hinweisende Gebärde bezeichnet wird, oder durch eine eindeutige Umschreibung, d.h. durch eine Kennzeichnung, die zumindest so viele kennzeichnende Eigenschaften angibt, daß der gemeinte Gegenstand (angesichts des Gegenstandsbereiches) eindeutig erkannt werden kann. Es muß sich dabei in dem betreffenden Gegenstandsbereich mindestens ein Gegenstand finden lassen, der die kennzeichnenden Eigenschaften hat, und es darf sich nur ein solcher Gegenstand finden. Für Carnap ist nun die entscheidende Frage, wie es möglich ist, innerhalb eines bestimmten Gegenstandsbereiches alle Gegenstände eindeutig zu kennzeichnen, ohne irgendeinen der Gegenstände durch Aufweisung zu bezeichnen und ohne irgendeinen Gegenstand außerhalb des Bereiches zu Hilfe zu nehmen (ebd., S. 17). Die Lösung sieht er in der strukturellen Kennzeichnung. Er vergleicht dies mit der Karte eines Eisenbahnnetzes, in dem nicht maßstabsgerecht bestimmte Orte und ihre Verbindungen zueinander aufgezeichnet sind. In einer solchen Karte müßten wir die Knotenpunkte höchster Ordnung ausfindig machen, d.h. jene, in denen die größte Anzahl von Linien zusammenlaufen. Wir könnten dann damit fortfahren, die von ihnen aufgehenden Verbindungslinien zu betrachten, die Anzahl der Stationen bis zum nächsten Knotenpunkt zählen usw. bis wir hinreichende Unterscheidungsmerkmale zwischen den einzelnen Knotenpunkten festgestellt hätten. Eine solche Analyse, die ihr Augenmerk einzig auf topologische Eigenschaften richtet, gleicht der Angabe von Struktureigenschaften (ebd., S. 17 f.). An diesem Beispiel wird das Verfahren einer **Strukturbeschreibung** ersichtlich: Es wird durch eine oder mehrere, nur strukturell angegebene Relationen innerhalb eines bestimmten Gegenstandsgebietes die Kennzeichnung einzelner Gegenstände durch bloße Strukturaussagen (und ohne hinweisendes Aufzeigen) möglich sein – sofern das Gegenstandsgebiet nicht zu eng ist und die Relationen eine hinreichend mannigfaltige Struktur haben. Durch die Methode der strukturellen Kennzeichnung eröffnet sich nach Carnaps Auffassung die Möglichkeit, den empirischen Gegenständen eindeutig Zeichen zuzuordnen und sie damit der begrifflichen Bearbeitung zugänglich zu machen. Carnap bringt die besondere Leistung seines Konstitutionssystem auf den Nenner, daß damit gezeigt würde, daß jeder Gegenstandsname, der in einer wissenschaftlichen Aussage vorkommt, grundsätzlich ersetzt werden kann durch eine strukturelle Beschreibung des Gegenstandes, verbunden mit der Angabe des Gegenstandsgebietes, auf das die Kennzeichnung sich bezieht. Dies gilt nicht nur für individuelle Gegenstandsnamen, sondern auch für allgemeine, also für Namen von Begriffen, Klassen und Relationen. Somit könne jede wissenschaftliche Aussage grundsätzlich umgeformt werden in eine Aussage, die nur Struktureigenschaften und die Angabe eines oder mehrerer Gegenstandsgebiete enthält. Da es entsprechend Carnaps Ausführungen nur ein Gegenstandsgebiet gibt, von dessen Gegenständen jede wissenschaftliche Aussage handelt, fällt die Notwendigkeit der Angabe des Gegenstandsgebietes fort. So bleibt als Resultat: Jede wissenschaftliche Aussage kann grundsätzlich so umgeformt werden, daß sie nur noch eine Strukturaussage ist (Carnap 1966, S. 20).

Wenn in einem **Konstitutionssystem** jeder Begriff aus bestimmten Grundbegriffen abgeleitet werden soll, bedarf es dazu einer allgemeinen **Übersetzungsregel**. Diese Regel besteht in der konstitutionellen Definition, die angibt, welche Begriffe (bzw. Aussagen, die diese Begriffe enthalten) zu ersetzen sind durch grundlegendere, d.h. nicht weiter definierbare Begriffe.

Wenn beim Aufbau des Konstitutionssystems ein neuer Gegenstand konstituiert wird, ist anzugeben, wie die Aussagen über ihn verwandelt werden können in Aussagen über die Grundgegenstände des Systems. Die Regel, die es ermöglichen soll, den Namen des neuen Gegenstandes in allen Sätzen (in denen er auftritt) zu eliminieren, besteht in der Definition des Gegenstandsnamens. Zwei Möglichkeiten sieht Carnap dazu vor: In der **expliziten Definition** wird an die Stelle des neuen Gegenstandszeichens ein schon bekanntes Grundzeichen oder ein schon definiertes zusammengesetztes Zeichen gesetzt. Eine zweite Möglichkeit besteht in der **Gebrauchsdefinition**. Sie ist dann angebracht, wenn sich für den neuen Gegenstandsnamen kein aus den Zeichen der alten Gegenstände zusammengesetztes Zeichen angeben läßt. Eine solche Definition erklärt den Gebrauch des neuen Zeichens in ganzen Sätzen

Inwiefern das Konstitutionssystem als eine rationale Nachkonstruktion des gesamten, in der Erkenntnis vorwiegend intuitiv vollzogenen Aufbaus der Wirklichkeit anzusehen ist, zeigt Carnap in der Abfolge der Konstitution der verschiedenen Begriffsstufen auf:

1. Die Wahrnehmungswelt (der objektive physische Raum der wahrnehmbaren Dinge, die objektive Zeit, der eigene Leib als Tast- und Seh-Ding),
2. die physikalische Welt,
3. die Welt des fremden Bewußtseins (der Leib des anderen und die Ausdrucksbeziehungen, die Welt des Mitmenschen),
4. die Welt der geistigen und kulturellen Gegenstände (Gesellschaft, Wirtschaft, Recht, Werterlebnisse). Die letzte Begriffsstufe bildet die empirische Wirklichkeit (Carnap 1966, S. 147 ff.; vgl. Kraft 1968, S. 77 ff.).

Diese rudimentäre Skizze läßt erkennbar werden, in welchem Sinne es sich um eine rationale Rekonstruktion unserer Erkenntnis handelt: Eine Gegenstandsart (A) ist in bezug auf eine andere (B) als epistemisch primär anzusehen, wenn die Erkenntnis der Gegenstandsart (B) die Erkenntnis von (A) voraussetzt (Carnap 1966, S. 119 ff.; vgl. dazu Kraft 1968, S. 77–105).

Für Carnap müssen alle wissenschaftlichen Aussagen reine Strukturaussagen sein, jeder qualitative Inhalt ist dabei auszuschalten. Das bedeutet, daß alle wissenschaftliche Aussagen einzig die formalen Züge von Relationen, d.i. nur Struktureigenschaften, betreffen können (Carnap 1966, S. 11 ff., S. 22).

Die Grenzen von Carnaps Konstitutionssystem kommen sehr schnell zum Vorschein. So erweist es sich als unmöglich, alle komplexeren empirischen Begriffe durch Definitionen auf andere zurückzuführen. Weder die Dispositionsbegriffe (wie bspw. ›zerbrechlich‹ oder ›wasserlöslich‹) noch die abstrakten theoretischen Begriffe der Naturwissenschaft (wie bspw. ›Elektron', ›Gravitation‹ u.a.) können auf diese Weise in die Wissenschaft eingeführt werden. Neben diesen Schwierigkeiten wird sein Unternehmen mit dem Einwand konfrontiert, daß sich das Eigenpsychische erst in einer Sprache manifestieren müssen, um intersubjektiv zugänglich zu sein. In seinem nächsten Werk trug er dem Rechnung, indem die Sprache der Physik als intersubjektive Systemsprache zur Grundlage machte.

5.2 Die logisch-syntaktische Analyse

Die erste grundlegende Veränderung, die in seinem Werk *Die logische Syntax der Sprache* (1968) zur Geltung kommt, verdankt sich einem anderen Mitglied des Wiener Kreises. Allen voran Neurath wirkte auf ihn ein, die physikalische Sprache zur Grundlage wissenschaftlicher Aussagen zu machen.

Der Vorzug der **physikalischen Sprache** wird darin gesehen, daß diese bereits wissenschaftlich etablierte Sprache die für jede Wissenschaft geforderte Möglichkeit intersubjektiver Verständigung darstellt. Legt man sie als Systemsprache zugrunde, dann muß man zeigen, wie diese mit den subjektiven Erfahrungen in Verbindung gebracht werden kann. Statt seinen Elementarerlebnissen legt er jetzt eine Form von Sätzen zugrunde, die das unmittelbar Erlebte protokollieren. In solchen **Protokollsätzen** drückt jede Person ihre individuell gewonnenen Erfahrungen aus. Sie zeichnen sich durch ihren direkten Bezug auf die Wirklichkeit aus.

Diese Annahme von Protokollsätzen wurde seitens seiner Mitstreiter im Wiener Kreis einer eingehenden Kritik unterzogen. Vor allem Neurath (1933, vgl. Schlick 1934) weist mit Nachdruck Carnap auf den Mangel hin. Über Wirklichkeit könne man nur in einer wissenschaftlichen Sprache Aussagen machen, so daß sowohl die Vorstellung eines unmittelbaren Bezugs auf Wirklichkeit wie die Zugrundelegung eines erlebnishaft Gegebenen als schlechte Metaphysik anzusehen sei. Als Konsequenz aus dieser Kritik erfolgt der Vorschlag, sich allein auf die physikalischen Sprache zu beschränken. Das Wahrheitskriterium wäre dann nicht mehr an den Bezug zur Wirklichkeit gebunden, sondern würde sich daran bemessen lassen, ob eine neue Aussage sich logisch widerspruchsfrei mit den bereits vorhandenen Aussagen in Übereinstimmung bringen läßt. Damit wäre allerdings ein **Kohärenzprinzip** zum Maßstab der Akzeptanz von Aussagen erhoben worden, der ursprünglich empiristische Anspruch schien damit verloren zu gehen.

In seiner Reaktion auf diese Bedenken ersetzt Carnap die Protokollsätze durch die **Basissätze**. Für diese wird die Forderung erhoben, daß sie allgemein verständliche quantitative oder sehr einfache qualitative Begriffe enthalten sollen, d.h. daß deren Begriffe nur beobachtbare Ding-Eigenschaften und Ding-Beziehungen bezeichnen. Da Carnap auch qualitative Eigenschaften gelten läßt, handelt es sich nicht mehr um eine rein quantitative Sprache, wie es die physikalische Sprache ist. Durch die weitere Forderung, daß diese genannten Sätze im Kreis der Wissenschaftler unstrittig sein sollen, soll sichergestellt sein, daß die Aussage eines Basissatzes durch gewöhnliche Beobachtung überprüfbar ist. Carnap hatte damit wieder einen Weg für den empirischen Bezug gefunden, indem er die undefinierten Begriffe der Ding-Sprache an die Stelle der empirischen Basis rückte. Eine solche Ding-Sprache bzw. physikalische Sprache erfüllt die Voraussetzung der Intersubjektivität, d.h. sie ist eine Sprache, die jedem Menschen zugänglich ist und deren Zeichen für alle dieselbe Bedeutung besitzen. Sie ist zudem eine universale Sprache, in der (nach Auffassung Carnaps) jeder beliebige Sachverhalt ausdrückbar ist. Der Vorzug einer Ding-Sprache liegt darin begründet, daß sich über Vorgänge der physischen Welt relativ leicht eine Übereinstimmung zwischen verschiedenen Personen erreichen läßt.

Das Aufstellen solcher Basissätze ist die Aufgabe der empirischen Wissenschaften, das Geschäft der Philosophie dagegen ist es, die in Sätzen gegebenen Aussagen auf ihren logischen Zusammenhang hin zu untersuchen. Entsprechend formuliert Carnap als Aufgabe für seinen Ansatz, eine Sprache so aufzubauen, daß aufgrund ihrer präzisen **Syntaxregeln** stets eindeutig entscheidbar ist, ob ein vorgegebener Ausdruck ein Satz ist oder nicht. Dazu ist es erforderlich zu klären, welche Bedingungen für eine empirische Sprache gelten müssen, und zu bestimmen, welche formallogischen Strukturen für die Sprache maßgeblich sind.

Aus der Forderung, daß die undefinierten Grundprädikate sich ausschließlich auf Beobachtbares beziehen dürfen, ergeben sich nun konkrete Aufgaben für den Sprachlogiker: Wie ist dem durch das empiristische Sinnkriterium empirischen Bezug Rechnung zu tragen und wie ist eine künstliche Sprache aufzubauen, die nur die Struktur der Ausdrücke und die strukturellen Beziehungen zwischen den Ausdrücke festlegt? Der Aufbau einer solchen Sprache, die keinerlei Bezug zu irgendwelchen inhaltlichen Vorstellungen bzw. Tatsachen enthalten soll, führt zu der Auffassung der Sprache als einem **formalen Kalkül**.

Wir werden im folgenden uns zunächst der Frage der Verifizierbarkeit zuwenden und dann als zweiten Punkt die Voraussetzungen für die Betrachtung der Sprache als formales Kalkül erörtern.

Der erste Teil der Aufgabe widmet sich der Frage, wie die empirische Basis der Sprache genau zu bestimmen ist. Ayers Ausführungen dazu in *Language, Truth, and Logic* (1936; dt. 1970) bringen die Überlegungen zum empiristischen Sinnkriterium auf den Punkt: Wenn man bestimmte Sätze aufstellt, hat man Bedingungen zu beachten, unter denen ein Satz überhaupt von Bedeutung sein kann. Eine solche Bedingung ist die Möglichkeit der **Verifikation:**

> »Wir sagen, daß ein Satz für jemand tatsächlich von Bedeutung ist, wenn – und nur wenn – er weiß, wie die Proposition, die der Satz ausdrücken will, verifizierbar ist, das heißt, wenn er weiß, welche Beobachtungen ihn unter bestimmten Bedingungen veranlassen würden, die Proposition als wahr anzuerkennen oder als falsch zu verwerfen.« (Ayer 1970, S. 44)

Zwei Möglichkeiten der **Verifikation** zieht er dabei in Betracht: Bei der tatsächlichen, grundsätzlichen Verifizierbarkeit besteht ein Wissen darüber, daß es Beobachtungen gibt oder gegeben hat, die eine entsprechende Aussage bestätigen oder widerlegen können. Die strenge Bedeutung von Verifizierbarkeit fordert, daß die Wahrheit einer Proposition durch Erfahrung schlüssig verifiziert werden kann. Die schwache Form fordert nicht eine tatsächliche Beobachtung, sondern nur die Möglichkeit von entsprechenden Beobachtungen.

Der ursprünglich bezogene Standpunkt, daß sich alle wissenschaftlichen Aussagen (mit Ausnahme der rein logisch begründbaren) erfahrungsmäßig bewähren, wurde im Verlauf einer eingehenden Diskussion dahingehend erweitert, daß auch noch solche Hypothesen Bestand haben sollen, die keiner endgültigen Verifikation mit Hilfe von Beobachtungen fähig sind. Solche Hypothesen sollten sich aber dadurch von Scheinthesen unterscheiden lassen, daß sie prinzipiell empirisch nachprüfbar sind. Es sollte im Prinzip zumindest möglich sein, solche Beobachtungen zu beschreiben, die eine derartige Hypothese widerlegen (Stegmüller 1969, S. 354 f.).

Wollte man die strenge Auffassung von empirischem Bezug zugrunde legen, würde man sehr schnell auf unliebsame Weise an bestimmte Grenzen stoßen. Denn damit könnte man weder Dispositionsbegriffe (bspw. ›löslich‹, ›zerbrechlich‹) noch die theoretischen Begriffe der Physik als sinnvolle Begriffe ausweisen. Dieses Problem ist den Vertretern des Logischen Empirismus – nicht zuletzt durch Poppers Kritik (in: *The Logic of scientific discovery*, 1935; dt. *Logik der Forschung*, 1982) – nicht entgangen. Da die in den Naturwissenschaften formulierten Naturgesetze die Gestalt unbeschränkter Allsätze haben und somit eine unbegrenzte Zahl von Anwendungsfällen in sich schließen, könnten sie nicht durch eine begrenzte Zahl von Beobachtungen überprüft werden. Unbeschränkte Allsätze müßten also aus dem Bereich der sinnvollen Sätze ausgeschlossen werden (vgl. Stegmüller 1969, S. 397 ff.). In der weiteren Diskussion über die **Verifikation** kam man zu der Überzeugung, daß die Verifikationsmöglichkeit in einem logischen und nicht in einem empirischen Sinn zu verstehen sei: Auch wenn die empirische Verifikation (noch nicht) durchführbar ist, sie aber logisch denkbar wäre, so ist die Aussage als sinnvoll anzusehen (vgl. Ayer 1970, S. 48).

Carnap versucht den genannten Einwänden dadurch Rechnung zu tragen, daß er den Begriff der Verifizierbarkeit durch den schwächeren Begriff der **Bestätigungsfähigkeit** und Prüfbarkeit von Aussagen ersetzt. Für die Zurückführbarkeit der Bestätigung einer Aussage auf andere Aussagen ist davon auszugehen, daß uns als Basis immer nur eine endliche Klasse von Aussagen zur Verfügung steht. Diese Basis ist aus den akzeptierten Beobachtungsaussagen zusammengesetzt. Von allen Aussagen, die aus den Sätzen dieser Klasse logisch folgen, soll ausgesagt werden, daß ihre Bestätigung vollständig zurückführbar ist auf die Sätze dieser Klasse. Falls wir voraussetzen können, daß die zu dieser Klasse gehörenden Sätze in einem bestimmten Grade empirisch bestätigt sind, dann sind alle Aussagen, die durch logische Ableitungen daraus gewonnen werden, in demselben Grade bestätigt. Dadurch ist die Bestätigung der abgeleiteten Sätze auf die Bestätigung der Sätze der besagten Klasse zurückgeführt (vgl. Stegmüller 1969, S. 404 ff.). Der nächste Schritt Carnaps besteht in der Definition der **Beobachtbarkeit:** Eine Eigenschaft heißt beobachtbar für eine Person, wenn diese Person imstande ist, unter geeigneten Bedingungen entscheiden zu können, ob ein Gegenstand diese Eigenschaft hat. Wenn die betreffende Person zudem imstande ist, die Eigenschaft unter geeigneten Umständen an einer bestimmten Stelle an einem Ding zu verwirklichen, so soll diese Eigenschaft ›realisierbar‹ genannt werden. Eine Aussage, in der einem bestimmten Objekt eine beobachtbare Eigenschaft zugesprochen wird, soll ›**Beobachtungssatz**‹ genannt werden. Auf der Grundlage dieser Bestimmungen kann jetzt eine Aussage bestätigungsfähig genannt werden, wenn ihre Bestätigung auf die einer endlichen Klasse von Beobachtungssätzen zurückführbar ist. Carnaps Überlegungen münden schließlich in vier verschiedene Fassungen des **empiristischen Sinnkriteriums:**

a) alle Aussagen über die Wirklichkeit (d.i. alle empirischen Aussagen) müssen vollständig prüfbar sein;

b) alle derartigen Aussagen müssen vollständig bestätigungsfähig sein;
c) alle derartigen Aussagen müssen prüfbar sein;
d) alle derartigen Aussagen müssen bestätigungsfähig sein.

Da die Forderung der vollständigen Prüfbarkeit oder Bestätigungsfähigkeit alle generellen All-Behauptungen ausgrenzen würde und insofern ein zu enges Kriterium darstellt, schlägt Carnap vor, die letzte Fassung der vier genannten zugrundezulegen. Jede Sprache, die dieser Bedingung genügt, kann eine **empirische Sprache** genannt werden. – An dieser Stelle habe ich allerdings nicht die nochmalige Revision des Sinnkriteriums berücksichtigt, die Carnap im Rahmen der Überlegungen zum methodologischen Charakter der theoretischen Begriffe vorgenommen hat (vgl. ebd., S. 461 ff.).

Der zweiten Teil der oben genannten Aufgabenstellung soll zur Bestimmung der formallogischen Struktur der Sprache führen. Für Carnap zeigt sich darin ein Weg, wie wir die Erkenntnistheorie durch Wissenschaftslogik ersetzen können. Als erstes müssen wir jede **inhaltliche Redeweise** vermeiden, in der Ausdrücke wie ›Gegenstand‹, ›Sachverhalt‹, ›Erfahrung‹, ›erkennendes Subjekt‹ und nicht zuletzt die für die erkenntnistheoretische Fragestellung so bezeichnende Ausdrucksweise ›Beziehung zwischen erkennendem Subjekt und erkanntem Objekt‹ noch ihre Verwendung finden. Als nächstes muß die Unterscheidung zwischen der **Objektsprache** und der **Metasprache** festgehalten werden. Die **Objektsprache** ist die künstliche Symbolsprache, die aufgebaut werden soll. Die **Metasprache** ist jene Sprache, in der die Regeln aufgestellt werden, die für die Objektsprache gelten sollen. In der Metasprache werden alle theoretischen Ergebnisse über die Objektsprache formuliert. Durch diese Anordnung verschiedener Sprachstufen trägt Carnap den Forderungen von Russells Typentheorie Rechnung. Unsere Alltagssprache ist natürlich auch eine Objektsprache, insofern wir uns unentwegt mit ihrer Hilfe auf eine gegenständliche Wirklichkeit beziehen. Im Gegensatz dazu geht es jetzt um den Aufbau einer formalen Kunstsprache zum Zweck der exakten Wiedergabe und Rekonstruktion einzelwissenschaftlicher Theorien. Objektsprachen sind Kunstsprachen, da sie nicht auf ›natürliche‹ Weise existieren, sondern erst aufgrund von Regeln die in der Metasprache formuliert sind, aufgebaut werden. Sie sind in dem Sinn formale Sprachen, als Carnap sie als ungedeutete Kalküle behandelt. Kalkülmäßige Behandlung besagt in diesem Zusammenhang, daß die **logischen Ableitungsregeln** als rein **syntaktische Transformationsregeln** aufgefaßt werden können. Carnap zeigt damit der Philosophie den Weg zur **Wissenschaftslogik** auf, der es nur noch um Ausdrücke und Sätze, um die Bedeutung von Ausdrücken und Sätzen, um Ableitung, um Überprüfbarkeit und Verifizierbarkeit usw. geht.

Für jede systematische Wissenschaft ist es erforderlich, daß sie ihre Begriffe und Aussagen in einem Ordnungsgefüge darstellt. Einen ersten Schritt in die Richtung vollzieht Carnap in Gestalt seines Konstitutionssystems: Aus einigen undefinierten Grundbegriffen sollen andere ableitbar sein. Die Ordnung der Aussagen geschieht in der Regel dadurch, daß man bestimmte Axiome an den Anfang stellt und alle übrigen aus diesen durch rein logische

Ableitung gewinnt. Die in einem Axiomensystem implizit definierten Begriffe sind nur in bezug auf bestimmte formale Eigentümlichkeiten festgelegt. Diese axiomatisch festgelegten Begriffe nennt Carnap ›**uneigentliche Begriffe**‹. Während bei den eigentlichen Begriffen es im Prinzip für jeden Begriff entscheidbar ist, ob ein Gegenstand unter ihn fällt oder nicht, ist bei den uneigentlichen prinzipiell keine Entscheidung darüber möglich. Die axiomatisch eingeführten Begriffe haben keine feste Bedeutung, deshalb müssen sie als Variable aufgefaßt werden. Wenn Variablen in einem Satz eingefügt sind, wird ein solcher Satz zu einer Aussageform, die solange weder wahr noch falsch sein kann, als die Variable ›x‹ nicht durch einen Individuennamen ersetzt wird.

Die Idee zu einer **Kalkülisierung** der Sprache hat Carnap offensichtlich der Mathematik abgeschaut. Auch in der Mathematik sind die Lehrsätze nur Aussageformen, sie werden in Wenn-dann-Sätzen formuliert. Dabei wird im Wenn-Satz das Axiomensystem ausgedrückt, im Dann-Satz der fragliche Lehrsatz. Durch eine derartige Formulierung gelingt es der Mathematik zu verhindern, daß solche Aussagen als Behauptungssätze aufgefaßt werden können. Statt um Behauptungen geht es ihr um den Beweis komplexer Wenn-dann-Sätze ab (z.B.: »Wenn diese Axiome gelten, dann gilt auch dieser (bestimmte) Lehrsatz«).

Auch in der modernen formalen Logik ist es üblich, die Begriffe der logischen Wahrheit und der logischen Folgerung allein in bezug auf Aussagen eines Sprachsystems zu präzisieren. Die Absicht Freges, durch den Schritt zur formalen Sprache psychische oder gedankliche Gebilde wie bspw. die subjektiven Vorstellungen zu eliminieren, nimmt Carnap auf, wenn er die inhaltliche Redeweise der Erkenntnistheorien kritisiert. Carnaps Überlegungen zielen darauf ab, diesen Weg auch für die Wissenschaftssprache gangbar zu machen. Alle wichtigen Begriffe einer Theorie der empirischen Erkenntnis sollen sich allein auf Sprachliches beziehen. Dadurch gewinnen wir solche allgemeinen Fragestellungen wie jene bereits diskutierten, ob eine Aussage verifizierbar ist, ob eine Klasse von Beobachtungssätzen der Bestätigung dient, ob bestimmte Theorien miteinander verträglich sind usw. Der Schritt zur **formalen Redeweise** hat seiner Meinung nach zudem den Vorteil, daß sich die Erkenntnistheorie nicht mehr darüber streiten müßte, ob der Idealismus, der Realismus oder der Phänomenalismus im Recht seien. Man müßte sich keine Gedanken mehr darüber machen, ob die These des Phänomenalismus, daß physische Objekte Konstruktionen aus Sinnesdaten sind, zutreffender ist als die (einschränkende) Gegenthese des Realismus, daß das erkennende Subjekt Gegenstände nur mit Hilfe der Sinnesdaten erkennt. Durch die formale Redeweise wird der unfruchtbare Streit über das ›wahre Wesen‹ der Objekte vermieden. Solche positionalen Festlegungen lassen sich dadurch umgehen, daß man einerseits die Relativität der betreffenden Aussagen auf eine Sprache bzw. ein Sprachsystem deutlich macht und andererseits angibt, wie die Aussagen der einen Sprache in eine andere Sprache übersetzbar sind. Entsprechend könnte man die beiden zitierten Auffassungen des Phänomenalismus und Realismus in die – scheinbar – harmloseren Thesen umformulieren, daß die Ding-Sprache in die Sinnesdaten-Sprache bzw. alle Dingaussagen in eine physikalische Sprache übersetzbar sind. Auf diese Weise könnte man nach Carnaps Auffassung solche Festlegungen auf eine Ontologie vermeiden, die nur zu einem Streit um Scheinprobleme führen würden. Ein solcher Streit um Realitätsprobleme löst sich dann auf, wenn man die anstehenden Fragen als sprachlogische Probleme thematisiert. Dann werden nicht mehr solche Aussagen wie »das Pferd ist ein Ding« oder »das Tier ist ebenfalls ein Ding« (obwohl ›Tier‹ als allgemeiner Begriff aufzufassen ist) diskutiert. Die sprachlogische Umformulierung würde zu der Festlegung führen: ›Pferd‹ ist ein Dingwort. Dadurch lassen sich derartige philosophische Fragen in logisch-syntaktische Fragen umformulieren. Allen voran stehen die Fragen, ob der Satz gemäß den Formationsregeln des in Frage stehenden Sprachsystems gebildet ist, ob die vorkommenden Begriffe im Sprachsystem definiert sind.

Eine Sprache als **Kalkül** wird durch die Art ihrer Zeichen, ihrer Formations- und Umformationsregeln bestimmt. Aus diesem Grund ergibt die Frage, ob ein Satz gültig sei, keinen Sinn, vielmehr muß die Frage lauten, ob der Satz gültig sei in bezug auf ein bestimmtes Sprachsystem. Welches Sprachsystem gewählt wird, ist letztlich nur eine Frage der Übereinkunft. Im Rahmen seiner Ausführungen zur Logik der Syntax kann Carnap deshalb die These vertreten, daß es nicht um die wahre Logik der Sprache oder um die Sprache schlechthin gehen könne. In diesem Zusammenhang gelangt er zu dem viel zitierten **Toleranzprinzip** oder **Konventionalitätsprinzip**. Es besagt, daß jeder seine Logik, d.h. seine Sprachform nach eigenem Gutdünken aufbauen kann, wenn er deutlich die syntaktischen Bestimmungen anzugeben vermag (Carnap 1968, § 17).

Allerdings findet die Beliebigkeit an pragmatischen Gesichtspunkten ihre Grenzen. Denn die Entscheidung für ein Sprachsystem wird nach methodologischen Gesichtspunkten daraufhin beurteilt, welche Konsequenzen sich aus der Wahl dieses bestimmten Sprachsystems ergeben. In bezug auf die obigen Beispiele stellten sich dann die Fragen, welche Konsequenzen sich bei ausschließlicher Verwendung von Ding-Begriffen ergeben oder ob Sätze über Sinnesdaten in Sätze über physische Objekte übersetzbar sind. Zudem muß immer auch geklärt werden, welche Umformungsregel dafür notwendig sind. Das Toleranzprinzip stößt aber auch dort an eine Grenze, wo die Postulate des empiristischen Sinnkriteriums berührt werden. Denn dieses bildet nach wie vor die Leitlinie für das, was an sinnvollen Aussagen zulässig ist.

Diese allgemein gehaltene Darstellung von Carnaps Vorstellungen zu einer Sprach- und Wissenschaftslogik kann nicht abgeschlossen werden, ohne zumindest anzudeuten, vor welchen Schwierigkeiten sich dieses Modell angesichts des tatsächlichen Aufbaus der Wissenschaften gestellt sieht. Allen voran die Physik beinhaltet nicht nur Sätzen einer Beobachtungssprache, sondern auch eine Reihe von theoretischen Sätzen. In bezug auf diese theoretischen Sätze erweist sich das **empiristische Sinnkriterium** als ungenügend. Wollte man der Physik seitens einer Carnapschen Wissenschaftslogik vorwerfen, eine Reihe ihrer Sätze entbehrten jeglichen Sinns, wäre das ein absurdes Unterfangen, zumal ja gerade die Naturwissenschaften bei der Entwicklung der Wissenschaftslogik Pate gestanden haben. Carnap versucht dem dadurch

Rechnung zu tragen, daß er ein modifiziertes Modell vorstellt. Darin wird die theoretische Sprache als eine eigene Sprache konstruiert. Das nicht-logische Vokabular dieser Sprache enthält die theoretischen Begriffe, die als undefinierte Begriffe eingeführt werden, sowie weitere Begriffe, die auf diese Grundbegriffe zurückgeführt werden. Diese **Theoriesprache** ist zunächst nur ein uninterpretierter Kalkül. Denn deren Grundbegriffe stehen vorläufig in keinem Zusammenhang mit den Grundbegriffen der **Beobachtungssprache**. Da es sich aber um eine erfahrungswissenschaftliche Theorie handeln soll, müssen die theoretischen Begriffe auf irgendeine Art empirisch interpretiert werden. Carnap geht nun von der Forderung ab, daß dabei eine vollständige Interpretation vollziehbar sein müsse. Statt dessen schlägt er eine partielle Interpretation der theoretischen Begriffe vor. Dadurch erhalten die theoretischen Grundbegriffe eine unvollständige empirische Deutung. Die partielle empirische Interpretation wird mit Hilfe einer **Korrespondenzregel** geleistet, wodurch bestimmte Sätze der theoretischen Sprache mit Sätzen der Beobachtungssprache verknüpft werden. Das empiristische Sinnkriterium muß nun dahingehend erweitert werden, daß es innerhalb einer Theorie mindestens eine Aussage geben muß, mit deren Hilfe Voraussagen beobachtbarer künftiger Ereignisse abgeleitet werden können. Das Sinnkriterium wird um das Kriterium der prognostischen Relevanz ergänzt (vgl. Stegmüller 1969, S. 463 ff.).

5.3 Logische Semantik

Die logische Syntax der Sprache erweist sich insofern als ergänzungsbedürftig, als darin ein wichtige Frage unbeantwortet blieb, nämlich wie man den Bezug der Sprache auf die außersprachliche Wirklichkeit zu verstehen habe. In der logischen Syntax geht es um die **Ableitbarkeit** von Sätzen (im Zusammenhang mit den Axiomen des Sprachsystems und den Ableitungsregeln). Die syntaktischen Regeln dienen nur dazu, die logisch korrekt gebildeten Ausdrücke zu bestimmen. Bei den **semantischen Regeln** geht es um den Bezug zu einer Wirklichkeit, d.h. in anderer Sprechweise: die semantischen Regeln sollen die Interpretation des Systems liefern, indem sie den Wertbereich der Variablen angeben und die Extension der Prädikate festlegen. Nur dadurch kommen wir in die Lage, die Wahrheit und Falschheit der Sätze zu definieren.

Carnaps Entwurf einer logischen Semantik stellt ein sehr umfangreiches Unternehmen dar, das an dieser Stelle nicht in allen Einzelheiten wiedergegeben werden kann. Sein Schritt zur logischen Semantik soll in zwei Etappen erörtert werden: Zunächst werden die vorrangigen Fragestellungen von Carnaps Ansatz erörtert, anschließend wird eine allgemeine Darstellung seiner Ausführungen zu logischen Semantik gegeben.

In der Schrift *Introduction to Semantics* (1942) erörtert Carnap zunächst die Entwicklung einer **extensionalen Semantik** (vgl. Stegmüller 1977, S. 99 ff.; S. 190 ff.). Dabei konzentriert er sich auf die Frage, wie die logische Wahrheit, die logische Folgerung, die logische Unverträglichkeit innerhalb einer logischen Semantik – er nennt sie **L-Semantik** – präzisiert werden können.

Solche Überlegungen sind deshalb notwendig, weil man diese Begriffe verfügbar haben muß, wenn man der Rechtfertigung von Logikkalkülen einen klaren Sinn geben will. Der syntaktische Begriff der Beweisbarkeit muß mit dem semantischen Begriff der logischen Wahrheit zur Deckung gelangen.

Einen nächsten Schritt unternimmt Carnap in *Meaning and Necessity*, 1947 (dt. *Bedeutung und Notwendigkeit*, 1972), um die extensionale Semantik durch eine intensionale zu ergänzen. Auf deren Grundlage können Begriffe wie ›Wortbedeutung‹, ›Satzsinn‹, ›Synonymität‹ von Ausdrücken und ›analytische Wahrheit‹ eingeführt werden.

Die Notwendigkeit des zweiten Schritts läßt sich an folgender konkreter Problemstellung verdeutlichen: Der in der L-Semantik eingeführte Begriff der **L-Wahrheit** (d.i. der logischen Wahrheit) stützt sich allein auf die Bedeutung der logischen Ausdrücke (›nicht‹, ›und‹, ›oder‹, ›wenn-dann‹). Der Satz »heute werden die Vorlesungen bestreikt oder heute werden sie nicht bestreikt« ist logisch wahr, da jeder Satz von der Gestalt »p oder nicht-p« (p ∨ ¬ p) wahr ist. Um dessen logische Wahrheit feststellen zu können, braucht man die deskriptiven Ausdrücke, die in einem Satz vorkommen, nicht zu verstehen. Der Begriff der **logischen Wahrheit** läßt sich innerhalb der L-Semantik definieren. Dagegen unterscheidet sich die logische Wahrheit des Satzes »kein Junggeselle ist verheiratet« grundlegend von dem obigen Beispielssatz. Um zu erkennen, daß die Aussage über die Junggesellen immer richtig ist, muß man die **Bedeutungsrelationen** (d.i. die intensionalen Relationen) zwischen den deskriptiven Ausdrücken ›Junggeselle‹ und ›verheiratet sein‹ kennen. Während der Begriff der logischen Wahrheit (für den ersten Beispielsatz) innerhalb der extensionalen L-Semantik definierbar ist, kann der Begriff des **analytisch wahren** Satzes (für den zweiten Beispielsatz) nur innerhalb einer **intensionalen Semantik** definiert werden.

5.3.1 Definition der logischen Begriffe

Man muß sich zunächst die Festlegung auf eine L-Semantik plausibel machen, bevor die weiteren Schritte der Klärung unternehmen werden können. Eine erste Bestimmung hat bei der Begrifflichkeit anzusetzen: Für eine L-Semantik gilt, daß nur die rein logischen Anwendungsmöglichkeiten der Begriffe zur Sprache kommen sollen. D.h. es darf kein Tatsachen- oder Erfahrungswissen über deren Anwendbarkeit ausschlaggebend sein. Einzig auf der Grundlage der semantischen Regeln wird darüber entschieden.

Entsprechend bemüht sich Carnap zunächst um eine Ordnung der Sätze, indem er alle Sätze einer Objektsprache in zwei Gruppen aufteilt: in solche, deren Wahrheit nur durch die Kenntnis eines empirischen Faktums entschieden werden kann, und solche, die aus rein logischen Gründen wahr sind. Dazu schlägt er folgende Kennzeichnung vor: Der Wahrheitswert jener Sätze, der auf einem empirischen Faktum basiert wird durch das Präfix ›F‹ gekennzeichnet, der rein logische Wahrheitswert durch ›L‹. Unsere Aussagen über empirische Sachverhalte wie »heute regnet es« oder »die Straße ist naß« sind F-wahr, wenn das tatsächlich so der Fall ist, wie in der Aussage behauptet.

Der erste Schritt beim Aufbau eines semantischen Systems besteht in der genauen Festlegung des Vokabulars der aufzubauenden Objektsprache, welche alle Symbole enthält, die in der Objektsprache vorkommen sollen. Diese Aufstellung muß ergänzt werden durch die **Formregeln**, die anzeigen, welche Zeichenzusammenstellungen Sätze des Sprachsystems S ergeben. Dann müssen die in einem semantischen System S vorkommenden sprachlichen Zeichen (d.i. die Objektzeichen, Prädikatszeichen, Relationszeichen, Sätze) bestimmt werden. Diese Aufgabe haben die **Interpretationsregeln** zu leisten, die die Bedeutung der in S vorkommenden Individuenbezeichnungen, Prädikate und Sätze angeben. Carnap führt dazu den Ausdruck ›Designator‹, der alle sprachlichen Zeichen umfaßt, ein (Carnap 1972, § 45). Die Interpretationsregeln für Designatoren haben deren Sinn in einer Sprache S anzugeben und festzulegen, auf welche Entitäten diese anzuwenden sind. Dem Designator kommt einerseits ein objektiver Sinn zu (d.i. die **Intension**), der ohne Bezug auf Außersprachliches, allein durch Betrachten des sprachlichen Zeichens innerhalb der semantischen Regeln eines Sprachsystems S gegeben ist, und andererseits ein Anwendungsbereich (d.i. die **Extension**), also die außersprachlichen Gegebenheiten, worauf die Designatoren faktisch angewandt werden können. Der Anwendungsbereich wird durch Extensionsregeln festgelegt.

Als letztes sind die **Wahrheitsregeln** anzugeben, wodurch die Wahrheitsbedingungen für die Sätze des Systems S klargestellt werden. Die Wahrheitsregel für die einfachsten **Atomsätze** besagt, daß ein solcher Satz S_1, der aus einem Prädikat und einer Individuenkonstante besteht, wahr ist, wenn und nur wenn das Individuum (auf das sich die Individuenkonstante bezieht), die Eigenschaft besitzt, auf die sich das Prädikat bezieht (Carnap 1972, S. 6). Bei der Festlegung von Wahrheitsregeln darf man nicht beliebig verfahren, vielmehr müssen sie bestimmten Adäquatheitsbedingungen genügen. Ein Beispiel dafür wurde bezüglich der F-Wahrheit gegeben: Die Aussage »die Straße ist naß« ist dann wahr, wenn sich die Sache tatsächlich so verhält, wie es behauptet wurde. Die Fassung der Adäquatheitsbedingung geht auf Tarskis Wahrheitstheorie zurück, in der eine strenge Trennung von Objekt- und Metasprache gefordert wurde. In vereinfachter Form kann dies für unseren Zusammenhang so dargestellt werden: In der Aussageform »x ist wahr dann und nur dann, wenn der Sachverhalt P besteht«. Für das ›x‹ kann man Namen der Objektsprache einsetzen, für ›P‹ Sätze der Metasprache und für ›wahr‹ die für ein semantisches System definierten Wahrheitsprädikate. Falls ein bestimmtes semantisches System S und dazu eine Wahrheitsdefinition für S gegeben ist, wird dieses Prädikat ›wahr in S‹ nur dann als adäquat angesehen, wenn aus seiner Definition jeder Satz logisch folgt, der aus der oben angeführten Aussageform hervorgeht (vgl. Stegmüller 1969, S. 417). Eine genauere Darstellung wird im Kapitel ›Wahrheitstheorien‹ (Kap. III.3) gegeben.

Wir können jetzt dazu übergehen, Carnaps Vorstellungen einer L-Semantik darzustellen. Die Klärung der L-Begriffe soll dazu dienen, das Gebiet des rein Logischen vom Nicht-logischen scharf zu trennen. Das primäre Ziel dieser Unternehmung ist es, die vage Redewendung ›aus rein logischen Gründen‹ durch die präzisere Bestimmung ›aufgrund der semantischen Regeln allein‹ zu ersetzen. Einen vagen oder nicht ganz exakten Begriff (der Alltagssprache oder einer früheren Stufe der wissenschaftlichen Entwicklung) exakt zu machen, gehört für Carnap zur Aufgabe der logischen Analyse. In der **Explikation** der Begriffe besteht in seinen Augen die eigentliche Aufgabe der Philosophie.

Die Einführung von L-Begriffen vollzieht er mit Hilfe der Begriffe ›**Zustandsbeschreibung**‹ und ›**Spielraum**‹. Carnap lehnt sich dabei an Wittgensteins Konzeption des logischen Spielraums an.

> »Eine Klasse von Sätzen in S_1, die für jeden Atomsatz entweder diesen Satz oder seine Negation enthält, aber nicht beide und keine anderen Sätze, wird eine Zustandsbeschreibung in S_1 genannt, weil sie offensichtlich eine vollständige Beschreibung eines möglichen Zustands des Universums von Individuen gibt im Hinblick auf alle Eigenschaften und Beziehungen, die durch Prädikate des Systems ausgedrückt werden.« (Carnap 1972, S. 11 f.)

(Diese Zustandsbeschreibungen stellen die möglichen Welten von Leibniz oder die möglichen Sachverhalte von Wittgenstein dar.) Es ist dann möglich die semantischen Regeln festzulegen, die für jeden Satz in S bestimmen, ob er in einer gegebenen Zustandsbeschreibung gilt oder nicht. Er gilt dann, wenn er wahr sein würde, wenn die Zustandsbeschreibungen (d.h. alle ihr zugehörigen Sätze) wahr wären. Folgende Regeln gelten dabei:

1. Ein Atomsatz gilt in einer gegebenen Zustandsbeschreibung, wenn und nur wenn er ihr zugehört.
2. Die Negation eines Satzes S_i gilt in einer gegebenen Zustandsbeschreibung, wenn und nur wenn der nicht-negierte Satz nicht in ihr gilt.
3. Die Adjunktion (d.i. das nicht-ausschließende ›oder‹) der Sätze S_i und S_j gilt in der Zustandsbeschreibung, wenn und nur wenn S_i gilt oder S_j oder beide.
4. S_i ist äquivalent S_j in einer Zustandsbeschreibung, wenn entweder beide Sätze in ihr gelten oder keiner von beiden.
5. Eine All-Aussage gilt in einer Zustandsbeschreibung, wenn und nur wenn alle Einsetzungsfälle in ihr gelten.

Die Klasse aller Zustandsbeschreibungen, in denen ein gegebener Satz S_i gilt, nennt Carnap den **logischen Spielraum** des gegebenen Satzes. Durch Bestimmung des Spielraumes geben sie zusammen mit den Designationsregeln für Individuenbezeichnungen und Prädikatszeichen eine Interpretation für alle Sätze in S. Denn die Bedeutung eines Satzes zu kennen, heißt zu wissen, in welchen der möglichen Fälle er wahr sein würde und in welchen nicht. Der Zusammenhang von L-Ausdrücken mit dem der **Wahrheit** wird von Carnap so erklärt: Es gibt eine und nur eine **Zustandsbeschreibung**, die den wirklichen Zustand des Universums beschreibt. Es ist diejenige, die alle wahren Atomsätze und die Verneinung der falschen enthält. Daher enthält sie nur wahre Sätze und daher wird sie die wahre Zustandsbeschreibung genannt. Ein Satz von irgendeiner Form ist wahr, wenn und nur wenn er in der wahren Zustandsbeschreibung gilt (Carnap 1972, S. 10 ff.).

Mit Hilfe der L-Begriffe will Carnap die vagen Begriffe ›logische Wahrheit‹, ›notwendige Wahrheit‹ oder ›analytische Wahrheit‹ ersetzen. Solche Wahrheiten sollen allein auf der Grundlage der semantischen Regeln des Sprachsystem S begründet werden. Carnap nennt einen Satz L-determiniert, wenn die semantischen Regeln genügen, um seinen Wahrheitswert zu begründen.

5.3.2 Extensionalität und Intensionalität

Nach der Darstellung der Bestandteile der logischen Semantik können wir näher auf Carnaps Ausführungen zur Extensionalität und Intensionalität sprachlicher Ausdrücke eingehen. Carnap geht allerdings einen entscheidenden Schritt über Freges Unterscheidung von Sinn und Bedeutung hinaus, indem er beansprucht, zeigen zu können, worin die Sinngleichheit bestehen soll. Diese Frage konnte Frege nicht befriedigend beantworten.

Für Carnaps Methode ist der Begriff der **logischen Äquivalenz**, die allein aus den semantischen Regeln folgt, grundlegend. Dabei sind Äquivalenz und logische Äquivalenz voneinander zu unterscheiden. Wir sprechen von der Äquivalenz zweier Sätze, wenn beide denselben Wahrheitswert haben. Die Äquivalenz wir hier mit Hilfe der Übereinstimmung bezüglich der Wahrheit oder Falschheit bestimmt. Für Individuenausdrücke gelangen wir zu folgender Definition: »Individuenausdrücke sind äquivalent, wenn und nur wenn sie Ausdrücke für dasselbe Individuum sind« (Carnap 1972, S. 19). Wenn zwei Designatoren äquivalent sind, heißt das, daß sie dieselbe Extension haben. Wir können jetzt den Schritt zur L-Äquivalenz durchführen: Wenn zwei Designatoren L-äquivalent sind, dann haben sie dieselbe Intension.

Den Unterschied der beiden Äquivalenzen kann Carnap anhand der Identitätsbedingungen plausibel machen: Klassen werden üblicherweise als identisch angenommen, wenn sie dieselben Elemente haben (bspw. die Klasse ›menschlich‹ ist dieselbe wie die Klasse ›federloser Zweifüßler‹). Wir können aber nicht auf dieselbe Weise die Identität von Eigenschaften bestimmen. Denn die Eigenschaft ›menschlich‹ ist nicht dieselbe wie die Eigenschaft ›Zweifüßler‹. Carnap bietet deshalb zwei unterschiedliche Identitätsbedingungen an:

1. Klassen sind identisch, wenn und nur wenn Prädikatoren für sie äquivalent sind;
2. Eigenschaften sind identisch, wenn und nur wenn Prädikatoren für sie L-äquivalent sind.

Er kommt dann zu zur Festlegung folgender Konventionen:
1. Zwei Prädikatoren haben dieselbe Extension, wenn und nur wenn sie äquivalent sind;
2. zwei Prädikatoren haben dieselbe Intension, wenn und nur wenn sie L-äquivalent sind (Carnap 1972, S. 24).

Wir können nun zusammenfassend Extension und Intension für die Individuenbezeichnungen, die Prädikatszeichen und die Sätze angeben (ebd., S. 29 ff.): Die **Extension** einer singulären Objektsbezeichnung ist das Objekt bzw. das

Individuum, worauf sich das Zeichen bezieht. (Solche Individuenbezeichnungen dürfen nur Namen für Einzelobjekte sein.) Extensionsgleiche Individualausdrücke sind ›Morgenstern‹ und ›Abendstern‹. Die Extension eines Prädikatszeichens ist die entsprechende Klasse (bspw. ›Löwe‹ hat als Extension die Klasse aller Löwen). Das Standardbeispiel für deren Extensionsgleichheit sind ›Lebewesen mit Herz‹ und ›Lebewesen mit Nieren‹, da beide sich auf dieselbe Klasse von Lebewesen beziehen. Die Extension eines Satzes besteht in seinem Wahrheitswert. Die **Intension** eines Individuenausdrucks ist der Individuenbegriff, der durch ihn ausgedrückt wird. Carnap demonstriert das an Russells Beispiel von ›Walter Scott‹ und ›der Autor von *Waverly*‹. Beides sind für ihn Individuenbegriffe, die in dem angeführten Fall die gleiche Intension aufweisen. Die Intension eines Prädikatszeichens ist die entsprechende Eigenschaft (bspw. für die Eigenschaft des Löweseins). Die Intensionsgleichheit von Prädikatsbezeichnungen ›Mensch‹ und ›animal rationale‹ ist dadurch gegeben, daß beide für die gleiche Eigenschaft stehen. Die Intension eines Satzes ist die durch ihn ausgedrückte Proposition gegeben. Carnap wendet den Ausdruck ›Proposition‹ auf die Wesenheiten desjenigen logischen Typs an, die durch deklarative Sätze in einer Sprache ausgedrückt werden können (bspw. daß eine Tafel schwarz ist). Bemerkenswert ist in diesem Zusammenhang, daß Carnap bei der Intension eines Prädikatszeichens abstrakte Entitäten (›das Lösewesen‹ oder das ›Blausein‹) einführt. Die Annahme solcher abstrakten Entitäten und allgemeiner universaler Begriffe war das Thema des Universalienstreits.

Carnap glaubt allerdings, sich dieser Auseinandersetzung entziehen zu können. Denn seiner Meinung nach ist die Festlegung auf ein Sprachsystem nur eine Frage der praktischen Verwendbarkeit. Die Entscheidung für ein Sprachsystem legt zwar fest, welche Designatoren zugelassen sein sollen, bedeutet aber in den Augen Carnaps keine ontologische Festlegung dergestalt, daß damit Aussagen über den ontologischen Status von abstrakten Entitäten einhergingen (ebd., S. 54 ff.).

Carnap glaubt nun, eine Sprache konstruieren zu können, die dem Benützer die Freiheit läßt, die Designatoren entweder extensional oder intensional interpretieren zu können. Die Bezeichnung ›Mensch‹ in dieser neutralen Sprache könnte dann extensional als ›die Klasse Mensch‹ oder intensional als ›die Eigenschaft Mensch‹ verwendet werden. Er meint, damit könne er ein Sprachsystem schaffen, das auch für diejenigen akzeptabel wäre, die nur extensionale Begriffe zulassen wollen. Seine Behauptung von der Neutralität der von ihm entworfenen künstlichen Sprache unterstreicht er durch die semantische **Extensionalitätsthese**. Sie besagt, daß jede Proposition, die in einer nicht-extensionalen Sprache ausdrückbar ist, auch in einer geeigneten extensionalen Sprache ausgedrückt werden kann. Dabei soll seiner Auffassung nach das extensionale System dem nicht-extensionalen an Ausdrucksvermögen äquivalent sein (ebd., S. 177).

An diesem Punkt ist Carnaps Argumentation allerdings nicht mehr nachvollziehbar. Denn er stellt eine These auf, deren Gültigkeit nach seiner eigenen Auffassung nicht befriedigend beantwortet ist. Seine Neutralitätsthese der künstlichen Sprache unterstellt gerade deren Gültigkeit. Diese Ausführungen Carnaps können also nicht als Beleg dafür herangezogen werden, daß die Frage der Wahl zwischen einer extensionalen oder einer intensionalen Sprache geklärt sei.

Carnap diskutiert im Verlauf seiner weiteren Erörterungen ausführlich, worin die Vorzüge seiner Unterscheidung von Extensionalität und Intensionalität gegenüber derjenigen Freges zwischen Sinn und Bedeutung liegen (ebd., S. 156 ff.). Namentlich erwähnt er Freges Feststellung, daß das Austauschprinzip (**Substitutionsprinzip**) nur für extensionale Kontexte gelten kann. Carnap benennt dasselbe Problem als Antinomie der Namensrelation. Denn seiner Meinung nach entsteht dieses Problem nur dadurch, daß sie den Begriff des Nominatums (d.i. des Namensträgers) verwendet. Bei Frege hatte das die Konsequenz, daß er ein gewöhnliches und ein ungerades Nominatum annehmen mußte. Der Extensionsbegriff vermeidet einen solchen Namensträger. Carnap spricht statt dessen davon, daß die Extension eines Prädikators die Klasse derjenigen Individuen ist, auf die der Prädikator wirklich angewendet werden kann (Carnap 1972, S. 179).

Eine besondere Bedeutung erhält Quines Kritik an der Annahme, es könne eine analytische Wahrheit geben. Wie wir im nächsten Kapitel noch sehen werden, bezweifelt Quine, daß sich analytische und synthetische Urteile säuberlich voneinander trennen lassen. Carnap stimmt den Überlegungen Quines zwar zu, ist aber nicht bereit, dessen Folgerung daraus mitzutragen. Er schlägt statt dessen vor, unter die semantischen Regeln eines Sprachsystems Bestimmungen aufzunehmen, die die Bedeutungszusammenhänge zwischen den deskriptiven Zeichen des Sprachsystems festlegen. Statt von Synonymie zweier Ausdrücke (wie bspw. ›Junggeselle‹ und ›unverheirateter Mann‹) zu sprechen, meint Carnap durch Überlegungen des gesunden Menschenverstandes zeigen zu können, daß der Begriff der **Analytizität** mit Hilfe der **Bedeutungspostulate** bestimmt werden kann. Diese Postulate legen fest, daß ein bestimmter Ausdruck (wie ›Junggeselle‹) in einer L-Zustandsbeschreibung nicht zusammen mit einem bestimmten anderen Ausdruck (wie ›verheiratet‹) erscheinen darf (ebd., S. 278 ff.). Diese Lösung erscheint allerdings nur in bezug auf künstliche Sprachen plausibel, nicht aber für natürliche Sprachen.

5.4 Der Realitätsbegriff: Externe und interne Fragen

Carnap hat im Verlauf seiner Untersuchungen das Prinzip der Toleranz formuliert, das es jedem offenläßt, welches Sprachsystem er wählt. Eine solche Großzügigkeit verwundert zunächst, da man gewohnt war anzunehmen, daß es richtige und falsche Sprachsysteme gebe und daß eine richtige oder falsche Beschreibung der Wirklichkeit geliefert werden könne. Aufgrund dieser denkbaren Möglichkeiten erschienen die Fragestellungen der Erkenntnistheorie und auch die Aufgabenstellung der Idealsprachphilosophie erst sinnvoll.

Vergegenwärtigen wir uns die erkenntnistheoretische Ausgangsfrage: Wie kann die menschliche Erkenntnis ein gesichertes Wissen über das haben, was unabhängig vom erkennenden Bewußtsein real existiert. Im Verlauf der Diskussionen in der Philosophie ergaben sich unterschiedliche Antworten darauf, wie solche Erkenntnis möglich sei und wie man den ontologischen Status des Erkannten einzuschätzen habe. Idealismus, Realismus, Materialismus, Phänomenologie u.a.m. konnten aus der Sichtweise der sprachanalytischen Philosophie keine befriedigenden Antworten liefern.

Carnaps Antwort auf diese Fragen besteht in der Konstruktion eines semantischen Systems S. Fragen nach dem Vorkommen einzelner Entitäten können nur so gestellt werden, daß man von Entitäten im System S und von der Stellung dieser Entitäten innerhalb der Systemstruktur spricht. Fragen nach deren Existenz können nur mittels der Begriffe von S und nur innerhalb des Systems formuliert werden. Carnap bezeichnet sie als **interne Fragen**. Die Antwort kann auf der Grundlage der Eigenaxiome und Regeln von S beantwortet werden. Davon abzugrenzen sind jene Überlegungen, die gleichsam außerhalb von S die Frage nach dem Status der Entitäten dieses Sprachsystems stellen. Dadurch wird der Blick auf die Eigenaxiome und die Regeln von S gelenkt, durch welche die Eigenbegriffe von S erst eingeführt werden. Eine Antwort kann nicht wieder mit Hilfe der Axiome und Regeln von S gegeben werden, wenn man sich nicht in eine zirkuläre Argumentation verwickeln will. Carnap spricht diesbezüglich von **externen Fragen** (ebd., S. 257 ff.).

Den erkenntnistheoretischen Problemstellungen sind demnach als externe Fragen einzustufen. Carnap verwirft derlei Fragen als sinnlos, für zulässig hält er nur diejenigen, die intern aufgrund der Regel und Axiome entschieden werden können. Einer Entität kommt insofern Realitätsgehalt zu, als sie Element eines Systems S ist. »Die Annahme einer neuen Art von Entitäten wird in der Sprache durch die Einführung eines Rahmenwerks neuer Ausdrucksformen dargestellt, die gemäß einer neuen Reihe von Regeln zu gebrauchen sind« (ebd., S. 267). Die Einführung einer neuen Redeweise bedarf in seinen Augen keinerlei theoretischer Rechtfertigung, da sie keinerlei Behauptung der Realität einschließt. Neue sprachliche Formen bedeuten nicht die Annahme einer neuen oder anderen Art von ontologischen Annahmen. Eine angebliche Feststellung der Realität des Systems der Entitäten erscheint ihm als Pseudofeststellung ohne Erkenntnisgehalt, da sie nicht nach wahr oder falsch entschieden werden können. Entsprechend sind alle derartigen Problemstellungen als Scheinprobleme der Philosophie anzusehen. Über die Einführung eines neuen Sprachsystem wir einzig nach Zweckmäßigkeitskriterien entschieden: Ist es mehr oder weniger angemessen, fruchtbar, dem Zweck dienlich, zu dem die Sprache bestimmt ist? (ebd., S. 269).

Carnaps Strategie, die Erörterungen über den Begriff der Realität mit Hilfe des empiristischen Sinnkriteriums als sinnlos erscheinen zu lassen, kann nicht widerspruchslos akzeptiert werden. Denn die Festlegung des Sinnkriteriums stellt selbst eine externe Perspektive dar. Es kann bestenfalls als Vorschlag gewertet werden, die Sprache auf empiristische Aussagen einzuschränken. Wenn er jede weitere Diskussion als sinnlos zu unterbinden versucht, verfällt er einer dogmatischen Verfahrensweise. Selbst die Brauchbarkeit des Sinnkriteriums dürften wir streng genommen nicht mehr diskutieren, ohne uns des Vorwurfs schuldig zu machen, sinnlose Fragen aufgeworfen zu haben. Andererseits ist Carnap selbst genötigt, solchen philosophischen Fragen nachzugehen, ob Propositionen als sprachliche Ausdrücke oder als subjektive gedankliche Ereignisse zu verstehen sind. Er kommt also nicht umhin, sich solchen Fragen stellen zu müssen (vgl. Krauth 1970, S. 89 ff.; S. 98 ff.).

Entsprechendes gilt auch für die Wahl eines Sprachsystems, wenn über Vor- und Nachteile von mehreren gleichermaßen gültigen Sprachsystemen entschieden werden soll. Externe Fragen lassen sich dabei nicht ausschließen. Denn was heißt es, daß ein gewähltes Sprachsystem in seiner praktischen Anwendung erfolgreich ist? Eine positive Einschätzung dürfte sich erst da einstellen, wo wir die Wahl eines Sprachsystems deshalb als vernünftig ansehen, weil sich mit seiner Hilfe bestimmte Aussagen über die Realität machen lassen. Es erscheint auch nicht glaubwürdig, daß sich bei der Konstruktion formal korrekter künstlicher Sprachsysteme eine ontologische Neutralität erreichen lasse. Denn solche Sprachen spiegeln notwendigerweise die Ansichten wider, die ihre Schöpfer von der Welt haben, und können deshalb schwerlich ohne ihren Bezug auf das menschliche Erkenntnisvermögen gesehen werden (vgl. Küng 1963, S. 8; Krauth 1970, S. 193, S. 201 f.). Bei Carnap zeigt sich das an dem Punkt, wo er der Beobachtungssprache eine besondere Rolle zumißt, ohne den dabei unterstellten Bezug auf real existierende Dinge hinreichend zu bestimmen. Offensichtlich begnügt er sich mit den Realitätsvorstellungen, wie sie in empirischen Einzelwissenschaften geläufig sind.

Poppers Einwendungen gegen Carnap richten sich gegen Carnaps Beschränkung der Philosophie insgesamt: Exaktheit und Gewißheit sind falsche Ideale. Sie sind unerreichbar und deshalb höchst irreführend, wenn man sich an ihnen unkritisch orientiert. Das Streben nach Exaktheit entspricht dem Streben nach Gewißheit; und auf beides sollte man verzichten. Popper betont dabei, daß ein Streben nach größerer Exaktheit – besonders sprachlicher Exaktheit – um ihrer selbst willen niemals wünschenswert ist. Denn die Folge ist seiner Meinung nach ein Verlust an Klarheit. Eine andere Folge ist die Verschwendung von Zeit und Kraft auf terminologische Vorstudien, die sich oft als nutzlos erweisen, weil sie vom wirklichen Fortschritt der Problemsituation überholt werden. Er stellt Carnaps Bemühungen die Aufforderung entgegen: Man soll nie versuchen, exakter zu sein, als es die Problemsituation erfordert, ein Zuwachs an Präzision oder Exaktheit hat bestenfalls einen pragmatischen Wert als Mittel zu einem bestimmten Zweck. In besonderer Weise wendet er sich gegen Carnaps Beschränkung der philosophischen Problemstellungen auf die Erläuterung von Begriffen, zumal es seiner Ansicht nach eine präzise Explikation von Begriffen einfach nicht gibt (vgl. Popper 1992, S. 35 f.). Popper gelangt schließlich zu der Einschätzung, daß sich die Philosophie des Wiener Kreises zu einer neuen Form des Scholastizismus und der Wortklauberei entwickeln werde.

6. Die behavioristisch begründete Bedeutungstheorie: Quine

Quine (geb. 1908), der Mathematik und Logik studierte, suchte den Kontakt zu Carnap bereits zu Zeiten, als dieser noch in Prag lehrte. Ab 1948 hatte Quine eine Professur an der Harvard Universität in Cambridge (Mass.). Beeinflußt vom amerikanischen Pragmatismus und von Russell und Carnap beschäftigte er sich mit Themen der Logik und der Philosophie. Die Problemstellungen der Philosophie lernte er gleichsam durch die Brille Russells und Carnaps kennen. In seiner Einschätzung der Philosophie macht sich die Metaphysik-Kritik des Logischen Empirismus bemerkbar. Quine geht so weit, der Philosophie einen eigenen Gegenstandsbereich abzusprechen. Sie verfügt seiner Ansicht nach nicht über besondere Ansichten oder irgendwelche besonderen Methoden oder Formen der Reflexion. Sowohl die Aussagen wie die Tätigkeit der Philosophen können sich nicht wesentlich von denen der Naturwissenschaften unterscheiden. In dieser Auffassung kommt schon seine Sichtweise zum Tragen, daß unser Wissen in der Gesamtheit eines Begriffsnetzes begründet ist. Wenn wir uns mit philosophischen Fragen beschäftigen, dann im Sinne einer wissenschaftlichen Philosophie und eines wissenschaftlichen Empirismus. In dieser Festlegung sind die Einflüsse von Russell und Carnap unübersehbar. Ein Fortschritt in der Philosophie kann nur über die Methode der logischen Analyse erzielt werden.

Quine ist durch zahlreiche Aufsätze in Erscheinung getreten, in denen er sich in differenzierter, aber auch sehr kritischer Weise mit den Aussagen anderer philosophischen Autoren auseinandersetzt. Für unseren Zusammenhang stehen nicht so sehr seine Aufsätze zu Problemen der Logik im Vordergrund, auch wenn er nach eigenen Angaben Philosophie von einem logischen Standpunkt aus betreibt (Quine 1953, dt. 1979). Uns haben vielmehr jene Abhandlungen zu interessieren, in denen er mit Hilfe der Logik versucht, philosophische Probleme zu lösen. Der Aufsatz *Two Dogmas of Empiricism* (1951; dt. *Zwei Dogmen des Empirismus*, 1979) stellt gleichsam den Beginn der Diskussion dar, gefolgt von den Aufsatzsammlungen *From a Logical Point of View* (1953; dt. *Von einem logischen Standpunkt*, 1979) und *Ontological Relativity and Other Essays* (1969; dt. *Ontologische Relativität und andere Schriften*, 1975). In seinem Hauptwerk *Word and Object* (1976; dt. *Wort und Gegenstand*, 1980) kommt es nur zu partiellen Veränderungen oder Weiterentwicklungen seines Gedankenguts.

6.1 Sprache und Verhalten – die Indeterminiertheit der Übersetzung

Für Quine ist die Sprache an das Verhalten des Menschen rückgebunden. Diese Auffassung der Sprache kommt auf verschiedene Weise in seinen Argumentationen zur Geltung. Daß er zu einer im Verhalten des Menschen begründeten Semantik der Sprache tendiert, ist sicherlich nicht allein auf den Umstand zurückzuführen, daß ein bedeutender Repräsentant des Behaviorismus, nämlich

B.F. Skinner, ebenfalls in Harvard lehrte. Die Auffassung, daß die Sprache eine bestimmte Art von kommunikativem Verhalten ist, war nicht nur unter den Linguisten dieser Zeit verbreitet, sondern wurde auch von den amerikanischen Pragmatisten Charles Sanders Peirce, George Herbert Mead und John Dewey mitgetragen. Quine bezieht sich explizit auf Dewey, wenn er die Sprache als eine Form der Interaktion zwischen einem Sprecher und einem Hörer beschreibt (Quine 1975, S. 42). Der Linguist Bloomfield (1953) plädierte nicht nur für eine Verhaltenstheorie der Bedeutung, sondern sogar für eine behavioristische Semantik: die Bedeutung einer Äußerung bestehe in ihren Reiz-Reaktionsmerkmalen, sie ist demnach aus den Reaktionen auf die Umweltreize erklärbar. Die Bedeutung steht damit im Zusammenhang mit der Situation, in der der Sprecher eine Äußerung tätigt, und mit der Reaktion, die sie beim Hörer hervorruft.

Quine führt seine Vorstellung der Bedeutungserklärung am Beispiel eines Sprachforschers vor, der zur Aufgabe hat, erstmalig eine kulturell isolierte Sprache zu übersetzen. Bei dem Versuch, ein zweisprachiges Wörterbuch anzufertigen, kann er zunächst auf keinerlei Gemeinsamkeiten zwischen seiner und der zu erforschenden Sprache rekurrieren. Als einzige Möglichkeit bleibt ihm, das Verhalten der betreffenden Menschen zu beobachten. Quine konkretisiert die Beobachtungssituation anhand der behavioristischer Verhaltenserklärung: Auszugehen ist dabei von sensorischen Stimulationen, die auf die Sinnesorgane der (beobachteten) Personen treffen, und ihren verbalen Äußerungen, die von den Stimulationen ausgelöst werden. Die Aufgabe des Forschers besteht darin, Korrelationen zwischen den Stimulationen und den verbalen Äußerungen festzustellen. Er kann also nur über Beobachtung und Induktion die ersten Schritte zum Erlernen der Sprache vollziehen. Da dem Forscher keinerlei gemeinsame Sprachbedeutungen zugänglich sind, kennzeichnet Quine die Aufgabe des Sprachforschers als ›**radikale Übersetzung**‹. Dieses Beispiel ermöglicht Quine, die Eckdaten seines Sprachmodells zu benennen: Die Bedeutungen der Sprache können einzig durch ihren Bezug auf sensorische Stimulation und verbale Reaktion definiert werden.

Für die Ausarbeitung einer solchen Bedeutungstheorie führt er zunächst den Begriff der **Stimulusbedeutung** ein. Sie läßt sich von zwei Seiten her definieren:

1. Vom Bezeichneten her ist die Stimulusbedeutung des Satzes S für einen Sprecher (zu einem bestimmten Zeitpunkt t) die Menge (σ) der Stimuli, die die Zustimmung der Person zu dem geäußerten Satz (zum dem bestimmten Zeitpunkt t) verursachen würde – und gleichzeitig die Menge (σ') der Stimuli, die die Zurückweisung des Satzes durch die Person (zum Zeitpunkt t) verursachen würde;
2. aus der Perspektive des Subjekts, das den Satz hört und ihn interpretieren soll, ist die Stimulusbedeutung von S für den Sprecher der Dispositionsvorrat des Sprechers, der S unter Einwirkung der Stimuli σ zustimmt und σ' ablehnt (Quine 1980, S. 69 f.).

Mit Hilfe des Stimulusbegriffs legt Quine eine Explikation seines empirischen Bedeutungsbegriffs vor. Die Stimulusbedeutung besteht ausschließlich in der

Korrelation von Stimuli und verbalem Verhalten. Sie stellt nach Quine die einzige objektive Basis dar, von der der Linguist zu Beginn seiner Erstübersetzung ausgehen kann.

Der fiktive Sprachforscher wird zunächst auf Äußerungen der Individuen dieser fremden Kulturgemeinschaft achten. In Quines Beispiel beobachtet er, daß die Eingeborenen den Ausdruck ›gavagai‹ benützen, als ein Kaninchen vorbeiläuft. Auch wenn er daraus die Korrelation ›Kaninchen‹ – ›gavagai‹ gewinnt, hat er damit hat nur eine vorläufige Übersetzung erreicht. Denn die Eingeborenen könnten mit dem Ausdruck den Gegenstand Kaninchen oder eine Hasenart oder die Bewegungsweise des Kaninchens bezeichnen oder auf einen Teil des Kaninchens hinweisen wollen. Der Forscher müßte zudem in Erfahrung bringen, welchen Ausdruck die Eingeborenen für eine Zustimmung verwenden und welchen für eine Ablehnung. Danach kann er verschiedene Reiz-Situationen konstruieren, um festzustellen, wann der Eingeborene dem Ausdruck ›gavagai‹ zustimmt.

Mit Hilfe dieser Forschersituation will Quine demonstrieren, daß wir den Bedeutungsbegriff durch den neutraleren Fachausdruck ›**affirmative Reizbedeutung**‹ ersetzen können. »Die Reizbedeutung eines Satzes für eine bestimmte Person faßt ihre Disposition zusammen, dem Satz in Reaktion auf einen gegenwärtigen Reiz entweder zuzustimmen oder ihn abzulehnen.« (Quine 1980. S. 72). Die Stimulusbedeutung eines Satzes (d.i. eines Gelegenheitssatzes) ist definiert als die Menge aller gegenwärtigen Dispositionen des Eingeborenen, die diesen entweder zur Zustimmung zu einem von dem Forscher geäußerten Satz oder zu dessen Ablehnung veranlassen. Den Reiz darf man nicht als ein Einzelereignis fassen, sondern als eine wiederholbare Ereignisform (d.i. eine Universale). Das behavioristische Beschreibungsmodell ist für Quine deshalb interessant, weil es sich allein auf Beobachtung stützt und keinerlei Aussagen über irgendwelche Bewußtseinsprozesse oder mentale Phänomene macht. Der Forscher kann die Zustimmung des Eingeborenen beobachten, wenn er eine bestimmte Reizsituation mit dem Ausdruck ›gavagai‹ in Beziehung bringt. Dadurch erscheint es für Quine sichergestellt, daß keinerlei Projektion unserer Sprache in die grammatische Struktur der fremden Sprache stattgefunden hat. Allerdings bleibt dabei eine ›**Unbestimmtheit der Übersetzung**‹ offen, denn der Sprachforscher weiß nicht, was der Eingeborene mit dem Ausdruck ›gavagai‹ genau bezeichnet. Die Reizbedeutung von ›gavagai‹ ist nicht ausreichend, um herauszufinden, ob ›gavagai‹ ein singulärer oder allgemeiner Term ist. Auch durch hinweisende Gesten kann der Forscher keine weitere Klarheit darüber gewinnen. Ihm bleibt nur übrig, durch eine Vielzahl von analytischen Hypothesen die Unbestimmtheit des sprachlichen Ausdrucks einzugrenzen. Die Klärung dieser Frage wird aber immer eine nur relative sein, da sie immer von dem jeweils gewählten System analytischer Hypothesen abhängig ist. Es können aber mehrere voneinander abweichende Hypothesen angelegt werden, ohne daß zwischen ihnen eine Entscheidung im Sinne von ›richtig‹ oder ›falsch‹ getroffen werden könnte. Da immer verschiedene gleichberechtigte Varianten bleiben, kann ein eindeutiges Urteil prinzipiell nicht getroffen werden. Aufgrund dieser Unbestimmtheit der Übersetzung bleibt eine **referentielle Unbestimmtheit**. Der Forscher kann nicht zweifelsfrei in Erfahrung bringen, worauf sich ein sprachlicher Ausdruck genau bezieht.

Diese Unbestimmtheit der Übersetzung bringt Quine mit der **Unerforschlichkeit der Referenz** in Zusammenhang. Die Unbestimmtheit kann man sich dadurch erklären, daß unsere Sprache eine ganze Wirklichkeitsauffassung repräsentiert. Dadurch hat es keinen Sinn, eine Zuordnung von einem Wort der eigenen Sprache zu einem Wort einer fremden oder von Satz zu Satz versuchen zu wollen. In die Sprache können unterschiedliche Ontologien (bzw. Weltauffassungen) verwoben sein, die bei solchen Zuordnungen immer Unbestimmtheiten offen lassen.

Der nächste Schritt in Quines Beschreibung der Sprache besteht in der Unterscheidung zwischen Gelegenheitssätzen, stehenden Sätzen, Beobachtungssätzen und theoretischen Sätzen. Unter Gelegenheitssätzen versteht er jene, die nur im Kontext der unmittelbar verursachenden Stimulierung Zustimmung erfahren (bspw. »das ist rot«). Als zeitlose Sätze (wie die der Physik oder Arithmetik) bezeichnet er jene, die unabhängig von den Umständen wahr oder falsch sind.

Den besonderen Status von Beobachtungssätzen haben wir schon in der Theorie von Carnap kennengelernt. Sie sind diejenigen Sätze, von denen man annimmt, daß sich Wissenschaftler über sie einigen können, auch wenn diese über ihre Theorien uneins sind. Für Quine sind es diejenigen Sätze, die beim Erlernen einer Sprache unmittelbar an den Situationen, in denen sie geäußert werden, überprüft werden können. Wenn in einem von uns geäußerten Satz einzig Stimulusbedeutungen Eingang gefunden haben, handelt es sich um einen Beobachtungssatz. Beobachtungssätze sind also Gelegenheitssätze. Spezifisch für die Gelegenheitssätze ist es, daß sie nur bei gleichzeitiger Stimulusreizung Zustimmung oder Ablehnung der Befragten auslösen. Im Unterschied dazu kann die Zustimmung bei festen Sätzen von den Versuchspersonen auch dann wiederholt werden, wenn zu diesem Zeitpunkt die entsprechenden Reizeinflüsse nicht vorliegen.

Anhand des Modells, wie Kinder Sprache erlernen, will Quine zeigen, wie wir den Bezug der Sprache auf Gegenstände (d.i. ihre referentielle Funktion) erlernen. Er stützt sich dabei auf das behavioristische Modell Skinners (1973), obwohl ihm die von Chomsky geleistete Kritik daran bekannt ist. In der wissenschaftlichen Forschung ist allerdings hinreichend gezeigt worden, daß Skinners diesbezüglichen Vorstellungen keine adäquate Beschreibung des tatsächlichen Lernvorgangs darstellen. Die Ontogenese des Bezeichnens (Quine 1980, S. 148 ff.) beginnt damit, daß das Kind seine ersten Terme als Stoffterme (bspw. ›Wasser‹, ›Erde‹) verwendet, die noch nichts mit Individuieren (oder Zählen) zu tun haben. Ein echter Referenzakt ist erst dann gegeben, wenn es gelernt hat, allgemeine Terme (›Pferd‹, ›Apfel‹) und Demonstrativpronomen (›dieses Pferd‹) zu gebrauchen. Die Verwendung von Substantiven dieser Gattung nennt Quine »divided reference«, da sie auf dieses oder jenes Pferd verweisen. Sie stellen die Vorstufe für den Begriff physikalischer Objekte, von raum-zeitlichen Individuen, die als individuelle Einheiten zählbar sind, dar. Erst danach können sich abstrakte Entitäten ausbilden, indem abstrakte singuläre Terme wie ›die Schwärze‹ gebildet werden. Die Quintessenz dieses Modells besteht in der Behauptung, daß das Kind die Bedeutung von stehenden Sätzen dadurch lernt, daß es die Fähigkeit erwirbt, Sätze in Wörter zu zerlegen und mit den alten Wörtern neue Sätze zu bilden.

In dem Modell des Erlernens der Sprache verbirgt sich allerdings noch ein anderer Aspekt, der nicht immer hinreichend deutlich herausgestellt wird. Wir erlernen die Sprache, indem wir beobachten, welche Wörter unter welchen Bedingungen gebraucht werden. Einen Gegenstandsbereich erfassen wir, indem wir die Fähigkeit erwerben, Gegenstandsausdrücke zu bilden und anzuwenden. Ein solcher Lernprozeß vollzieht sich nach dem behavioristischen Modell unter dem Druck (d.i. Belohnung und Bestrafung) einer Sprachgemeinschaft. Die Anwendungsfälle müssen dem Lernenden und dem Lehrenden hinreichend ähnlich erscheinen, damit der Lernende erfassen kann, in welchen Fällen er den Ausdruck korrekt anzuwenden hat. Dadurch erreichen wir intersubjektive Verbindlichkeit der sprachlichen Ausdrücke. Nur so kann die Sprache ihre Funktion zur Mitteilung von Sachverhalten erfüllen. Daneben kommt auch noch eine objektive Komponente zur Geltung. Die Ordnung der Wahrnehmungen des einzelnen Menschen vollzieht sich über jene Sprache, die ihm durch die soziale Umwelt vermittelt wird. Wenn die Wirklichkeit durch die Benützung der Sprache erfaßt wird, dann ist damit eine Intersubjektivität der sprachlichen Ausdrücke und gleichzeitig eine bestimmte Art Auffassung von Wirklichkeit (die in verschiedenen Kulturen unterschiedlich sein kann) gegeben (Quine 1980, S. 17 ff.).

Der Schritt von der Sprache zur Erkenntnistheorie vollzieht sich fast unmerklich. Dies hat seinen Grund in Quines negativer Einschätzung des philosophischen Wissensanspruchs. Seiner Meinung nach kommt dem Philosophen weder ein eigener Forschungsgegenstand zu noch eine privilegierte Form der Erkenntnis. Er kann bestenfalls nachzeichnen, wie wir mit den Mitteln der Sprache Wirklichkeit erfassen. Entsprechend seinem behavioristischen Modell stellt sich Quine die Sprache als einen Komplex gegenwärtiger Dispositionen zu sprachlichem Verhalten vor, in bezug auf die sich die Mitglieder der Sprachgemeinschaft gegenseitig angepaßt haben. Die im zwischenmenschlichen Zusammenleben erworbenen Begriffe bestimmen die Sprache, diese ihrerseits eröffnet die Möglichkeit, die Wirklichkeit zu erfassen. Diesen pragmatischen Grundsatz verknüpft Quine mit seinem Physikalismus (vgl. Essler 1984, S. 91, 94 f.). Die Möglichkeit einer sinnvollen Kommunikation setzt die Interpretation der Sprache über reale Dinge notwendigerweise voraus. D.h., die Gegenstandsausdrücke unserer Sprache sollen für Dinge in dieser Welt stehen. Das faktische Vorhandensein dieser Kommunikation belegt die realistisch-physikalistische Interpretation unserer Sprache. Quine beschreibt Sprache als ein Netzwerk von Sätzen, die untereinander verbunden sind und die zum Teil mit Reizbedingungen zusammenhängen (Quine 1980, S. 23 ff.). Darin deutet sich offensichtlich bereits eine Vernetzung von Theorie und Sprache an.

Die erkenntnistheoretische Grundlage rückt er durchaus im Sinne David Humes in die Nähe der Gewöhnung. Das psychologische Moment des Erwerbens von bedingten Reflexen verbindet sich mit Gewöhnung und Lernen. Wenn unsere Erwartungen mehr oder weniger erfüllt werden, nimmt das Vertrauen in ursprüngliche Sinneserfahrungen zu. In seiner naturalistischen Erkenntnistheorie haben jene Sätze Priorität, die eine kausale Beziehung zu den Reizungen der Sinnesorgane aufweisen (vgl. Lauener 1982, S. 103 f.). Obwohl Quine die physikalistische Sprache favorisiert, läßt er es unbestimmt, ob man grundsätzlich von einer realistischen Semantik auszugehen habe. Diese Art erkenntnistheoretischer Neutralität erinnert an das Toleranzprinzip von Carnap. Eine solche Zurückhaltung erscheint ihm aber auch noch aus einem anderen Grund geboten. Denn dadurch vermeidet er jede Art ontologischer Festlegung, die nur zu jenen mißliebigen Debatten der Metaphysik führen würde. Indem er Sätze und nicht Eigennamen als grundlegende Elemente angibt, kann er, dieser Neutralität entsprechend, auch jeder Festlegung der Referenz von einzelnen Termen aus dem Weg gehen.

Einige kritische Bemerkungen zu Quines Ansichten zur Erkenntnistheorie erscheinen an dieser Stelle angebracht. Quine setzt mit seinem behavioristischen Modell ein anderes empiristisches Dogma in die Welt, das der Intention nach dazu verhelfen soll, die erkenntnistheoretischen Dogmen aufzuheben. Es ist hier nicht der Ort auf zentrale Einwände gegen diese Form des Reduktionismus einzugehen (vgl. Kutschera 1993, S. 1 ff.). Wir können an dieser Stelle nur auf die Fragwürdigkeit des Verfahrens hinweisen. Der Aufbau der menschlichen Erkenntnis soll sprachkritisch durch die Nachzeichnung des Erfassens der Wirklichkeit beschrieben werden. Dabei ist es eine zumindest noch offene Frage, ob sein Modell des Spracherwerbs dazu das adäquate Mittel ist. Diese Frage kann sich Quine aber nicht mehr stellen, da er die Erkenntnistheorie als einen Zweig der Naturwissenschaft eingestuft hat, die den Menschen als natürliches Erkenntnissubjekt zum Gegenstand der Untersuchung macht. Die Naturwissenschaft hat – nach Quine – zu untersuchen, wie der Mensch von den Reizen seiner Sinnesorgane ausgehend Objekte setzen kann und wie er nach und nach ein System der Wissenschaft entfalten kann.

6.2 Theorie der Bedeutung

Nachdem wir die Grundzüge seines Sprachmodells kennengelernt haben, können wir zu der sprachphilosophisch relevanten Kritik Quines an der Annahme von Bedeutung und von Propositionen zurückkehren. Bevor wir uns mit seinen Überlegungen bezüglich des besonderen Status‹ der analytischen Wahrheit, die in dem Aufsatz *Zwei Dogmen des Empirismus* (1979 b) festgehalten sind, beschäftigen, sollten wir uns zunächst den Problembereich vergegenwärtigen, um den es im folgenden geht.

Die philosophische Tradition, von Leibniz über Kant bis hin zu Frege und Carnap, unterscheidet zwischen **analytischen** und **synthetischen** Urteilen. Von den synthetischen Urteilen, wie sie uns in Gestalt von empirischen Aussagen begegnen, wird ausgesagt, sie seien erkenntniserweiternd. Den analytischen Urteilen dagegen kommt ein besonderer Status von Wahrheit zu: sie sind notwendig wahr. Der Bereich der analytischen Wahrheiten wird einzig den Formalwissenschaften Logik und Mathematik zugesprochen.

Als Standardbeispiel für einen analytisch wahren Satz wird die Aussage »kein Junggeselle ist verheiratet« angeführt, der einzig aufgrund der Bedeutung der in ihm enthaltenen Begriffe wahr ist. Um das analytische Urteil erklären bzw. eine Definition von Analytizität geben zu können, benötigen wir die Begriffe ›logische Wahrheit‹ und ›Synonymität‹. Die logische Wahrheit einer Aussage ist dann gegeben, wenn sie wahr ist bei allen Uminterpretationen ihrer Komponenten – nur die logischen Partikel (›nicht‹, ›und‹, ›oder‹, ›wenn-dann‹) dürfen dabei nicht verändert werden. In aussagenlogischer Terminologie formuliert: Ein Satz heißt aussagenlogisch wahr, wenn er immer wahr ist, unabhängig davon, welche Wahrheitswerte seine einfachen Teilsätze haben. Logisch wahre Sätze nennt man auch tautologisch (bspw. ›es regnet oder es regnet nicht‹). Ihr Wahrheitsgehalt kann durch die Logik allein (d.h. durch das Gesetz vom ausgeschlossenen Dritten) bestimmt werden. Die Gültigkeit der Wahrheit ist von keinem empirischen Sachverhalt abhängig und kann ohne empirische Prüfung ausgewiesen werden. Anders verhält es sich bei den synthetischen Aussagen. Ihre Wahrheit ist logisch nicht eindeutig festgelegt, sondern erst aufgrund empirischer Informationen entscheidbar (bspw. ›Wenn Montag ist, ist die Gaststätte geschlossen‹). Die analytische Wahrheit des Beispielsatzes »kein Junggeselle ist verheiratet« wird dadurch ausgewiesen, daß man den Ausdruck ›Junggeselle‹ durch einen bedeutungsgleichen (d.i. synonymen) Ausdruck ›unverheirateter Mann‹ ersetzt und ihn dadurch in einen logisch wahren Satz »kein unverheirateter Mann ist verheiratet« verwandelt. Die Angabe der analytischen Wahrheit setzt voraus, daß es Bedeutungsgleichheit gibt.

Wenn man, wie Quine es unternimmt, zeigen kann, daß die Unterscheidung von ›analytischer Wahrheit‹ und ›synthetischer Wahrheit‹ nicht haltbar ist, dann hätte man auch gezeigt, daß die Annahme von Bedeutung nicht haltbar ist. In seinem Aufsatz *Zwei Dogmen des Empirismus* demonstriert Quine in einem ersten Schritt die Unmöglichkeit der Unterscheidung von ›analytisch‹ und ›synthetisch‹, in einem zweiten Schritt zeigt er die Unmöglichkeit von Bedeutung anhand der Unbestimmtheit der Übersetzung auf.

Wie kann Synonymität erklärt werden? Die gängige, von Leibniz herkommende Definition besagt, daß die Synonymie zweier sprachlicher Ausdrücke dann gegeben ist, wenn sie füreinander in allen Kontexten ausgetauscht werden können, ohne daß sich der Wahrheitswert verändert (›salva veritate‹). Eine solche Substitution darf eine wahre Aussage nicht in eine falsche und eine falsche nicht in eine wahre verwandeln. Bei den Synonymen ›unverheirateter Mann‹ und ›Junggeselle‹ gilt diese Definition, bei den beiden extensionsgleichen Ausdrücken ›Lebewesen mit Herz‹ und ›Lebewesen mit Nieren‹ erweist sich die Definition als inadäquat. Denn die beiden Ausdrücke sind extensionsgleich, da zufälligerweise alle Lebewesen mit Herz auch eine Niere haben, und müßten also füreinander ersetzbar sein, sie sind aber nicht als bedeutungsgleich anzusehen (Quine 1979 b, S. 34 ff.).

Wir können das Resultat von Quines Überlegungen (zum ersten Argument gegen Analytizität) zusammenfassen: Der Begriff ›analytisch‹ müßte definiert werden. Jeder Definitionsversuch von analytischer Wahrheit, der auf die Substitution synonymer Terme verweist, erweist sich als unbrauchbar, da uns kein hinreichend scharfer Begriff der Synonymität zur Verfügung steht (Quine 1979 b, S. 27 ff.; 1980, S. 101 ff.).

Ein zweites Argument rekurriert auf seine behavioristischen Annahmen. Wir müßten durch Beobachtung des Sprachgebrauchs in einer Sprachgemeinschaft feststellen können, ob ein Satz analytisch ist oder nicht. Carnap (1963, S. 915 ff.) versucht diesem Einwand Quines Rechnung zu tragen und durch folgende Überlegung abzuschwächen: Um festzustellen, ob eine Person (einer Sprachgemeinschaft) den Satz »alle Raben sind schwarz« als analytisch beurteilt, müßten wir sie mit der Aussage konfrontieren, daß eine andere Person zu einem früheren Zeitpunkt einen weißen Raben gefangen habe, den man auch besichtigen könne. Die Art der Antwort ist nun entscheidend: Räumt der Angesprochene ein, daß es solche weißen Raben geben könne, auch wenn er es bis dahin nicht geglaubt habe, dann versteht die Person den Satz als synthetische Aussage, die sich immer auch als falsch herausstellen kann. Antwortet er dagegen, es könne keine nicht-schwarzen Raben geben, andernfalls handle es sich eben um keinen Raben, sondern um ein anderes Tier, dann hat er ein analytisches Verständnis des Satzes. Dieser Überlegung kann allerdings entgegengehalten werden, daß es sich dabei um eine Person handeln könnte, die ihre Meinungen immer für unumstößliche Wahrheiten hält.

In einem dritten Gegenargument verweist Quine darauf, daß sich die Bedeutung eines Terms mit unseren Annahmen über die Welt ändert. Er hat im Zuge der Darstellung, wie wir Sprache erlernen, darauf verwiesen, daß Spracherlernung und Welterfahrung in enger Beziehung zueinander stehen. Deshalb macht es keinen Sinn, Bedeutungs- von Tatsachenfragen streng zu trennen. Die Bedeutung eines Terms ist nicht unabhängig davon, welche der synthetischen Sätze, die diesen Term enthalten, wir als wahr akzeptieren.

Auch gegen die Annahme von Propositionen wendet er ein, sie seien keine klar voneinander unterscheidbare Entitäten (vgl. Kutschera 1975, S. 95 ff.). Um Propositionen berechtigterweise als existent behaupten zu können, müßten wir bestimmte Identitätskriterien von Satzbedeutungen angeben können. Wir müßten also festlegen können, wann zwei Sätze dieselbe Proposition ausdrücken. Damit wären wir wieder in der Situation, daß die Synonymität von Propositionen aufgezeigt werden müßte. An diesem Punkt kommen Quines Ausführungen zur Unbestimmtheit der Übersetzungen zur Geltung. Das Beispiel des Sprachforschers hat gezeigt, daß die Zuordnung von beobachtbaren Verhalten (das Bejahen und Verneinen) und sprachlichen Ausdrücken keine eindeutige Übersetzung der fremden Sprache in unsere Sprache zuläßt. Es ist eine Unmöglichkeit für den Sprachforscher, über diese Übersetzung hinaus auch noch eindeutige Angaben über die zugrundeliegende Ontologie zu machen. D.h. ob der Ausdruck ›gavagai‹ wirklich unserer gegenständlichen Auffassung, die sich in unserem Ausdruck ›Hase‹ artikuliert, entspricht oder nicht doch nur den lebenden Hasen bezeichnet (in Abgrenzung zu einem toten Hasen, der dann vielleicht ›vagai‹ heißen könnte), bleibt eine offene Frage. Aufgrund dieser Indeterminiertheit macht es auch keinen Sinn, die Synonymität von Propositionen behaupten zu wollen, denn dazu müßte man die Bedeutungsgleichheit von Satzaussagen nicht nur innerhalb einer Sprache, sondern auch zwischen verschiedenen Sprachen zeigen können. Das genau bestreitet die These der Indeterminiertheit.

Die Unmöglichkeit von Bedeutung ist also zum einen dadurch aufgezeigt, daß Synonymität nicht hinreichend definiert werden kann, und zum anderen aufgrund der Unbestimmtheit der Übersetzung.

Die Frage nach dem Status der analytischen Wahrheit sieht Quine in einem engen Zusammenhang mit der Frage, von welcher Art die mathematischen und logischen Wahrheiten sind. Gibt es eine genuin logische Wahrheit, die von der empirischen Wahrheit unterschieden ist? Im Zuge seiner Erörterung kommt er zu dem Resultat, daß logische und mathematische Wahrheiten nur wahr sind kraft Konvention (vgl. Koppelberg 1987, S. 105 ff.). Damit hätten aber Logik und Mathematik jede Vorzugsstellung gegenüber der Wahrheit in den empirischen Wissenschaften eingebüßt.

Die Annahme von Sätzen, die unabhängig von empirischen Sachverhalten allein aufgrund der Bedeutung der verwendeten Wörter wahr sind, bezeichnet Quine als ein Dogma des unkritischen Empirismus. Das zweite Dogma ist der Reduktionismus des modernen Empirismus. Er artikuliert sich in dem Glauben, daß jede sinnvolle Aussage einem logischen Konstrukt aus Termen äquivalent sei, die auf die unmittelbare Erfahrung referieren (Quine 1979 b, S. 27). Damit zielt Quine auf die Verifikationstheorie der Bedeutung, wie sie im Logischen Empirismus vertreten wurde. Nach dieser Auffassung sollen zwei Aussagen genau dann synonym sein, wenn die Methode ihrer empirischen Überprüfung dieselbe ist. Dabei wird gefordert, daß die Bedingungen der empirischen Bestätigung eines sinnvollen Satzes angegeben wird, d.h. für den einfachsten Fall, daß jede sinnvolle Aussage in einen Satz über unmittelbare Wahrnehmung übersetzbar ist. »Der Gedanke bleibt, daß jeder Aussage oder jeder synthetischen Aussage ein eindeutiger Bereich möglicher sinnlicher Ereignisse derart zugeordnet ist, daß jedes Eintreten eines dieser Ereignisse die Wahrscheinlichkeit der Wahrheit jener Aussage erhöhen würde [...].« (Quine 1979 b, S. 45). Quines Kritik zielt auf die damit einhergehende Vorstellung, daß den sprachlichen Ausdrücken Sinneswahrnehmungen korrespondieren und jedem Satz eine Reihe solcher Eindrücke entsprechen, die im Falle ihres Eintretens zu einer Bestätigung der Wahrheit führen würden. »Das Dogma des Reduktionismus überlebt in der Annahme, daß jede Aussage, isoliert von den übrigen, durchaus einer Bestätigung oder Widerlegung zugänglich sei. Mein Gegenvorschlag [...] lautet dahin, daß unsere Aussagen über die äußere Welt nicht einzeln, sondern nur als Körperschaft vor das Tribunal der Sinneserfahrung treten.« (Quine 1979 b, S. 45). Quine stellt dem Logischen Empirismus die Auffassung gegenüber, daß die Gesamtheit unseres Wissens, angefangen bei den alltäglichen Fragen bis hin zu Atomphysik und Mathematik, ein von Menschen geflochtenes Netz ist, das nur an seinen Rändern mit der Erfahrung in Berührung steht. Quine trägt hier einen **semantischen Holismus** vor. Dieser geht davon aus, daß die bedeutungtragende Einheit weder der Begriff noch die Proposition, sondern die Theorie, die Wissenschaft und die Sprache insgesamt ist (vgl. Gochet 1984, S. 29 f.). Nach seiner Auffassung stößt das System einer bestimmten Sprache nur als Ganzes mit seinen Rändern an die Erfahrung. Unsere Sätze werden nicht als einzelne verifiziert oder falsifiziert. Die Sätze unserer Theorien und unserer Sprache sind im allgemeinen so miteinander verwoben, daß nicht entscheidbar ist, welche von ihnen revidiert oder umstrukturiert werden müßten, wenn wir eine falsifizierende Erfahrung gemacht haben. Es gibt im Netzwerk einer Sprache immer wieder Umschichtungen, durch die bestimmte Sätze weiter an die Peripherie rücken, andere in den Kern. Direkte Verbindungen mit den Reizungen der Sinne gibt es aber nur an der Peripherie. Seine erkenntnistheoretische Konsequenz daraus ist, daß nur ganze Theorien es erlauben, empirisch überprüfbare Voraussagen zu formulieren. Im Falle einer Unstimmigkeit werden sie dann als Ganzes mit den Randbedingungen in Frage gestellt.

Die Einheit der empirischen Signifikanz ist für Quine die Wissenschaft und die Sprache als Ganze. Quine tendiert dazu, unter den Begriff der Wissenschaft neben der wissenschaftlichen Theorie auch die Sprache zu subsumieren. Die Kritik am empiristischen Dogma, daß jede Aussage unabhängig und isoliert bestätigt oder geschwächt werden kann, findet zwar Zustimmung, nicht aber die Konsequenz daraus, nämlich den Sätzen jeden Sinn abzusprechen und nur ganzen Theorien Sinn zuzugestehen (vgl. Dummett 1973, S. 597; Gochet 1984, S. 30 f.).

Die Auffassung Quines stellt eine fundamentale Kritik sowohl an der Abbildtheorie von Wittgensteins *Tractatus* wie an der Verifikationstheorie des Logischen Empirismus dar. Mit seinem semantischen Holismus stellt er die Annahme von atomaren Sätzen in Frage und ebenso die Voraussetzung von objektiven Sachverhalten, deren logische Struktur durch die Sprache abgebildet wird, die aber doch unabhängig von der Sprache gegeben wird. Im Grunde trifft er damit die Grundüberzeugung der Idealsprachphilosophie insgesamt. Denn deren Ausgangsbasis bestand in der allgemeinen Überzeugung, daß einzelne Wörter, Sätze oder sprachliche Systeme einen objektiv bestimmbaren Gehalt in Gestalt einer festen Bedeutung besitzen. Vermutlich ohne es zu wissen, nähert sich Quine damit Auffassungen an, wie sie schon von Wilhelm von Humboldt und von Cassirer vertreten wurden (vgl. Prechtl 1995, S. 199 ff.).

6.3 Kennzeichnungen und quantorenlogische Darstellung

Quine orientiert sich an Russells Untersuchungen zur Theorie der Kennzeichnungen. Russell wollte die Frage beantworten, wie wir mit negativen Existenzaussagen umzugehen haben. In solche Aussagen wird mit dem Eigennamen scheinbar auf etwas Bezug genommen, was gar nicht existiert. Russells Lösung bestand in der Umformulierung einer solchen Aussage in eine Aussagefunktion. Dadurch sind wir in der vorteilhaften Situation, daß wir keine Entitäten annehmen müssen, denen in der Wirklichkeit nichts entspricht. Solche Aussagen wie »Odysseus hat es nicht gegeben« oder »es gibt kein geflügeltes Pferd namens ›Pegasus‹« bereiten uns dann keine Schwierigkeiten mehr, wenn wir eine vorsichtigere Formulierung wählen: »Es gibt etwas, das die und die

Eigenschaften hat«. Dadurch haben wir den Eigennamen (›Odysseus‹ oder ›Pegasus‹) ersetzt durch ein neutrales ›etwas‹ oder ›jemand‹. Der Ausdruck ›neutral‹ meint hier, daß wir damit noch keine Festlegung bezüglich der Existenz spezieller Gegenstände getroffen habe. Die umgangssprachlichen Ausdrücke ›etwas‹ und ›jemand‹ zeigen eine generelle Existenzaussage an und lassen sich dann durch einen Existenzquantor ausdrücken: »Es gibt ein x, so daß«. Ergänzt man diesen Ausdruck mit einem Kennzeichnungsausdruck, ergibt sich folgender analysierter Satz: »es gibt ein x, das der Verfasser von *Waverly* ist«. Diese Aussagefunktion ist dann erfüllt, wenn es tatsächlich jemand gibt, der dieses Werk geschrieben hat.

Quine geht einen Schritt weiter, indem er vorschlägt, auch die Eigennamen in Kennzeichnungen zu verwandeln. Man müßte dazu auch diejenigen Ausdrücke, die zunächst als Namen in Erscheinung treten, zu Prädikaten (›ist Pegasus‹ oder ›pegasiert‹) umdeuten. Zusätzlich müßte man dem Umstand Rechnung tragen, daß der Name sich auf genau ein Objekt bezieht, so daß wir in der Umformulierung dies durch die Verwendung des bestimmten Artikels anzeigen müßten. Aus ›Pegasus‹ würde dann ›dasjenige Ding, welches Pegasus ist‹.

Quine hält einzig diese quantorenlogischen Formulierungen, in denen nur extensional bestimmte Terme zu Anwendung kommen, für eine akzeptable sprachliche Darstellung. Die Ausdrücke ›etwas‹ und ›alles‹, die quantifizierende Ausdrücke einleiten, referieren auf keine bestimmten Entitäten. Die Sinnhaftigkeit der Verwendung dieser unbestimmten Terme setzt nicht die Annahme voraus, daß irgendwelche Namensträger existieren. Für die Referenz kommen also keine singulären Terme in Frage, sondern einzig unbestimmte Terme, die in einer quantorenlogischen Sprache in Quantoren und durch sie gebundenen Variablen bestehen. Sie referieren auf den gesamten Bereich der Gegenstände, über die wir sprechen (vgl. Runggaldier 1985, S. 184).

Durch diese verschiedenen Schritte der Umformulierungen zeichnet sich ab, daß Quine für unser gesamtes Wissen mit einer rein extensionalen, objektbezogen interpretierten Version der Quantifikationstheorie auskommen will. Dieses Verfahren wäre – wenn man sich bei der Übersetzung von Eigennamen in Kennzeichnungen auf die kennzeichnenden Prädikate einigen könnte – logisch korrekt. Eine andere Frage aber ist, ob nicht ostensive Eigennamen doch praktisch unentbehrlich sind. Denn die Eigennamen geben den Sätzen einen direkten und einfachen Bezug, während der Bezug der Sätze ohne Eigennamen wesentlich komplexer ist. Das drückt sich z.B. darin aus, daß ein Satz wie »Hans ist blond« durch direkte Beobachtung entscheidbar ist, durch Überprüfung nur eines Gegenstandes. Dagegen würde der Satz »Es gibt genau ein Ding der und der Beschaffenheit, und dieses Ding ist blond« für die Feststellung seines Wahrheitswerts eine Durchmusterung des gesamten Universums erfordern und wäre als kombinierter All- und Existenzsatz nicht definitiv entscheidbar. Darüber hinaus ist es außerordentlich schwierig, kennzeichnende Prädikate anzugeben, die nicht selber wieder ostensive Eigennamen (Namen z.B. für Raum- und Zeitstellen) enthalten (vgl. Kutschera 1975, S. 51; Ayer 1963, S. 150).

Im Verlauf der Darstellung haben wir gesehen, wie Quine Existenzfragen auf Fragen nach der Existenzquantifikation zurückführt. Existenz ist schließlich das, was durch die Existenzquantifikation ausgedrückt wird. Für die Wahrheit der quantifizierten Sätze ist die Identifizierung der Gegenstände irrelevant. Wer auch immer eine Aussage über die Welt machen will, braucht nicht imstande sein zu referieren, es genügt, wenn er unbestimmt auf etwas referiert. Für den Begriff der Existenz spielen die Begriffe ›Erfüllung‹ und ›zutreffen‹ eine entscheidende Rolle. Die Gegenstände, auf die eine Theorie angewiesen ist, um wahr zu sein, sind jene Gegenstände, die jeweils ein Prädikat erfüllen bzw. die Gegenstände, auf die ein Prädikat zutrifft.

6.4 Ontologie

Nach Quines Auffassung entgehen wir mit den vorgeschlagenen Umformulierungen nicht nur den ontologischen Problemen, sondern auch jenen Fragen, die wir im Zusammenhang mit dem Universalienproblem angesprochen haben. Wir müßten uns seiner Meinung nach nicht entscheiden zwischen Nominalismus und Platonismus. (Der Nominalist läßt nur solche Variablen zu, die sich auf raum-zeitliche konkrete Objekte beziehen (d.i. Individuenvariablen) und bestreitet die Existenz von Universalien. Der Platonist räumt neben den Individuenvariablen noch die Möglichkeit von Klassen und Relationen (d.i. abstrakte Gegenstände) ein.) In der geschilderten Umformulierung wären wir der Notwendigkeit zu ontologischen Annahmen entbunden, denn wir hätten nur noch logische Ausdrücke (›und‹, ›nicht‹), Prädikate und die gebundene Variable (›x‹). Es genügt die Annahme, daß ein Prädikat von bestimmten Objekten gilt und von anderen nicht. Um die Bedeutung dieses Prädikats zu verstehen, müßten wir nur gelernt haben, wann es anzuwenden ist.

Die Rücknahme ontologischer Fragen führt dazu, die Existenzfrage umzuformulieren: ›Zu sein‹ heißt Wert einer gebundenen Variablen zu sein. Daraus wird ersichtlich, daß man mit der Wahl eines Sprachsystems zwar eine ontologische Verpflichtung eingeht, ohne eine Aussage darüber machen zu müssen, daß das, was existiert, von der Sprache abhängig ist. Es stellt sich einzig die Frage, welche Arten von Gegenständen wir annehmen müssen, damit unsere Theorien über die empirische Welt erfolgreich sind. Den Philosophen fällt dabei die Aufgabe zu, aufgrund der bestehenden Theorien zu bestimmen, welche Arten von Entitäten für die Wissenschaften unerläßlich sind. Dazu müssen sie bestimmte Kriterien für ontologische Reduktionen aufstellen. Wir müßten die Wertbereiche gegeneinander abwägen und beurteilen, ob wir durch Reinterpretation auf den Wertbereich einer Theorie zugunsten eines neuen Bereichs verzichten können.

Quine vertritt die Auffassung, daß die Ontologie als empirische Disziplin zu gelten habe. Sie hat darüber zu befinden, was existiert, indem sie die Fragen der Referenz von theoretischen Termen in der Weise beantwortet, daß wir nur solche Objekte setzen dürfen, die wir einwandfrei identifizieren können. Wir müßten jeweils aufzeigen, welche ontologischen Verpflichtungen wir mit einer Theorie eingehen (wollen). Dazu brauchen wir nur die Sprache der fraglichen Theorie in die Sprache der Quantorenlogik zu übersetzen. Dabei zeigt sich dann, welche Art von Entitäten wir voraussetzen. Denn wenn wir den Wertbereich der Variablen festlegen, geben wir gleichzeitig an, daß wir die Existenz von solchen Entitäten voraussetzen.

Quine hat damit die Existenzfrage in der traditionellen Form umgangen. Nicht mehr die Frage, welche Entitäten existieren, steht im Vordergrund, vielmehr wird die Bedeutung des Wortes ›existieren‹ so expliziert, daß etwas ein Wert einer gebundenen Variablen sein kann. Damit ist keine absolute Festlegung verbunden, vielmehr gilt die Existenzbehauptung nur unter der Voraussetzung der Wahrheit der Theorie (die solche Terme enthält).

In Anlehnung an Ockhams Rasiermesser stellt er die Forderung auf, daß wir unsere Ontologie möglichst ökonomisch gestalten und nur solche Entitäten setzen, die etwas zur Erklärungskraft einer Theorie beitragen. Ihre besondere Plausibilität gewinnt diese Auffassung durch Beispiele aus der Physik. Solange bspw. die Quantenmechanik wissenschaftliche Erfolge vorweisen kann, gibt es keinen Grund daran zu zweifeln, daß man Elementarteilchen als Entitäten zu setzen habe. Quine beschränkt seine ontologische Wahl auf physikalische Objekte und auf die Mengen der Mathematik. Er kann also für seine Wahl auf die Erfolge beider Wissenschaften verweisen.

Schwierig wird es allerdings, wenn wir andere Wissenschaften in Betracht ziehen. Entweder beschränken wir uns auf die ontologische Norm, nur physikalische Objekte gelten zu lassen, oder aber wir entscheiden uns für eine andere Art von Entität, möglicherweise ohne genaue Angaben über ihren Stellenwert für die Erklärungskraft einer Theorie machen zu können. Im Falle der Reduktion auf physikalische Objekte würde einer Einheitswissenschaft das Wort geredet, ohne daß plausibel gemacht werden könnte, daß eine solche Gesamttheorie, die alle Erkenntnisgebiete umfaßt, eine realistische und fruchtbare Vorstellung ist (vgl. Lauener 1992, S. 854 f.).

7. Die Philosophie der Idealsprache und die Aufgaben der Philosophie – kritischer Ausblick

Gemeinsam ist den Vertretern der Philosophie der Idealsprache die Forderung nach einer veränderten Aufgabenstellung der Philosophie. Während sie bei Frege nur andeutungsweise zum Ausdruck kam, artikulierten Moore und mit ihm Russell es schon deutlicher, daß die genuine Aufgabe der Philosophie die Analyse ihrer eigenen Probleme mittels der Analyse der Sprache sei. In dieser Aussage verbirgt sich eine Doppeldeutigkeit, die sich im weiteren Verlauf zu einer handfesten Philosophiekritik entwickelte. Denn zunächst hatte man erwarten dürfen, daß die sprachanalytische Methode zur Lösung der in der Philosophie vorherrschenden Probleme beitragen könnte. Doch diese Lösungsstrategie entwickelte sich zunehmend zu einer radikalen Kritik an der Philosophie insgesamt. Im Vordergrund stand dabei die Metaphysikkritik, wobei nicht immer deutlich auszumachen ist, was die einzelnen Autoren jeweils unter Metaphysik verstehen. Nicht selten wurde die Bezeichnung Metaphysik zu einem Sammelbegriff für all jene Aussagen und Problemstellungen, die man mit Hilfe eines empiristischen Sinnkriteriums negativ bestimmte. Moore wollte zunächst demonstrieren, daß die traditionelle Philosophie sich um die Beweisbarkeit von etwas bemühte, was keines Beweises bedarf. Von der Realität der Außenwelt wissen wir aus unseren alltäglichen Denk- und Verhaltensweisen. Folglich ist diese Frage in seinen Augen kein echtes philosophisches Problem, wie viele andere Fragen der Metaphysiker auch. Russell (1971 b, S. 23 ff.) brachte erstmals die Bezeichnung ›logical analysis‹ ins Gespräch, als er den Versuch unternahm, Leistungen und Grenzen der logisch-analytischen Methode darzustellen. Nach seiner Auffassung richtet sich unser Interesse auf zwei grundsätzliche Bestimmungen:

1. daß jede Aussage im Sinne einer Behauptung über die Natur nur dann sinnvoll ist, wenn sie zumindest prinzipiell durch Sinneserfahrung bestätigt, d.h. verifiziert. werden kann;
2. daß es nicht die Aufgabe der Philosophie ist, solche Aussagen über die empirische Wirklichkeit zu machen. Vielmehr besteht ihre Aufgabe darin, die alltägliche Denk- und Sprechweisen einer kritischen Analyse hinsichtlich ihrer Bedeutung zu unterziehen.

In Wittgensteins *Tractatus* führt diese Auffassung zu einer Radikalisierung: Die meisten Sätze über philosophische Dinge sind nicht falsch, sondern unsinnig. Gleichzeitig bemühte er sich um die wissenschaftliche Grundlegung der Philosophie – allerdings einer Philosophie mit beschränktem Aufgabenbereich. Der Zweck der Philosophie sollte die logische Klärung der Gedanken sein. Das Resultat solcher Analysen dürften dann nicht philosophische Sätze sein, sondern das Klarmachen von Sätzen. Wieder sind es die Sätze der Metaphysik, die er dabei im Visier seiner Kritik hat, da sie nicht wie die Sätze der Logik widerspruchsfrei und nicht wie die Sätze der Naturwissenschaft bzw. die Erfahrungssätze verifizierbar sind. In seinem Sinne sind metaphysische Aussagen solche Sätze, in denen mit dem grundsätzlich Unerfahrbaren und dem nicht einmal prinzipiell Verifizierbaren in einer Weise spekuliert wird, als ob sie jemals Gegenstand menschenmöglicher Erfahrung werden könnten. Eine solche Kritik hatte allerdings schon lange vor ihm Kant angemeldet und trotzdem an dem Versuch einer wissenschaftlichen Metaphysik festgehalten. Kant war sich bewußt, daß manche Fragen den Bereich des Erfahrbaren übersteigen. Seine Kritik beinhaltete die Aufforderung, solchen die Erfahrung transzendierenden Aussagen einen eigenen Status zuzuweisen und sie nicht unzulässigerweise wie Erfahrungssätze zu behandeln. Durch diese Begrenzung wollte er den Raum für solche Fragen und Problemstellungen, die die menschliche Vernunft jenseits bloßer Erfahrungssätze vorbringt, offenhalten. Wittgenstein wiederum war sich dessen bewußt, daß auch seine Aussagen über die logisch-semantischen Analysen und die Abbildungsfunktion der Sprache ebensowenig als Erfahrungssätze zu verstehen sind. Sein Verdikt gegenüber solchen Sätzen konnte er also nicht uneingeschränkt aufrechterhalten. Trotzdem kommt er zu der abschließenden Beurteilung, daß die richtige Methode der Philosophie darin bestünde, nur das zu sagen, was sich sinnvoll sagen läßt, also Sätze der Naturwissenschaft, und immer wenn metaphysische Sätze auftauchen sollten, den Nachweis anzutreten, daß darin sprachliche Zeichen ohne Bedeutung verwendet werden.

Diese Auffassung dient den Mitgliedern des Wiener Kreises gleichsam als programmatische Grundlage. Entsprechend äußern sich Schlick und Carnap. Auf dem internationalen Philosophenkongreß 1930 in Oxford formulierte Schlick die beiden Thesen:

1. Philosophie ist keine Naturwissenschaft; sie hat überhaupt keinen eigenen Gegenstandsbereich neben oder gar über den Einzelwissenschaften.
2. Philosophie ist die Aktivität des Geistes, deren genuine und legitime Aufgabe in der klärenden Analyse der Begriffe der Naturwissenschaften und des alltäglichen Sprachgebrauchs ist.

Darin kommt eine entscheidende Gewichtsverlagerung hinsichtlich der philosophischen Fragestellungen zur Geltung, die dann Carnap beim Namen nennt: Philosophie habe sich als Wissenschaftslogik zu begreifen und habe jede mit dem Anspruch logischer Verbindlichkeit und Wissenschaftlichkeit auftretenden Behauptung daraufhin zu untersuchen, ob eine solche Behauptung bestimmten Kriterien genügt. Alle anderen Sätze sind als Scheinprobleme, die einzig durch mangelnde Sorgfalt des Denkens und fehlender Prägnanz der sprachlichen Formulierung entstanden sind, auszusondern. Die Philosophie befaßt sich demnach nicht mit einer metaphysischen Theorie der Welt, sondern richtet ihre Aufmerksamkeit auf die Wissenschaft selbst, indem sie die verwendeten Begriffe und Methoden, die Aussageformen und die Arten von Logik, die man verwenden kann, untersucht (Carnap 1986, S. 187).

Diese Festlegung der Aufgabenstellung der Sprachanalyse als Philosophie bedarf allerdings einer Präzisierung. In einer polemisch verkürzten Sichtweise bestünde dann das Programm der Sprachanalyse darin, die Philosophie insgesamt aufzuheben, nachdem man alle ihre Problemstellungen als sprachliche Irrtümer dargestellt hat. Irgendwann müßte ein solcher Analyseprozeß an sein Ende kommen und damit den Schlußpunkt für jede Form der Philosophie, die sich nicht als Wissenschaftstheorie versteht, gesetzt haben. In diesem Sinne ließe sich Wittgensteins Bemerkung deuten: »[...] die Klarheit, die wir anstreben, ist [...] eine vollkommene. Aber das heißt nur, daß die philosophischen Probleme vollkommen verschwinden sollen« (PhU § 133). Er hält damit auch noch in den *Philosophischen Untersuchungen* an seiner Meinung fest, daß die meisten Fragen und Sätze der Philosophen darauf beruhen, daß wir unsere Sprachlogik nicht verstehen, so daß die scheinbar tiefsten Probleme eigentlich nicht als Probleme angesehen werden dürften (Tract. 4.003).

Eine Antwort darauf jenseits der polemischen Einstellung gegenüber der Philosophie können wir gewinnen, wenn wir uns die Leistung der Formalsprachphilosophie vergegenwärtigen. Gemeinsam ist den verschiedenen Ansätzen, daß sie mit den Mitteln der formalen Logik philosophische Begriffe und Aussagen analysieren und zu präzisieren versuchen. Ihre Stärke gewinnen sie aus ihrem kritischen Aspekt, indem sie aufzeigen, wo philosophische Termini entweder überhaupt nicht oder nur ungenügend definiert oder erläutert sind. Da sich mit unklaren Begriffen nichts Klares sagen läßt und unklare oder unbegründete Aussagen wissenschaftlich nicht brauchbar sind, ergibt sich daraus der konstruktive Aspekt: Eine wissenschaftliche Philosophie muß auf Präzision der Begriffe und Exaktheit der Begründungen insistieren.

Popper hält den Vertretern der Idealsprachphilosophie entgegen, daß sie fasziniert vom ideal einer exakten oder präzisen Wissenschaft zur Konstruktion eines Modells der Sprache der Wissenschaft getrieben werden, ohne zu sehen, daß es so etwas, wie die Sprache der Wissenschaft gar nicht gibt (vgl. Popper, 1982, S. XX). Eine ähnlichen Einschätzung äußert Whitehead:

> »Die andere Form der Übertreibung besteht in einer Fehleinschätzung der Sicherheit und der Prämissen des logischen Vorgehens. Die Philosophie ist immer wieder von der unheilvollen Vorstellung heimgesucht worden, ihre Methode müsse ganz dogmatisch Prämissen angeben, die allesamt klar, deutlich und gesichert sind, und auf der Grundlage dieser Prämissen ein deduktives Denksystem errichten. [...] Die Philosophie hat sich durch das Beispiel der Mathematik irreführen lassen.« (Whitehead 1984, S. 39 f.)

Die Rechtfertigung erhält die Idealsprache bei Russell durch ihre Widerspruchsfreiheit. In der Mathematik wird es als hinreichend angesehen, wenn formale Deduktionen aus den als wahr geltenden Sätzen zu keinen inneren Widersprüchen führen. Es bedarf darüber hinaus keiner weiteren Begründung. Entsprechend sieht Russell die Idealsprache durch ihre Widerspruchsfreiheit hinreichend gerechtfertigt (vgl. Lorenz 1971, S. 43).

Wittgensteins *Tractatus* lenkt die weitere Diskussion, wie sie bei Carnap und Goodmann geführt wird, in die Richtung, daß nicht mehr nach dem Verhältnis von Idealsprache und Beschaffenheit der nichtsprachlichen Wirklichkeit gefragt wird. Die eigentliche Aufgabe besteht dann in der rationalen Nachkonstruktion desjenigen Wissens, das in der realistischen Sprache des Alltags oder in der Wissenschaft zur Geltung kommt. Ihre Lösung findet die Aufgabe in der Konstruktion einer formalen Sprache, in der ein systematisches Begriffsgebäude seinen Platz hat. Carnap sieht aus diesem Grunde in der Begriffsklärung eine der wichtigsten Aufgaben der Philosophie (vgl. Carnap 1966, S. IX; Goodman 1963, S. 555). Die formale Wissenschaftssprache, die sich aus Beobachtungssprache und theoretischer Sprache zusammensetzt, stellt das fraglos gültige Fundament dar. Ein Modell der Verständigung von Wissenschaftlern bestimmt damit den Maßstab auch für die philosophische Argumentation. Wenn es aber darum geht, diese Standards wissenschaftlicher Verständigung selbst noch einmal zu begründen, bleibt man uns eine Antwort schuldig. »Nur verhindert die weit verbreitete Befangenheit in einer ›antimetaphysischen‹ Haltung im Logischen Empirismus die Einsicht, daß eine sprachkritisch vorgehende Philosophie über keine neutrale Ebene, auch nicht die Praxis der Einzelwissenschaften verfügt [...].« (Lorenz 1971, S. 105). Im Fall der Idealsprachphilosophie werden die bestehenden und gegenwärtig als gültig geltenden Grundsätze und Grundregeln der Wissenschaften unterstellt. Bei

Quine wird selbst dies nochmals reduziert auf die spezifischen methodologischen Annahmen des Behaviorismus. Die sprachphilosophische Reflexion unterzieht diese keinerlei prüfender Fragen, sie bemüht sich bestenfalls, diese zu präzisieren. Russell antwortet solchen Einwänden gegenüber mit dem Eingeständnis, daß er eine derartige Prüfung für nicht erforderlich erachte und deshalb diese Form einer dogmatischen Setzung für gerechtfertigt halte (Russell 1944, S. 683).

Sowohl für die Normalsprachphilosophie wie für die Idealsprachphilosophie ergibt sich das Problem ihrer eigenen Grundlagen (Schnädelbach 1991, S. 73). Auch wenn die Analysen der analytischen Philosophie manche der Fragestellungen der Erkenntnistheorie als unhaltbar bzw. als falsch Problemstellung ausgewiesen haben, ist doch damit nicht gleichzeitig der radikale Begründungsanspruch aufgehoben.

Der selbstkritischen Haltung Wittgensteins verdanken wir eine schonungslose Analyse des Formalsprachenprogramms. Man hat dabei übersehen, daß hinter der Suche nach einer eindeutigen Struktur des Satzes und des Sachverhaltes und nach der vollkommenen Ordnung und Exaktheit nur ein ideales Postulat steckt. Statt zu sehen, daß wir diese Maßstäbe erst durch Vergleiche mit anderen formalen Wissenschaften wie der Mathematik gewonnen und so von uns gesetzten Vorbildern abgelesen haben, postulieren wir diese Ideale in die Dinge hinein. Das Ideal müsse sich auch in der Wirklichkeit finden. So aber wird das Ideal zu einem Vorurteil (PhU § 108).

Von anderer Seite wurde den Entwürfen der Formalsprache entgegengehalten, daß sie die Relevanz ihrer abstrakten theoretischen Systeme nicht hinreichend aufgezeigt hätten. Vertreter des Logischen Empirismus haben

»die Anwendbarkeit ihrer formalen Kunstprodukte einfach als gegeben betrachtet. Rudolf Carnaps System der induktiven Logik zum Beispiel wurde nicht anhand von Beispielen aus der wirklichen Wissenschaft entwickelt, sondern in einer formalisierten logischen Symbolik, deren Relevanz für die wirklichen Wissenschaftssprachen stets nur vorausgesetzt und nie gezeigt wurde. Wenn wissenschaftlich versierte Leser bemängeln, das formale System sei viel zu allgemein und zu abstrakt, als daß es irgendeinen erkennbaren Zusammenhang etwa mit den Diskussionen in der heutigen theoretischen Physik aufweise, so gab Carnap eine unnachgiebige Antwort. Wenn dem so ist, entgegnete er, so liegt es daran, daß die Quantenmechanik nie gemäß den strengen Anforderungen der modernen Logik formuliert worden ist – womit er sich der eigentlichen Beweislast entzog.« (Toulmin 1983, S. 80 f.).

III. DIE PRAGMATISCHE FUNDIERUNG DER BEDEUTUNG

1. Sprachgebrauch und Bedeutung: Wittgensteins Philosophische Untersuchungen

Nach der Fertigstellung des *Tractatus* trat Wittgenstein für längere Zeit nicht mehr in die philosophische Öffentlichkeit. Seine späteren sprachphilosophischen Überlegungen, die schließlich zu dem als *Philosophische Untersuchungen* titulierten Werk führten, hat er etwa 1930 begonnen, aber nie zu einem endgültigen Schlußpunkt gebracht. Für ein besseres Verständnis der darin aufgeführten Überlegungen erweist es sich als hilfreich, jene Notizen Wittgensteins heranzuziehen, die als *Philosophische Bemerkungen*, als *Philosophische Grammatik* und als *Das Blaue Buch* posthum veröffentlicht wurden. Denn darin kann man seine Gedanken gleichsam im Akt ihres Entstehens kennenlernen und seine ersten Überlegungen zu den einzelnen Aspekte nachvollziehen.

Wittgenstein hat in seinen späteren Überlegungen eine deutliche Abkehr von seinen früheren Ansichten vollzogen. Die Tiefe des Einschnitts wird in der Sekundärliteratur unterschiedlich bewertet. Während die einen sein Schaffen in Wittgenstein I und II (vgl Stegmüller 1969, S. 562 f.; Savigny 1974, S. 13), in den frühen und den späten Wittgenstein einteilen, versuchen andere Interpretationen, eine Kontinuität in seinem Denken festzuhalten (vgl. Kenny 1974, S. 255 ff.). Je nach Perspektive der zur Interpretation herangezogenen Aspekte läßt sich mehr oder weniger Kontinuität ausmachen (vgl. Kienzler 1997, S. 15 ff.). Ich will diesen Streit auf sich beruhen lassen und statt dessen jene Aspekte herausstellen, in denen sich Wittgenstein ganz entschieden von seiner früheren Sprachauffassung absetzt. In den *Philosophischen Untersuchungen* unternimmt er den Schritt, die frühere Beschränkung der Sprache auf ihre beschreibende Funktion hin aufzuheben. Die daraus resultierenden Konsequenzen destruieren sein kompliziertes Konzept von ontologischen Annahmen und Abbildungsfunktion der Sprache.

Lagen die Verständnisschwierigkeiten des *Tractatus* in der Knappheit der Sätze, erschwert in den *Philosophischen Untersuchungen* die Darstellungsform des Dialogs von These und Gegenthese den unmittelbaren Zugang. Im folgenden soll aus den vielfältigen Analysen jene Momente herausgestellt werden, die in späteren Diskussionen noch einen besonderen Stellenwert einnehmen.

Die *Philosophischen Untersuchungen* werden gerne als Paradigmenwechsel in der analytischen Sprachphilosophie gedeutet. Richtig daran ist, daß Wittgenstein in diesem Werk für die Philosophie eine andersartige Aufgabenstellung formuliert. Andererseits hält er in gewisser Weise an der alten Problemstellung, nämlich die Grenzen der Sprache zu bestimmen, fest. Allerdings ist seine Art der Grenzziehung eine gänzlich andere als im *Tractatus*.

Denn dort richtet er sein Augenmerk auf die empirischen Satzformen, entsprechend verläuft die Grenzziehung entlang der Linie zwischen dem empirisch Sagbaren und dem empirisch Unsagbaren. Die einschneidende Veränderung in den *Philosophischen Untersuchungen* geht mit einer Art Selbstkritik einher. Die Einschränkung des Sagbaren auf den Bereich der empirischen Sprache erscheint ihm nunmehr als eine intuitive Verallgemeinerung, die nicht zur tatsächlichen Sprache paßt. In seiner Kritik geht er so weit, die frühere Sprachauffassung als eine Methode des Essentialismus zu diskreditieren. Essentialistische Thesen über die Sprache sind selbst Beispiele einer bestimmten metaphysischen Denkweise, die den Kontakt zu ihrem Gegenstand verloren hat. Mit dieser Selbstkritik vollzieht er einen radikalen Wandel in seiner Auffassung von Sprachanalyse.

Wittgenstein ist damit nicht gerade auf volle Zustimmung seiner früheren Mitstreiter gestoßen. Allen voran Russell bringt seine Verwunderung über den Wandel in der Bemerkung zum Ausdruck, Wittgenstein habe damit den Zusammenhang zwischen Sprache und Wirklichkeit aus den Augen verloren. Er bemühe sich nicht mehr um die Klärung der Frage, wie unsere Sprache auf die Wirklichkeit bezogen sein. Wittgenstein müßte diesem Einwand insofern recht geben, als er gerade von dieser Denkweise abrücken will, die Sprache und die Wirklichkeit gleichsam als zwei aufeinander zu beziehende Sphären zu betrachten. Eine solche Auffassung entspräche genau jenen metaphysischen Bildern, die es nunmehr zu verabschieden gilt. An ihre Stelle hat die Reflexion über den Gebrauch der Sprache, und damit auch über den Gebrauch des Wortes ›Wirklichkeit‹, zu treten. Die große Resonanz, die Wittgensteins spätere Philosophie erfahren hat, liegt vermutlich darin begründet, daß er die Künstlichkeit der Idealsprachphilosophie aufbricht. Deren Künstlichkeit bestand nicht allein in dem angestrebten Modell einer formal korrekten Sprache, sondern auch in ihrem Wirklichkeitsbegriff, der unausgesprochen immer unterstellt ist, ohne daß er seinerseits hinreichend thematisiert werden könnte. Bei aller Metaphysikkritik, wie sie von Russell, Wittgenstein und Carnap vorgetragen wurden, ist doch nicht zu übersehen, daß bei einer Annahme der Entsprechung von Sprache und Wirklichkeit selbst eine metaphysikträchtige Annahme von Wirklichkeit im Spiel ist. Die Metaphysik und in veränderter Form die Erkenntnistheorie waren darum bemüht, wenn auch möglicherweise mit den ungeeigneten Mitteln, Wirklichkeit bzw. den Begriff von Wirklichkeit auf irgendeine Art auszuweisen. Darin bekundet sich zumindest ein Anspruch, die eigenen Vorstellungen über Wirklichkeit zu begründen. Der Vorzug der sprachanalytischen Kritik mag darin gesehen werden, daß sie die Unhaltbarkeit der Begründungsstrategien aufgezeigt hat, der Nachteil dagegen darin, daß sie diese Fragen insgesamt als obsolet erklärte. Dadurch konnte sie ihren eigenen Wirklichkeitsbegriff mehr oder weniger über einen metaphysischen Appell, bestimmte Entitäten müsse es geben, einführen, ohne sich um die weitere Begründung kümmern zu müssen. Wittgenstein muß man es zugute halten, daß er selbst in der Zeit des *Tractatus* um die Ambivalenz seines eigenen Ansatzes wußte. Denn einerseits geht es ihm um die Grenzziehung zwischen einer sinnvollen und einer unsinnigen Aussage, was zur Festlegung auf die empirisch deskriptiven Sätze führte, anderseits ist er sich doch der Relevanz bewußt, die auch andere Bereiche des Menschen wie bspw. Ethik und Ästhetik besitzen. Allerdings hatte er sich gleichsam selbst ein Denkverbot darüber erteilt, ob es andere Formen rationaler Argumentation gebe. Zu sehr ist die Rationalität auf ein bestimmtes Modell eingeschworen. Aber auch Wittgenstein als einziger bemerkt, daß er damit seiner eigenen Argumentation über das Verhältnis von Sprache und Wirklichkeit den Boden entzieht. Denn solche Aussagen sind ja gerade auf einer anderen Ebene angesiedelt als diejenigen, über deren Sinnhaftigkeit man nachdachte. Der Rekurs auf den Gebrauch der Sprache eröffnet auch wieder jenen Fragestellungen, die mit Problemen der Lebenswelt in Verbindung stehen, eine Artikulationsmöglichkeit. Wittgenstein wäre allerdings dahingehend zu befragen, welche eigenen Problemstellungen sich von seinem neuen Analyseansatz her angehen lassen oder ob sich die daraus resultierenden Analyseverfahren nur darauf beschränken, vorliegende Fragestellungen der philosophischen Tradition einer Kritik zu unterziehen.

1.1 Die Kritik an den ontologischen Annahmen und dem Exaktheitsideal der Sprache

Um die Tragweite der neuen Form der Sprachanalyse hinreichend einschätzen zu können, müssen wir uns zunächst vergegenwärtigen, welche Punkte seines früheren Philosophierens einer grundsätzlichen Revision unterzogen werden. In vorderster Linie stehen dabei seine ontologische Annahmen und die Forderung einer Idealsprache. Aus seiner Kritik am Exaktheitsideal resultiert ein veränderter Begriff der Analyse, auf den noch einzugehen ist.

Seine Kritik der ontologischen Annahme berührt den Atomismus und den damit verbundenen Absolutismus in gleicher Weise (vgl. Kenny 1974, S. 123). Unter Absolutismus ist jene Annahme zu verstehen, daß die Welt als Tatsache auf eine (und nur auf eine) Weise in einfachere Tatsachen zerlegbar ist. Die zugehörige philosophische Analyse sollte zu Sätzen gelangen, die unmittelbare Verbindungen von Grundausdrücken sind, d.h. zu ›Atomsätzen‹, die den Kern eines jeden Satzes bilden. Von Atomismus war insofern die Rede, als diese Zerlegung zu den atomaren und elementaren Tatsachen führen sollte. Wittgenstein gibt damit sowohl die Annahme auf, daß Elementarsätze voneinander unabhängig sind, als auch die Annahme, daß die Sachverhalte unabhängig von der Sprache existieren. Aus der Unabhängigkeit der Elementarsätze folgte, daß aus dem Bestehen eines Sachverhaltes nicht auf das Nichtbestehen eines anderen geschlossen werden kann. Seine jetzige Auffassung von dem Satzsystem behauptet genau das Gegenteil: Aus dem Bestehen eines Sachverhalts kann auf das Nicht-bestehen aller übrigen geschlossen werden, die durch das Satzsystem beschrieben werden. Die Unabhängigkeit der Sachverhalte als metaphysische Annahme muß jetzt ebenso als äußerst problematisch erscheinen. Aus der Kritik seiner Annahmen formuliert er in der Gegenthese: Es gibt nicht nur eine Weise der Zerlegung von etwas Zusammengesetztem in seine einfachen Bestandteile (PhU I, §§ 46 ff.). Denn schon die Ausdrücke

›einfach‹ und ›zusammengesetzt‹ können je nach Kontext Unterschiedliches bedeuten. Seiner neuen Auffassung nach sind verschiedene Weisen der Weltbeschreibung denkbar, und ebenso viele Möglichkeiten ihrer Zerlegung in einfache Sachverhalte müßte man in Rechnung stellen. Bei diesem Einwand gegen den Absolutismus geht es ihm allerdings nicht darum, andere Formen der Zerlegung geltend zu machen, vielmehr zieht er den Bezug auf einfachste Elemente insgesamt in Zweifel. Die vorangehende Annahme war, daß, wo immer zwei Sätze miteinander logisch verknüpft sind, in einem der beiden Sätze oder in beiden eine logische Komplexität enthalten ist, die es durch die Analyse aufzudecken gilt. Die grundlegende Thesen dazu waren,

(a) daß sich alle empirischen Sätze vollständig in Elementarsätze zerlegen lassen, welche logisch voneinander unabhängig sind, und
(b) daß die Bestandteile des Satzes durch Festsetzungen Bestandteilen der Wirklichkeit zugeordnet sind (vgl. Tract 3.312, 3.342).

Die Bestimmtheit des Sinnes war auf die Existenz einfacher Gegenstände angewiesen, entsprechend sollte es in dem vollständig analysierten Satz ebenso viele Namen geben, wie es Gegenstände gibt (vgl. Tract 3.2). Indem er den Begriff der absolut einfachen Gegenstände verabschiedet, ist auch die damit verbundene Annahme, die Wirklichkeit bestehe aus Bestandteilen, nicht mehr haltbar. Statt dessen hängt er in den *Philosophischen Untersuchungen* der Auffassung an, daß solche Bestandteile von dem Bestehen bestimmter »Sprachspiele« abhängig sind. – Was er dabei unter ›Sprachspiel‹ versteht, wird noch zu erörtern sein. – Festsetzungen treten bei der Aufstellung eines bestimmten Sprachspiels auf und nicht, wie im *Tractatus* angenommen, bei der isolierten Zuordnung von Wörtern und Gegenständen. Dadurch verändert sich auch die Auffassung, daß ein Satz wahr oder falsch ist kraft des Vergleichs mit der Wirklichkeit. Der Vergleich mit der Wirklichkeit ist nunmehr von Sprachspiel zu Sprachspiel verschieden.

Da Wittgenstein sich von der Annahme der Elementarsätze nunmehr distanziert, ist auch seine Kritik am Exaktheitsideal der Sprache nur folgerichtig. Die ideale Exaktheit einer Sprache taugt nicht mehr als einzigartiger Maßstab (PhU I, § 88). Das hat zur Folge, daß auch die Ideen der genauen Wortbedeutung und des genauen Satzsinnes keine Akzeptanz mehr erhoffen dürfen (PhU I, §§ 79, 87). Die Bedeutungsschärfe eines Ausdrucks läßt sich nicht ein für alle Mal festlegen, sondern variiert je nach Gebrauchskontext. Je nach Situation kann ein Ausdruck mehr oder weniger hinreichend scharfe Bedeutung haben. Mit dieser Auffassung rückt er allerdings auch das Motiv des Logischen Empirismus, nämlich die Vagheiten der Umgangssprache zu beseitigen, ins Abseits. Solche Vagheiten oder Unklarheiten hinsichtlich der Bedeutung lassen sich in den betreffenden Situationen durch zusätzliche Erklärungen beseitigen. Die Suche nach einem absoluten präzisen Sinn, der alle denkbaren Mißverständnisse ausräumen würde, erweist sich als ein überzogenes Unterfangen. Vielmehr erscheint jetzt die Gegenthese plausibel: Es ist unmöglich, die Mehrdeutigkeit von Ausdrücken grundsätzlich zu beseitigen, da die Ausdrücke in zahllosen verschiedenen Situationen verwendet werden, so daß ein eindeutiger Gebrauch nicht von vornherein festgelegt werden kann. Sein Schritt zur Analyse des Sprachgebrauchs kann als eine eigene Form der Metaphysikkritik an seiner früheren Auffassung interpretiert werden. Denn das Bestreben nach eindeutiger Bestimmtheit war in der Auffassung begründet, daß es in der Welt nichts Unbestimmtes geben könne. Deshalb sollten auch die Elementarsätze, die die einfachsten Sachverhalte beschreiben, nicht mit Zweideutigkeiten behaftet sein. Diese Auffassung muß jetzt als eine unhaltbare metaphysische Projektion eines Philosophen erscheinen. Wenn nunmehr nicht mehr davon ausgegangen werden kann, daß Bedeutung und Sinn von Propositionen eigentlich festliegen, erweist sich auch das praktizierte sprachanalytische Verfahren als nicht mehr sinnvoll (PhU I, §§ 60–63).

1.2 Die Bedeutungslehre

Diese grundsätzliche Kritik an seinem früheren Verständnis von Sprache und Wirklichkeit gilt es nunmehr detaillierter auf die Theorie der Wortbedeutung zu übertragen. Die ursprüngliche, von Russell beeinflußte, Auffassung war, daß die Bedeutung des Namens identisch ist mit dem durch diesen Namen bezeichneten Gegenstand. In den *Philosophischen Untersuchungen* führt er eine Unterscheidung zwischen **Namensträger** und **Bedeutung** des Namens ein. An dem einfachsten Beispiel des Eigennamens ›Sokrates‹ illustriert bedeutet diese Unterscheidung, daß die Person Sokrates als der Namensträger anzusehen ist. Es kann also nicht mehr davon ausgegangen werden, daß dem Namen die Bedeutung entspricht, vielmehr entspricht ihm in der Realität der Namensträger. Diese Veränderung hat zur Konsequenz, daß der Name nicht allein dann als sinnvoller Ausdruck anzusehen ist, wenn das durch ihn bezeichnete Objekt etwas Bestehendes ist, sondern auch in dem Fall kein sinnloser Ausdruck ist, wenn dem Namen nicht etwas Existierendes entspricht. Der Name ›Sokrates‹ behält seine Bedeutung, auch wenn die Person Sokrates stirbt, ebenso der Name ›Pegasus‹, auch wenn ein geflügeltes Pferd nie existierte. Um die Bedeutung von Wörtern zu erfassen, sollte man nicht nach Gegenständen Ausschau halten, die sie bezeichnen, sondern – so seine jetzige Forderung – ihre verschiedenen Funktionen untersuchen. Die Bedeutung eines Wortes ist sein Gebrauch in der Sprache (PhU I, § 43; vgl. Savigny 1998, S. 7 ff.). Die ursprüngliche Auffassung legte es nahe, man könne die Bedeutung eines Wortes dadurch lernen, daß man sich mit dem von dem Wort Bezeichneten bekannt macht. Wir müßten auf einen Gegenstand hingewiesen werden, den ein bestimmtes Wort bezeichnet, und würden dadurch lernen, von da an den Gegenstand mit dem Wort zu verknüpfen. In der neuen Version schlägt demgegenüber Wittgenstein vor, man müsse den allgemeinen Gebrauch des Wortes beherrschen, um ein Wort zu verstehen.

Wittgenstein kritisiert die Vorstellung, man könne die Sprache auf der Grundlage von Hinweisdefinitionen erlernen (PhU I, §§ 28 ff.). Er zitiert dazu ausführlicher Augustinus, der ein solches Lernmodell vorstellte: Ein Kind lernt die Bedeutung der Wörter dadurch, daß es wahrnimmt, wie Erwachsene irgendeinen Gegenstand nennen und sich ihm gleichzeitig zuwenden (PhU I, § 1).

Dieses naive Modell bezeichnet Wittgenstein in zweierlei Hinsicht als zu einfach: Es konzentriert sich zu sehr auf Namen und vernachlässigt dadurch andere Arten von Wörtern. Es mißversteht auch im Falle der Namen die Bedeutungsrelation. Denn es betrachtet die Bedeutung des Namens als den Gegenstand, der ihm durch die Hinweisdefinition zugeordnet ist. Die Vielfalt der Wortarten einer Sprache illustriert Wittgenstein am Beispiel des Führerstandes einer Lokomotive, in der viele ähnlich aussehende Griffe zu sehen sind, die aber völlig verschiedene Funktionen haben. Er bringt gegen das genannte Lernmodell das entscheidende Argument vor, daß eine Hinweisdefinition nur dann gelingen kann, wenn der Lernende nicht nur den Namensträger kennt, sondern auch die Rolle des zu definierenden Wortes in der Sprache erfaßt hat. Wenn mir gegenüber jemand das Wort ›blau‹ äußert und auf einen Gegenstand verweist, dann muß ich wissen, daß er mir eine Farbbezeichnung erklären will. Es reicht nicht hin nur ein Wort zu lernen, sondern ich muß gleichzeitig damit die Fähigkeit erwerben, einen Gegenstand zu identifizieren, zu klassifizieren und zu benennen. Am Beispiel der Farben wird es unmittelbar plausibel, daß für die Benennung ›rot‹ erst etwas als rot identifiziert und innerhalb der Gegenstände als Farbe klassifiziert werden muß.

Eine weitere Konsequenz seiner veränderten Auffassung zeigt sich hinsichtlich seiner früheren Einschätzung, daß die deskriptive Funktion der Sprache als die grundlegende anzusehen ist. Die Abbildtheorie des Satzes wir im *Tractatus* als Theorie des indikativen Satzes ausgeführt. Das hat seinen sachlichen Grund darin, daß das Interesse der Wahrheitsfunktion von Sätzen galt. Diese Beschränkung bricht er durch die Unterscheidung von dem **Satzradikal** (PhU I, § 22) und dem **Satzmodus** auf. Diese Unterscheidung läßt sich anhand folgender Sätze illustrieren:

(a) du achtest auf das Kind,
(b) achtest du auf das Kind?,
(c) achte auf das Kind!

Allen drei Sätzen ist ein bestimmter deskriptiver Gehalt gemeinsam, den er als Satzradikal bezeichnet. Allerdings haben diese Sätze einen verschiedenen Sinn, denn (a) ist in einem indikativen Modus formuliert, (b) in einem interrogativen (d.i. fragenden) Modus, (c) in einem imperativen Modus. Der Modus ist ein wesentlicher Bestandteil im Sinn eines Satzes, der nicht zum deskriptiven Gehalt gerechnet werden darf. Im *Tractatus* waren der deskriptive Gehalt und der Sinn eines Satzes noch nicht unterschieden, da man nur deskriptive Sätze (im Indikativ) im Blickfeld hatte. Die Sätze (b) und (c) hätte man dann als verkleidete Indikativsätze deuten müssen (vgl. Stegmüller 1969, S. 575), bspw. (b) als eine Aussage über den Zustand der Unsicherheit des Sprechers, (c) als Aussage über seinen Willenszustand. Solche Umdeutungen erweisen sich aufgrund der neuen Sichtweise als völlig inadäquat. Durch die getroffene Unterscheidung zwischen Satzradikal und Satzmodus wird auch der Stellenwert des neuen Verständnisses von Sprache ersichtlich. Der Akzent liegt nunmehr auf den Gebrauch der Sprache. Je nach Verwendungsweise des Satzradikals verändert sich dessen Sinn im Behauptungsmodus oder Fragemodus oder Befehlsmodus. Der Begriff der **Bedeutung** wird in den *Philosophischen Untersuchungen* durch den Begriff des **Gebrauchs** ersetzt. Die Bedeutung eines Wortes kann mit dessen Gebrauch in der Sprache identifiziert werden (PhU I, § 43), der Sinn eines Satzes mit dessen Verwendung (PhU I, § 20).

1.3 Wortgebrauch und Sprachspiel

Durch diese Akzentverlagerung auf den **Gebrauch der Sprache** gewinnt Wittgenstein auch eine andere Sichtweise bezüglich der Art der Fragestellung. Zunächst ist festzuhalten, daß erst über den Gebrauch die sprachlichen Zeichen Bedeutung erhalten. In der Konsequenz dieser Einsicht liegt, daß wir nicht mehr danach fragen können, was ist Bedeutung?, was ist Erkenntnis?, was ist Wahrheit?. In solchen Fragen zeigt sich ein philosophischer Kardinalfehler, da dabei nach dem Wesen dessen gefragt wird, was diese isolierten Ausdrücke bedeuten (vgl. Stegmüller 1969, S. 580 f.). Diese falsche Fragestellung kann man dadurch umgehen, daß man für die **Bedeutungsanalyse** eines Ausdrucks sämtliche Kontexte, in denen er verwendet wird, miteinbezieht. Die Bedeutung eines Ausdrucks kann nur dadurch erklärt werden, daß man den Fragenden in die verschiedenen Verwendungsweisen des Ausdrucks einführt. Die allein zulässige Frageweise wäre demnach, nach der **Verwendung** des Ausdrucks zu fragen, nicht nach dessen Bedeutung.

Durch die Rückführung eines Ausdrucks auf dessen Gebrauch ergeben sich ganz andere Fragen. Da die Verwendung eines Ausdrucks nicht unbedingt dem tatsächlich korrekten Gebrauch entsprechen muß, stellt sich die Frage, wodurch die Korrektheit festgelegt ist. Sprachliche Ausdrücke setzen Regeln voraus. Solche Regeln können wiederum nicht als starre Vorschriften der Verwendungsweise verstanden werden, vielmehr drücken sie analog den Satzmodi verschiedene Arten der Verwendung von Sätzen aus. Wittgenstein führt dazu den Begriff des Sprachspiels ein, so daß wir die verschiedenen Satzmodi als Ausdruck verschiedener Sprachspiele verstehen können. Ein Sprachspiel besteht aus einer Folge von sprachlichen Äußerungen in einer bestimmten äußeren Situation und in einem bestimmten Handlungskontext (Stegmüller 1969, S. 589; vgl. Savigny 1988 Bd. 1, S. 31 ff.). So ist auch das Benennen der Dinge als ein kompliziertes Sprachspiel anzusehen, das nur von dem verstanden werden kann, der bereits die Technik des Gebrauchs der Sprache erlernt hat. Ich kann also den Gebrauch der Sprache nicht außerhalb eines Sprachspiels erlernen, da Lernen den Gebrauch im richtigen Kontext voraussetzt. Deshalb vermag Wittgenstein auch nur Beispiele von Sprachspielen anzuführen, wie einen Erlebnisbericht geben, ein Märchen erzählen, eine Einrichtung beschreiben, einen Befehl erteilen, eine Frage stellen usw. Die Frage nach dem korrekten Gebrauch eines Ausdrucks kann nun so beantwortet werden, daß die Regeln für den Gebrauch die das Sprachspiel beherrschenden Regeln sind. Solche Sprachspiele sind nicht als klar umgrenzte Gebilde wie bspw. das Schachspiel zu verstehen, entsprechend sind die zugehörigen Regeln auch nicht endgültig festgelegt. Vielmehr sind sie in einen Handlungskontext eingebunden, der sich aus mehreren Aspekten zusammensetzt: aus den früheren

Aussagen eines Sprechers und den darauf folgenden, aus den außersprachlichen Handlungen, die er vollzogen hat und während des Sprechens vollzieht, aus den außersprachlichen Handlungen der Sprechpartner, aus der konkreten Dialogsituation, aus den wahrnehmbaren Umständen der Situation. Das Beherrschen einer Sprache ist in der Weise rückgebunden an ein breites Spektrum des sozialen Handlungskontextes. Wittgenstein spricht deshalb zu recht davon, daß das Sprechen einer Sprache ein Teil einer **Lebensform** sei (PhU §§ 19, 23).

Für das neue Verständnis einer Sprachanalyse bedeutet das, daß wir nicht nur ein Sprachspiel studieren dürfen, wenn wir uns Klarheit über die verschiedenen Verwendungsweisen gleicher Ausdrücke verschaffen wollen. Ein und dasselbe Wort wie derselbe Satz können in verschiedenen Sprachspielen auftreten. Wollen wir die Bedeutung eines Ausdrucks und die Regeln seines Gebrauchs wissen, müssen wir uns Einblick darüber verschaffen, wie der betreffende Ausdruck in einer bestimmten Situation zu verwenden ist.

»Wie ein Wort funktioniert, kann man nicht erraten. Man muß seine Anwendung ansehen und daraus lernen.« (PhU I, § 340)

Die Bindung der Bedeutung an den Gebrauch eröffnet den Blick auf die Bedeutungsvielfalt der sprachlichen Ausdrücke. sowohl im Hinblick auf die individuelle Artikulation. wie im Hinblick auf die darin verwobenen Kulturleistungen. Die Phänomene des Denkens und der Erfahrung werden in ihrer Abhängigkeit von der Sprache gesehen. Durch die Gebrauchstheorie der Bedeutung wird die Eigenständigkeit der Sprache auf besondere Weise herausgestellt. Die Funktion eines Ausdrucks wird nicht dadurch erklärt, daß diesem eine sprachunabhängige und ohne Vermittlung der Sprache erfaßbare Entität zugeordnet wird. Die eigenständige Leistung der Sprache zeigt sich gerade darin, daß Ausdrücke erst durch ihre spezifische Verwendungsweise etwas bedeuten.

Die Identifizierung von Gebrauch und Bedeutung bedarf allerdings noch weiterer Präzisierung. Von unterschiedlichen Kritikern wurde wiederholt darauf hingewiesen, daß der Begriff ›Gebrauch‹ vieldeutig ist (vgl. Kutschera 1975, S. 141 ff.).

1.4 Regelbefolgen und Privatsprachargument

Wir haben mit Wittgenstein die Bedeutung an den Gebrauch der Sprache rückgebunden. Im Zusammenhang des Sprachspiels war dabei immer die Rede von Regel und Regelfolgen. Nach dem bisher Gesagten können wir diese Regeln (bspw. eines Spiels) bzw. das Regelfolgen als eine sozial eingeübte Praxis, als Gepflogenheiten verstehen, und dies entspricht auch Wittgensteins Verständnis. Das setzt nun nicht voraus, daß ein festes Regelverzeichnis vorliegt und wir darin theoretisch eingewiesen werden. Man lernt das Spiel, indem man zusieht, wie andere es spielen. Natürlich wäre es denkbar, daß wir in ein Spiel erst durch die Erläuterung der Regeln (bspw. des Schachspiels) eingewiesen werden. Erst wenn wir die Regeln verstanden haben, kennen wir das Spiel. Die Schachfiguren allein besagen zunächst nichts. Diese Möglichkeit ist aber in bezug auf die Sprache insgesamt nicht gegeben. Denn wollte man das Lernen der Sprache so begreifen, daß man uns erst deren Regeln erklären müßte, damit wir überhaupt sprechen können, befänden wir uns im Grunde in einer ausweglosen Situation. Denn zur Erklärung von Regeln müßte bereits Sprache vorausgesetzt werden. Wittgenstein führt mehrere Überlegungen zum Regelfolgen an, die relevant sind im Hinblick auf den Sprachgebrauch (vgl. Vossenkuhl 1995, S. 256 ff.; Savigny 1988 Bd. 1, S. 235 ff.; Puhl 1998, S. 119 ff.). Zunächst gilt es zu klären, wie und unter welchen Voraussetzungen wir einer Regel folgen (PhU I, §§ 197–202): Regelfolgen ist kein einmaliges Ereignis, sondern setzt zumindest eine mehrmalige Wiederholung voraus. Denn in bezug auf eine einmalige Situation könnten wir die Zufälligkeit oder Willkürlichkeit einer Reaktion nicht von einer regelgeleiteten Handlung unterscheiden. Deshalb fügt Wittgenstein die zusätzliche Bemerkung an: Kein Mensch kann nur ein einziges Mal einer Regel folgen. In bezug auf die Sprache bedeuten diese Festlegungen aber noch etwas anderes. Eine einmalige Äußerung eines Ausdrucks wäre unverständlich, gleichsam ein unartikulierter Laut. Aber wichtiger erscheint die zweite Bemerkung. Kein Mensch kann deshalb für sich allein eine Regel, sprich: eine Bedeutung eines Wortes haben, weil dazu der öffentliche Gebrauch einer Sprache Voraussetzung ist. Wittgenstein hält es für keine plausible Theorie, die Bedeutungen der Sprache im Bewußtsein des einzelnen Menschen zu verorten. Wenn von Bedeutung die Rede ist, dann kann diese nicht im Bereich des Seelischen, eines gleichsam vorsprachlichen Denkens, begründet sein. Jede Bedeutung und jedes Verstehen setzt Sprache voraus und kein Individuum hat nur für sich allein eine Sprache.

Wittgensteins sog. Privatsprachargument hat die Form einer reductio ad absurdum. Er geht zunächst davon aus, daß ein Wort einer privaten Sprache angehört, und beweist aufgrund dieser Voraussetzung, daß es keine Bedeutung hat. Ein Ausdruck kann seiner Auffassung nach nur dann Bedeutung haben, wenn es möglich ist, eine richtige von einer falschen Anwendung zu unterscheiden. Eine richtige oder falsche Verwendung kann es aber nur da geben, wo es eine Kontrolle durch eine Sprachgemeinschaft gibt. Was bestenfalls bleibt, wäre ein inneres Gefühl. Aber er könnte nicht bestimmen, ob und wann ihn dieses Gefühl täuscht (vgl. Savigny 1970, S. 71 f.; ders., 1988 Bd. 1, S. 281ff.; Kripke 1987, S. 74 ff.; Candlish 1998, S. 143 ff.).

1.5 Analyse des Verstehens

Die bisherigen Ausführungen zu den *Philosophischen Untersuchungen* haben erkenntlich werden lassen, daß Wittgenstein die auf die deskriptiven Sätze beschränkte Sprachauffassung aufgibt. Seine neu gewonnene Perspektive läßt sich mit der Frage verbinden, was den Lauten und Schriftzeichen, aus denen die Sätze der Sprache bestehen, Bedeutung verleiht (PhG 40, 107; PhU I, §§ 492 ff.). Die Antwort kann nicht (mehr) darin bestehen, die Sprache auf der Grundlage von Hinweisdefinitionen zu erklären. Die Bedeutung der Sprache wird nunmehr in dem Sprachgebrauch verortet, d.h. Bedeutung besteht darin, daß die Sprache von Sprechern gemeint und von Hörern verstanden wird. Eine solche Formulierung, die auf das Meinen eines Sprechers und das Verstehen eines Sprachpartners Bezug nimmt, erscheint zunächst einsichtig. Wenn man sich aber weitere Gedanken darüber macht, wie denn das Meinen und das Verstehen aufzufassen sei, ergeben sich manche Unklarheiten, die u.a. auch mit bestimmten Vorstellungen der traditionellen Philosophie zusammenhängen.

Wittgensteins Versuch, über das Meinen und Verstehen Klarheit zu gewinnen, kann sowohl als Kritik an gewissen Erklärungsversuchen, wie sie in den erkenntnistheoretischen Ansätzen eines Descartes oder Locke zu finden sind, aber auch als ein neuer Stil der Sprachanalyse gesehen werden, wie er im weiteren als Philosophie der Normalsprache (›ordinary language philosophy‹) seinen Niederschlag gefunden hat.

Die in manchen Erkenntnistheorien vorherrschende Auffassung ließe sich vereinfacht so beschreiben, daß darin Meinen und Verstehen als Aspekte des Denkens im Bewußtsein stattfinden bzw. als Bewußtseinsprozesse aufzufassen sind. Kann Verstehen als ein Bewußtseinsvorgang gedeutet werden? Wittgensteins Kritik daran steht im engen Zusammenhang mit seinen Ausführungen zum Gebrauch der Sprache und zu den Sprachspielen.

Seine Kritik beginnt zunächst mit der Frage, was denn unter Bewußtseinsprozessen zu verstehen sei. Zwei Möglichkeiten bieten sich an: Es kann sich dabei um einen inneren Vorgang handeln, zu dem nur jeweils das betreffende Subjekt (durch Introspektion) Zugang hat, oder ein solcher Bewußtseinsvorgang ist als ein mit Hilfe eines mechanistischen Modells beschreibbares Ereignis zu erklären. In beiden Fällen handelt es sich nach Wittgenstein um eine falsche Sichtweise. Ein besonders aufschlußreiches Beispiel (aus der Vielzahl, die er in der *Philosophischen Grammatik* diskutiert) sei dazu angeführt: Gesetzt den Fall, ein Mathematiklehrer zeigt einem Schüler eine Zahlenfolge, und diesem wird plötzlich einsichtig, wie sie fortzusetzen ist – kann man dieses Einsehen als Ereignis deuten? Sicherlich könnte man die Abfolge der verschiedenen Einfälle, die der Schüler zunächst hatte im Sinne einer Ereigniskette beschreiben, damit wäre aber noch nicht die Frage beantwortet, ob auch das Verstehen als Ereignis zu deuten ist. Wittgenstein setzt solchen Überlegungen mit der Feststellung ein Ende, daß es sich beim Verstehen um eine Fähigkeit handelt, und Fähigkeit ist kein Ereignis, sondern eine Disposition. Die Fähigkeit, Schach zu spielen, läßt sich nicht in eine Zeitangabe fassen, die an den Beginn und das Ende eines Matches gebunden wäre, ebensowenig das Vermögen, eine bestimmte Rechenweise auch unter anderen Vorgaben wieder anwenden zu können. Entsprechendes gilt für das Verstehen eines Satzes, das auch nicht auf die Dauer der Äußerung eines Satzes begrenzbar ist. Die Kriterien dafür, ob jemand etwas versteht, decken sich nicht mit den Kriterien für Bewußtseinsvorgänge. Auch wenn man die Zeitpunkte bestimmen kann, ab denen ein Mensch eine bestimmte Fähigkeit erworben und sie wieder verloren hat (bspw. aufgrund eines krankheitsbedingten Gedächtnisverlustes), ist damit nur die Dauer der bestimmten Disposition bei dem betreffenden Subjekt beschrieben, aber nicht gezeigt, daß die Fähigkeit selbst als Ereignisabfolge zu verstehen sei. Das Verständnis eines Satzes setzt das Verständnis einer Sprache voraus, und das ist die Beherrschung einer Technik (*Blaues Buch*, S. 21). Andere Personen können kontrollieren, ob ich diese Technik beherrsche. Dabei ist es unerheblich, welche Vorstellungsbilder mein Verstehen begleiten. Ähnlich wie Frege rechnet auch Wittgenstein die Vorstellungen dem subjektiven Bereich des Einzelnen zu. Die Verschiedenheit der Vorstellungen zweier Schachspieler während eines Spiels ist ohne Belang für ihre Fähigkeit, Schach zu spielen.

Wenn Wittgenstein aufzeigt, wie man den Gebrauch der Wörter wie ›denken‹, ›meinen‹, ›wünschen‹ untersuchen muß, um zu sehen, daß Denken nicht mit so etwas wie Denkhandlung gleichzusetzen ist, demonstriert er ein Verfahren der Sprachanalyse, das zur Auflösung falscher Annahmen beitragen kann. Er gebraucht in diesem Zusammenhang den Ausdruck ›Tiefengrammatik‹, um darauf hinzuweisen, daß verschiedene Wörter auch unterschiedliche Züge aufweisen (PhU I, § 664). Oberflächlich betrachtet weisen die Ausdrücke ›etwas sagen‹ und ›etwas meinen‹ eine gewissen Analogie auf, erst aus der Sichtweise einer Tiefengrammatik wird erkenntlich, daß es nicht zwei gleichartige Vorgänge sind. Wir werden bei der Darstellung von Ryle noch sehen, in welcher Weise ein solches Analyseverfahren nutzbringend auch im Hinblick auf philosophische Fragestellung angewendet werden kann. Bei Wittgenstein ist eine solche Möglichkeit der Weiterentwicklung bereits angedeutet. Er weist darauf hin, daß wir den Gebrauch der Wörter ›denken‹, ›meinen‹, ›wünschen‹ (usw.) nur genau untersuchen müßten, um von einer falschen Auffassung, es gebe so etwas wie eine Denkhandlung, befreit zu werden. Damit würden sich solche (falschen) Überlegungen erübrigen, ob eine eigene Denkhandlung gegeben sei, die von dem Ausdrücken von Gedanken unabhängig ist und in irgendeinem eigenartigen Medium untergebracht ist (*Blaues Buch*, S. 73). Wir dürften also nicht der Vorstellung anhängen, daß uns neben dem sprachlichen Ausdruck noch Bedeutungen vorschweben würden. Für Wittgenstein ist die Sprache selbst das Vehikel des Denkens (PhU I, § 329). Er wendet sich damit gegen die durchaus gebräuchliche Vorstellung, daß der Gedanke schon irgendwie vorhanden sein könne und wir nachträglich nach seinem Ausdruck in Worten suchen müßten. Um die verschiedenen Aspekte wieder in einen Zusammenhang zu bündeln, müssen wir uns die eingangs des Kapitels gestellten Probleme vergegenwärtigen. Die Bedeutung der Sprache besteht darin, daß die Sprache von Sprechern gemeint und von Hörern verstanden wird. Wittgenstein faßt das Resultat folgendermaßen zusammen:

> »Wir reden vom Verstehen eines Satzes in dem Sinne, in welchem er durch einen anderen ersetzt werden kann, der das gleiche sagt; aber auch in dem Sinne, in welchem er durch keinen anderen ersetzt werden kann. [...]. Im einen Fall ist der Gedanke des Satzes, was verschiedenen Sätzen gemeinsam ist; im anderen etwas, was nur diese Worte, in diesen Stellungen, auszudrücken. (Verstehen eines Gedichts)« (PhU I, § 531).

Gleichzeitig demonstriert er durch die Erörterung des Verstehensbegriffs, daß es sich dabei nicht um unterschiedliche Bedeutungen des Begriffs handelt. Die

Bedeutung kann nicht dadurch herausgestellt werden, daß für alle Anwendungsfälle eine gemeinsame Eigenschaft aufgewiesen würde. Vielmehr muß man die verschiedenen Fälle unter den Begriff der **Familienähnlichkeit** fassen. Die Gebrauchssprache wird als Geflecht von vielen Sprachspielen aufgefaßt werden müssen. Wir müssen durch eine Fülle von Situationen, in denen sprachliche Ausdrücke sich einführen lassen, hindurch die Struktur der Sprache erkennen. Den tatsächlichen Gebrauch der Sprache beschreiben, heißt, die verwendeten Wörter selbst ›in der Situation‹ einführen (vgl. Wennerberg 1998, S. 41 ff.).

Durch seinen Rekurs auf den Sprachgebrauch hat Wittgenstein einer neuen Art der Sprachanalyse und damit auch der philosophischen Analyse den Weg geebnet. Nach wie vor geht es ihm um die Auflösung falscher Problemstellungen. Die Ursache falscher Fragen kann in den Formen unserer Sprache, d.h. einer falsch verwendeten Sprache, liegen. Wie im *Tractatus* geht es ihm auch in den *Philosophischen Untersuchungen* um die Klarheit des Gedankens (PhU I, § 123). Allerdings will er jetzt zeigen, daß mit der Umgangssprache bereits alle Mittel bereitgestellt sind, deren man bedarf, um solche Klärungen herbeizuführen. Sprachkritik wird so zur notwendigen Voraussetzung sinnvollen Philosophierens.

2. Die Philosophie der Normalsprache

Die **Philosophie der Normalsprache** stellt einen Gegensatz zum Programm der Philosophie der Idealsprache dar. Trotz der Veränderung in der Problemstellung lassen sich zumindest Grundzüge von Gemeinsamkeiten hinsichtlich der Aufgabenstellung für die Philosophie ausmachen. Der erkenntniskritisch motivierte Anspruch der Idealsprachphilosophen war, die Sprache (der Wissenschaft) so zu reglementieren, daß die in der Umgangssprache auftretenden Mängel beseitigt werden. Dazu sollte ein explizites System semantischer und syntaktischer Regeln erstellt werden, die solche Ungenauigkeiten und Unschärfen der sprachlichen Ausdrücke gar nicht erst aufkommen lassen. Die syntaktischen Regeln legen fest, wie die grammatisch korrekt gebildeten Ausdrücke (bspw. die atomaren Satzfunktionen) auszusehen haben: Mit Hilfe der semantischen Regeln will man die Extension der Prädikate bestimmen, um die Wahrheit oder Falschheit von Sätzen definieren zu können. Sprache wird so zu einem abstrakten System, in dem Regeln festlegen, wie die sprachlichen Zeichen bzw. Symbole zu verbinden sind. Dabei wird bewußt davon abgesehen, daß sich Sprache erst in einem Kontext von Handlungen im Rahmen einer Gemeinschaft realisiert. Im Vordergrund des Interesses steht, die hinter der natürlichen Sprache liegende logische Struktur herauszuarbeiten, indem man das dem Sprechverhalten zugrundeliegende System mit Hilfe von präzisen Begriffen analysiert. Man ist der Meinung, daß allein eine formale Wahrheitstheorie den Zugang zu einer angemessenen Erklärung von Bedeutungen eröffnen kann.

Die ersten Einwände gegen eine solche Vorstellung, man könnte zu einer eindeutigen Bestimmung von Bedeutungen gelangen, liefert bereits Wittgenstein durch seinen Hinweis auf die unterschiedlichen Gebrauchskontexte. Im Rahmen seiner Analysen zu ›Meinen‹ und ›Verstehen‹ zeichnete sich bereits ab, wie man zu Begriffsklärungen gelangen kann, indem man Unterschiede in der Verwendungsweise von sprachlichen Ausdrücken herausarbeitet.

Aber auch bei Frege waren wir schon auf das Problem gestoßen, daß wir in bestimmten Fällen Schwierigkeit haben bei der Bestimmung von Wahrheitswerten. Die extensionale Festlegung von Bedeutung sah vor, daß der singuläre Term sich auf das bezeichnete Objekt bezieht, Prädikate auf die Menge der Objekte, auf die sie zutreffen, und Sätze die Wahrheit als Extension haben. Wenn in einem Satz ein singulärer Term auftritt, wie bspw. ›Pegasus‹ oder ›Odysseus‹, oder ein indexikalischer Ausdruck (ein Personalpronomen wie ›ich‹) vorkommt, dann stehen wir vor der Schwierigkeit, daß der Satz mit dem leeren singulären Term keinerlei Wahrheitswert hat und im Fall des indexikalischen Ausdrucks sich der Wahrheitswert mit dem wechselndem Kontext verändern müßte. An diesem Punkt setzt die grundsätzliche Kritik von Strawson (1974 a, S. 30 ff.) an der Durchführbarkeit des formalsprachlichen Programms ein. Denn dessen Anspruch war es ja, die Frage der Wahrheitsbedingungen ohne Bezug auf die Umstände der Äußerungssituationen, also ohne Bezug auf die Kontexte, bestimmen zu können.

Die unterschiedlichen Einwände gegen spezielle Probleme der Idealsprachphilosophie verdichten sich zu einer neuen Richtung der sprachphilosophischen Analyse. Was von Moore bereits als Analyseverfahren vorgegeben war, entwickelt sich zu eine **Philosophie der Normalsprache**. Die einzelnen Vertreter der neuen Richtung, Wittgenstein, Austin, Ryle verbindet die gemeinsame Auffassung, daß die Analyse alltagssprachlicher Redewendungen für den Zweck philosophischer Erklärungen fruchtbarer sei als die Konstruktion technischer Begriffe, wie es in den Entwürfen zur Idealsprachphilosophie gehandhabt wurde. Ihrer Ansicht nach führen solche Konstruktionen nicht selten zu Abstraktionen, die die ursprüngliche Problemlage verzerren oder den Bezug zu den Ausgangsproblemen zunehmend aus den Augen verloren haben.

Für diese Form sprachanalytischen Vorgehens stehen Wittgensteins *Philosophische Untersuchungen* Pate. Da wir seine Ausführungen bereits kennengelernt haben, genügt es, jene Stellen zu benennen, die den Anknüpfungspunkt für diese Form des Analysierens von Sprache und für ein anderes Verständnis der philosophischen Aufgabe darstellen.

Den Ausgangspunkt finden wir in Wittgensteins Begriff des Sprachspiels. Seine Einwendungen gegen alle Versuche einer expliziten Festlegung von Bedeutung (durch Definitionen) führen zu der Auffassung, daß die Bedeutung von Ausdrücken von ihrer Einbettung in die Sprachspiele und den entsprechenden Lebensformen abhänge. Eine Sprache können wir nur dann verstehen, wenn wir die zugehörigen Lebensformen und die Regeln des einzelnen Sprachspiels kennen. Diese Regeln, die wir implizit durch den Gebrauch der Sprache lernen, legen fest, wann ein Ausdruck richtig (d.h. entsprechend dem bestimmten Sprachspiel) gebraucht wird.

Diese Einsicht bringt Wittgenstein dazu, das Sinnkriterium für sprachliche Ausdrücke nicht mehr mit der Frage nach dem empirischen Gehalt zu verbinden, sondern die sprachlichen Gepflogenheiten der Umgangssprache als Grundlage anzunehmen. Die Sprachspiele geben gleichsam die Grundlage ab, auf der der philosophische Sprachgebrauch mit dem mit dem Gebrauch der normalen Sprache kontrastiert wird. Die Grenzen der normalen Sprache legen fest, was überhaupt sinnvoll ausgesagt werden kann. Entsprechend haben sich auch die philosophischen Aussagen daran messen zu lassen. Die fehlende Sprachkritik stelle eine Hauptquelle für die philosophischen Verwirrungen dar. Falsche bzw. fehlende Vorstellungen vom Funktionieren der Sprache haben zu den philosophischen Problemen geführt. Unser Wissen über den tatsächlichen Sprachgebrauch müßte dazu verhelfen, diese Probleme zum Verschwinden zu bringen (PhU I, §§ 122–125). Wittgenstein bringt es auf die Formel: Die Sprachanalyse diene der Therapie. Das therapeutische Bemühen führt schließlich zur Aufhebung der philosophischen Probleme, nicht zu deren Beantwortung (PhU I, § 133).

2.1 Die begriffliche Analyse – ›conceptual analysis‹

Gilbert Ryle war einer der ersten, die versucht haben, Wittgensteins Anregung auf konkrete Fragen der Philosophie nutzbringend anzuwenden. Ryle (1900-1976) studierte klassische Philologie, Philosophie, Geschichte und Staatswissenschaft in Oxford. 1945 wurde er Professor für Metaphysik in Oxford.

Die Grundlagen für seine Auffassung, was die Philosophie zu leisten habe, wird in seinem Aufsatz *Systematically Misleading Expressions* (1931; dt. *Systematisch irreführende Ausdrücke*, 1968) zumindest in Umrissen dargestellt. In seinem Hauptwerk *The Concept of Mind* (1949; *Der Begriff des Geistes*, 1969) versucht er, diese Gedanken zu einer eigenen Theorie auszubauen. Deshalb wird diese Schrift zuweilen als Gründertext für die Philosophie der normalen Sprache bezeichnet.

Seine Überlegungen in dem genannten Aufsatz tragen noch deutlich die Handschrift des Logischen Empirismus. Sowohl hinsichtlich seiner Metaphysikkritik wie auch hinsichtlich der Annahme, daß der empirische Gehalt als die Grundlage sinnvoller Begriffe anzusehen ist, lassen sich gemeinsame Züge ausmachen. Aber während der Logische Empirismus auf der Grundlage des Verifikationsprinzips die sinnlosen Ausdrücke aussondern will, geht es ihm darum, die irreführenden Ausdrücke ausfindig zu machen. Denn sie sind seiner Meinung nach die Grundlage für Begriffsverwirrungen und falsche Problemstellungen der Philosophen.

2.1.1. Die Analyse irreführender Ausdrücke

Für seine Analyse irreführender Ausdrücke macht er den Unterschied zwischen der grammatischen Form und der logischen Form einer Aussage geltend. Diesem Unterschied nicht hinreichend Rechnung zu tragen, ist der Hauptgrund für die sprachliche Verwirrung und die Verfälschung der Wirklichkeit. Ryle zeigt drei Formen systematisch irreführender Ausdrücke auf:

1. Die quasi-ontologischen Aussagen: In deren Analyse nimmt er Bezug auf Russells Überlegungen zu den verneinten Existenzsätzen. In der Aussage »das runde Viereck existiert nicht« soll der Subjektausdruck etwas bezeichnen, während der Prädikatausdruck von diesem Subjekt aussagt, daß es nicht existiert. Das Problem entsteht dadurch, daß die grammatische Form suggeriert, es würde über das Subjekt etwas ausgesagt. Aber wie kann eine Aussage über etwas, das nicht existiert, eine sinnvolle Aussage sein? Die Antwort erhalten wir, wenn wir uns die logische Form dieser Aussage durch die Umformulierung »es gibt nichts, was zugleich rund ist und viereckig ist« vergegenwärtigen. Dadurch umgehen wir die fragwürdige ontologische Annahme einer nicht-existierenden Entität. Die Begriffsverwirrung besteht in der durch die grammatischen Form nahegelegten Deutung, etwas habe die Eigenschaft, nicht zu existieren. Die korrekte Form dagegen zeigt an, daß die gleichzeitige Zuschreibung der Prädikate ›ist rund‹ und ›ist viereckig‹ in bezug auf jedes denkbare Subjekt verneint wird.
2. Die quasi-platonischen Aussagen: Derartige Probleme wurden im Zusammenhang des Universalienstreits erörtert. Aufgrund der grammatischen Form der Aussage »Unpünktlichkeit ist tadelnswert« könnten wir dazu verleitet werden, Unpünktlichkeit als einen allgemeinen Gegenstand aufzufassen, dem die Eigenschaft ›tadelnswert‹ zugeschrieben wird. Die logische Form läßt erkennen, daß ein prädikativer Ausdruck als grammatisches Subjekt auftritt. Die Umformulierung in die Aussage »jeder, der unpünktlich ist, ist zu tadeln« verführt nicht dazu, außer den Einzeldingen auch noch allgemeine Entitäten anzunehmen.
3. Quasi-Beschreibungen: Ryle streicht zunächst den Unterschied zwischen Eigennamen und Kennzeichnungen heraus. Bei Eigennamen wird eine bestimmte Person dadurch bezeichnet, daß andere diese so nennen. Beschreibende Ausdrücke dagegen bezeichnen eine Person, weil diese die im Ausdruck genannten Eigenschaften besitzt. Als zweiten Aspekt hält er fest, daß die Bedeutung des beschreibenden Ausdrucks nicht mit dem beschriebenen Ding gleichgesetzt werden dürfe. Vielmehr bedeutet der Ausdruck die Eigenschaften. Nach diesen Vorgaben demonstriert er, wie eine Klasse systematisch irreführender Ausdrücke analysiert werden kann.

Wenn man von den beiden Beispielsätzen »Poincaré ist nicht der König von Frankreich« und »Tom Jones ist nicht der König von England« ausgeht, können wir zunächst die gleiche grammatische Form feststellen. Der in solchen Sätzen verborgenen Gefahren werden wir erst ansichtig, wenn wir beide Sätze in unverneinter Form wiedergeben. Jones könnte König von England sein, da es dort noch ein Königtum gibt, nicht aber in Frankreich. Auch wenn im ersten Satz auf kein reales Subjekt Bezug genommen werden kann, ist der Satz trotzdem sinnvoll. Wir müssen nur erkennen, daß es sich dabei um eine prädikative Verwendung der Ausdrücke handelt, nicht um verweisende Ausdrücke. In der Umformulierung »jemand heißt Poincaré und dieser hat nicht die Stellung eines Königs von Frankreich« wird dies deutlich. Dieses Beispiel zeigt, in welche Scheinprobleme wir geraten, wenn wir statt einer sorgfältigen Analyse irgendwelche Ideen oder Substanzen annehmen (Ryle 1968, S. 53).

Einer ähnlichen Gefahr begegnet man in dem Satz »Unpünktlichkeit ist tadelnswert« oder dem Ausdruck ›der Sieg der Labour Party‹. Für den ersten Satz läßt sich eine grammatikalische Entsprechung zu »Hans ist tadelnswert« feststellen, was nicht zu der Annahme einer Entität wie Unpünktlichkeit führen darf. Wie Ockham vor der Annahme einer Entität ›Gerechtigkeit‹ gewarnt hatte, so jetzt Ryle vor der Annahme der Entität ›Unpünktlichkeit‹. Ryles Analysen steht Ockams Rasiermesser als Maßstab zur Seite. Die sprachliche Form darf nicht zu einer Vermehrung der Dinge führen. In der Redeweise vom Sieg einer Partei wird nicht auf eine Entität ›Sieg‹ verwiesen, sondern auf ein Ereignis.

Diese wenigen Beispiele mögen genügen, um die Tendenz von Ryles Analysen kenntlich zu machen. Vergegenwärtigt man sich dazu die Ausführungen von Russell oder Carnap, so zeigen sich zunächst keine großen Unterschiede. Den Kerngehalt seiner Analyse bildet die Unterscheidung zwischen der grammatischen und der logischen Form der Sätze. Was unter der logischen Form genauer zu verstehen sei, wird bei Ryle nicht eingehender erörtert. Statt dessen beläßt er es bei dem Hinweis, daß Antinomien oder Paralogismen ein Hinweis auf einen systematisch irreführenden Ausdruck sind (Ryle 1968, S. 61). Die neue Akzentsetzung zeigt sich erst darin, daß er solche Ausdrücke nicht als sinnlos eliminieren will, sondern diese durch Umformulierung mit den Mitteln der Alltagssprache in eine sinnvolle Fragestellung übertragen will. Aber anders als Moore begnügt er sich nicht damit, fragwürdige Aussagen in eine scheinbar unverfängliche umgangssprachliche Ausdrucksweise zu übertragen. Vielmehr kalkuliert Ryle ein, daß neben der philosophischen Terminologie auch die Wissenschafts- und sogar die Umgangssprache von Irreführungen befallen sein kann (Ryle 1963, S. 79).

2.1.2. Kategorienfehler

Den eigentlichen Schritt zu jenen Analysen, wie sie für die Philosophie der Normalsprache charakteristisch sind, vollzieht Ryle in seinen Aufsätzen »Categories« (1951) und »Dilemmas« (1954; dt. »Begriffskonflikte«, 1970). Darin demonstriert er, auf welchem Wege man feststellten kann, ob Ausdrücke fehlerhaft verwendet werden oder nicht. Die Überprüfung geht so vor sich, daß man einen Satzteil eines sinnvollen Satzes durch einen anderen Satzteil ersetzt. Ergibt sich daraus ein sprachlich sinnloser Satz (auch wenn die grammatische Form noch einwandfrei zu sein scheint), dann wird damit eine fehlerhafte Verwendung eines Terminus angezeigt. Vergleichen wir die Sätze:

(a) Julia Stemberger ist eine überdurchschnittliche Schauspielerin;
(b) Der Industriefacharbeiter stellt den durchschnittlichen Steuerzahler dar;
(c) Ich traf gestern den durchschnittlichen Steuerzahler;
(d) Gestern traf ich Julia Stemberger.

In Satz (a) wird eine Bewertung abgegeben, in (b) eine statistische Definition angeführt, in (c) wird ein statistischer Ausdruck personifiziert, als ob man einem solchen wie einer Person (d) begegnen könnte. Aus dem Vergleich dieser Sätze ergibt sich, daß zumindest in (c) ein Ausdruck nicht korrekt verwendet wird. Das Ersetzungsverfahren gibt uns die Möglichkeit, bestimmen zu können, wann ein ungleicher Status zweier Ausdrücke vorliegt. Ryle benützt zur Kennzeichnung eines solchen Falles den Ausdruck ›**Kategorienfehler**‹.

Ryle fügt dem aber hinzu, daß er den Ausdruck ›Kategorie‹ nicht im Sinne einer philosophischen Kategorienlehre (wie die des Aristoteles) verwendet. Ein vorgefertigtes Wissen logischer Klassen und Typen hält er für nicht brauchbar. Vielmehr ergibt sich die Feststellung des Kategorienfehlers aus dem vergleichenden Gebrauch von Begriffen (Ryle 1970, S. 18).

Was unter einem Kategorienfehler zu verstehen ist, kann Ryle an einem Beispiel demonstrieren: Jemand hat die Absicht, eine Universität zu besichtigen. Nachdem man ihm die einzelnen Räume und Einrichtungen wie Hörsaal, Bibliothek, usw. gezeigt hat, stellt dieser Besucher die Frage: »Wo ist nun die Universität? Sie haben mir bisher nur die Arbeitsräume gezeigt.« Er verkennt bei seiner Frage, daß die Universität nicht mit dem Gebäude gleichzusetzen ist und deshalb auch die Frage nach der räumlichen Bestimmung ein Mißverständnis ist. Die Universität ist eine Institution, für die bestimmte Regeln des Studierens, des Unterrichtens und Formen einer wissenschaftlichen Tätigkeit gelten. Also ist der Begriff ›Universität‹ von einem logisch anderen Typ als der Begriff ›Hörsaal‹.

Unter einer Kategorie, zu der ein Begriff gehört, haben wir die Klasse der richtigen Verwendungen des Begriffs zu verstehen (Ryle 1969, S. 5, vgl. Kemmerling 1984, S. 145 ff.). Kategorienfehler können daher nur mit Hilfe sprachlicher Ersetzungsproben aufgedeckt werden. Dabei könnten wir überprüfen, ob einem Subjekt ein bestimmtes Prädikat zugeschrieben werden kann oder nicht. Bspw. würden wir den Satz »der Turm von Pisa ist wankelmütig« deswegen nicht akzeptieren, weil ›wankelmütig‹ anders als ›baufällig‹ nicht einem leblosen Gegenstand, sondern nur einer Person zugeschrieben werden kann. Dem Subjekt und dem Prädikat kommt eine unterschiedliche Ontologie zu. Nach Ryle müßte sich aufgrund unseres Sprachgebrauchs über die Unstimmigkeit befinden lassen. Wenn zwei Ausdrücke zur selben Kategorie gehören, dann müssen sie sich durch die logischen Operatoren der Konjunktion oder der Disjunktion zu einem sinnvollen Satz verknüpfen lassen. An einfachen Beispielsätzen läßt es sich zeigen, zu welchen Stilblüten wir bei sinnwidrigen Verknüpfungen gelangen: »Ich habe einen rechten und einen linken und ein Paar Handschuhe gekauft« – »sie kam entweder in einer Sänfte oder in einer Flut von Tränen nach Hause« (Ryle 1969, S. 22).

In seinem Hauptwerk *Der Begriff des Geistes* (1969) wendet Ryle das Analyseverfahren auf bestimmte Probleme der Philosophie an. Im Vordergrund steht dabei die Auseinandersetzung mit einem zentralen Thema der traditionellen Philosophie. Nicht erst seit Descartes wird das Verhältnis von Körper und Geist auf verschiedene Weise thematisiert. Ryle unternimmt den Versuch zu zeigen, daß dieses Leib-Seele-Problem von falschen Voraussetzungen ausging. Um den grundlegenden Unterschied zwischen dem Bereich der Materie und dem Bereich des Mentalen festhalten zu können, unterstellte man verschiedene Gesetzeszusammenhänge. Den räumlichen Vorgängen und ihren mechanischen Gesetzen wurde andersartige Gesetze für geistige Vorgänge gegenübergestellt. In den Augen Ryles besteht der grundlegende Irrtum in diesem Gegensatz. Denn er suggeriert, daß Körper und Geist ein gemeinsamer Kategorierahmen eigen ist. Die Annahme der Kategorien von Ursache und Wirkung, Veränderung u.a. legen es nahe, nach einem eigenen Kausalprinzip für Geistiges zu fragen. Dabei wird übersehen, daß Geist und Materie Ausdrücke eines verschiedenen logischen Typs sind. Die adäquate Problemstellung wäre gewesen, wenn man nach den Kriterien für intelligentes und nicht-intelligentes Verhalten gefragt hätte.

Ryles detaillierte Analysen führen schließlich zu dem Resultat, daß wir uns vor der Verwechslung von Dispositionen und Ereignissen oder Vorgängen hüten müssen. Die Kategoriendisziplin fordert, nicht mehr von geistigen Ereignissen oder Handlungen zu sprechen. In bezug auf Mentales haben nur Dispositionsausdrücke ihre Berechtigung. Mit diesen Ausdrücken wird einzelnen Gegenständen die Eigenschaft zugeschrieben, unter bestimmten Bedingungen sich auf eine charakteristische Weise zu verhalten. Wir kennen die Dispositionsprädikate ›wasserlöslich‹ oder ›zerbrechlich‹, die bestimmte Reaktionsweisen von Gegenständen unter bestimmten Bedingungen anzeigen. In bezug auf den Menschen und den Bereich des Mentalen würden wir das Beherrschen einer Fertigkeit als eine Disposition, bestimmte Dinge sicher und erfolgreich zu tun, bezeichnen (vgl. Savigny 1970, S. 82). Im Hinblick auf intelligentes Verhalten dürfen wir nicht auf verborgene Vorgänge des Geistes rekurrieren, sondern müssen uns Klarheit über die intellektuellen Fähigkeiten verschaffen. Ein falsches Modell würde Intelligenz im Sinne einer theoretisierenden Tätigkeit interpretieren. Dem Begreifen von wahren Sätzen müßte eine als intelligent gedachte Tätigkeit vorausgehen. In einem solchen Kausalschema liegt für Ryle der grundlegende Irrtum. Denn wir müssen die Wahrheitserkenntnis mit Hilfe von Intelligenz (als Disposition) erklären. Dazu ist eine wichtige Unterscheidung zwischen ›können‹ und ›wissen‹ zu treffen (Ryle 1969, S. 26 ff.). Können stellt eine Fähigkeit dar und nicht eine Tätigkeit. Die intelligente Handlung entspricht insofern einem Können, als der Handelnde imstande sein muß, bestimmte Kriterien selbständig anzuwenden. Er muß zudem fähig sein, aus eigenen Fehlern zu lernen, Erfolge zu wiederholen und die Handlungen anderer entsprechend diesen Kriterien zu beurteilen. Das Wissen wäre demgegenüber dem theoretischen Erwägen gleichzusetzen.

Ryle glaubt damit gezeigt zu haben, daß man zur Charakterisierung einer intelligenten Handlung und von Intelligenz allgemein nicht zur Annahme eines noch vor der Handlungsausführung wirkenden Geistes genötigt ist. Können ist kein Ereignis, also kann es auch nicht einer Wirkursache namens Geist unterworfen sein. Er zieht dabei nicht in Erwägung, daß wir durchaus eine Situation durchdenken und eine Handlung planen können. Der Zielpunkt seiner Argumentation ist zu zeigen, daß die Annahme des menschlichen Geistes als Wirkfaktor nicht haltbar ist. Er bezeichnet eine solche Annahme als ›intellektualistische Legende‹, wofür er hauptsächlich Descartes als Urheber namhaft macht. Ein Vergleich mit Descartes' Texten zeigt allerdings, daß

Ryles Ausführungen dazu keine angemessene Descartes-Interpretation darstellen (vgl. Röd 1973, S. 310 ff.).

Ryle demonstriert an einer Reihe von Analysen, daß gerade auch im Hinblick auf philosophische Fragestellungen die Unterscheidung zwischen Wörtern für Ereignisse und Wörtern für Dispositionen grundlegend ist. Diese Differenzierung soll verhindern helfen, Dispositionen wie ›sich beeilen‹, ›mit Überlegung handeln‹, ›etwas absichtlich tun‹ als Vorgänge oder Ereignisse (wie bspw. laufen, rufen, schreiben) zu interpretieren und entsprechend falsche Problemstellungen darauf zu entwickeln.

Das für die Normalsprachphilosophie spezifische Philosophieverständnis läßt sich anhand der vierfachen Funktion solcher Untersuchungen bestimmen:

1. Die klärende Funktion zeigt sich in der Aufgabe, durch den Bezug auf die Umgangssprache die sinnlosen von den sinnvollen Fragen zu unterscheiden. Die Klärung vollzieht sich durch Rückgriff auf die Verwendungsregeln der Sprache, um die verwendeten Wörter in ihrer Eindeutigkeit festzulegen.
2. Die therapeutische Funktion besteht darin, daß man die Bedeutung eines Ausdrucks durch Bezug auf die Verwendungsregeln klärt, um entscheiden zu können, ob das Problem (nur) durch eine falsche Formulierung verursacht oder durch ein falsches Sprachverständnis entstanden ist. Durch einen korrekten Sprachgebrauch werden diese Probleme als Scheinfragen aufgehoben.
3. Bei der beweisenden Funktion ist davon auszugehen, daß man mit Feststellungen über eine Sprache inhaltliche Feststellungen, die in dieser Sprache formuliert sind, begründen kann. Dies zeigt sich, wenn die Ergebnisse der Sprachanalysen argumentativ verwendet werden: Feststellungen über die Sprache sollen beweisen, daß eine bestimmte Antwort auf die gegebene Frage richtig ist. Von besonderem Interesse sind dabei jene Fälle, wo eine inhaltliche (bspw. empirische) Behauptung aufgrund einer sprachlichen Feststellung zurückgewiesen werden kann. Dies ist dann möglich, wenn in der inhaltlichen Behauptung sprachliche Behauptungen implizit enthalten sind, die nicht vereinbar sind mit dem korrekten Sprachgebrauch. Ryle demonstriert dies an der inhaltlichen Behauptung: Die menschlichen Handlungen sind durch Motive verursacht. Das Motiv wäre als Ursache für die Handlung anzusehen, d.h. wenn eine Person das Motiv hat, muß sie die Handlung ausführen (wenn die Person x die Handlung y auszuführen wünscht, so tut sie y). Da aber ›x wünscht y zu tun‹ ein Dispositionsausdruck ist, kann die empirische Behauptung (in der eine gesetzesartige Aussage enthalten ist) nicht richtig sein. Übertragen auf philosophische Problemstellungen ergibt sich daraus ein Verfahren, das inhaltliche Behauptungen danach beurteilt, ob sich die dabei verwendeten Ausdrücke mit den Verwendungsweisen der Alltagssprache, mit denen wir uns auf vergleichbare typische Sachverhalte beziehen, vereinbaren lassen. Im Hinblick auf das philosophische Problem der Willenshandlung gilt es demnach zu untersuchen, ob die Ausdrücke dafür mit den Ausdrücken, die wir zur Beschreibung einer Ursache-Wirkungsbeziehung verwenden, vereinbar sind.

In diesem Beispiel stellen die Ausdrücke für Willenshandlungen Dispositionsausdrücke dar, die nicht wie Ereignisausdrücke (bei Ursache-Wirkungsbeziehungen) gebraucht werden dürfen. Deshalb würde eine philosophische Problemstellung, in der der Wille als Ursache für eine Handlung angenommen wird, nicht dem korrekten Sprachgebrauch entsprechen. Die beweisende Verwendung ist auch noch auf eine andere Weise bedeutsam. In der Normalsprachphilosophie ist davon auszugehen, daß ein Wort nur insofern eine geregelte Verwendung haben kann, als für das Wort Standardbeispiele (bspw. von Gegenständen) angeführt werden können. Die Sprachrichtigkeit bei der Verwendung eines Ausdrucks (für ein Standardbeispiel) bemißt sich daran, daß die Sprachbenutzer (einer Sprachgemeinschaft) dazu disponiert sind, diesen Ausdruck so zu verwenden. Damit sich Personen untereinander verständigen können, ist gleichzeitig vorauszusetzen, daß sie viele gemeinsame Überzeugungen haben. Durch die Regeln der Umgangssprache wird zwar niemand gezwungen, bestimmte Überzeugungen zu haben. Wenn wir über irgendeinen Sachverhalt reden wollen, müssen zwar nicht sehr viele Sätze über diesen Gegenstand zutreffen, damit ich überhaupt bedeutungsvoll reden kann, aber jeder Sprecher muß sich auf eine ungeheure Menge von Annahmen verlassen, damit er überhaupt weiß, wovon er redet (vgl. Savigny 1974, S. 187 ff.).
4. Die heuristische Funktion der Normalsprachphilosophie zeigt sich darin, daß man durch die Untersuchung der Verwendungweise der Wörter auf Sachverhalte geführt wird, deren Unterscheidung für philosophische Probleme bedeutsam sind. Dem liegt die Annahme zugrunde, daß unterschiedliche Ausdrücke bzw. Typen von Ausdrücken auch unterschiedliche Sachverhalte repräsentieren. Bspw. kann man aus dem Vergleich der beiden Ausdrücke ›ich willige ein‹ und ›ich stimme zu‹ zu der These gelangen, daß sie Sprechhandlungen darstellen und daß sie unterschiedliche Formen von Verpflichtungen zum Ausdruck bringen.

Die Philosophie der Normalsprache zeigt den Weg auf, wie durch Rekurs auf den gewöhnlichen Sprachgebrauch (›ordinary use‹) die ungewöhnlichen bzw. falschen Verwendungsweisen der Sprache eliminiert werden. Dabei wird der umgangssprachliche Gebrauch der Ausdrücke, der selbst keiner Rechtfertigung mehr bedarf, zum Maßstab der Beurteilung. Es geht bei einer solchen Analyse nicht darum, die Umgangssprache und das durch sie ausgedrückte Alltagswissen selbst zu rechtfertigen, und auch nicht um die Frage, ob ein Ausdruck der Umgangssprache überhaupt Bedeutung hat (vgl. Lorenz 1971, S. 58 f.). Das bestehende Alltagswissen, das in den umgangssprachlichen Ausdrücken seinen Niederschlag gefunden hat, kann durch eine sprachphilosophische Reflexion nicht mehr hintergangen, sondern bestenfalls präzisiert werden. Die Grenze einer solchen Form der Sprachkritik zeigt sich in zwei Hinsichten: Zum einen müßte hinreichend bedacht werden, daß die verschiedenen Sprachen unterschiedliche Ausdrücke zur Darstellung eines Problems benützen. Wie kann ausgeschlossen werden, daß in der einen Sprache zur Beschreibung eines Problems bestimmte Ausdrücke zugelassen sind, während in einer anderen Sprache ähnliche ausgeschlossen sind? Wir haben in Rechnung zu stellen, daß die Sprache in ihrem Wortschatz und ihren grammatischen Strukturen geschichtliche Erfahrungen widerspiegelt.

Denn wenn die Umgangssprache als letzte Instanz fungiert, sind wir den darin verflochtenen, historisch und kulturell bedingten Vorstellungen und Ausdrucksweisen preisgegeben. Es ist von daher wenig plausibel, wie die Umgangssprache dann noch den Maßstab für korrekte Verwendungsweisen abgeben kann. Wenn wir unterstellen müssen, daß verschiedene Sprecher über unterschiedliche Begriffssysteme verfügen bzw. Sprachen sprechen, die auf verschiedenen Prinzipien der Wort- und Satzbildung beruhen, dann können wir durch eine deskriptive Analyse keine Antwort auf die Angemessenheit der Sprache erwarten. Dies ist aber auch im Hinblick auf den Sprachgebrauch unterschiedlicher Sprachen in Betracht zu ziehen. Die Sprachstudien von Humboldt *(Schriften zur Sprachphilosophie)* weisen dafür zahlreiche Belege auf, daß eine Unterscheidung im Ausdruck nicht ohne weiteres für alle Sprachen auf dieselbe Weise geltend gemacht werden kann. Dies kann zumindest als ein Indiz dafür gewertet werden, daß sich daraus systematische Probleme entwickeln können, wenn mit der Vielfalt unterschiedlicher Sprachgewohnheiten eine Vielfalt von Sachverhalten einhergeht.

Ohne einen »internen« Maßstab wären wir unvermeidlich dem faktischen Gebrauch der Sprache ausgeliefert. Wenn dem nicht so ist und sich die philosophische Analyse von einer linguistisch-beschreibenden unterscheiden soll, müßte ein grundlegender Unterschied zwischen beiden Analyseformen angegeben werden. Ryle sieht die Differenz darin, daß seine philosophischen Untersuchung auf begriffliche Zusammenhänge abstellt. Da er den ›Begriff‹ wiederum durch den Wortgebrauch erklärt, kann er seine Form der Analyse nicht befriedigend von einer Analyse auf dem Boden der Grammatik abgrenzen.

Für Austin, der im Rahmen der Sprechakttheorie noch ausführlicher besprochen wird, weist das Programm der ›ordinary language philosophy‹ in die Richtung, den Sprachgebrauch in natürlichen Sprache (wie dem Englischen) möglichst vollständig zu beschreiben. Dieses Verfahren kennzeichnet er als ›linguistischen Phänomenalismus‹ (›linguistic phenomenology‹ – Austin 1986, S. 238). Die Hinwendung zur empirischen Sprachwissenschaft ermöglicht ihm, die häufig nur willkürlich aufgenommener Beobachtungen des Sprachgebrauchs in einen systematischen Zusammenhang zu bringen.

Eine solche Beschränkung auf die empirische Untersuchung läßt allerdings einige philosophisch relevante Fragen unbeantwortet. Wenn wir bspw. über einen bestimmten Sachverhalt sprechen wollen, bedienen wir uns eines mehr oder weniger genauen Sprachgebrauchs. Wenn wir nun daran gehen wollen, den Sprachgebrauch zu präzisieren, sind wir vor die Notwendigkeit gestellt, unsere Begriffe zu überprüfen, um zu genaueren Ausdrücken zu kommen. Aus der empirischen Betrachtung gewinnen wir bestenfalls die Regeln, wie wir bestimmte Ausdrücke nicht verwenden können.

Damit ist noch nicht hinreichend beantwortet, wie neue Erfahrungen und damit auch eine verbesserte Begrifflichkeit Eingang finden kann in ein solches Sprachgut. Daraus wird ersichtlich, daß die empirische Analyse der

Sprache nicht hinreichend ist, um philosophische Probleme zu lösen (vgl. Hennigfeld 1982, S. 142 f.).

Die Beschränkung auf Beobachtung ist zudem durch den Verzicht einer eigenen philosophisch fundierten Rechtfertigungsmöglichkeit erkauft. Die Frage nach der Rechtfertigung der eigenen Tätigkeit läßt sich nicht mehr sinnvoll stellen. Wir müßten dazu erst den Gebrauch von ›rechtfertigen‹ beschreiben, um zu wissen, was von uns an philosophischer Begründung erwartet wird.

In einer weiteren Hinsicht erweist sich der Rekurs auf das Alltagswissen als Problem. Denn es nicht von der Hand zu weisen, daß dadurch philosophische Problemstellungen bezüglich der Erkenntnis auf ein realistisch verkürztes Ideal möglichst vollständiger Beschreibung der Welt beschränkt und auf naive Vorstellungen von Ereignissen und von Handlungen zurechtgeschnitten werden (vgl. Lorenz 1971, S. 59 ff.). Im Hinblick auf naturwissenschaftliche Erklärungsansätze müßte eine solche Reduktion als abwegig erscheinen, da naive Modell von kausalen Zusammenhängen vielen Aussagen der Wissenschaften gerade entgegengesetzt sind. Weshalb sollte ein Rekurs auf Alltagswissen dann für philosophische Fragestellungen plausibler sein? Der Aufklärungsanspruch, das Selbstverständliche kritisch zu thematisieren, findet hier seine Grenze. Das Ansinnen aller erkenntnistheoretischen Bemühungen war es gerade, diese Selbstverständlichkeiten zu hinterfragen – wenn sie es auch möglicherweise mit ungeeigneten Mitteln getan haben.

2.2 Identifizierende Referenz: Strawson

Peter F. Strawson (geb. 1919) studierte in Oxford Philosophie, politische Wissenschaft und Volkswirtschaft. 1968 hat er als Professor für Philosophie die Nachfolge von Ryle an der Universität Oxford angetreten. Mit seinen Aufsätzen »Truth« (1949 und 1950) und »On Referring« (1950) trat er in eine Diskussion mit zentralen Themen der sprachanalytischen Philosophie ein. Seine Überlegungen zum Begriff der Wahrheit führten zu einer Kritik an Tarskis semantischer Definition von Wahrheit (s. Kap. IV.1.). In »On Referrring« führte er eine Auseinandersetzung mit Russells Theorie der Kennzeichnungen (s. Kap. IV.2.). Auf eine grundlegende Art nahm er in seinem Werk *Individuals* (1959, dt.: *Einzelding und logisches Subjekt*, 1972) Stellung gegen bestimmte Annahmen der sprachanalytischen Philosophie. Er richtet das Augenmerk auf die zentrale Annahme, daß die Welt aus einzelnen, von uns selbst zum Teil unabhängigen Dingen zusammengesetzt sei. Entsprechend denken wir, daß diese einzelnen Dinge und Ereignisse zu den Gegenständen unseres gewöhnlichen Sprechens gehören. »Dies sind Bemerkungen über unser Begriffssystem. Deutlicher philosophisch, wenn auch nicht klarer, wäre zu sagen, unsere Ontologie enthalte objektive Einzeldinge« (Strawson 1972, S. 17). Wir brauchen an dieser Stelle nicht darüber zu entscheiden, ob er damit einzelne Positionen der Idealsprachphilosophie zu Recht kritisiert. Entscheidend ist, daß Strawson für die Möglichkeit der Identifizierung die Redesituation zwischen einem Sprecher und einem Hörer zur Grundlage macht. Die Möglichkeit der Identifizierung von Einzelgegenständen muß unter dieser Perspektive bestimmt werden. Es reicht nicht aus, den Bezug auf Einzeldinge nur zu unterstellen, ohne hinreichend kenntlich gemacht zu haben, wie man einem Hörer verständlich machen kann, von welchem Ding zu einem bestimmten Zeitpunkt die Rede ist. Strawson macht geltend, daß wir nicht von einer Ontologie ausgehen können, vielmehr müssen wir umgekehrt verfahren: Die grundsätzliche Möglichkeit, Einzeldinge zu identifizieren, ist als Voraussetzung dafür anzusehen, daß überhaupt Einzeldinge Teil unseres Selbstverständnisses, d.h. unserer Ontologie sind. Deshalb müssen wir zunächst diejenigen Strukturen unseres Begriffssystems untersuchen, mit deren Hilfe wir Einzeldinge identifizieren können. Seine Bezeichnung ›deskriptive Metaphysik‹ ist in diesem Sinne zu verstehen, daß man die hinter dem tatsächlichen Wortgebrauch fungierenden allgemeinen Strukturen kenntlich macht.

Strawson geht von der Voraussetzung aus, daß es in der Welt dreidimensionale Gegenstände gibt. Durch die Eindrücke und durch die Sinneserfahrung nehmen wir die Gegenstände wahr. Auf der Grundlage dieser erkenntnistheoretischen Voraussetzung stellt sich dann die Frage, wie wir uns identifizierend auf solche raum-zeitlichen Gegenstände beziehen können. Die von Russell vorgeschlagene Referenzbeziehung zwischen einem sprachlichen Ausdruck und dem durch ihn bezeichneten Gegenstand hält Strawson für ungenügend. Eine solche Beziehung kann seiner Ansicht nach erst durch einen Akt des Referierens hergestellt werden. Zu klären ist deshalb, welche Bedingungen gegeben sein müssen, damit ein solcher Akt gelingen kann. Es geht also nicht darum, die Bedeutung eines Ausdrucks zu erklären. Denn dazu beziehen wir uns nur auf die Konventionen, die den Gebrauch des Ausdrucks regeln. In Frage steht vielmehr, wie der referierende Gebrauch zu verstehen ist. Anders als Russell akzeptiert er nicht die Annahme, daß singuläre Terme für Gegenstände in der Welt stehen, solche Terme haben vielmehr die Funktion, daß jemand, der sie verwendet, mit ihrer Hilfe auf Gegenstände Bezug nehmen kann. Die Art des Bezugnehmens beschreibt Strawson als Identifikation. Von einer gelungenen Identifikation kann nur dann die Rede sein, wenn ein Hörer mitvollziehen kann, auf welches Einzelding sich ein Sprecher identifizierend bezogen hat. Eigennamen oder andere deskriptive Wendungen reichen dazu nicht mehr hin. Erst durch Sätze, die die Form der singulären Prädikation haben, kann ein Sprecher anzeigen, daß er sich auf einen bestimmten einzelnen Gegenstand bezieht. Die Bezugnahme geht gleichzeitig mit einem Akt der Prädikation einher. Das ist so zu erklären: Der Ausdruck in der Subjektposition wird von dem Sprecher verwendet, um das betreffende Ding aus den übrigen herauszugreifen, und gleichzeitig wird dem Hörer signalisiert, von welchem Gegenstand er durch den Ausdruck in der Prädikatposition etwas prädiziert (vgl. Runggaldier 1985, S. 12).
Strawson benennt zwei Aspekte der Identifizierung:

1. die Lokalisierung in Raum und Zeit
2. die sortalen Ausdrücke.

Aufgrund seiner erkenntnistheoretischen Annahme ist es nicht verwunderlich, daß die raumzeitliche Lokalisierung im Vordergrund steht. Voraussetzung dafür ist, daß sich die zu identifizierenden Gegenstände in eindeutigen raumzeitlichen Relationen zu anderen Einzeldingen befinden. Aufgrund dieses Raum-Zeit-Gefüges können Einzeldinge durch demonstrative Identifikation von einem Sprecher von anderen Gegenständen abgegrenzt werden. Der Hörer, der sich in demselben Raum-Zeit-Gefüge wie der Sprecher aufhalten muß, ist dadurch imstande, diese Identifizierung mitzuvollziehen. Die demonstrative Identifizierung stellt den einfachsten Fall dar, in dem ein Gegenstand in der unmittelbaren (und wahrnehmbaren) Umgebung der Gesprächspartner herausgegriffen wird. Tugendhat, der Strawsons Position aufgenommen und in bestimmten Punkten weiterentwickelt hat, kritisiert diese Annahme als unzureichend (Tugendhat 1976, S. 399 ff., S. 404).

Neben der demonstrativen Identifikation spielen die sortalen Ausdrücke eine besondere Rolle (vgl. Runggaldier 1985, S. 95 ff.). Unter sortalen Ausdrücken sind Begriffe zu verstehen, durch die wir ›Einheiten‹ von der Umgebung absondern und voneinander unterscheiden. Diese Einheitsbildung läßt sich an dem Begriffsbeispiel ›Pferd‹ verdeutlichen. Versteht jemand den sortalen Ausdruck ›Pferd‹, dann kann er auch einzelne Pferde von anderen Gegenständen und einzelne Pferde voneinander abgrenzen. Mit dem sortalen Ausdruck sind Kriterien des Identifizierens und Unterscheidens gegeben, die gleichermaßen für die Konstituierung von Gegenständen ausschlaggebend sind. Sie lassen sich dadurch charakterisieren, daß sie

(a) in der Subjektposition (d.i. substantivischen Verwendung) vorkommen,
(b) eine Art und Sorte von Dingen kennzeichnen,
(c) die Möglichkeit der Pluralbildung haben. Denn nur so ist die Zählbarkeit als notwendige Bedingung dafür, daß man von einzelnen Dingen einer Sorte sprechen kann, gegeben.

Damit haben wir die Antwort auf die Frage, welche Bedingungen gegeben sein müssen, damit der Akt des Referierens erfolgreich vollzogen werden kann. Die Rede von den Individuen, die sich voneinander unterscheiden lassen, ist nur in bezug auf die sortalen Ausdrücke sinnvoll.

> »Macht man die Möglichkeit, sinnvoll von Individuen zu reden, davon abhängig, daß ein Prinzip der Individualisierung gegeben ist, dann besteht diese Möglichkeit nur dann, wenn sortale Ausdrücke verwendet werden. Denn nur dann ist ein solches Prinzip verfügbar, nur dann hat die Rede von einem So-und-so und einem anderen So-und-so einen bestimmten Sinn.« (Carl 1974, S. 117).

Strawson führt weiter aus, daß unter dem Gesichtspunkt der Identifikation zwei Kategorien als grundlegend für unser Begriffssystem herauszustellen sind: der materielle Körper und die Person. Dem materiellen Körper kommt aufgrund der Tatsache, daß er bestimmte Eigenschaften im Bereich des Tastbaren aufweist, eine besondere Rolle zu. Der Begriff ›Person‹ ist dadurch bestimmt, Träger von Bewußtseinszuständen und körperlichen Eigenschaften zu sein. Die Begründung für die Kategorie der Person ist eher erkenntnistheoretischer Natur (Strawson 1972, S. 111 ff.).

An den vorangegangenen Analysen läßt sich ein gegenüber Wittgenstein verändertes Verständnis von Philosophie ablesen. Die Analyse der natürlichen Sprache und ihrer Strukturen muß von der konkreten Kommunikationssituation ausgehen. Die Aufgabe der Philosophie kann sich aber nicht darauf beschränken, nur metaphysische Scheinprobleme aufzulösen. Sie hat darüber hinaus die Strukturen unserer Sprache zu untersuchen und unsere Begriffe und Begriffsklassen zu klären. Auf diesem Wege könnten wir nach Strawsons Meinung zu einer gemäßigten Art von Metaphysik mit weniger strittigen Ansprüchen gelangen.

3. Sprache als Handlung

Die Überlegungen Wittgensteins in den *Philosophischen Untersuchungen* haben in der weiteren Folge dazu geführt, das Sprechen als Handlung als Ausgangslage von Bedeutungsanalysen zu nehmen. Die theoretischen Grundlagen dafür sind bereits in Freges Auffassung von den propositionalen Einstellungen (›propositional attitudes‹) gelegt und bei Wittgenstein in Gestalt der Satzmodi nochmals explizit zur Sprache gekommen. Ein zentrales Anliegen Freges war es, den Gedanken von der Behauptung der Wahrheit dieses Gedankens zu unterscheiden. Die Behauptung ist gesondert als Kundgebung des Urteils aufzufassen. Mit Hilfe des Urteilsstrichs sollte gekennzeichnet werden, daß der nach ihm folgende Satz als wahr oder falsch beurteilt werden kann.

In Wittgensteins *Philosophischen Untersuchungen* haben wir die grundsätzlich Kritik an der deskriptiven Funktion der Sprache kennengelernt. Neben den rein deskriptiven Sätzen, die nach wahr / falsch beurteilbar sind, existieren noch eine Reihe anderer Formen von Sätzen (bspw. Frage, Befehl), die eine solche Beurteilung als nicht sinnvoll erscheinen lassen. In seinen weiteren Ausführungen hat Wittgenstein dargelegt, daß die Bedeutung an den Gebrauch der Sprache rückgebunden ist. Damit hat er der Sichtweise, Sprechen als eine Form des Handelns zu begreifen, den Weg bereitet.

Es war Austin vorbehalten, durch ein systematisches Studium der normalen Sprache der **Sprachpragmatik** einen zentralen Stellenwert einzuräumen.

Damit wir den entscheidenden Wandel, der durch diese Wende eingeläutet wird, hinreichend verständlich machen können, müssen wir uns den Zusammenhang zur Bedeutungstheorie vergegenwärtigen. Die pragmatische Sprachauffassung geht davon aus, daß das sprachliche Handeln für die Bedeutungen konstitutiv ist (vgl. Schneider 1975, S. 92 ff.). Eine sprachliche Handlung ist genau dann bedeutungsvoll, wenn es einen Handlungszusammenhang gibt, in dem diese sprachliche Handlung eine sinnvolle Rolle spielt. Entsprechendes gilt dann auch für den einzelnen sprachlichen Ausdruck. Bedeutung liegt also nicht vor, um nachträglich verwendet zu werden, sondern konstituiert sich vielmehr erst im sprachlichen Handeln. Von einem **pragmatischen Standpunkt** aus läßt sich die Sichtweise der **realistischen Semantik**, der es um die Klärung der Beziehung zwischen sprachlichen Ausdrücken und der Wirklichkeit zu tun ist, auf folgende Weise problematisieren. Aufgrund einer semantischen Deutung der Aussage »›Peter ist Physiker‹ bedeutet, daß Peter Physiker ist« müßten wir annehmen, daß damit eine Relation zwischen einem sprachlichen Ausdruck (›Peter ist Physiker‹) ein nicht-sprachlicher Sachverhalt (›daß er Physiker ist‹) zugeordnet wird. Seitens des Pragmatikers wird die kritische Frage gestellt: Kann jemand, der erst erfahren will, wie man den Ausdruck ›Peter ist Physiker‹ auf die Wirklichkeit beziehen soll, dies aus dieser Aussage entnehmen? Offensichtlich nicht, denn er muß den metasprachlichen Ausdruck ›bedeutet, daß Peter Physiker ist‹ bereits verstanden haben, um die Relation des Ausdrucks ›Peter ist Physiker‹ zur Wirklichkeit in Beziehung setzen zu können. Den Ausdruck ›daß Peter Physiker ist‹ zu verstehen, bedeutet aber zu wissen, wie er auf die Wirklichkeit angewendet wird. Der kritische Pragmatiker kann aus diesem Grund darauf hinweisen, daß man auf diese Weise nicht lernen kann, wodurch ein Satz bedeutungsvoll ist. Denn genau das, was scheinbar erläutert wird, wird für das Verständnis der Erläuterung bereits vorausgesetzt (Schneider 1975, S. 94).

Die begriffsrealistischen Erklärungen bieten offensichtlich keine befriedigende Antwort. Denn entweder ist das Wort ›bedeuten‹ zu interpretieren als ›ist gleichbedeutend mit‹, dann stellt ein solcher Satz eine leere Tautologie dar. Oder ›bedeuten‹ ist im Sinne von ›bildet‹ oder ›ist zuzuordnen‹ zu verstehen – diese Möglichkeit ist ebensowenig zufriedenstellend. Denn es sieht nur so aus, als ob der Satz »›Peter ist Physiker‹ bedeutet, daß Peter Physiker ist« eine Erläuterungsfunktion bekäme. Eine Erklärung wäre nur dann gegeben, wenn der Gegenstand zunächst unabhängig von dem Ausdruck bestünde und dann durch diesen klar gekennzeichnet würde. Angetreten war die realistische Semantik mit dem Anspruch, mit Hilfe einer formalen Wahrheitstheorie den Schlüssel zu einer angemessenen Erklärung von Bedeutung liefern zu können. Der Bezug auf die Welt sollte dadurch erläutert werden, daß man den singulären und allgemeinen Termen eine Extension zuordnet. Die kritischen Einwände seitens einer sprachphilosophischen Pragmatik lassen deutlich werden, daß die realistische Semantik die gestellte Aufgabe nicht befriedigend lösen kann.

Wittgenstein hat in seinen *Philosophischen Untersuchungen* einen anderen Weg gefunden, um Bedeutung zu erklären. Dazu mußte er die beiden Probleme, an denen die realistische Semantik scheitert, umgehen können: Er darf weder voraussetzen, daß die mit dem Wort ›bedeuten‹ ausgedrückte Relation schon bekannt ist, noch die Existenz irgendwelcher sprachunabhängiger Entitäten postulieren. Mit seinem Vorschlag, das Sprechen als eine Form des Handelns zu betrachten eröffnet er eine neue Perspektive: Da Sprache ein sinnvolles Teilstück von Handlungszusammenhängen ist, kommt ihr Bedeutung zu. Die Bedeutung eines Ausdrucks kennen, heißt soviel wie, seinen Gebrauch kennen. Dadurch können wir von jenem Modell Abschied nehmen, das von Buchstabenreihen (oder akustischen Geräuschen) auszugehen hatte, um sich dann die Frage zu stellen, wie solche Zeichen zu einem Gegenstand der nicht-sprachlichen Welt stehen.

Austin kommt in diesem Zusammenhang das Verdienst zu, die Relevanz von Wittgensteins Andeutungen zum Satzmodus und seinen Ausführungen zur Gebrauchstheorie der Bedeutung erkannt und in spezifischer Weise weiterentwickelt zu haben. John Langshaw Austin (1911–1960) studierte in Oxford zunächst klassische Philologie, bevor er sich mit Philosophie eingehender befaßte. Sein Aufsatz *Other Minds* (1946) begründete seine Bedeutung als Repräsentant der Normalsprachphilosophie. Er lehrte an der Universität in Oxford Philosophie. Seine Schrift *How to do things with words* (1962; dt. *Zur Theorie der Sprechakte*, 1972) und *Sense and Sensibilia* (1962; *Sinn und Sinneserfahrung*, 1975) sind erst nach seinem Tode veröffentlicht worden.

Im Hinblick auf die Frage nach der Bedeutung sprachlicher Ausdrücke wartet Austin mit drei bemerkenswerten Feststellungen auf: Sobald man versucht, in den Lexika die Bedeutung von Wörtern nachzuschlagen, wird man feststellen müssen, daß dort die Bedeutungen immer nur im Zusammenhang mit dem Sinn von Sätzen, in denen diese Wörter vorkommen, erläutert werden. Daraus leitet er seine erste Feststellung ab, daß die Bedeutung eines Ausdrucks zu kennen besagt, daß man die Bedeutung der Sätze kennt, in denen das betreffende Wort vorkommt (Austin 1986, S. 76).

Eine zweite Feststellung schließt an seine Kritik an der These, alle Sätze seien entweder analytisch oder synthetisch, an. Er demonstriert an der Aussage »die Katze ist auf der Matte, aber ich glaube es nicht«, daß wir mit der vorliegenden Klassifizierung analytisch/synthetisch nicht weiter kommen. Offensichtlich ist der Satz nicht selbstwidersprüchlich, denn es kann einerseits der Fall sein, daß die Katze auf der Matte ist, ich kann aber andererseits Zweifel daran hegen, daß das der Fall ist. Wenn man aufklären will, weshalb sich ein Gefühl der Absurdität einstellt, wenn jemand eine solche Aussage äußert, dürfen wir uns nicht auf den Bereich der Syntax beschränken. Was uns daran hindert, eine solche Äußerung zu machen, ist eine implizite semantische Konvention hinsichtlich der Art und Weise, wie wir Wörter in Situationen gebrauchen (ebd., S. 86).

Eine dritte Bemerkung vervollständigt die Beschreibung seiner spezifischen Betrachtungsweise. Bei seiner Untersuchung der traditionellen Behauptung, daß Wissen Wahrheit impliziert, gelangt er zu der Einsicht, daß die Äußerung »ich weiß, daß p« falsch gedeutet wird. Denn die Auffassung, daß es sich dabei um eine deskriptive Aussage handelt, die einen geistigen Zustand oder mentalen Vorgang des Sprechers beschreibt, ist falsch. Bei einer solchen Äußerung beschreibt man nicht eine Handlung, die man vollzieht, sondern man führt eine bestimmte Handlung aus, indem man von sich behauptet, etwas zu wissen. Bei der Interpretation als Beschreibung handelt es sich um einen **deskriptiven Fehlschluß** (ebd., S. 136).

Mit diesen wenigen Bemerkungen ist Austins pragmatische Auffassung von sprachlicher Bedeutung in ihren Grundzügen charakterisiert. Er selbst konzentriert seine weiteren Überlegungen auf die Charakterisierung der Sprechhandlungen, durch die wir Äußerungen tätigen. Zunächst soll im folgenden darauf eingegangen werden, daß bei einer Äußerung implizite semantische Konventionen im Spiel sind, die den Gebrauch der Wörter (in Situationen) regeln.

3.1 Die Theorie der Implikatur von Grice

Wenn der Begriff der Bedeutung im Sinne einer Gebrauchstheorie der Sprache erörtert werden soll, reicht es nicht mehr hin, sich auf Aussagesätze zu beschränken. Die bisher angeführten logisch-semantischen Überlegungen gingen immer von der Annahme aus, daß Tautologien nicht informativ sind. Nun lassen sich Beispielssätze anführen, die zwar hinsichtlich ihrer semantischen Struktur eindeutig tautologisch sind, die aber trotzdem als informative Aussagen angesehen werden können (vgl. Grewendorf 1993, S. 401 ff.).

(a) Wenn Gerhard etwas macht, dann macht er es.
(b) Entweder ist er Sozialdemokrat oder er ist keiner.
(c) Politik ist Politik.

Aufgrund einer Analyse ihrer logischen Struktur scheinen diese Sätze nicht informativ zu sein. Der Beispielssatz (a) ergibt in der aussagenlogischen Umformulierung die Formel $A \rightarrow A$, wenn ›A‹ für ›Gerhard macht etwas‹ eingesetzt wird. Auch für den Beispielssatz (b) kann die Tautologie aufgezeigt werden: Entweder A oder B genau dann wenn: $(A \vee B) \wedge \neg (A \wedge B)$ – setzt man $B = \neg A$, so erhält man wieder eine Tautologie.

Der zunächst bestrittene informative Gehalt zeigt sich, wenn wir die zitierten Sätze umgangssprachlich auslegen. In Satz (a) wird ein Mann namens Gerhard als konsequent handelnde Person geschildert, auf dessen Handlungsfähigkeit und -bereitschaft man vertrauen kann. Die Nichttrivialität von Satz (b) wird deutlich, wenn man den darin geäußerten normativen Anspruch, eine Person soll konsequent gemäß ihren sozialdemokratischen Grundsätzen Stellung beziehen, zur Kenntnis nimmt. Satz (c) bringt eine bestimmte Einschätzung zum Ausdruck, die so zu verstehen ist, daß im politischen Geschäft bestimmte Regeln gelten und daß man von daher nichts anderes erwarten dürfe. Der durch diese Umformulierungen verdeutlichte semantische Gehalt kann mit den Mitteln der logischen Semantik, wie wir sie vor allem im Rahmen der Idealsprachphilosophie kennengelernt haben, nicht hinreichend erfaßt und korrekt wiedergegeben werden. Die Beispiele sollten einsichtig machen, daß es nicht mehr allein darum zu tun ist, die Bedingung kenntlich zu machen, unter denen eine Aussage wahr ist, sondern nunmehr die Frage ansteht, unter welchen Bedingungen mit der Äußerung etwas Wahres gesagt wird. Die Semantik einer natürlichen Sprache soll die Wahrheitsbedingungen aller Sätze dieser Sprache erörtern. Dadurch erfährt die Fragestellung eine Akzentverschiebung: Es geht nicht mehr um eine Semantik, in der der Satzinhalt unabhängig von seiner Äußerungssituation thematisiert wird, sondern um den Satzinhalt im Kontext der jeweiligen Äußerungsintention.

Grice hat dazu eine ›Theorie der Implikatur‹ entwickelt, in der in systematischer Weise angegeben werden soll, was ein kompetenter Sprecher (einer Sprache) mit der Äußerung eines bestimmten Satzes bei einer bestimmten Gelegenheit zum Ausdruck bringt. Wir müssen dann vorweg folgende Unterscheidung treffen: All das, was zu den Wahrheitsbedingungen der wörtlichen Bedeutung eines Satzes gehört, nennen wir **Satzinhalt**. Davon abzugrenzen ist der **Äußerungsinhalt**, der das umfaßt, was mit der Äußerung eines Satzes von einem Sprecher zum Ausdruck gebracht (und von einem Hörer verstanden) wird (vgl. Kemmerling 1991, S. 319).

Der Äußerungsinhalt zeigt sich erst, wenn wir Sprache im Sinne von Sprechhandlungen auffassen. Um den intentionalen Charakter einer Handlung herauszustellen, spricht Grice davon, daß wir mit einer Handlung etwas meinen. Das Meinen können wir als intentionalen Aspekt der Handlung deuten. Der Handelnde strebt danach, bei seinem Gegenüber ein bestimmte Interpretation seiner Handlung (oder Äußerung) hervorzurufen. Dies läßt sich an einem einfachen Beispiel verdeutlichen. Wenn ich eine Äußerung ›es regnet‹ gegenüber einer anderen Person mache, dann will ich damit erreichen, daß mein Gegenüber zu der Annahme gelangt, daß es tatsächlich regnet. In dieser Äußerung ist darüber hinaus enthalten, daß mein Gegenüber die Intention meiner Äußerung so versteht, daß ich ihn zu der Überzeugung bringen will, daß es tatsächlich regnet. Weil er meine Intention erkennt, wird er (wenn er mir nicht Täuschungsabsichten unterstellt) zu dieser Überzeugung gelangen. Er hat also meine Handlung unter diesen intentionalen Aspekten eines verständigungsorientierten Handelns wahrgenommen. Wir können aus dem Beispiel drei Aspekte eines verständigungsorientierten Handelns herausschälen:

1. Eine Person macht eine Äußerung;
2. Mit dieser Äußerung verbindet sie eine Absicht in Bezug auf eine angesprochene Person;
3. Die angesprochene Person faßt die Äußerung in der Weise auf, daß sie erkennt, daß der Sprecher sie zu der Überzeugung (bspw. daß es regnet) bringen will.

Der Grundgedanke von Grice ist, in einer **handlungstheoretischen Semantik** die allgemeinen Bedingungen zu benennen, die auf eine Konversation zutreffen und an die sich normalerweise Sprecher und Hörer in einer Kommunikation halten. Diese Bedingungen bezeichnet er als **Konversationsimplikaturen**. Ausgangspunkt seiner Überlegung ist die Annahme, daß sprachliche Zeichen (wenigsten bis zu einem gewissen Maß) durch eine kooperative Bemühung gekennzeichnet sind, da die Gesprächsteilnehmer einen gemeinsamen Zweck, nämlich die Kommunikation, verfolgen. Die Gesamtheit dessen, was ein Sprecher mit einer sprachlichen Äußerung meint, teilt Grice auf in die wörtliche (d.i. konventionale) Bedeutung (d.i. das ‚was mit der Äußerung ausgesagt ist), und in das, was mit der Äußerung impliziert ist, (d.i. dem **Implikat** der Äußerung).

Grice versucht nun zu einer Rekonstruktion der Sprechhandlung als rationalem Prozeß der Verständigung zu gelangen. Für solche Verständigungsabsichten müssen bestimmte (nicht ausdrücklich gemachte) Voraussetzungen unterstellt werden: Die konventionelle Implikatur betrifft die wörtliche Bedeutung des geäußerten Satzes; zur konversationalen Implikatur sind die Bestandteile der Verständigungssituation zu rechnen. Um diese im einzelnen benennen zu können, stellt er zunächst das **Kooperationsprinzip** vor, das sich aus dem gemeinsamen Zweck der Verständigung ableiten läßt. Es beinhaltet das Postulat, den eigenen Gesprächsbeitrag so zu gestalten, wie es der gemeinsam akzeptierte Zweck des Gesprächs erfordert (Grice 1979, S. 243 ff.). Mit diesem Prinzip lassen sich speziellere **Konversationsmaximen** verbinden, die er in Anlehnung an Kants Kategorientafel aus den Kategorien der Quantität, Qualität, Relation und Modalität ableitet.

1. Die Kategorie der Quantität führt zu dem Postulat: Mache deinen Beitrag so informativ wie für die gegebenen Zwecke nötig (und nicht informativer als so).
2. Aus der Kategorie der Qualität gewinnt er das Postulat: Versuche deinen Beitrag so zu machen, daß er nur wahre Aussagen enthält und nur solche Aussagen, wofür angemessene und hinreichende Begründungen erbracht werden können.
3. Mit der Kategorie der Relation verbindet er das Postulat, nur solche Aussagen zu machen, denen Relevanz zukommt, d.h. die in einer bestimmten Hinsicht nötig sind.
4. Die Kategorie der Modalität bezieht sich schließlich auf die Ausdrucksweise und führt das Postulat mit sich, im Ausdruck Mehrdeutigkeiten, Dunkelheiten, Weitschweifigkeit zu vermeiden und die korrekte Reihenfolge einzuhalten.

Auf der Grundlage des Kooperationsprinzips und der Konversationsmaximen ergibt sich folgende Charakterisierung seiner Theorie der Konversationsimplikatur: Sie beinhaltet diejenigen Annahmen, die Sprecher und Hörer gleichermaßen bei einer Äußerung unterstellen: die Annahme,

1. daß der Sprecher das Kooperationsprinzip und die Konversationsmaximen beachtet,
2. daß der Sprecher der bewußten Überzeugung hinsichtlich seines Aussageinhalts ist,
3. daß der Sprecher glaubt, daß der Hörer in der Lage ist zu erfassen, daß die Annahme der bewußten Überzeugung nötig ist.

Der Sinn der ganzen Unternehmung von Grice ist zu zeigen, daß sprachliches Handeln als ein rationales Handeln anzusehen ist. Die Maximen sind in dem Sinne rational, als jeder, der ein Interesse an den Zielen der Kommunikation hat, auch ein Interesse daran hat, daß diese Ziele im großen und ganzen in Übereinstimmung mit diesen Maximen erreicht werden. Sie bringen zum Ausdruck, was es heißt, effizient zu kommunizieren. Die Pointe der konversationellen Implikaturen liegt darin, daß sie nicht wie die logische Implikation eine Relation zwischen Sätzen (unabhängig von ihren Äußerungen) darstellen, sondern sich gerade auf die Äußerung von Sätzen bezieht.

Im Rahmen der von Grice entwickelten handlungstheoretischen Semantik versucht Lewis (*Convention*, 1969; dt. *Konventionen*, 1974) zu zeigen, wie sich die Bedeutungsbegriffe mit Hilfe eines eingeführten allgemeinen Kommunikationsbegriffs (und damit handlungstheoretisch) bestimmen lassen. Für jede in einem konkreten Kommunikationsakt realisierte Handlungsweise bestehen einschlägige Konventionen. Sie sind als Verhaltensweisen anzusehen, für die folgende Merkmale als charakteristisch anzusehen sind:

1. Sie stellen Verhaltensregularitäten von Angehörigen einer bestimmten Gruppe G dar;
2. sie sind freie, zielgerichtete Handlungsweisen, die in Situationen eines bestimmten Typs vollzogen werden;
3. der in ihnen verfolgte Zweck ließe sich prinzipiell auch anders erreichen;
4. der Erfolg der Handlungsweise hängt für jedes Mitglied von G davon ab, daß auch die anderen so handeln. Die in Kommunikationskonventionen in einer Gruppe festgelegten Handlungsweisen stellen Strategien dar, die beinhalten, wie sich Mitglieder einer Gruppe G verhalten, wenn sie die Sprecher- oder Hörerrolle einnehmen. Von diesen Merkmalen ausgehend lassen sich dann bestimmen,
   (a) was es heißt, daß ein Sprecher erfolgreich auf konventionelle Weise zu kommunizieren versucht und der Hörer dies als Kommunikationsversuch versteht,
   (b) die Sprachkonventionen, durch die sprachlichen Ausdrücke als Produkte von Handlungsweisen Bedeutungen zugeordnet werden.

An der Theorie der konversationalen Implikatur ist vielfach Kritik geübt worden, die wir hier nicht im einzelnen erörtern können (vgl. Kemmerling 1991, S. 331 ff.; Meggle 1996, S. 1351 ff.). Auch wenn Grice' Ansatz noch zu keiner theoretisch befriedigenden Lösung geführt hat, so zeigt er zumindest problematische Verengungen des Bedeutungsbegriffs auf. Gegenüber den verhaltenstheoretisch orientierten Ansätzen von Morris und Skinner hat sein Ansatz den Vorzug, daß er den spezifischen intentionalen Handlungsaspekt von Kommunikationsakten darstellen kann, von dem aus intersubjektives Sprachverhalten adäquat beschrieben werden kann. Bei der Beurteilung seiner Theorie kann man zumindest positiv festhalten, daß sie die Tendenz anzeigt, wie eine wahrheitskonditional ausgerichtete Semantik mit einer sprechakttheoretisch ausgerichteten Theorie der Verständigung zu verbinden wäre.

3.2 Die Sprechakttheorie von Austin und Searle

Wir haben oben Austins Behauptung des deskriptiven Fehlschlusses zitiert. Damit kritisiert er nicht nur die Behauptung, daß Wissen Wahrheit implizieren würde, sondern die Konzeption einer Idealsprache als angemessenes Erklärungsmodell insgesamt. Weder läßt sich die Sprache auf deskriptive Ausdrücke beschränken, noch kann sie in das Standardschema von Aussagesätzen gepreßt werden. Austin wiederholt die Kritik Wittgensteins an der Idealsprache, daß sie kein angemessenes Modell für die tatsächliche Sprache darstellt. Sein Schritt zur Untersuchung des natürlichen Sprachgebrauchs führt ihn zur Analyse von Redesituationen. Dadurch kann er nicht nur zeigen, was der Gebrauch einer Äußerung ist, sondern eine erste Systematisierung von verschiedenen Formen des Gebrauchs vorlegen (Austin 1972). Der thematische Rahmen läßt sich durch folgende Fragestellungen bestimmen:

1. In welchem Sinne kann man davon sprechen, daß mit sprachlichen Äußerungen Handlungen vollzogen werden?
2. Welche Handlungen werden mit solchen Äußerungen vollzogen?
3. Welche Struktur haben diese Handlungen? (vgl. Grewendorf / Hamm / Sternefeld 1987, S. 380 f.)

Ausgehend von der Erkenntnis, daß Sprechen nicht nur ein Feststellen und Beschreiben ist, unternimmt er es, die Äußerungen auf ihre spezifische Funktion hin zu betrachten.
Er unterscheidet dabei drei Aspekte einer sprachlichen Äußerung:

1. Mit jeder Äußerung wird etwas ausgesagt;
2. wir können eine Handlung vollziehen, indem wir etwas sagen;
3. wir können durch den Vollzug einer Handlung, indem wir etwas sagen, eine bestimmte Wirkung erzielen.

Äußerungen, mit denen man eine Handlung vollzieht, nennt Austin **performative Äußerungen**. Dabei müssen wir aber unterscheiden, ob die performativen Äußerungen explizit gemacht werden oder nur implizit vollzogen werden. Im ersten Fall zeigt der Handelnde dies durch entsprechende sprachliche Ausdrücke an (›ich warne dich‹, ›ich verspreche dir‹). Bei impliziten Äußerungen kann man, wie meistens in den Alltagssituationen, den performativen Charakter nur den Äußerungsumständen entnehmen. Während die konstativen Äußerungen, die Feststellungen bezüglich eines Sachverhalts enthalten, nach ›wahr‹ und ›falsch‹ beurteilt werden, werden die performativen Äußerungen auf ihr Gelingen bzw. Mißlingen begutachtet. Damit ein Gelingen sichergestellt werden kann, müssen bestimmte Bedingungen erfüllt sein:

1. Es muß eine Konvention geben, kraft derer wir mit einer Äußerung bestimmter Wörter eine bestimmte Handlung ausführen können. (bspw. ›ich verspreche dir‹),
2. Die Konvention muß unter den richtigen Umständen angewandt werden (bspw. macht eine Tauf-Formel für eine Schiffstaufe nur in der entsprechenden Situation einen Sinn),
3. die von der Konvention geforderte Prozedur muß korrekt sein (bspw. setzt ein Versprechen dessen Einlösbarkeit voraus),
4. die Prozedur muß vollständig sein (Austin 1972, S. 44 ff.).

Da sich herausgestellt hat, daß die Unterscheidung von ›performativ‹ und ›konstativ‹ nicht akzeptabel ist (vgl. Grewendorf u.a. 1987, S. 384 ff.), wollen wir an dieser Stelle auf die Weiterentwicklung der Sprechakttheorie durch Searle (*Speech Acts* 1969, dt.: *Sprechakte* 1973) eingehen. Er schlägt folgende Strukturierung des Sprechakts vor:

1. der Äußerungsakt umfaßt die Äußerung von Wörtern, Morphemen und Sätzen,
2. der propositionale Akt umfaßt die unvollständigen, d.h. nur im Zusammenhang mit illokutionären Akten vollziehbaren Sprechakte der Referenz und Prädikation,

3. der illokutionäre Akt zeigt an, in welchem Sinne man eine Äußerung macht bzw. die die Äußerung aufgefaßt werden soll.

Das in einem propositionalen Akt Ausgedrückte kann (in der Regel) in der Umgangssprache als (scheinbar) selbständiger Satz erscheinen. Bei einer Aussage wie »es schneit« oder »der Hund ist bissig« mag es dem unbefangenen Hörer so scheinen, als ob damit eine konstative Äußerung gemacht wurde. Bei näherer Betrachtung zeigt es sich allerdings, das die Teilaussage »es schneit« Unterschiedliches bedeuten kann. Die Äußerung »ich stelle fest/ich behaupte, daß es schneit« drückt explizit aus, daß ich eine Behauptung aufstelle. Ebensogut könnte ich als Sprecher auch zum Ausdruck bringen »sei vorsichtig (beim Autofahren), es schneit«, dann meine ich damit »ich mache dich darauf aufmerksam (im Sinne von ›ich warne dich‹), daß es schneit«. An den willkürlich gewählten Beispielen wird ersichtlich, daß für ein adäquates Verständnis des propositionalen Gehalts der Zusammenhang mit dem illokutionärem Akt explizit gemacht werden muß.

Der **illokutionäre Akt** zeigt also an, in welcher Intention die betreffende Äußerung gemacht wird und in welcher Bedeutung die Äußerung zu verstehen ist. Searle hat dazu eine Klassifizierung von illokutionären Verben vorgelegt:

(a) Repräsentativa (Assertive) drücken den illokutionären Zweck aus, den Sprecher darauf festzulegen, daß etwas bestimmtes der Fall ist. Der Sprecher hat eine bestimmte Überzeugung und will eine wahre Aussage über einen Sachverhalt machen. Die entsprechenden Verben sind ›behaupten‹, ›feststellen‹, ›beschreiben‹ usw.

(b) Direktiva bringen einen Befehl oder eine Aufforderung, eine Erlaubnis oder einen Ratschlag zum Ausdruck. In solchen Fällen will der Sprecher den Hörer zu einer bestimmten Handlung bewegen.

(c) Kommissiva lassen erkennen, daß sich der Sprecher auf einen zukünftigen Handlungsverlauf festlegt, indem er ein Versprechen gibt, eine Drohung ausspricht.

(d) Expressiva drückt eine psychische Einstellung des Sprechers aus. ›Ich habe Mitleid‹ oder ›es tut mir leid‹ sind nicht beschreibend zu verstehen, sondern bringen eine innere Einstellung zur Sprache.

(e) Deklarativa sind an außersprachliche Konventionen oder institutionelle Einrichtungen gebunden. »Ich taufe dich auf den Namen ›Elisabeth‹« hat im Rahmen einer Schiffstaufe den Stellenwert einer symbolischen Erklärung. Als ähnliche Fälle sind die Heirat, die Scheidung oder die Kündigung zu betrachten.

Searle nennt die notwendigen und hinreichenden Bedingungen für den erfolgreichen Vollzug illokutionärer Akte. Diese Bedingungen fungieren gleichzeitig als Regel für die korrekte Verwendung der entsprechenden illokutionären Indikatoren:

1. Die normalen Eingabe- und Ausgabebedingungen: Sie sollen gewährleisten, daß die allgemeinsten Bedingungen für sinnvolles Sprechen sowie für das

Verstehen von Sprechakten erfüllt sind. Beide zusammen schließen Dinge ein wie: der Sprecher und der Hörer wissen, wie die Sprache gesprochen wird; beide sind sich dessen bewußt, was sie tun; es besteht bei ihnen kein Kommunikationshindernis physischer Art; sie begreifen den Kommunikationsakt nicht als Spiel usw.
2. Die Bedingungen des propositionalen Gehalts: In diesen Bedingungen wird die Proposition von dem übrigen Teil des Sprechakts isoliert und entsprechend den Besonderheiten des jeweiligen illokutionären Aktes charakterisiert. Searle demonstriert das am Akt des Versprechens: Der Sprecher muß über eine zukünftige Handlung von sich sprechen.
3. Einleitungsbedingungen: Sie geben an, daß der Sprechakt einen Sinn oder Zweck haben muß. Das wäre beispielsweise nicht gegeben, wenn jemand aufgefordert würde, etwas zu tun, was er bereits tut. Ebenso muß der Aufgeforderte in der Lage sein, die betreffende Handlung zu vollziehen, und der Sprecher muß dies annehmen.
4. Die Aufrichtigkeitsbedingung: Beim Vollzug eines Sprechakts muß der Handelnde die Absicht haben, die damit verbundenen Verbindlichkeiten einzuhalten. Er muß bspw. die Absicht haben, sein Versprechen auch durch die versprochene Handlung einzulösen.
5. Die wesentliche Bedingung: Sie spezifiziert, worin die Natur des jeweiligen Sprechakts besteht. Beim Versprechen besteht das wesentliche Merkmal in der Übernahme einer Verpflichtung zum Vollzug einer bestimmten Handlung. Der Sprecher muß diese Absicht haben, damit der Sprechakt tatsächlich ein Versprechen war.
6. Die bedeutungstheoretische Bedingung: Sie soll gewährleisten, daß die vorgebrachte Äußerung aufgrund von Sprachkonventionen den Vollzug des jeweiligen illokutionären Aktes darstellt. Searle knüpft dabei an Grice an. Es ist die Absicht des Sprechers, einen bestimmten illokutionären Effekt dadurch zu erzeugen, daß er den Zuhörer dazu bringt zu erkennen, daß er jenen Effekt hervorzurufen beabsichtigt. Es liegt ebenfalls in seiner Absicht, daß dieses Erkennen dank der Tatsache geschieht, daß die Bedeutung des von ihm Geäußerten dieses aufgrund von Konventionen mit der Erzeugung jenes Effekts verknüpft (Searle 1973, S. 84 ff.).

Mit seinen Ausführungen will Searle belegen, inwiefern die Grundeinheit der sprachlichen Kommunikation nicht das Symbol, das Wort oder der Satz ist, sondern die Produktion oder Hervorbringung des Wortes oder des Satzes im Vollzug des Sprechakts. Das Zeichen als Mitteilung aufzufassen bedeutet, es als produziertes oder hervorgebrachtes Zeichen aufzufassen. Die Sprechakte sind die Grundeinheiten der sprachlichen Kommunikation. Ich muß also nicht nur annehmen, das der Laut oder das sprachliche Zeichen das Produkt intentionalen Verhaltens ist, vielmehr muß ich zusätzlich annehmen, daß es sich dabei um Intentionen besonderer, für Sprechakte spezifischer Art handelt.

Es gibt daher nicht zwei prinzipiell verschiedene semantische Untersuchungen, nämlich eine Untersuchung der Bedeutung von Sätzen und eine des Vollzugs von Sprechakten. Der Sprechakt, der mit der Äußerung eines Satzes vollzogen wird, bildet allgemein eine Funktion der Bedeutung des Satzes. Denn jeder Satz, der Bedeutung hat, kann aufgrund seiner Bedeutung verwendet werden, um einen bestimmten Sprechakt zu vollziehen. Ebenso ist jeder mögliche Sprechakt im Prinzip exakt als Satz formuliert (Searle 1973, S. 32 f.).

IV. PROBLEME UND STRITTIGE PUNKTE

Im folgenden werden drei große Problembereiche besprochen, in denen kontroverse Diskussionen geführt wurden und noch werden. Eine gesonderte Behandlung erscheint mir deshalb angezeigt, weil sich nur so die vielfältigen Perspektiven innerhalb der sprachanalytischen Philosophie darstellen lassen. In den Erörterungen der einzelnen Positionen kamen diese Bezüge bestenfalls in Andeutungen zur Sprache. Um den Gedankengang der Darstellungen nicht unübersichtlich zu gestalten, habe ich diese kontroversen Bezüge bisher ausgespart. Die Problemfelder ›Wahrheit‹, ›Referenz‹ und ›Bedeutung‹ ließen sich natürlich noch um einige andere vermehren. Die vorgeschlagenen Themen stellen zentrale Probleme der sprachanalytischen Konzeptionen dar, die in manchen der Diskussionen argumentativ ineinander verflochten sind. Die verschiedenen Argumentationslinien werden im Zuge der Darstellung deutlich werden. Um der Verständlichkeit willen wurde Wiederholungen in der Darstellung bewußt in Kauf genommen.

1. Theorie der Wahrheit

Im folgenden soll die in den erörterten Ansätzen angesprochenen Auffassungen von Wahrheit nochmals zur Sprache gebracht werden. Im Vordergrund steht dabei die Klärung, was man unter der Korrespondenztheorie der Wahrheit verstehen kann, und Alfred Tarskis semantische Definition von Wahrheit. Eine umfassende Darstellung der Wahrheitstheorien kann in diesem Rahmen nicht erfolgen (vgl. Stekeler-Weithofer 1996, S. 989 ff.). Deshalb bleiben jene Ansätze ausgespart oder werden nur am Rande erwähnt, deren Interesse auf die Fragen ausgerichtet ist, wie wir für die einzelnen Aussagen zu einem Kriterium von Wahrheit gelangen können. Darunter fallen die Kohärenztheorie der Wahrheit, das pragmatistische Kriterium der Nützlichkeit und die Konsenstheorie (vgl. Puntel 1983; Skirbekk 1980).

Bei der Erörterung der Idealsprachphilosophien (s. S. 56 ff.) kam wiederholt zur Sprache, daß man sich vom Aufbau einer formalen Sprache eine präzise Klärung der Bedeutung von sprachlichen Ausdrücken erhoffte. Dabei kommt der Wahrheitstheorie, die in systematischer und exakter Weise die unserem intuitiven Sprachverständnis zugrundeliegenden Regeln wiedergeben kann, eine grundlegende Funktion zu.

An der Frage, was ›Wahrheit‹ bedeutet, hat sich eine breit gefächerte Diskussion entzündet, die hier zumindest in ihren Grundzügen wiedergegeben werden soll.

Zuvor bedarf es einer genauen Bestimmung des Begriffs der Wahrheit. Denn um Wahrheit ging es auch der Metaphysik und der Erkenntnistheorie. Die Differenz in den Fragestellungen kann man ausgehend von unserem intuitiven Wahrheitsverständnis beschreiben. Alltagssprachlich verstehen wir unter ›Wahrheit‹, daß eine Aussage mit der Wirklichkeit übereinstimmt. Diesem naiven Verständnis erscheint die Wirklichkeit als etwas Gegebenes, an dem die Behauptungen darauf hin überprüft werden können, ob sie richtig oder falsch sind.

Entscheidend ist zunächst, ob wir dabei unterstellen, daß die Wirklichkeit an sich so besteht und wir unsere Aussage an (vermeintlich) objektiven Tatsachen zu überprüfen haben. Gehen wir von dieser Annahme aus, dann können wir drei Aspekte voneinander unterscheiden:

1. das, was als Wirklichkeit aufgefaßt wird,
2. das, was an der Wirklichkeit auf seine Richtigkeit hin überprüft wird,
3. die Beziehung zwischen beiden Momenten.

Die Beziehung wird in dieser Wahrheitsauffassung als ein Verhältnis der **Entsprechung** oder **Übereinstimmung** gedeutet. Für die unter (1) und (2) genannten Beziehungen finden sich in der Tradition der Philosophie eine ganze Reihe von Bezeichnungen: Denken – Sein, Subjekt – Objekt, Bewußtsein – Welt, Erkenntnis – Wirklichkeit, Sprache – Welt, Gedanke – Tatsache, Aussage – Wirklichkeit usw.

Die Unterschiedlichkeit der Namen ist nicht zufällig, denn dahinter verbergen sich unterschiedliche Auffassungsweisen, wie die Übereinstimmung bzw. das **korrespondenztheoretische Verhältnis** zu denken ist. In unserem Rahmen müssen wir uns dabei auf wenige Andeutungen beschränken. Die ontologisch-metaphysische Position, für die repräsentativ Thomas von Aquin zu nennen ist, befaßt sich mit der Angleichung des **Wissens** an das **Sein** und der Angleichung des Seienden an das Wissen. In der ontologischen Wahrheit soll die Identität von Sein und Wissen und damit die Wahrheit des Wissens zum Ausdruck kommen (vgl. Coreth 1964, S. 350 ff.).

Eine erkenntnistheoretische Sichtweise würde die Entsprechung von Erkenntnis und Wirklichkeit zum Thema ihrer Überlegungen machen. In der Version des Realismus wird dabei unterstellt, daß die Realität unabhängig vom erkennenden Bewußtsein existiert. Das Kriterium der Wahrheit liegt in der Wirklichkeit, an der unser Wissen zu überprüfen ist. Die Beziehung Bewußtsein – Welt, Erkenntnis – Wirklichkeit wird als Übereinstimmung mit der Wirklichkeit gedeutet. Da es uns nur um die Charakterisierung der Fragestellungen zu tun ist, brauchen wir auf die Problematik einer solchen Sichtweise nicht näher eingehen.

Legt man Sprache – Welt, Aussage – bestehender Sachverhalt als Beziehungen zugrunde, dann können wir die Korrespondenz so bestimmen: Aussagen sind wahr, wenn sie den Tatsachen entsprechen bzw. mit den Tatsachen übereinstimmen. Diese Formulierung läßt zumindest offen, ob wir dabei annehmen müssen, daß es das, was ›Wirklichkeit‹ oder ›Tatsache‹ genannt wird, tatsächlich gibt. Läßt man eine solche Annahme beiseite, dann können wir die

Formulierung so verstehen, daß es um die Frage geht, was ›wahr‹ oder ›Wahrheit‹ bedeuten (vgl. Franzen 1982, S. 35 ff.).

Die Korrespondenztheorie von Wahrheit kann also in zwei Fragestellungen auftreten:
1. Was ist Wahrheit?,
2. was bedeutet ›wahr‹?

Im Zusammenhang der Erörterung sprachanalytischer Ansätze wird die zweite Fragestellung in den Vordergrund gerückt.

Bevor wir näher auf den Begriff der Korrespondenz eingehen, müssen wir noch eine weitere Unterscheidung anführen: ›Wahrheit‹ ist nicht gleichzusetzen mit ›Wahrhaftigkeit‹. Diese Unterscheidung ist für den Fall angebracht, daß ein Sprecher die feste Absicht hat, die Wahrheit zu sagen, auch wenn der Inhalt seiner Aussage von seinen Ansprechpartnern als nicht richtig abgelehnt werden könnte. Man müßte ihm durchaus den Willen zur Wahrhaftigkeit zuerkennen, ohne ihm in der Sache recht zu geben. Die Gegenposition zur Wahrhaftigkeit bezeichnen wir als Lüge. In diesem Fall müssen wir dem Sprecher unterstellen, daß er nur vorgibt, eine wahre Aussage zu machen, in Wirklichkeit aber die Absicht hat, seine Zuhörer zu täuschen. Der Lügner weiß um die Falschheit der von ihm als wahr vorgetragenen Behauptung.

1.1 Die Adäquationstheorie

Das naive Alltagsverständnis von Wahrheit, soweit es um die Möglichkeit der richtigen Erkenntnis geht, würde meist auf eine Grundform der Adäquationstheorie verweisen: Wahrheit bemißt sich an der Sache, d.h. unsere Aussage ist dann wahr, wenn sie mit der Sache übereinstimmt. Dabei wird nicht weiter ausgeführt, wie man eine solche Übereinstimmung feststellen und wie man die Sache selbst (gleichsam sprachunabhängig) erfassen könnte. Im Hintergrund spielt dabei ein naiver Objektivitätsglaube eine Rolle, dessen Gültigkeit gerade in Frage steht.

Die Frage, ob unsere Vorstellungen von und unsere Aussagen über die Wirklichkeit auch mit der Wirklichkeit übereinstimmen, zieht sich durch die Geschichte der Philosophie hindurch. Aristoteles führt dazu folgende Definition von dem Wahren bzw. dem Falschen an: »Zu sagen, das Seiende ist nicht oder das Nichtseiende ist, ist falsch; zu sagen, daß das Seiende ist und das Nichtseiende nicht ist, ist wahr«. (Metaphysik IV. Buch, 1011 b 26 ff.). Die Sache erscheine gleichsam als der Grund dafür, daß die Aussage wahr ist. Denn sofern die Sache ist oder nicht ist, wird die Aussage wahr oder falsch genannt (Aristoteles, Kategorien 14 b). Davon abzusetzen ist die Adäquationstheorie von Wahrheit, um deren Klärung sich Thomas von Aquin im Anschluß an Aristoteles bemüht:

> »Da die Wahrheit des Verstandes eine Angleichung von Verstand und Sache (**adaequatio rei et intellectus**) ist, insofern der Verstand vom Seienden sagt, daß es ist, und vom Nichtseienden, daß es nicht ist, gehört die Wahrheit im Bereich

des Verstandes zu dem, *was* der Verstand sagt, nicht aber zu der Tätigkeit (operatio), durch die er es sagt. Es ist nämlich für die Wahrheit des Verstandes nicht erforderlich, daß das Denken (intelligere) selbst sich der Sache angleicht (aequari): schließlich ist die Sache ja manchmal materiell, das Denken aber immateriell. Das aber, was der Verstand im Denken sagt und urteilt, muß der Sache angeglichen sein, nämlich derart, daß es sich in der Sache so verhält, wie der Verstand sagt.« (Summa contra gentiles, Kap. 59).

Dieser Formulierung ist abzulesen, daß es ihm um eine relationale Bestimmung von Wahrheit geht, wobei – wie oben schon angedeutet – zwei Möglichkeiten offenstehen: Entweder die Sache als Maßstab des Denkens oder das Denken als Maßstab für die Sache. Im Mittelalter erfährt die Formel ›veritas est adaequatio rei et intellectus‹ eine folgenreiche Umdeutung, die zu der unpräzisen Formulierung führt: Ein Satz ist wahr, wenn er mit der Wirklichkeit übereinstimmt. Die Feststellbarkeit der Entsprechung bleibt dabei ebenso ein Problem, wie die Bestimmung des Begriffs der Wirklichkeit.

Schon mit Leibniz setzt eine veränderte Richtung der Überlegung ein: Die Wahrheit besteht darin, daß die Worte derart in Sätzen verbunden sind, daß sie die Übereinstimmung oder Nichtübereinstimmung genauso ausdrücken, wie sie wirklich ist. Diese Aussage wirkt fort bis zu Wittgensteins Feststellung, daß eine wahre Aussage einen bestehenden Sachverhalt (d.i. eine Tatsache) repräsentiere. Damit deutet sich eine grundlegende Verschiebung hinsichtlich der Adäquation hin zu einem **Äquivalenzschema** an, das sich in der Formel ›es ist wahr, daß p genau dann, wenn p‹ ausdrücken läßt. Dieses Schema ist so zu verstehen: Wenn man von einer beliebigen Aussage behauptet, sie sei wahr, dann ist die auf diese Weise gebildete Aussage unter denselben Umständen wahr wie die Ausgangsaussage selbst.

1.2 Wahrheit als Übereinstimmung

Diese zitierten älteren Wahrheitstheorien basieren auf einer Vorstellung der Übereinstimmung von Denken und Sache (d.i. Gegenstand, Objekt). Davon abzusetzen sind jene noch zu besprechenden **Übereinstimmungstheorien** wie die Russells und Wittgensteins, in denen nicht mehr von der Sache, sondern von dem bestehenden Sachverhalt die Rede ist. Russell wie Wittgenstein würden ihre Festlegung dadurch begründen können, daß das wahre Urteil »Sokrates ist ein Grieche« allein mit dem Sachverhalt, daß Sokrates ein Grieche ist, übereinstimmt. Dabei geht es nicht um eine explizite Feststellung, ob ein dargestellter Sachverhalt tatsächlich der Fall ist oder nicht. Im Vordergrund steht vielmehr das Interesse an der Möglichkeit, daß Sprache aufgrund ihrer Struktur Sachverhalte darstellen kann. Die **Wahrheitsbedingung** legt fest, wie die Welt aussieht, wenn der dargestellte Sachverhalt besteht. Der Begriff der Wahrheitsbedingung ist als grundlegend für die Festlegung der deskriptiven Bedeutung anzusehen. Dadurch gelangen wir zu einer anderen Formulierung der **Adäquation**: In moderner Ausdrucksweise formuliert besagt diese Definition: »Es ist wahr, daß p, genau dann, wenn p« (wobei ›p‹ stellvertretend für einen beliebigen Aussageinhalt steht). Bspw. ist die Aussage »es schneit« genau dann wahr, wenn es (tatsächlich) schneit (ohne daß wir jetzt überprüfen müßten, ob es tatsächlich der Fall ist). Diese Bestimmung von Wahrsein wird als **Äquivalenzschema** bezeichnet.

Die sachliche Notwendigkeit, nicht eine Sache, sondern einen **Sachverhalt** zugrundezulegen, wird spätestens dann einsichtig, wenn wir einen negierenden Behauptungssatz in Rechnung stellen wie bspw. die Aussage »Odysseus existiert nicht«. Eine Übereinstimmung mit dem Gegenstand ›Odysseus‹ kann hier nicht sinnvoll behauptet werden. Wir haben damit zumindest auch einen sachlichen Grund genannt, warum die Übereinstimmungstheorie der Wahrheit nicht bei der Sache als Grundlage der Übereinstimmung stehen bleiben kann.

Einen zweiten klärungsbedürftigen Aspekt entdecken wir, wenn wir danach fragen, worum es in der Wahrheits-Aussage geht. Eine Antwort darauf gibt Aristoteles im Zusammenhang mit der bereits zitierten Aussage zur Wahrheitsdefinition: Es ist nicht möglich, daß es etwas in der Mitte zwischen den beiden Gliedern eines kontradiktorischen Gegensatzes gibt. Es ist vielmehr notwendig, daß man einem (Gegenstand) eines entweder zu- oder abspricht (Metaphysik IV. Buch, 1011 b 23–27). Offensichtlich hat er dabei Aussagesätze von einer ganz bestimmten elementaren Struktur im Auge. In einem solchen Satz werden einem Gegenstand eine Eigenschaft zu- oder abgesprochen. Ein solcher Aussagesatz ist genau dann wahr, wenn der fragliche Gegenstand diese Eigenschaft hat, und dann falsch, wenn er sie nicht hat.

Welche Form solche Aussagesätze nach dieser Auffassung haben, wird in der folgenden Redeweise deutlich:

> »Das Seiende als Wahres und das Nichtseiende als Falsches hat mit Verbindung (synthesis) und Trennung (dihairesis) zu tun [...]. Das Wahre hat auf seiner Seite die Zusprechung im Hinblick auf Verbundenes und die Absprechung im Hinblick auf Getrenntes, während das Falsche den kontradiktorischen Gegensatz dieser Verteilung auf seiner Seite hat.« (Metaphysik IV. Buch, 1027 b 18-23)

Diese Bestimmung bezieht sich auf solche Sätze, die aus einem Namen und einem einstelligen Prädikat bestehen. Aristoteles weist darauf hin, daß man unterscheiden müsse zwischen Meinungen, die immer wahr oder immer falsch sind, und solchen, die manchmal wahr und manchmal falsch sind. Ein Beispiel für den ersten Fall ist, daß die Zahl zwei immer die Eigenschaft hat, eine gerade Zahl zu sein, für den zweiten Fall lassen sich beliebige empirische Aussagen anführen. Von jemandem zu sagen, er sei blaß, ist genau dann wahr, wenn er tatsächlich eine blasse Gesichtsfarbe hat. Da sich diese aber auch ändern kann, kommt dieser Person diese Eigenschaft nicht immer und nicht notwendig zu. Deshalb, so meint Aristoteles, könne dieselbe Meinung einmal wahr und ein anderes Mal falsch sein. Der Wahrheitswert des betreffenden Aussagesatzes kann sich ändern. Diese Konsequenz ergibt sich dann, wenn man wie Aristoteles den Aussagesatz als **Wahrheitswert-Träger** betrachtet (vgl. Künne 1991, S.131).

Wir können jetzt drei Hauptprobleme der Korrespondenztheorie ausmachen:

1. Was ist dasjenige, wovon Wahrheit ausgesagt wird? – Was ist der Träger von Wahrheit?
2. Was ist dasjenige, womit etwas übereinstimmen muß, wenn von ›wahr‹ die Rede ist?
3. Worin besteht die Entsprechungs oder Übereinstimmungsrelation? (vgl. Franzen 1982, S. 49).

Die Frage der Trägerschaft wird in der sprachanalytischen Philosophie kontrovers diskutiert. Für Frege ist ein Gedanke zeitlos wahr. Davon abgesondert waren jene Aussagen, deren Wahrheit nur mit Hilfe zusätzlicher Kenntnisse über die situativen Umstände der behauptenden Person erkennbar ist (bspw. wenn eine Person den Satz »ich friere« äußert). Gefordert ist also eine **Konstanz** des **Wahrheitswerts**. Ebenso ist eine Konstanz des **Sachbezugs** sicherzustellen. Der Satz »morgen ist auch noch ein Tag« ist zwar an jedem Tag wahr, in ihm kommt aber an den verschiedenen Tagen ein wechselnder Sachbezug zum Ausdruck, da sich die Aussage jeweils auf einen anderen Tag bezieht. Ein wechselnder Wahrheitswert läßt sich dadurch vermeiden, daß man nicht den Aussagesatz, sondern das mit einem Aussagesatz Gesagte zum Träger des Wahrheitswerts bestimmt. (vgl. Künne 1991, S.131) Frege führte dazu die Bezeichnung ›Gedanke‹ ein, andere Autoren die Bezeichnung ›**Proposition**‹, Strawson nennt es davon abweichend ›**Aussage**‹ (›statement‹). Für Frege ist eine Tatsache ein Gedanke, der wahr ist. Freges Ausführungen gehen nicht über diese Bestimmungen von Wahrheit hinaus. Bei Frege ist ›wahr‹ ein undefiniertes Grundprädikat, das eine nicht weiter analysierte Beziehung zwischen dem Gedanken und der Wirklichkeit bezeichnet. Gegen die Vorstellung der Übereinstimmung wendet sich Frege mit dem Argument, daß jeder Versuch, Wahrheit zu definieren, ohne Erfolg bleiben muß. Denn wenn wir Wahrsein definieren als φ-Sein, dann muß man für die Beurteilung, ob x wahr ist, entscheiden, ob x φ ist, und in einem nächsten Schritt wieder entscheiden, ob es wahr ist, daß x φ ist. Dadurch geraten wir in einen unendlichen Regreß (vgl. ebd., S. 136 f.).

Eine andere Wendung erfährt das Wahrheitsproblem, wenn nur Aussagesätze als Wahrheitswertträger betrachtet werden, wie es für die Position des Logischen Atomismus charakteristisch ist. Wir kommen damit zu jener Form der Korrespondenztheorie, wie sie durch Russell und Wittgenstein vertreten wurde: Wahrheit besteht in der Übereinstimmung zwischen einer Aussage (d.i. einer Proposition) und einem Sachverhalt. Dabei erhält die Wahrheitstheorie die spezifische Wendung zu einer logischen Abbildung. Bei Aussagen bzw. Sätzen handelt es sich um Abbilder der mit ihrer Hilfe behaupteten Tatsachen. Für Russell besteht das Wesen eines Aussagesatzes darin, daß er auf zwei Weisen einer Tatsache entsprechen kann. In dem einen Fall wird er durch die Tatsache wahr gemacht, im anderen Fall macht sie ihn falsch. Bei Wittgenstein wird die Frage der Übereinstimmung auf empirische Sätze beschränkt. Nur solche Sätze können Bilder der Wirklichkeit sein. Die Abbildungsbeziehung wird als strukturelle **Isomorphierelation** gedeutet: D.h., es soll eine Entsprechung zwischen dem Zusammenhang der Elemente des Bildes und dem

Zusammenhang der Gegenstände im Sachverhalt bestehen. Wir haben bei der Erörterung von Wittgensteins Tractatus gesehen, daß die Abbildung dadurch möglich ist, daß die logische Form als Konfiguration der Namen im Elementarsatz mit der logischen Form als Konfiguration der Gegenstände im Sachverhalt übereinstimmt (vgl. Stekeler-Weithofer 1996, S. 1000 ff.; Kutschera 1975, S. 53 ff.).

1.3 Tarskis semantische Theorie der Wahrheit

Es blieb dem polnischen Logiker Tarski vorbehalten, eine semantische Konzeption der Wahrheit zu entwickeln, die sich durch exakte Verfahrensweisen auszeichnete. Seine Abhandlung Der *Wahrheitsbegriff in den formalisierten Sprachen* (1933 in polnischer und 1935 in deutscher Sprache veröffentlicht) ist für die weiteren sprachphilosophischen Überlegungen bestimmend. Tarski sieht es als die allgemeine Aufgabe einer wissenschaftlichen Semantik an, die Begriffe präzise zu charakterisieren und sachlich zutreffende Verwendungsweisen dieser Begriffe aufzustellen. Die Bezeichnung ›semantisch‹ drückt schon aus, daß es bei dem Begriff der Wahrheit um eine Beziehung zwischen sprachlichen Zeichen und etwas Nichtsprachlichem geht. In seiner Abhandlung verfolgt er das Ziel, eine sachlich zutreffende und formal korrekte Definition des Terminus ›wahre Aussage‹ zu konstruieren. Er nimmt seinen Ausgangspunkt beim Aussagesatz als Wahrheitswertträger.

Zunächst ist zu klären, wie die formale Korrektheit für die Wahrheitsdefinition sicherzustellen ist. Sie ist für Tarski nur dann erreichbar, wenn die Definition des Prädikats ›wahr‹ für eine bestimmte Sprache in eine Metasprache gegeben wird. Diejenige Sprache L, für die ›wahr‹ definiert werden soll, nennt er **Objektsprache**, die Sprache, in der ›wahr‹ definiert wird, ist die **Metasprache**. Wann eine Wahrheitsdefinition als sachlich zutreffend anzusehen ist, versucht Tarski an einem Beispiel zu klären. Ausgehend von der Redewendung, ›ein Satz ist wahr, wenn er einen existierenden Sachverhalt bezeichnet‹ verdeutlicht er die anstehende Frage an dem Satz »der Schnee ist weiß«. Entsprechend der zitierten klassischen Wahrheitsauffassung ist dieser Satz wahr, wenn der Schnee tatsächlich weiß ist. Die in dieser Auffassung enthaltene Äquivalenz kann durch folgende Aussage festgehalten werden: »Der Satz ›der Schnee ist weiß‹ ist genau dann wahr, wenn der Schnee weiß ist.« Dabei ist zu beachten, daß im vorderen Teilsatz die Aussage ›der Schnee ist weiß‹ nur erwähnt wird. Wir können deshalb dazu übergehen, die erwähnte Aussage durch einen beliebigen Einzelnamen für eine Aussage mit ›x‹ zu ersetzen (d.h. durch einen ›Anführungsnamen‹), die entsprechende Aussage selbst (wie sie im zweiten Teilsatz gebraucht wird) durch das Symbol ›p‹ angeben. Für den weiteren Gang der Überlegung ist es wesentlich, diese Unterscheidung schematisch dadurch festzuhalten, daß auf der linken Seite der Aussage der Anführungsname eines Satzes (aus der Sprache L) steht und auf der rechten Seite der Satz selbst vorkommt. Tarski führt dann als allgemeines Schema für Aussagen dieser Art folgende Formel ein:

»x ist eine Aussage dann und nur dann, wenn p« (Tarski 1971, S. 453).

Ausgehend von diesem Schema kann man konkrete Erklärungen dadurch gewinnen, daß man für ›p‹ irgendeine Aussage einsetzt und für ›x‹ einen beliebigen Anführungsnamen für diese Aussage. Tarski schlägt ein Kriterium für die Adäquatheit einer Wahrheitsdefinition vor. Eine in der Metasprache formulierte Definition von ›wahr‹ ist sachlich zutreffend, wenn aus ihr alle Sätze folgen, die man aus dem Schema

(W) S ist wahr genau dann, wenn p

gewinnt, indem man für das Symbol ›S‹ eine Bezeichnung irgendeines Satzes der Objektsprache und für das Symbol ›p‹ die Übersetzung dieses Satzes in die Metasprache einsetzt (Tarski 1971, S. 481 f.; vgl. Künne 1991, S. 149). Beide Formeln drücken Tarskis **Wahrheits-Konvention** (W – Konvention) aus. Es besteht also eine Äquivalenz zwischen der Aussage mit dem Objektsprache-Status eines Explicandums-bezüglich-›wahr‹ und derselben Aussage mit dem Metasprache-Status eines Explicans-bezüglich-›wahr‹. Die auf der rechten Seite der Äquivalenzformel stehende Aussage ist die Erfüllung der auf der linken Seite stehenden Aussagefunktion: Sie gibt die Wahrheitsbedingungen der linken Aussagefunktion an (vgl. Puntel 1983, S. 53).

Durch die Bezeichnung ›Konvention‹ oder ›Schema‹ will er dem Umstand Rechnung tragen, daß diese Formel nur unter Einschränkung auf bestimmte Sprachen als Wahrheitsdefinition angesehen werden kann. Wenn man für die Objektsprache Wahrheit definieren will, muß man diese von semantischen Prädikaten ›wahr‹ und ›falsch‹ freihalten. Erst auf der Stufe der Metasprache, in der über die Objektsprache L gesprochen wird, dürfen sie eingeführt werden. Nur so können semantische Paradoxien, wie wir sie bei der Erörterung von Russells Ansätzen kennengelernt haben, vermieden werden. Um die formale Korrektheit sicherzustellen, müssen bestimmte Bedingungen hinsichtlich der Struktur der Sprache erfüllt sein. Folgende Forderungen werden auf der Ebene der Meta-Metasprache für die Metasprache M erhoben: Um W-Äquivalenzen in der Metasprache M beweisen zu können, benötigt man in M Bezeichnungen für Ausdrücke der Objektsprache: Anführungsnamen und strukturell-deskriptive Namen. Es muß zudem in der Metasprache M logische Konstanten wie ›genau dann, wenn‹ geben, und es müssen alle Sätze der Objektsprache in die Metasprache M übersetzbar sein.

Zwei Aspekte sind noch gesondert herauszustellen: Tarski betont zum einen, daß eine solche exakte Wahrheitsdefinition nicht für die natürlichen Sprachen möglich ist, sondern nur für formalisierte Sprachen. Zum anderen ist seine Theorie der Wahrheit frei von metaphysischen und erkenntnistheoretischen Annahmen.

Die Konsequenzen einer solchen Wahrheitsdefinition wird erst hinreichend deutlich, wenn wir sie den eingangs zitierten Vorstellungen von Übereinstimmung gegenüberstellen. Den Adäquationstheorien stand die Vorstellung zu Seite, es müsse eine Übereinstimmung von Erkenntnis und Wirklichkeit aufgezeigt werden können. Besondere Schwierigkeiten bereiteten dabei die

Begriffe ›Wirklichkeit‹ und ›Übereinstimmung‹. Die Übereinstimmung hätte eine Relation darstellen müssen, bei der die beiden in dieser Relation stehenden Relata gleich sein müßten. Tarskis Definition kommt ohne diese beiden problematischen Begriffe aus, da sie nicht die Frage nach dem Wesen der Wahrheit zu beantworten sucht, sondern die Frage nach dem Gebrauch des Prädikats ›wahr‹. Der Begriff der wahren Aussage wird in der Semantik durch die Definition erreicht, deren Adäquatheit durch die Erfüllung der in der W – Konvention ausgesprochenen Bedingung gesichert ist. Daher erscheint es nicht mehr sinnvoll, klären zu wollen, worin die Beziehung zwischen Erkenntnis und Wirklichkeit bzw. Sprache und Wirklichkeit bestehen könnte. Die Relation ist nicht etwas Drittes, das Satz und Wirklichkeit verbindet. Der gesuchte Wirklichkeitsbezug liegt in dem Aussagesatz selbst. Aussagesätze werden gebraucht, um wahre Aussagen über die Wirklichkeit zu machen. Wir müssen also davon Abstand nehmen, nach einer allgemeinen und selbständigen Bedeutung von ›wahr‹ zu suchen.

Diese rudimentäre Skizze von Tarskis Theorie der Wahrheit kann nur einen ersten Einblick vermitteln. Eine ausführliche Darstellung bietet Stegmüller in *Das Wahrheitsproblem und die Idee der Semantik* (1977, S. 15–98), für die Diskussion einzelner Probleme und Einwände bieten Künne (1991, S. 147 ff.), Puntel (1983, S. 41 ff.) und Stegmüller (1977, S. 215 ff.) ausführliche Erörterungen an.

1.4 Die Redundanztheorie

Ganz entschieden vertritt Frege die Auffassung, daß man jedem Aussagesatz hinzufügen kann »es ist wahr, daß ...«. Das Prädikat ›wahr‹ unterscheidet sich gerade dadurch von allen anderen Prädikaten, daß es immer mit ausgesagt wird, wenn irgendetwas ausgesagt wird (Frege 1969, S. 140). Anhand der beiden Sätze

(a) »Friedrich der Große siegte bei Roßbach« und
(b) »es ist wahr, daß Friedrich der Große bei Roßbach siegte«

stellt er heraus, daß wir zwar denselben Gedanken in verschiedenen sprachlichen Formen vorliegen haben, daß wir aber bei Bejahung des einen Satzes gleichzeitig auch den anderen bejahen (Frege 1969, S. 153).

Dagegen hat Ramsey eingewandt, daß man diese Ergänzung »es ist wahr, daß ...« ohne Bedeutungsverlust und ohne Sinnänderung streichen könne. Diese Auffassung hat als **Redundanztheorie** Eingang in die Diskussion gefunden. In ihr kommt die Meinung zur Geltung, daß der Satz »es ist wahr, daß Cäsar ermordet wurde« im Grunde nicht mehr besagt als der Satz »Cäsar wurde ermordet«. Die Ausdrücke ›es ist wahr‹ oder ›es ist falsch‹ dienen bestenfalls als Zeichen, um seiner Behauptung Nachdruck zu verleihen, sind aber ansonsten überflüssig (vgl. Künne 1991, S. 133 ff.). Ramsey geht davon aus, daß Wahrheit und Falschheit primär Propositionen zugeschrieben werden. Auch Ayer (1970, S. 16) ist der Auffassung, daß der Ausdruck ›ist wahr‹ logisch überflüssig ist. Wenn die Ausdrücke ›wahr‹ und ›falsch‹ keine eigene Bedeutung haben, dann kann es – nach Ayer – auch kein eigenes Wahrheitsproblem geben. Die verschiedenen Kritikpunkte, die gegen die Redundanztheorie vorgebracht wurden, werden von White (1971) ausführlich diskutiert.

1.5 Die performative Theorie der Wahrheit

Dieser Auffassung schließt sich Strawson (1974 a) an, indem er ihr eine andere Akzentsetzung verleiht. Er ist der Meinung, daß der Ausdruck ›ist wahr‹ weder auf Sätze angewandt wird noch als eine Eigenschaft von Zeichen zu verstehen ist. Auch wenn wir mit dem Zusatz »es ist wahr, daß ...« keine andere Aussage machen als die, daß Cäsar ermordet wurde, vollziehen wir damit doch eine andere Handlung. Denn durch diesen Zusatz bringen wir eine Bestätigung oder Bekräftigung der vorangegangenen Aussage zum Ausdruck. Deshalb bezeichnet Strawson ›wahr‹ als ein **performatives** Wort (wodurch der Vollzug der Bestätigungshandlung artikuliert wird). Er illustriert das an folgendem Beispiel: Der Satz »was der Schutzmann sagte, ist wahr« kann aufgeschlüsselt werden in den Satz »der Schutzmann machte eine Aussage« und den Zusatz »ich bestätige diese Aussage«. Die Bestätigung ist keine Beschreibung, sondern ein Tun (eine Performanz). Strawsons performative Theorie von Wahrheit wird von Austin (1986, S. 173 ff.) wieder zum Teil eingeschränkt.

2. Probleme der Referenztheorie

2.1 Eigennamen und Kennzeichnungen

Den Ausgangspunkt für die mit der Referenztheorie verbundene Problemstellung bildet die Frage, wie wir uns zum Zweck der sprachlichen Verständigung gemeinsam auf ein Gegenständliches beziehen können. Den Eigennamen wird in der sprachphilosophischen Diskussion insofern eine Vorzugsstellung eingeräumt, weil sie in der Funktion der Bezeichnung oder Benennung die einfachste Beziehung zwischen und Gegenständlichkeit repräsentieren. Das macht die besondere Attraktivität einer solchen Referenztheorie für sprachphilosophische und erkenntnistheoretische Fragen aus.

Damit scheint die Frage auch schon beantwortet, wie sprachliche Bezeichnungsausdrücke sich auf etwas beziehen können. Im Rahmen der vorangehenden Darstellung wurde eine erste Unterscheidung hinsichtlich der Bezugnahme durch Mill eingeführt, nämlich Denotation und Konnotation. Der mögliche Streitpunkt, an dem sich die Diskussionen der Referenztheorien entzünden, läßt sich in die Frage fassen: Muß man für die Bezeichnungsfunktion so etwas wie einen Inhalt oder eine Beschreibungsfunktion zusätzlich annehmen? Man geht davon aus, daß ein Bezeichnungsausdruck einen Sinn haben müsse, dessen Kenntnis es erst ermöglicht, sich auf Gegenstände zu beziehen. In einfacher Formulierung ausgedrückt: Ich muß wissen, welcher Sinn mit dem Wort ›Tisch‹, ›Katze‹, ›Atom‹, ›Mont Blanc‹ verbunden ist, um mich auf den zugehörigen Gegenstand beziehen zu können. (Diese zusätzliche Funktion wurde von Mill als ›Konnotation‹, von Frege als ›Sinn‹, von Carnap als ›Intension‹ bezeichnet.)

Folgende terminologische Klärung müssen wir den anstehenden Erörterungen vorwegschicken: Zu unterscheiden ist zwischen der Bedeutung des referentiellen Ausdrucks und dem Referenzgegenstand, auf den durch den referentiellen Ausdruck Bezug genommen wird. Der Ausdruck ›Referenz‹ stellt eine Rückübersetzung aus dem englischen Wort ›refer‹ bzw. ›reference‹ dar – im Folgenden wird die Funktion der Eigennamen mit Hilfe der Ausdrücke ›bezeichnen‹, ›Bezug nehmen auf‹ oder ›sich beziehen auf‹ wiedergegeben (vgl. Schulte 1980, S. 11).

Wir wissen aus den Darstellungen der sprachanalytischen Positionen, daß die Frage, ob ein einfacher Ausdruck, durch den auf einen Gegenstand Bezug genommen wird, oder ein zusammengesetzter Satz als die grundlegende (d.i. primäre) sprachliche Einheit anzusehen, meist zugunsten des Satzes entschieden worden war. Diese Festlegung hängt mit der Auffassung zusammen, daß ein sprachliches Gebilde nur dann bedeutungsvoll ist, wenn es verifizierbar ist. Da einzelne Ausdrücke weder verifiziert noch falsifiziert werden können, bleibt allein der Satz als bedeutungstragende Einheit übrig. Davon unberührt bleibt die Frage, wie die Bedeutung und die Referenz einzelner Ausdrücke zu verstehen ist.

Hinter der vordergründigen Plausibilität dieser Auffassung, daß ein Eigenname sich auf einen Gegenstand bezieht bzw. diesen bezeichnet, verbirgt sich ein ganzer Komplex an Problemen. Diese Probleme werden erst sichtbar, wenn man der Frage nachgeht, was es heißt und wie es möglich ist, daß ein Eigenname für einen Gegenstand steht.

Als Ausgangspunkt der Diskussionen kann man Mills Bezeichnungstheorie (s. S. 46 ff.) ansehen. Seine Unterscheidung zwischen den bloß denotativen Ausdrücken (d.i. den Eigennamen) und den konnotativen umreißt bereits das anstehende Problem. Die Eigennamen bezeichnen den Gegenstand einfachhin, während die Kennzeichnungen ihn so bezeichnen, daß sie mindestens eine seiner Eigenschaften mitbezeichnen. Bei Mill kommt den nicht-konnotativen Namen, d.i. den Eigennamen, reine Benennungsfunktion zu (d.h. sie denotieren nur). Sie erschöpfen sich darin, einen Gegenstandsbezug zu haben. Bei Mill ist allerdings der Eigenname nicht dem Gegenstand, sondern nur der Vorstellung des Gegenstandes zugeordnet wird, die in unserem Bewußtsein gespeichert ist. Bei der Nennung des Eigennamens würden in uns dann die entsprechenden Vorstellungen assoziativ hervorgerufen. In der Konzeption Mills bleibt erklärungsbedürftig, wie es sich vereinbaren läßt, daß wir jeweils immer nur konkrete Vorstellungen haben, der Eigenname sich aber nicht auf eine konkrete Vorstellung, sondern auf eine Vielzahl konkreter Vorstellungen bezieht.

Für die Semantik der Eigennamen gilt zunächst, daß ein Eigenname einen Gegenstand (d.i. ein Individuum) bezeichnet – sein Beitrag zur Bedeutung eines Satzes, in dem der Eigenname vorkommt, besteht darin, für dieses Individuum zu stehen. Dem Eigennamen wird nur die eine semantische Funktion zugeschrieben, daß sie (aufgrund von Konventionen) gewisse Entitäten bezeichnen. Eine solche konventionelle Festlegung kann durch einen hinweisenden Akt wie »das ist der Planet Venus« oder »das ist die Würzburger Residenz« geschehen. Dadurch lege ich (als Sprecher) fest, daß ein bestimmter Bezeichnungsausdruck als Name für diesen Gegenstand fungieren soll. Für die Prädikate, die Eigenschaften oder Beziehungen bezeichnen sollen, müßte die Einführungssituation ähnlich gedacht werden. Das Prädikat ›rund‹ oder ›blau‹ steht für die Eigenschaft, die man an diesem Gegenstand wahrnehmen kann. Aufgrund einer konventionellen Festsetzung stehen bestimmte sprachliche Ausdrücke in einer Zuordnungsbeziehung zu bestimmten Entitäten (Gegenständen, Attributen). Diese Zuordnung wird als Namensrelation bezeichnet.

An dieser Stelle erscheint es angezeigt, einige kritische Einwände und Vorbehalte zumindest andeutungsweise anzuführen: Die Festlegung der Namensrelation ist bei den Prädikaten nicht so einfach wie bei den Gegenständen. Denn in dem einen Fall können wir auf konkrete Gegenstände (bspw. einen Berg, ein Gebäude) verweisen, wenn wir aber aufzeigen wollen, welche Eigenschaft die Ausdrücke ›rund‹ oder ›blau‹ bezeichnen, können wir diese Eigenschaft nicht selbst vorweisen, sondern müssen dazu einige Exemplare und einige Gegenexemplare aufzeigen. Ein solches Verfahren reicht aber nicht hin, um ein Attribut eindeutig auszuzeichnen. Dieser Aspekt soll hier nicht weiter diskutiert werden (vgl. dazu Kutschera 1975, S. 42 f.). Weitere Einwände gegen eine solche Vorstellung der konventionellen Festlegung haben wir bereits in Wittgensteins *Philosophischen Untersuchungen* kennengelernt. Bei dem Aufzeigen von Exemplaren und Gegenexemplaren müßte schon ein Verständnis von ›Farbe‹ unterstellt werden. Eine noch grundlegendere Kritik an einem solchen Sprachverständnis formuliert Saussure in *Grundfragen der allgemeinen Sprachwissenschaft*: Seinem semiologischen Ansatz zufolge entspringt jenes Verständnis, das von Wörtern ausgeht, die dann erst auf eine Gegenständlichkeit appliziert werden, um diese als Dinge zu definieren, einer falschen Methode und verkehrten Sichtweise. Die Natur eines sprachlichen Zeichen läßt sich nur über das Verhältnis zwischen den Bezeichnung, d.i. dem Signifikanten, und dem Bezeichneten, d.i. dem Signifikat, erschließen. Es kann nach Saussure also nicht darum gehen, für eine Liste von Ausdrücken die ihnen entsprechenden Gegenstände zu suchen. Ein derartiges Modell basiert auf der fragwürdigen Annahme, daß schon vor der Sprache fertige Vorstellungen existieren (vgl. Prechtl 1994, S. 59).

Anders als Mill hat Frege die Beschränkung auf diese eine semantische Funktion anhand der Bezeichnungsausdrücke ›Abendstern‹ und ›Morgenstern‹ problematisiert Er machte darauf aufmerksam, daß man innerhalb eines solchen Bezeichnungsmodells gerade solche Sätze, die zur Erweiterung der Erkenntnis beitragen, nicht hinreichend erklären kann. An den beiden Namen ›Abendstern‹ und ›Morgenstern‹ versuchte er zu verdeutlichen, daß wir von unterschiedlichen Formen der Identitätsaussage auszugehen haben, Die Aussage »der Abendstern = der Abendstern« ist ein Tautologie (und gilt a priori), dagegen stellt die Aussage »der Abendstern = der Morgenstern« nur dann eine gültige Identitätsaussage dar, wenn man das empirische Wissen besitzt, daß beide Namen auf den Planeten Venus Bezug nehmen. Die zweite Identitätsaussage kann nur unter der Bedingung getroffen werden, daß man zu diesem Wissen durch Erfahrung (d.i. a posteriori) gelangt ist und nicht mehr von der Annahme ausging, beide Namen würden zwei unterschiedliche Fixsterne bezeichnen. Wir haben also zwischen zweierlei Arten von Identitätsaussagen zu unterscheiden: Die erstgenannte entspricht der Form a = a und stellt einen analytischen Satz dar, der allein aufgrund der logischen Gesetze gilt, der zweite stellt in der Form a = b einen synthetischen Satz dar, für dessen Gültigkeit empirisches Wissen Voraussetzung ist. Frege geht nun der Frage nach, von welchem Verständnis von Identität wir dabei auszugehen haben: von einer identischen Beziehung zwischen Gegenständen oder zwischen Bezeichnungsausdrücken für denselben Gegenstand. Würde man eine Gleichheit der Gegenstände annehmen, dann würde ›a = b‹ dasselbe besagen wie ›a = a‹. Beide Formen würden eine Kenntnis der Gleichheitsbeziehung zum Ausdruck bringen, in beiden würde es sich um eine Beziehung der Selbstidentität von Gegenständen handeln. Das hätte zur Folge, daß synthetische Aussagen auf analytische zurückgeführt werden könnten und somit beide denselben Erkenntniswert darstellten. Aufgrund der obigen Ausführungen erscheint das wenig plausibel.

Eine befriedigendere Antwort erhält man, wenn die Identitätsaussagen als eine Beziehung zwischen den Zeichen aufgefaßt werden. Vorausgesetzt, die Zeichen nehmen auf einen Gegenstand bezug, dürfte man für diesen Fall davon ausgehen, daß sich beide Zeichen ›a‹ und ›b‹ bzw. beide Namen ›Abendstern‹ und ›Morgenstern‹ auf denselben Gegenstand beziehen. Frege verwendet für diesen Bezug eines Zeichens den Ausdruck ›Bedeutung‹ – die Eigennamen hätten also dieselbe Bedeutung, wenn auch in den beiden Namen ein unterschiedlicher Sinn zur Sprache kommt: ›Morgenstern‹ der Sinn, daß dieser »Stern« (bzw. der Planet Venus) am Morgen am hellsten zu sehen ist, ›Abendstern‹ der Sinn, daß er am frühen Abend schon sehr deutlich zu sehen ist. Aus diesem Grund schlägt Frege vor, diesen Unterschied dadurch festzuhalten, daß man an den Zeichen einen verschiedenen Sinn festmacht. Der Sinn drückt eine spezifische Gegebenheitsweise (d.h. eine bestimmte Beschreibung) des Gegenstandes aus. D.h. der Eigenname bezeichnet einen Gegenstand dadurch, daß er einen Sinn hat. Freges Vorschlag hat zur Konsequenz, daß wir die Zeichen nicht mehr als beliebige Marken auffassen dürfen, die wir nach Gutdünken durch andere ersetzen könnten. Denn dadurch ging gerade dasjenige verloren, worin der spezifische Erkenntniswert zum Ausdruck kommt, nämlich daß ein Gegenstand in verschiedenen Auffassungen gegeben ist. Die beiden Gegebenheitsweisen liefern verschiedene Information über denselben Gegenstand. Aufgrund dieser Überlegungen müßten wir davon Abstand nehmen, die Zeichen auf ihre Bezeichnungsbeziehung zu reduzieren. Er faßt das Resultat in folgende Formulierung: »Wir drücken mit einem Zeichen dessen Sinn aus und bezeichnen mit ihm dessen Bedeutung (d.i. den Gegenstandsbezug)« (Frege, 1986 a, S. 46).

Freges Plädoyer geht also dahin, daß die Beschränkung auf die Bezeichnungsfunktion nicht zu halten ist, da man neben der referentiellen Funktion des Eigennamens auch den Informationsgehalt miteinbeziehen müsse. Carnap teilt die Auffassung Freges insofern, als auch er neben der Extensionalität (d.i. dem Bezug) noch die Intensionalität (bei Frege: den Sinn) geltend macht. Dabei kann darauf verweisen, daß ein gleicher Sinn durch verschiedene Ausdrücke repräsentiert werden kann, wie es bspw. bei ›Junggeselle‹ und ›unverheirateter Mann‹ der Fall ist. Eine semantische Analyse muß dieser Bedeutungsgleichheit (bei Frege: Sinngleichheit) Rechnung tragen können.

Die Überlegungen zu Identitätsaussagen führen Frege schließlich zu der Auffassung, daß Eigennamen wie die Kennzeichnungen einen deskriptiven Sinn besitzen. Von **Kennzeichnung** ist dann die Rede, wenn ich bspw. von dem Verfasser der Nikomachischen Ethik oder von dem Schüler Platos oder von dem Lehrer Alexander des Großen spreche, um mich damit auf die Person Aristoteles zu beziehen. Dabei werden bestimmte, für diese Person spezifische Eigenschaften in ihrer kennzeichnenden Funktion herausgestellt. Wir müssen also davon ausgehen, daß Kennzeichnungen die grundlegenden singulären Termini sind und auch Eigennamen als Kennzeichnungen aufzufassen sind. Dasselbe gilt auch für die eigentlichen (d.i. die ostensiven) Eigennamen wie bspw. ›Aristoteles‹, die nicht explizit beschreibend sind. Nach Frege könnten wir sie so deuten, daß sie Beschreibungen beinhalten. So bezeichnet der Name ›Aristoteles‹ die Person Aristoteles dadurch, daß die Beziehung zwischen Namen und Gegenstand auf einer Kennzeichnung (bspw. ›der Verfasser der Nikomachischen Ethik‹) basiert.

Bei Frege und Carnap finden wir eine Kennzeichnungstheorie, in der den Kennzeichnungstermen zwei semantische Werte, nämlich Extension und Intension zugeschrieben werden. Die Extension ist das Individuum, das die Bedingung der Kennzeichnung als einziges erfüllt, falls es ein solches Ding überhaupt gibt. Die Intension einer Kennzeichnung weist bestimmten Individuen gewisse Tatsachenkonstellationen zu. Erst durch die Intension wird eine vollständige Determination der Extension geleistet.

Russell schreibt den Eigennamen ähnlich wie Mill keine eigenständige Bedeutung zu. Gegenüber der natürlichen Sprache räumt Russell die Möglichkeit von benennenden Ausdrücken wie ›dieser‹, ›dieses da‹ ein, die er dann als logische Eigennamen bezeichnet. Aber in dem Fall, wo ein echter Eigenname wie ›Napoleon‹, ›Wilhelm II.‹ oder ›Friedrich Ebert‹ verwendet wird, muß dieser seiner Meinung nach in eine Kennzeichnung übersetzt werden. Nur so ist der bezeichnete Gegenstand eindeutig identifizierbar. Welche Kennzeichnungen dabei angeführt werden, hängt von dem jeweiligen Sprecher ab. Der Stellenwert von Russells Einwendungen ist darin zu sehen, daß er auf eine besondere Problematik eingegangen ist, die mit dem Gegenstandsbezug von Eigennamen und von Kennzeichnungen gleichermaßen zu tun hat. Am einfachsten läßt sich das anstehende Problem anhand von Eigennamen, die die Gestalt von Kennzeichnungen haben, verdeutlichen. So dienen folgende Kennzeichnungen zur Bezeichnung eines wohlbestimmten Gegenstandes: der Autor der Danziger Trilogie (d.i. Günter Grass); der Präsident der Vereinigten Staaten, der den Watergate-Skandal ausgelöst hat (d.i. Richard Nixon); die Geburtsstadt Goethes (d.i. Frankfurt). Soll die Kennzeichnung erfolgreich sein, so muß genau ein Gegenstand unter das Prädikat fallen. Ob die Kennzeichnung ein Name ist und für welches Objekt die Kennzeichnung steht und ebenso ob zwei Kennzeichnungen denselben Gegenstand bezeichnen, ist dabei eine Tatsachenfrage. Wir können aber mit Russell zunächst folgendes festhalten: Daß ein Ausdruck etwas bedeutet, heißt soviel wie, daß er auf einen Gegenstand Bezug nimmt, d.h. daß er etwas bezeichnet. Damit ist die Existenz eines solchen Gegenstandes vorauszusetzen, soll der Ausdruck eine Bedeutung haben (können). Russell weist nun darauf hin, in welche Schwierigkeiten wir dann bei negativen Existenzaussagen geraten. Denn in solchen Fällen wie »Odysseus existierte nicht« müßten wir zuerst die Existenz von Odysseus annehmen und gleichzeitig seine Existenz bestreiten. Die mythische Gestalt des Odysseus mag man als irrelevant abtun, dasselbe Problem stellt sich aber auch bei der Aussage »runde Vierecke gibt es nicht« (bzw. »es gibt kein rundes Viereck«). Russell trifft deshalb die Festlegung, daß das grammatische Subjekt dann kein Eigenname sein kann, wenn wir von dem grammatischen Subjekt annehmen, daß es nicht existiert. Die Existenz eines Gegenstandes ist die Voraussetzung dafür, daß es einen Ausdruck geben kann, der für diesen Gegenstand steht.

Russell kommt zu der Einsicht, daß Kennzeichnungen keine Eigennamen sind und daß die logische Form der Sätze, die einen Eigennamen enthalten, verschieden ist von der logischen Form jener Sätze, die Kennzeichnungen enthalten. Die Existenzvoraussetzung für die singulären Terme (d.i. die Eigennamen) müssen wir seiner Ansicht nach nicht mehr machen bei Sätzen mit Kennzeichnungen. Seine Lösungsstrategie für die problematischen Sätze bestand in der Einführung der Satzfunktion. Wir können den Gegenstandsbezug offenhalten, indem wir eine Variable x einsetzen, bspw. es gibt ein x, das der Verfasser der Danziger Trilogie ist. Falls wir dafür eine Person namhaft machen können, die als der betreffende Verfasser anzusehen ist, können wir der Variable x eine bestimmte Bedeutung geben (d.h. sie durch den Namen ›Günter Grass‹ ersetzen) und erhalten dadurch einen vollständigen und wahrheitsfähigen Satz. Entsprechend kann ein Eigennamen durch eine geeignete Kennzeichnung ersetzt werden, bspw. den Eigennamen ›Kain‹ durch die Kennzeichnung ›derjenige, der seinen Bruder Abel getötet hat‹. Russells Absicht ist es, den Inhalt einer Kennzeichnung von seiner referentiellen Funktion zu trennen. In dieser Hinsicht besteht eine Gemeinsamkeit zwischen Frege, Carnap und Russell. Allerdings hält Frege daran fest, daß Eigennamen und Kennzeichnungen (in singulären prädikativen Aussagen) ihrer semantischen Funktion nach singuläre Termini sind. Russell setzt dem entgegen, daß sie nur scheinbar singuläre Termini sind, die in vollständig analysierten Sätzen zum Verschwinden gebracht werden.

Quine (1979 a, S. 79 ff.) hat im Sinne Russells vorgeschlagen, alle Eigennamen durch Kennzeichnungen zu ersetzen, auch da, wo uns keine Kennzeichnungen zur Verfügung stehen. So müßten wir den Eigennamen ›Pegasus‹ umformulieren in das Prädikat ›ist Pegasus‹ oder ›pegasiert‹. Dadurch hätte man auch alle ostensiven Eigennamen beseitigt. Dadurch wird die Identifizierung auf der Grundlage von Kennzeichnungen zu einem umständlichen Verfahren. Denn während die Eigennamen den Sätzen einen direkten Bezug geben, wäre der Bezug der Sätze ohne Eigennamen nicht einfach zu handhaben.

Allein für die simple Aussage »Hans ist blond« müßten wir zunächst die Umformulierung vornehmen »es gibt genau ein Ding von der Beschaffenheit, blond zu sein«, um daran anschließend für die Feststellung des Wahrheitswertes eine Durchmusterung des gesamten Universums vornehmen. Durch ein solches Verfahren gelangten wir zu keinem definitiv entscheidbaren Resultat. Dagegen ist der ursprüngliche Satz durch eine einfache Beobachtung zu überprüfen (vgl. Kutschera 1975, S. 51).

Wir haben oben gesehen, daß bei Frege auch die ostensiven Eigennamen, deren primäre semantische Funktion in ihrem Bezug (auf eine so bezeichnete Person oder Gegenstand) besteht, eine Kennzeichnung beinhalten. Sie werden in ihrem Sinn mehr oder minder genau bestimmt durch eine Reihe von Attributen, die wir immer schon mit dem Namen verbinden. Das bedeutet, daß uns ein Gegenstand nie als bloßes Individuum gegeben ist, sondern immer schon unter gewissen begrifflichen Bestimmungen. Daraus erwächst aber ein neues Problem. Denn wir müßten einräumen, daß sich für solche Namen keine fest umgrenzte Anzahl von kennzeichnenden Aussagen angeben läßt. Daneben muß man in Rechnung stellen, daß verschiedene Personen mit demselben Eigennamen verschiedene kennzeichnende Aussagen verbinden: Wer mit dem Namen ›Aristoteles‹ die Kennzeichnung ›Lehrer von Alexander dem Großen‹ verbindet, muß nicht gleichzeitig die Kennzeichnung ›Verfasser der Nikomachischen Ethik‹ kennen. Wir sind also mit dem Problem konfrontiert, daß einerseits der Sinn des Eigennamens durch die Kennzeichnungen bestimmt ist und für den Bezug eine Reihe von Kennzeichnungen (d.h. Konjunktionen der kennzeichnenden Aussagen) vorausgesetzt wird, daß aber andererseits aufgrund der nicht eindeutig festzulegenden Anzahl solcher kennzeichnenden Aussagen der Sinn solcher Eigennamen im allgemeinen sehr unbestimmt ist. Die Intension einer Kennzeichnung ergibt sich aus der Deutung des kennzeichnenden Prädikats. Bei den Eigennamen ist die Intension nicht durch die sprachliche Konvention festgelegt, sondern muß nur den Bedingungen genügen, den tatsächlichen Referenten (d.i. den Namensträger) zu identifizieren. Dabei ist es nicht auszuschließen, daß sich unterschiedliche Intensions-Auffassungen eines Eigennamens bei verschiedenen Sprechern einstellen. Diese Vagheit der Eigennamen ist offensichtlich nicht auszuräumen. Das hätte aber zur Folge, daß nicht sicherzustellen ist, daß der Name eine einheitliche Bedeutung hat. Was ursprünglich als Grundmodell des Bezugs von Sprache und Welt gelten sollte, erweist sich zusehends in dieser einfachen Form als nicht haltbar.

Wittgenstein hat in den *Philosophischen Untersuchungen* (§ 79) ein anschauliches Beispiel dafür geliefert, vor welche Schwierigkeiten sich eine einfache Kennzeichnungs- und Namenstheorie gestellt sieht. Wenn man sagen wollte, »Moses existiert nicht«, so kann das Verschiedenes bedeuten. Man kann damit zum Ausdruck bringen wollen, daß die Israeliten nicht *einen* Führer hatten, als sie aus Ägypten auszogen, oder daß ihr Führer nicht Moses geheißen habe, oder daß es keinen Menschen gegeben habe, der die in der Bibel dem Moses zugeschriebenen Taten vollbracht hat. Nach Russells Auffassungen handelte es sich um verschiedene Beschreibungen, durch die der Name ›Moses‹ definiert werden kann. Wittgenstein macht dagegen geltend, daß man bspw. bei der Nennung des Namens ›Moses‹ sich nicht für eine Beschreibung entschieden haben muß, daß vielmehr jeder eine ganze Reihe von solchen Beschreibungen zur Verfügung hat. Deshalb kann man nicht davon sprechen, der Name ›Moses‹ habe für mich (oder einen anderen Sprecher) einen festen und eindeutig bestimmten Gebrauch in allen möglichen Fällen. Auch wenn der Name keine feste Bedeutung hat, tut das nach Wittgenstein seinem sinnvollen Gebrauch keinen Abbruch. Entsprechendes gilt für das Schwanken wissenschaftlicher Definitionen. Was heute als erfahrungsmäßige Begleiterscheinung des Phänomens A gilt, wird morgen zur Definition von A benützt.

Searle (1958) hat im Sinne Freges und Wittgensteins die Behauptung aufgestellt, daß die Bedeutung eines Eigennamens nicht genau festgelegt ist, sondern offenbleibt. Er stellt den Fall zur Diskussion, daß sich bezüglich der Merkmale, die nach allgemeiner Übereinstimmung auf Aristoteles zutreffen sollen, herausstellen könnte, daß sie nur zur Hälfte auf einen Mann namens Aristoteles (1) und zur anderen Hälfte auf einen anderen Mann Aristoteles (2) zuträfen. In einem solchen Fall wird zum einen offenkundig, daß der Name ›Aristoteles‹ ein genereller Terminus ist, da er sich auf ein jedes Individuum mit diesem Namen beziehen könnte, zum anderen könnten wir nicht mehr im voraus bestimmen, welche Merkmale wir dem ursprünglich vermeinten Aristoteles zuschreiben würden. Anhand eines solchen Beispiels ist aufgezeigt, daß keine feste Menge von Beschreibungen die Bedeutung eines Eigennamens angeben könnte. Searle vertritt deshalb die Auffassung, daß der Gebrauch eines Eigennamens die Wahrheit einer bestimmten Menge von Beschreibungen des genannten Dings (bzw. Person) voraussetzt. Diese Menge ist aber nicht genau festgelegt, vielmehr müsse nach Searle ein Bündel von Kennzeichnungen zugrunde liegen, von denen nicht alle, aber hinreichend viele Beschreibungen aus diesem **Bündel** auf genau einen Gegenstand zutreffen (Searle 1973, S. 253 f.; ebenso Strawson 1972, S. 246 f.).

Aber auch die Bündeltheorie ist nicht frei von Problemen. Auch wenn wir für den Sinn des Eigennamens ein Bündel an Kennzeichnungen einräumen, ist damit noch nicht hinreichend beantwortet, wie dieses Bündel zu begrenzen ist. Welche Kennzeichnungen sollen einbezogen, welche ausgeschlossen werden? Müßte man nicht festlegen können, welche kennzeichnenden Beschreibungen als unabdingbar anzusehen sind, die erfüllt werden müssen, damit man davon ausgehen kann, daß ein Namensträger existiert. Als besondere Schwierigkeit tritt hinzu, was Wittgenstein in der zitierten Bemerkung zu wissenschaftlichen Definitionen nur angedeutet hat, daß sich das Wissen über die Eigenschaften (und damit über die Beschreibungen) des Namensträgers im Verlauf der Zeit verändern kann. Diesbezügliche Differenzen zwischen Sprechern würden zu der Frage führen, ob sie sich auf denselben Gegenstand beziehen. Als allgemeiner Grundzug der Kennzeichnungstheorie, einschließlich der Bündeltheorie, ist die Voraussetzung anzusehen, daß man nur dann auf Gegenstände Bezug nehmen könne, wenn man auf die Merkmale Bezug nimmt, die die Einzigartigkeit des Gegenstandes gewährleisten. Daß ein bestimmter Eigenname ein bestimmtes Referenzobjekt hat, wird damit erklärt, daß der Eigenname mit einem oder mehreren Kennzeichnungen verknüpft wird, welche auf das Referenzobjekt zutreffen (sollen). Dadurch wird die singuläre Referenz der Eigennamen durch die semantische Relation des Zutreffens erklärt. Damit verschiebt sich die Frage um einen Posten, denn nun müßte gezeigt werden, was ausschlaggebend dafür ist, daß der Kennzeichnungsausdruck auf den Namensträger zutrifft. Eine Theorie der Referenz, die die Referenz der Eigennamen nur auf die Referenz von Kennzeichnungsausdrücken zurückführt, »ist ebensowenig zufriedenstellend wie eine Theorie der Bedeutung (oder des Sinns), die die Bedeutungen einer Art von Termen lediglich auf die einer anderen zurückführt« (Runggaldier 1990, S. 114).

Die Diskussion über die Theorie der Eigennamen verzweigt sich im weiteren Verlauf in zwei Richtungen: Auf der einen Seite wird eine grundsätzliche Kritik an Russell mit dem Gegenvorschlag verbunden, Kennzeichnungen dienten nur dazu, die Referenz des Namens festzulegen. Diese von Strawson, Searle u.a. unterbreitete Variante wird noch eingehender dargestellt werden. Zunächst soll die andere, von Kripke vorgetragene Kritik zur Sprache kommen.

2.2 Kripkes Kausaltheorie der Eigennamen ›rigid designators‹

In einer Reihe von Vorträgen, die unter dem Titel *Naming and Necessity* (1972) veröffentlicht wurden, verwirft Saul A. Kripke die Theorie der Eigennamen, wie sie in der analytischen Sprachphilosophie bis dahin in Geltung waren. Ebenso wie Mill meint Kripke, daß Eigennamen nur für einen Gegenstand stehen, aber keinerlei Sinn haben, und betrachtet auch Gattungsbezeichungen wie ›Mensch‹, ›Tier‹ als Namen.

Können wir mittels eines Namens auf einen Gegenstand Bezug nehmen, auch wenn die vermeintlich zu diesem Namen gehörenden Beschreibungen (d.i. der deskriptive Inhalt des Namens) dem Namensträger nicht zukommen? Das zu diskutierende Problem läßt sich anhand des folgenden Beispiels verdeutlichen. Gehen wir von dem Fall aus, daß wir mit dem Namen ›Kolumbus‹ die Beschreibung ›Entdecker Amerikas‹ verbinden und unterstellen dann, daß uns nachträglich bekannt wird, daß schon vor Kolumbus ein europäischer Seefahrer den neuen Kontinent entdeckt hatte, was sich aber in den Geschichtsbüchern bis jetzt nicht hinreichend niedergeschlagen hätte. Durch die Deutung des Namens ›Kolumbus‹ mit Hilfe der genannten Beschreibung würden wir durch diesen Namen auf diese andere Person Bezug nehmen. Die aus einer solchen Konstruktion resultierende Konsequenz erscheint uns intuitiv als wenig plausibel. Vielmehr würden wir davon ausgehen, daß eine Person auch dann Träger des Namens bleibt, wenn sich die ihm zugedachte Beschreibung als falsch herausstellen sollte. Wenn wir aber dieser Auffassung sind, dann müßten wir mit Kripke der Meinung sein, daß Beschreibungen nicht die Bedeutung des Eigennamens ausmachen. Würde die Bedeutung des Eigennamens in der Beschreibung bestehen, dann – so Kripkes grundlegender Einwand – müßte ein notwendiger Zusammenhang zwischen der Anwendbarkeit des Namens und dem Zutreffen der Beschreibungen auf den Träger des Namens bestehen. Er versucht zu zeigen, daß Kennzeichnungen, die den Sinn eines Namens ausdrücken, weder notwendig noch hinreichend dafür sind, den Bezug eines Namens festzulegen. Seine These ist: Die Annahme von Kennzeichnungen ist nicht notwendig, weil der Bezug eines Namens in einem Akt der ursprünglichen Taufe bestimmt wird. Er will zudem zeigen, daß Kennzeichnungen nur kontingente Eigenschaften des fraglichen Gegenstandes betreffen, die in einer ›möglichen anderen Welt‹ zugunsten anderer Eigenschaften wegfallen könnten, ohne daß sich der Bezug des Eigennamens deshalb veränderte.

Den Ausdruck ›**mögliche Welt**‹ verwendet Kripke um anzuzeigen, daß ein anderer möglicher Zustand der wirklichen Welt denkbar ist. Wir könnten uns die wirkliche Welt vorstellen und davon abgesetzt eine, die in manchen Hinsichten anders beschaffen ist oder sich in einem anderen Zustand befindet als die wirkliche (Kripke 1981, S. 23). Um festzustellen ob Kennzeichnungen bzw. Begriffe notwendig oder kontingent sind, müßten wir mit Kripke die Frage stellen, ob es möglich ist, daß die Welt in dieser oder jener Hinsicht hätte anders sein können, als sie wirklich ist. Wird die Frage verneint, dann ist die fragliche (in einer Kennzeichnung ausgedrückte) Tatsache über die wirkliche Welt eine notwendige, wird sie bejaht, dann kann es sich nur um eine kontingente Tatsache handeln (ebd., S. 45 f.). Daß es keine notwendigen Eigenschaften von Einzeldingen gibt, auf die wir mittels Namen Bezug nehmen, versucht er anhand unserer Äußerungen über kontrafaktische Situationen zu belegen: Nixon hat (in der wirklichen Welt) 1968 die Wahl zum Präsidenten der Vereinigten Staaten von Amerika gewonnen, wir können uns aber auch (kontrafaktisch) vorstellen, daß er die Wahl verloren hätte. Würden wir uns in der Weise über Nixon unterhalten, würden wir zwar immer noch über die Person namens Nixon sprechen, für denn aber die Kennzeichnung ›Verlierer der Wahl von 1968‹ gilt. Die Kennzeichnung ›Gewinner der Wahlen von 1968‹ müßte dann auf eine andere Person zutreffen. Für Kripke wird daraus ersichtlich, daß der Bezug des Namens ›Nixon‹ unabhängig von der bestimmten Kennzeichnung feststeht. Kripke macht diesen Einwand auch gegen die sog. Bündeltheorie der Kennzeichnungen geltend. Es wäre denkbar, daß alle dem Moses zugeschriebenen Eigenschaften nicht richtig sind, was sich erst im Verlauf historischer Forschungen herausstellen würde. Nach Ansicht der Vertreter der Bündeltheorie müßten wir in einem solchen Fall im Zweifel darüber sein, ob sich der Name überhaupt noch auf etwas bezieht. Kripke hält dem entgegen, daß wir auch ohne Rückgriff auf die bisher geltenden Merkmale über Moses als historische Figur reden könnten und nicht zu der Annahme genötigt wären, daß die fragliche Person überhaupt nicht existiert habe (ebd., S. 79 f.). Allem Anschein nach setzt Kripke seine Kritik an der Notwendigkeit einer bestimmten Kennzeichnung in eins mit der generellen Notwendigkeit einer Kennzeichnung. Aber offensichtlich überzieht er dabei in seiner Argumentation. Denn es ist nicht plausibel, in welcher Weise für uns Moses (oder irgendeine andere historische Figur) noch eine historische Person wäre, wenn wir keinerlei Kennzeichnungen zur Verfügung hätten.

Anhand zahlreicher Beispiele glaubt Kripke schließlich gezeigt zu haben, welche Schwierigkeiten sich auftun, wenn man annähme, daß ein deskriptiver

Inhalt, wie er in den Kennzeichnungen ausgedrückt wird, notwendigerweise mit einem Namensausdruck verbunden ist. Die angeführten Beispiele ließen erkennen, daß die Möglichkeit nicht ausgeschlossen werden kann, daß entweder

(a) der deskriptive Inhalt auch auf andere als die ursprünglich intendierten Personen oder Gegenstände zutreffen kann,
(b) daß sich Kennzeichnungen von einem mit einem Namensausdruck bezeichneten Gegenstand bzw. einer Art von Gegenständen als unzutreffend herausstellen kann.

Wenn diese beiden Aspekte nicht grundsätzlich ausgeschlossen werden können, dann kann auch nicht die Rede davon sein, daß ein deskriptiver Inhalt notwendig auf einen Gegenstand zutreffe. Deshalb ist nach Kripke auch nicht die Auffassung zu rechtfertigen, Namen und Kennzeichnungen seien synonym und deshalb seien Namen durch Kennzeichnungen ersetzbar.

Seine Argumentation gegen die Notwendigkeit bestimmter Kennzeichnungen führt Kripke schließlich zu der Behauptung, Namen als **starre Bezeichnungsausdrücke** (›rigid designators‹) aufzufassen, die es ermöglichen, denselben Gegenstand in allen möglichen Welten oder kontrafaktischen Situationen zu bezeichnen. Wir identifizieren einen Gegenstand mit Hilfe dieser starren Bezeichnungsausdrücke und nicht mit Hilfe von Beschreibungen seiner Eigenschaften. Das ermöglicht es uns, einen Eigennamen auch dann sinnvoll verwenden zu können, wenn wir den Träger des Namens nicht kennen und ihn auch nicht auf eindeutige Weise beschreiben können. Jemand kann sinnvoll den Namen ›Cicero‹ verwenden, obwohl ihm nur die nicht-eindeutige Beschreibung ›ein berühmter römischer Redner‹ bekannt ist und ohne daß er eine Eigenschaft kennt, die nur auf Cicero zutrifft. Für den Gebrauch des Eigennamens reicht es nach Kripkes Ansicht aus, daß man Mitglied einer Sprachgemeinschaft ist, in der es mindestens einen Sprecher gab (oder gibt), die den Gegenstand kannten und ihm den Namen gegeben haben. Im Rahmen der Sprachgemeinschaft wird er an andere, die den Gegenstand nicht selbst kennen, weitergegeben (vgl. Wolf 1985, S. 25).

Kripke wartet zur Erklärung der Funktionsweise der starren Bezeichnung mit dem **Modell des Taufaktes** auf. In einem solchen Einführungsakt steht den Personen der Gegenstand, dem ein Name zugeordnet werden soll, unmittelbar gegenüber. Der Eigenname wird nach dieser Vorstellung in einer Taufsituation dem Gegenstand zugeordnet (Kripke 1981, S. 107). Es erscheint vordergründig plausibel, daß einem Gegenstand oder einer Person durch einen solchen einmaligen Akt ein Name zugewiesen wird. So wie Eltern ihr Baby mit seinem Namen rufen, müßte man sich dann auch den Gebrauch eines Namens für einen Gegenstand auf der Ebene der Sprachgemeinschaft bzw. einer kulturellen Gemeinschaft vorstellen. – Allerdings besteht ein gewichtiger Unterschied: was einstmals ein Baby in einer Taufsituation war, wird sich später mit eigenem Namen anderen Personen vorstellen oder vielleicht sogar seinen Namen bewußt ändern. Die Voraussetzung dafür, daß einem Gegenstand ein Eigenname zugewiesen werden kann, ist allerdings, daß er zunächst als Gegenstand identifiziert werden konnte. Das setzt seinerseits wiederum voraus, daß man einen solchen durch eine demonstrative Geste (›dieser hier‹) auf ein aktuell wahrnehmbares Einzelding oder durch eine vorläufige Beschreibung bestimmen kann. Sobald die Zuordnung von Name und Gegenstand erfolgt ist, verliert jede Beschreibung ihre Relevanz. Der Eigenname wird dann gleichsam von den Täufern an andere, die nicht bei der Taufe anwesend waren, weitergegeben. Diese Übermittlung wird als eine kausale Theorie des Bezugs von Namen gedeutet. Jeder, der den Namen verwendet und nicht beim Taufakt anwesend war und möglicherweise auch nicht den Träger des Namens kennt, kann als Mitglied einer Sprachgemeinschaft, die den Namen eingeführt hat, diesen auch sinnvoll verwenden. Kripke unterstellt dabei eine kausale kommunikative Kette, durch die die jeweiligen Sprecher mit denen verbunden sind, die bei der Einführung des Namens anwesend waren, und die ihn gleichsam bis zu dem Gegenstand selbst zurückführt. Die Sprachkompetenz liegt dabei in der Sprachgemeinschaft und deren Verwendung des Namens, der Sprecher selbst braucht die Ursprungssituation nicht zu kennen. Jeder Sprecher geht nur die Verbindlichkeit ein, daß er den übernommenen Namen mit derselben Intention weiterverwendet, mit ihm auf denselben Gegenstand Bezug zu nehmen, wie das vorhergehende Mitglied in der Kommunikationskette. Kripke hat nach eigenen Aussagen damit nicht die Referenz erklärt, sondern nur als nicht weiter analysierbar dargestellt, indem er aufzeigt, wie ein Eigenname durch formelle Akte eingeführt wird.

Kripkes Modell einer Taufzeremonie mutet seltsam an. Man fühlt sich an das antike Modell des Sprachschöpfers erinnert, durch den die Zuordnung von Name und Gegenstand begründet wurde. Jedem derartigen Modell der Antike würde man absprechen, für die gegenwärtigen Probleme noch glaubwürdige Antworten geben zu können. Warum aber sollte ein solches Modell eines Autors unserer Gegenwart mehr Glaubwürdigkeit besitzen? Wir tun gut daran, eine plausiblere Antwort als das Taufzeremoniell zu suchen, ohne dabei die durch Kripke gewonnenen Einsichten außer acht zu lassen. Die Vorstellung einer Taufzeremonie ist allerdings ebensowenig plausibel wie es die Annahmen der unterschiedlichen Sprachursprungstheorien waren. Es wird damit nichts erklärt, vielmehr werden nur irgendwelche Ursprungssituationen, bei Kripke die unmittelbare Präsenz des Gegenstandes, postuliert. Aber der Gedanke der kausalen Kette läßt sich auf eine andere Weise fruchtbar machen, wenn wir von zwei Voraussetzungen ausgehen: 1. Mit jedem Eigennamen ist ein Mindestmaß an Wissen über den Namensträger gegeben. 2. Der Sinn eines Eigennamens hat durch die Übertragung innerhalb einer Sprachgemeinschaft seine eigene Bedeutungsgeschichte.

Im weiteren Verlauf der Diskussion hat Evans (1982, Kap. 9 ff.) die Überlegungen Kripkes in eine plausiblere Version übersetzt. Wenn von einem Sprecher verlangt wird, mit derselben Intention auf einen Gegenstand Bezug zu nehmen, wie diejenigen, von denen er den Eigennamen übernommen hat, dann erfordert das ein Mindestmaß an Wissen über das Referenzobjekt, um überhaupt als intentionaler Bezug gelten zu können. Eine Weitergabe unter Einschluß gewisser Bedeutungsverschiebungen oder -veränderungen funktioniert nur deshalb, weil auch das Wissen über den Namensträger in Kausalketten tradiert wird. Aber ebenso wie es zu Veränderungen im Wissen über einen Namensträger kommen kann, sind auch Verschiebungen in der Referenz von Eigennamen möglich.

2.3 Putnams Einwände

Hilary Putnam charakterisiert seine Position in *Language and Reality* (1975) dadurch, daß er von alltäglichen Grundannahmen des durchschnittlichen Menschen ausgeht. Entsprechend ist sein Aufruf, realistisch zu sein, als kritische Spitze gegen die Versuche der des Logischen Positivismus, die Sprache zu verbessern (vgl. S. 123 ff.) zu deuten. Er hält deren verifikationistische Auffassung von Bedeutung für nicht tragfähig, da sich das Sprechen über Dinge oder über physikalische Größen nicht auf die erfolgreiche Vorhersage (als Maßstab) reduzieren lasse.

Putnam vertritt die Auffassung, daß die Extension eines sprachlichen Ausdrucks nicht allein von unseren Methoden zur Identifizierung abhängig ist, sondern auch von der Natur jener Dinge, die exemplarisch zur Extension gehören. Natürlich sind unsere sprachlichen Ausdrücke, die uns den Bezug auf Gegenständliches ermöglichen, konventionelle Elemente. Sie betreffen die Wahl der Exemplare und die Bestimmung, der Extension eines Terms all das zuzurechnen, was von derselben Art ist. Seine einschränkenden Bemerkungen beziehen sich darauf, daß die Natur dieser Gegenständlichkeiten nicht unabhängig von unserer epistemischen Situation und unserem vorläufigen Wissen ist. Der durchschnittliche Sprecher bspw. kann mit dem Ausdruck ›Zitrone‹ auf all das Bezug nehmen, was die Oberflächenmerkmale einer Zitrone hat. Er kann aber den Ausdruck auch so verwenden, daß er die Referenz des Ausdrucks nicht allein durch diese Merkmale bestimmt sein läßt, ohne aber ein hinreichendes Wissen darüber zu haben, was alles in Wirklichkeit eine Zitrone ist (Putnam 1979, S. 54). Mit diesen Ausführungen will Putnam darauf hinweisen, daß wir zwischen einer epistemischen und einer metaphysischen Argumentation unterscheiden müssen. Unser Wissensstand in bezug auf ein Ding darf nicht auf die metaphysische Ebene des Referenzobjekts übertragen werden. Wir müssen daher sorgsam auseinanderhalten, daß die Intension der Ausdrücke von den Bedingungen unseres Wissensstandes (d.i. der epistemischen Ebene) abhängig ist, daß aber die Extension eines Ausdrucks von der Natur jener Dinge, die exemplarisch zur Extension gehören, bestimmt ist. Wenn wir aber in Rechnung stellen, daß wir uns hinsichtlich der Natur der Dinge, auf die wir uns in der aktuellen Welt normalerweise beziehen, täuschen können, dann stehen wir vor der Frage, wie der Bezug von sprachlichem Ausdruck und Referenzobjekt noch sicherzustellen ist. Mit seinen Bemerkungen wollte Putnam darauf hinweisen, daß wir die referenziellen Ausdrücke nicht in einem attributiven Sinn verstehen dürfen. Denn das hätte zur Konsequenz, daß wir die Referenz unter der Bedingung unterschiedlicher Wissensstände nicht mehr erklären könnten. Anhand eines Beispiels aus der Wissenschaftsgeschichte demonstriert Putnam das Problem: Wenn die Bedeutung des Ausdrucks ›Elektron‹ in einer Liste von Merkmalen bestünde, dann müßte diese

Liste von uns anhand des vorhandenen Wissens über dies Teilchen erstellt worden sein. Eine solche Liste von Kennzeichnungen würde die Bedeutung von ›Elektron‹ darstellen und bestimmen, daß der Ausdruck auf den Gegenstand zutrifft, der die dort aufgeführten Kennzeichnungen erfüllt. Unterstellt den Fall, daß Niels Bohr eine bestimmte Liste jener Teilchen hatte und daß sich später herausstellen sollte, daß seine Vorstellungen falsch waren, dann hätte der Ausdruck ›Elektron‹ auf keinen Gegenstand bezug genommen.

Hinsichtlich der Referenztheorie vertritt Putnam eine ähnliche Auffassung wie Kripke: Steht die Referenz eines Ausdrucks einmal fest, dann beziehen wir uns durch den sprachlichen Ausdruck auch dann auf das fixierte Referenzobjekt, wenn unsere Vorstellungen davon sich verändert haben und unsere Identifizierungsmethoden dafür nicht adäquat sind.

Da die angesprochene Konsequenz für die Kontinuität wissenschaftlichen Forschens abträglich wäre, schlägt Putnam für eine Referenztheorie mehrere Prinzipien vor: Das **Prinzip des Vertrauensvorschusses** nimmt Bezug auf Kripkes Taufakt. Es besagt, daß wir derjenigen Person oder dem betreffenden Experten, der den Namen für ein Referenzobjekt festlegt, einen Vertrauensvorschuß geben. Dieses Vertrauen besteht in der wohlwollenden Unterstellung, daß diese Person vernünftige Modifikationen seiner Beschreibung (bspw. für ›Elektron‹) akzeptieren würde. Das **Prinzip der sprachlichen Arbeitsteilung** trägt dem Umstand Rechnung, daß ich mit dem Ausdruck ›Ulme‹ auf das referiere, worauf (mit meiner Zustimmung und der meiner Sprachgemeinschaft) Leute als Ulme referieren, die Ulmen von anderen Bäumen unterscheiden können. Putnam geht davon aus, daß Personen mit genügend Sachverstand bestimmte Referenzen festlegen, die der durchschnittliche Sprecher mehr oder weniger blindlings nachvollzieht, ohne die genauen kennzeichnenden Merkmale vollständig benennen zu können (Putnam 1993, S. 54 f.; 1991, S. 57 ff.). Der ›Arbeitsteilung‹ steht das **Prinzip der vernünftigen Unwissenheit** zur Seite. Es besagt, daß ein Sprecher ein Wort »besitzen« kann im Sinn der gewöhnlichen Fähigkeit, es zu gebrauchen, ohne den Mechanismus der Referenz dieses Terminus explizit oder implizit zu kennen (vgl. Runggaldier 1985, S. 252 ff.).»Die ›Bedeutung eines Wortes kennen‹ in dem Sinn, daß man es gebrauchen kann, heißt durchaus, etwas implizit zu wissen; aber es heißt nicht annähernd so viel zu wissen, wie Philosophen anzunehmen pflegen.« (Putnam 1993, S. 59). Mit Putnam und im Sinne Cassirers (1985) kann man sagen, daß jene Annahmen einer realistischen Semantik, die Welt bestehe aus einer feststehenden Gesamtheit von Gegenständen und es gebe eine wahre und vollständige Beschreibung dieser Welt und es gebe eine eindeutige Beziehung zwischen Wörtern und Dingen, eine Verkennung der eigenen epistemischen Situation ist.

2.4 Der Gebrauch des sprachlichen Zeichens: Strawsons Kritik an Russell

In der Darstellung der grundlegenden Positionen wurde ein gemeinsamer Fragehorizont unterstellt, der sich in die drei Fragen aufschlüsseln läßt:

a) was ein Ausdruck bedeutet,
b) welche Ausdrücke etwas bezeichnen,
c) was es heißt, daß ein Ausdruck etwas bezeichnet.

Die bei den Antworten auftretenden Differenzen wurden dabei nur beiläufig erwähnt. An dieser Stelle soll nun nachgeholt werden, die verschiedenen Antworten in bezug auf die dabei aufgetretenen Probleme zu erörtern.

Ausgangspunkt ist Freges Hinweis, daß mit der Verwendung von Eigennamen (in einem Behauptungssatz) die Voraussetzung verbunden ist, daß diese Eigennamen etwas bezeichnen. Bspw. wird in den Aussagen »Aristoteles war ein Philosoph« und »Aristoteles war ein Schüler Platos« unterstellt, daß der Eigenname ›Aristoteles‹ etwas (d.i. eine Person) bezeichnet. Diese Voraussetzung, daß der Eigenname etwas bezeichnet, bleibt auch dann erhalten, wenn die gegenteilige Behauptung »Aristoteles war kein Schüler Platos« erhoben würde. Und diese Voraussetzung gilt auch, wenn statt des Eigennamens ein Kennzeichnungsausdruck verwendet wird wie in der Aussage »der vermeintliche Autor der Nikomachischen Ethik war ein Schüler Platos«.

Zur entscheidenden Frage wurde für Russell nun, ob diese Präsupposition auch in den Fällen gilt, wenn ein Bezeichnungsausdruck nichts bezeichnet. Es wäre damit folgende Situation gegeben, daß ein Ausdruck, der etwas bezeichnen soll, gerade nichts bezeichnet, weil der vermeintlich bezeichnete Gegenstand gar nicht existiert, wie es in der Aussage »der gegenwärtige König von Frankreich ist glatzköpfig« der Fall ist. Freges Antwort für einen solchen Fall war, daß ein solcher Satz nicht auf seine Wahrheit oder Falschheit zu bewerten ist. Freges »Präsuppositionslehre« ließe sich in folgende Sätze fassen:

a) Die Verwendung eines bezeichnenden (d.i. referierenden) Ausdrucks führt die Präsupposition mit sich, daß dieser Ausdruck etwas bezeichnet;
b) Ein Satz S hat dieselbe Präsupposition wie die Negation von S;
c) Ist die Präsupposition eines Satzes nicht erfüllt, so ist der Satz weder wahr noch falsch.

Gegen diese Existenzpräsupposition bringt Russell folgenden Einwand vor: Man kann die Aussage »der gegenwärtige König von Frankreich ist glatzköpfig« auf zweierlei Weise bestreiten: Entweder stimmt die Aussage nicht, weil der König nicht glatzköpfig ist, oder die Aussage stimmt deshalb nicht, weil es keinen gegenwärtigen König von Frankreich gibt. Im zweiten Fall ist die Aussage genau aus dem Grunde falsch, weil die betreffende Existenzpräsupposition nicht erfüllt ist. Durch diesen Einwand Russells werden wir darauf aufmerksam gemacht, daß man zwei Formen der Negation unterscheiden muß: Wenn nur die Glatzköpfigkeit bestritten wird, bleibt die Präsupposition in Geltung, wenn sich dagegen die Negation darauf bezieht, daß es gegenwärtig keinen König von Frankreich gibt, dann wird die ganze Aussage zurückgewiesen. Im ersten Fall können wir von der Festlegung ausgehen: Daß ein Satz falsch ist, heißt, daß seine Negation wahr ist. Im zweiten Fall können wir nicht in diesem Sinne von wahr oder falsch sprechen.

Russell war nun der Meinung, daß der Kennzeichnungsausdruck ›der gegenwärtige König von Frankreich‹ nach dem natürlichen Sprachverständnis zwar als nominaler Ausdruck gebraucht wird, der logischen Struktur nach aber anders zu analysieren ist. Kennzeichnungen stellen seiner Ansicht nach komplexe Existenzbehauptungen dar, was durch folgende Umformulierung deutlich gemacht werden kann: »Es gibt zum gegenwärtigen Zeitpunkt einen König von Frankreich – und zwar genau einen – und der ist glatzköpfig«. Aufgrund dieser Umformulierung wird ersichtlich, daß Kennzeichnungen neben der Existenzbehauptung auch eine Eindeutigkeitsbehauptung enthalten. Die vollständige Aussage kann dadurch aus drei gleichberechtigten Gründen falsch sein:

a) Wenn es keinen König von Frankreich zum jetzigen Zeitpunkt gibt,
b) wenn es mehr als einen gibt,
c) wenn es einen gibt, der aber nicht glatzköpfig ist.

Entsprechend der Aussagenlogik können wir die Aussage als einen komplexen Satz verstehen, der sich aus der Konjunktion von drei Teilsätzen zusammenfügt: »Es gibt zum jetzigen Zeitpunkt einen König von Frankreich und es gibt genau nur einen und dieser hat die Eigenschaft, glatzköpfig zu sein«. Eine solche Aussage aus drei Konjunktionsgliedern ist genau dann falsch, wenn eine der Teilaussagen falsch ist. Den Grund für die Falschheit der Aussage benennt man, indem man die Falschheit einer Teilaussage angibt.

Die Pointe dieser Umformulierung liegt allerdings darin, daß die Existenzpräsupposition nicht mehr als Voraussetzung der Behauptung auftritt, sondern als Bestandteil der Aussage anzusehen ist. »Es gibt zum jetzigen Zeitpunkt einen König von Frankreich« ist ein Teilsatz der komplexen Aussage.

Der Vorschlag Russells bringt es mit sich, daß die Differenzierung von Aussageinhalt und Behauptungssatz wegfällt. Die Differenzierung zwischen Behauptungssatz und Aussageinhalt, d.i. die Proposition (bei Frege: der Gedanke), als Bestandteile eines Urteils würde sich damit erübrigen. Dagegen wendet sich Strawson (1974 b, S. 83 ff.) mit folgendem Einwand: Man müsse zwischen Sätzen und dem Gebrauch von Sätzen unterscheiden. Er stellt fest, daß nicht Sätze an sich wahr oder falsch sind, sondern die Aussagen, die man mit dem Gebrauch von Sätzen in bestimmten Situationen macht. Eine mit dem Satz »der gegenwärtige König von Frankreich ist glatzköpfig« im Jahre 1750 gemachte Aussage ist wahr oder falsch. Im Jahr 1997 kann der Satz nicht zu wahren oder falschen Aussagen gebraucht werden, weil es zu diesem Zeitpunkt keinen König von Frankreich mehr gibt.

Nach Strawsons Auffassung müssen bestimmte Voraussetzungen (›Präsuppositionen‹) erfüllt sein, damit man einen Satz zu einer wahren oder falschen Aussage gebrauchen kann. Eine grundlegende Voraussetzung betrifft den Gebrauch der Kategorie bezeichnender (d.i. referierender) Ausdrücke (vgl. Astroh 1996, S. 1391 ff.). Es kommt gar keine Aussage, die nach wahr oder falsch beurteilt werden kann, zustande, wenn ein Bezeichnungsausdruck ›falsch‹ oder ›leer‹ (d.i. ohne mögliches Bezugsobjekt) gebraucht wird. Strawsons Auffassung nähert sich der Position Freges an, wenn er die Erfülltheit von Präsuppositionen als eine notwendige Voraussetzung dafür angibt, daß man mit einem Satz eine wahre oder falsche Aussage machen kann. Wesentlich für Strawson ist aber die Konsequenz, die sich daraus ergibt. Gegen Russell behauptet Strawson, daß Nennen und Referieren Funktionen des Gebrauchs des Satzes oder des Ausdrucks sind. Der ›ärgerliche Mythos der logischen Eigennamen‹ ist deshalb entstanden, weil Russell Bedeutung mit Nennen verwechselte. Die Bedeutung eines Ausdrucks kann man nicht mit dem Gegenstand identifizieren, auf den man durch den Gebrauch des Ausdrucks bei einer bestimmten Gelegenheit referiert. Die Bedeutung eines Ausdrucks ist vielmehr die Menge der Regeln, Gewohnheiten und Konventionen seines referierenden Gebrauchs (Strawson 1974 b, S. 94 f.). Dasselbe gilt für Sätze. Die Bedeutung des Satzes »der Tisch ist mit Büchern bedeckt« versteht jeder, ohne immer genau zu wissen, ob der Satz dazu gebraucht wurde, um über etwas zu sprechen oder um ein Beispiel zu geben. Der Satz handelt nicht von einem Gegenstand, vielmehr kann er so gebraucht werden, daß dabei eine wahre oder falsche Behauptung aufgestellt wird. Er wird aber nur dann zum Aufstellen einer wahren Behauptung gebraucht, wenn die betreffende Person tatsächlich über etwas spricht. Von einem unechten Gebrauch spricht Strawson dann, wenn mit dem Satz gar nicht intendiert ist, eine wahre Behauptung zu machen.

Wenn jemand einen Ausdruck wie ›der König von Frankreich‹ gebraucht, dann behauptet er weder eine bestimmte Existenzaussage, noch wird eine solche Existenzaussage, durch das, was er sagt, logisch impliziert. Strawson sieht vielmehr eine konventionsbedingte Leistung des in dem Ausdruck verwendeten bestimmten Artikels, daß er als Signal für eine eindeutige Referenz funktioniert – »ein Signal und keine verborgene Behauptung«. »Beginnt man einen Satz mit ›der soundso‹, dann signalisiert der Gebrauch von ›der‹, daß man auf ein bestimmtes Individuum der Spezies ›soundso‹ referiert, ohne daß dies ausdrücklich behauptet wird. Um welches Individuum es sich handelt, muß man anhand von Zusammenhang, Zeit, Ort und anderen Merkmalen der Redesituation erschließen.« (Strawson 1974 b, S. 99) Die Unterscheidung zwischen Sätzen und Behauptungen führt zu der weiteren Überlegungen hinsichtlich des Sprachgebrauchs. In der Verwendung nominaler Zeichen muß für Sprecher und Hörer gleichermaßen die Möglichkeit gegeben sein, den Gegenstand einer elementaren Aussage zu identifizieren. Eigennamen oder Kennzeichnungen der natürlichen Sprache leiten nur dann eine elementare Aussage ein, wenn sie eine eindeutige Bezugnahme auf den Gegenstand der Aussage ermöglichen. Strawson weist darauf hin, daß man für ein eindeutiges Referieren mehrere Mittel benötigt: Ein Sprecher muß dem Hörer anzeigen, daß eine eindeutige Referenz intendiert ist und welche eindeutige Referenz es ist (vgl. Kap. III. 2.2).

2.5 Referenz als Sprechakt

Im Rahmen seiner Sprechakttheorie befaßt sich John Searle (1973, S. 44 ff.) eingehender mit dem Begriff der Referenz. Die für jede Referenz benötigten hinweisenden Ausdrücke sind seiner Meinung nach nicht an ihrer grammatischen Form, sondern an ihrer Funktion erkennbar. Der Terminus ›hinweisender Ausdruck‹ stellt bei ihm eine Abkürzung für ›singulärer bestimmter Ausdruck, der verwendet wird, um auf einzelne Gegenstände hinzuweisen‹ dar. Das Spezifische der Äußerung eines hinweisenden Ausdrucks besteht darin, daß sie dazu dient, ein einzelnes Subjekt abgesondert von anderen Objekten herauszugreifen oder zu identifizieren.

Searle unterscheidet zwischen einer vollständig vollzogenen Referenz und einer erfolgreichen Referenz (Searle 1973, S. 128). Bei einer vollständig vollzogenen Referenz ist der Gegenstand für den Zuhörer unzweideutig identifiziert. Die Identifikation kann dem Hörer mitgeteilt werden. Eine erfolgreiche Referenz ist zumindest eine potentiell vollständig vollzogene, da sie auf Verlangen nachgeholt werden könnte. Als notwendige Bedingungen dafür, daß ein Sprecher mittels einer Äußerung eines Ausdrucks eine vollständig vollzogene Referenz ausführt, führt Searle an:

a) Es muß ein und nur ein Gegenstand existieren, auf den die von dem Sprecher vollzogene Äußerung des Ausdrucks zutrifft (Axiom der Existenz),
b) dem Zuhörer müssen hinreichend Mittel an die Hand gegeben sein, um den Gegenstand aufgrund der von dem Sprecher vollzogenen Äußerung des Ausdrucks identifizieren zu können (Axiom der Identifikation).

Damit soll sichergestellt werden, daß ein Sprecher mit der Äußerung eines Ausdrucks auf einen partikularen Gegenstand verweisen kann. Das setzt aber voraus, daß er eine identifizierende Beschreibung jenes Gegenstandes liefern kann. Diese identifizierende Beschreibung ist nach Searle das Mittel, mit dessen Hilfe gesagt wird, was mit der Referenz gemeint ist (ebd., S. 137). Referenz ist nach Searle als ein Ziel eines bestimmten Sprechakts aufzufassen. Der Erfolg einer mittels der Äußerung einer bestimmten Beschreibung vollzogenen Referenz beruht darauf, daß der verwendete Ausdruck charakteristische Eigenschaften des Bezugsgegenstandes andeutet. Der Ausdruck erfüllt seinen Zweck dann am besten, wenn die durch ihn angedeuteten Charakteristika wichtig sind sowohl für die Identität des Bezugsgegenstandes als auch für den Sprecher und Hörer im Hinblick auf den Zusammenhang der gegebenen Diskussion (ebd., S.141 f.)

Der referenztheoretischen Perspektive (im engeren Sinn) war es darum zu tun, die eindeutige Beziehung zwischen sprachlichem Zeichen und Gegenstand sicherzustellen. Vor besondere Schwierigkeiten sieht sich eine solche Auffassung gestellt, sobald sie nur den begrenzten Raum von genau definierten Zeichen verläßt und auch den Raum der Erfahrungen miteinzubeziehen versucht. Das Ideal der künstlichen Sprache erfährt genau dort seine Grenze, wo sich der Bereich der Wirklichkeit nicht mehr auf das vergleichsweise einfache Gebilde von genau definierbaren natürlichen Zahlen beschränken läßt. Wo der Erfahrung und dem Erkenntniszuwachs Rechnung getragen werden soll, ist ein naiver Begriff von Wirklichkeit im Sinne einer Ansammlung fertiger Gegenstände nicht mehr haltbar. Frege war sich – im Gegensatz zu manchen seiner Nachfolger – noch dessen bewußt, daß den natürlichen Sprachen zwar der Mangel an Präzision anhaftet, dafür aber ein wichtiger Vorzug zuzurechnen ist. Denn trotz ihrer begrenzten Mittel können die natürlichen Sprachen sich der unendlichen Fülle von Dingen und Situationen ohne Schwierigkeiten anpassen, sie können sich »verschiedenen Situationen anschmiegen« (vgl. Frege 1964, Vorwort).

2.6 Referenzbereich – Referenzpotential

Die Diskussion entzündete sich an der Frage, wie die Eigennamen zu interpretieren sind. Freges Vorschlag ging dahin, sie wie Kennzeichnungen zu interpretieren, Russells Votum war, Eigennamen durch Kennzeichnungen zu ersetzen. Frege kann diesen Vorschlag deshalb bringen, weil er für Eigennamen und Kennzeichnungen gleichermaßen die beiden semantischen Werte Intension (bei Frege: Sinn) und Extension (bei Frege: Bedeutung) veranschlagt.

Von den zahlreichen Einwänden gegen die Referenztheorie sollen zuletzt noch zwei zur Sprache gebracht werden, die teilweise noch nicht hinreichend in die Diskussion Eingang gefunden haben. John Lyons (1991, S. 9 ff.) ist der Auffassung, daß die Referenztheorie der Bedeutung zu einer kaum akzeptablen und unorthodoxen Charakterisierung von Bedeutungsgleichheit führt. So kann derselbe Ausdruck dazu benutzt werden, um sich auf verschiedene Entitäten zu beziehen, ohne daß es zu einer Veränderung der Bedeutung des Ausdrucks käme. Der Eigenname ›John Lyons‹ oder der Ausdruck ›mein Vater‹ könnten beliebig viele Referenten haben. Wenn sich aber die Bedeutung von ›mein Vater‹ mit dem Wechsel des jeweiligen Referenten ändern würde, dann könnten wir diesen Ausdruck nicht konsistent durch einen einzigen Ausdruck in andere Sprachen übersetzen.

Ein anderer Einwand gegen die Referenztheorie besteht in dem Nachweis, daß Lexeme (d.i. die in einem konventionellen Wörterbuch aufgelisteten Worteinheiten) nicht als referierende Ausdrücke aufgefaßt werden dürfen. Lexeme müssen von den referierenden Ausdrücken, deren Komponenten sie sind, unterschieden werden. Lyons verdeutlicht das mit Hilfe der terminologischen Unterscheidung zwischen Denotation und Referenz. Bspw. denotiert das Lexem ›Kuh‹ die Klasse aller Kühe – diese Denotation ist ein Teil dessen, was als seine Bedeutung angesehen wird. Ausdrücke wie ›diese Kuh‹, ›fünf Kühe‹ usw. enthalten das Lexem ›Kuh‹. Entscheidend ist, daß sie kraft ihrer Denotation (und der Bedeutung der anderen Komponenten, mit denen sie kombiniert sind) einen bestimmten **Referenzbereich** bzw. ein **Referenzpotential** haben. Worauf sie sich aber tatsächlich beziehen, wenn sie als referierende Ausdrücke verwendet werden, wird von dem jeweiligen Kontext bestimmt. Zu beachten ist also, daß der Ausdruck ›Kuh‹ die Klasse der Kühe denotiert, aber nicht zur Referenz auf diese Klasse benutzt werden kann. Für die Referenz müßten wir die Pluralform ›Kühe‹ verwenden.

3. Bedeutungstheorie

Neben der Referenztheorie sind die Probleme der Bedeutungstheorie zu jenen Konfliktfeldern zu rechnen, in denen sehr gegensätzlich Kontroversen ausgetragen werden. Die Frage »was ist Bedeutung« hängt natürlich eng mit der Frage »was ist Sprache« zusammen. Man erwartet Antworten darauf, nicht nur wie man sich den Bezug der Sprache auf die äußere Wirklichkeit vorzustellen habe, sondern auch darauf, wie der funktionale Charakter der sprachlichen Elemente zu bestimmen ist.

Im folgenden soll zunächst jene Bedeutungstheorie erläutert werden, die man als **Semantik der Wahrheitsbedingungen** charakterisieren kann. Innerhalb dieses Problembereichs spielt die Auseinandersetzung über **Intension** und **Extension** eine prominente Rolle. Dieser Semantik werden dann andere Positionen gegenübergestellt, die bei ihren Bedeutungsanalysen nicht auf die Sprache, sondern auf das Sprechen als Handlung rekurrieren (vgl. Meggle/Siegwart 1996, S. 952 ff.).

3.1 Die Semantik der Wahrheitsbedingungen

Die Semantik der Wahrheitsbedingung (oder Wahrheitssemantik) kam in den vorangehenden Darstellungen zur sprachanalytischen Philosophie wiederholt zur Sprache. Gemeinsam ist ihnen die Ansicht, daß die primäre Funktion der Sprache darin bestehe, Sachverhalte in der Welt zu beschreiben.

Die Erörterung der Wahrheitssemantik will ich zunächst Wittgensteins Tractatus gleichsam repräsentativ anführen: Die Annahmen des Logischen Atomismus führten zu der Auffassung, daß jeder Sachverhalt durch eine Menge von logisch unabhängigen und nicht weiter analysierbaren (d.i. atomaren) Aussagen darstellbar sei. Diese Aussagen sollen isomorph zum dargestellten Sachverhalt sein. Zusammengesetzte Aussagen müssen sich mit Hilfe der wahrheitsfunktionalen Operatoren (Negation, Konjunktion, Disjunktion, Implikation, Äquivalenz) in ihre atomaren Bestandteile zerlegen lassen. Die grundlegenden Annahmen dieser Semantik sind,

1. daß die beschreibende (d.i. **deskriptive**) oder abbildende **Funktion der Sprache** die Basis von Bedeutung ist,
2. daß der Satz der Träger von Wahrheitswerten ist (Verifikationismus)
3. daß die Bedeutung eines Satzes abhängig (d.i. eine Funktion) von der Bedeutung der Bestandteile des Satzes ist (**Kompositionalitätsprinzip** – s. Frege).

Die Bedeutung eines Satzes wird im Rahmen der Wahrheitssemantik mit seinen Wahrheitswertbedingungen identifiziert. D.h. besteht die Kenntnis der Bedeutung eines Satzes in der Kenntnis seiner Wahrheitsbedingungen, dann stellt die Wahrheitstheorie die Grundlage für die Bedeutungstheorie dar. Es besteht also ein enges Verhältnis zwischen Wahrheit und Bedeutung. Die Theorie der Wahrheitwertbedingungen läßt sich in folgende Frage fassen:

Welche Bedingungen muß die Welt erfüllen, damit der fragliche Satz als wahre Darstellung des Sachverhalts, den er beschreiben bzw. abbilden soll, angesehen werden kann. Zwei Sätze haben genau dann dieselbe Bedeutung (d.i. sind synonym), wenn sie dieselben Wahrheitsbedingungen haben. Auf der Grundlage dieser Wahrheitsbedingungen werden neben der Bedeutungsgleichheit auch andere semantisch relevante Begriffe wie Widersprüchlichkeit, Tautologie, Analytizität und Folgerung definiert. Diese Semantik basiert also auf der Annahme, daß es einen engen Zusammenhang zwischen Bedeutung und Wahrheit gibt.

Die Annahme der **Kompositionalität** dient der Semantik der Wahrheitsbedingungen als Ausgangsbasis dafür, ein Verfahren zu entwickeln, welches jedem der unendlich vielen Sätze einer Sprache eine Bedeutung zuweist. Eine solche Bedeutung soll empirischen Gehalt haben und systematisch berechenbar sein.

Trotz der gemeinsamen Annahmen lassen sich zwischen Frege, Wittgenstein und Carnap folgende Unterschiede festhalten: In Freges wahrheitssemantischer Auffassung ist das Verhältnis von Gedanke (oder Satzsinn) und Wahrheit an das Verhältnis von Sinn und Bedeutung des Satzes geknüpft. Derjenige, der den Gedanken gefaßt hat, weiß demnach auch, unter welchen Umständen er mit dem Satz (der den Gedanken enthält) eine behauptende (d.i. assertorische) Aussage machen kann. D.h. er weiß, was der Fall sein muß, damit der Gedanke als wahr anerkannt werden kann. Die Kenntnis der Wahrheitsbedingungen entspricht so der Kenntnis derjenigen Bedingungen, unter denen Satz zu recht behauptet werden kann. Dabei ist im Auge zu behalten, daß diese Kenntnis nur die Möglichkeit einer Behauptung einschließt.

Bei Wittgenstein geht es zunächst um die Frage, wie die weltdarstellende Leistung der Sprache möglich ist. Eine Antwort darauf ergibt sich aus der Klärung der Wahrheitsbeziehung zwischen Satz und Wirklichkeit. In Wittgensteins *Tractatus* wird dazu eine Theorie der logischen Abbildung der Sprache ausgearbeitet. Sie soll als erste Aufschluß über das Wesen der Wahrheitsbeziehung geben. In seinen Ausführungen zur logischen Abbildung hat Wittgenstein gezeigt, daß sich der Satz die Wirklichkeit dadurch abbildet, daß er mit dieser die logische Form gemeinsam hat. Nur so ist es denkbar, daß sich die Elemente des komplexen Satzzeichens im Satz so zueinander verhalten wie die Gegenstände in der Wirklichkeit. Sätze sind sprachliche Tatsachen, die nicht-sprachliche Tatsachen abbilden können. Ein Satz stellt einen möglichen Sachverhalt als eine logisch mögliche Verbindung von Gegenständen dar. Der Satz hat seinen Sinn in diesem dargestellten Sachverhalt. Die Klärung des Sinnes eines Satzes durch seine Wahrheitsbedingungen faßt Wittgenstein in die Aussage:

> »Einen Satz verstehen, heißt, wissen was der Fall ist, wenn er wahr ist. (man kann ihn also verstehen, ohne zu wissen, ob er wahr ist.« (Tract. 4.024)

Dabei ist das Verstehen des ganzen Satzes abhängig von dem Verstehen seiner Bestandteile. Da der Satz nur ein logisches Bild der Wirklichkeit abgibt, kann er sowohl wahr oder falsch sein. Seinen Sinn zu verstehen, heißt also zu wissen, welche Verbindung zwischen den Gegenständen besteht, wenn er wahr ist. Ob der dargestellt Sachverhalt tatsächlich besteht, erfährt man nur durch einen Vergleich des Satzes mit der Wirklichkeit.

Mit dieser Wahrheitssemantik der Bedeutung hängen zwei Aspekte zusammen, die ihrerseits eine besondere Relevanz für die Frage der Bedeutung haben. Ein Aspekt ist in Freges semantischem Prinzip, daß ein komplexer Ausdruck nur dann eine Bedeutung hat, wenn alle seine Teilausdrücke Bedeutung haben, enthalten. Wenn man etwas behauptet, so ist immer die Voraussetzung einsichtig, daß die einfachen oder zusammengesetzten Eigennamen eine Bedeutung / einen Bezug haben. Dieser Aspekt wird zum Thema der Referenztheorie gemacht. Von den Bezeichnungsausdrücken wissen wir zudem, daß sie einen eigenen Sinn haben. In nicht-Fregescher Terminologie ausgedrückt: Eigennamen haben nicht nur einen Bezug, sondern auch eine Bedeutung. Bei Carnap wird diese Unterscheidung terminologisch als **Intension** (d.i. Sinn bei Frege) und **Extension** festgehalten und gleichzeitig damit die Frage verknüpft, wie wir angeben können, wann zwei Ausdrücke dieselbe Intension und wann dieselbe Extension haben.

Der andere Aspekt erscheint in Freges Auffassung, daß der Gedanke (d.i. der Sinn des Satzes) als wahr oder falsch hingestellt wird. Der objektivierbare Urteilsinhalt, d.i. der Gedanke, soll einen Inhalt darstellen, der allen Individuen gemeinsam ist. Der Ausdruck ›Gedanke‹ wird durch den Terminus ›Proposition‹ bzw. ›propositionaler Gehalt‹ ersetzt.

Sowohl die Annahme eines Sinns von Ausdrücken wie die Annahme von Propositionen als intensionalen Objekten stießen auf unterschiedliche Einwände.

3.2 Kritik der Intension und Proposition durch Quine

Allen voran Quine schließt die Möglichkeit einer isolierten Bedeutung aus und hält auch die Annahme von Propositionen für nicht akzeptabel. Die Einwände von Quine richten sich gegen den **Reduktionismus** und gegen die Annahme von analytischer Wahrheit. Der Reduktionismus besteht darin, daß eine Sprache konstruiert wird, die nur mehr Terme enthalten soll, die sich auf unmittelbare Wahrnehmung bezieht. Dieses logische Konstrukt gibt das Kriterium dafür ab, ob ein Satz als sinnvoll gelten kann oder nicht. Quine hält aber auch die Annahme für ungerechtfertigt, daß es analytisch wahre Sätze geben könne. Solche Sätze müßten allein aufgrund der Bedeutung der in ihnen vorkommenden Wörter wahr sein. Diese Unterscheidung von analytischer und synthetischer Bedeutung ist aber grundlegend für die **verifikationistische Bedeutungstheorie**. Denn ohne diese Unterscheidungsmöglichkeit läßt sich auch der Begriff der Synonymität (von Ausdrücken) nicht definieren. Das hat zur Konsequenz, daß wir nicht mehr imstande sind, jedem synthetischen Satz einzeln eine auf unmittelbare Erfahrung beruhende Bedeutung zuzuordnen.

Mit den Bedeutungsanalysen werden Sätze als **Bedeutungswahrheiten**, d.h. als analytisch wahr, ausgezeichnet. Wir müssen uns dabei an Freges Vorgabe erinnern, daß analytische Sätze entweder logisch wahr sind oder sich aufgrund von Definitionen (x ist ein Junggeselle = x ist ein unverheirateter Mann) auf logische Wahrheiten zurückführen lassen. Die Existenz einer solchen Entität ›Bedeutung‹ wie der Bedeutungswahrheiten wird von Quine ganz entschieden bestritten. Seiner Meinung nach stellen solche vermeintlich analytischen Bedeutungen nur ein System von allgemein geteilten Glaubensannahmen über die Welt dar, die innerhalb einer Sprachgemeinschaft als fraglos gültig angesehen werden. Mit seinem Angriff gegen die Analytizität trifft er die vom Logischen Empirismus vorgetragene Bedeutungstheorie Carnaps in ihrem Kern. Denn mit Hilfe der Analytizität sollte erklärt werden, wie es dazu kommt, daß wir die Wahrheit von bestimmten Propositionen völlig unabhängig von empirischen Sachverhalten erfassen können. Quine meint demgegenüber, daß Bedeutungen von Wörtern sich ändern können und demzufolge ein analytischer Satz sich in einen synthetischen verwandeln könne. Auch die mögliche Antwort eines Vertreters der verifikationistischen Bedeutungstheorie, in diesem Falle würde der Satz nicht mehr die ursprüngliche Proposition ausdrücken, würde Quine zurückweisen. Denn Propositionen stellen in seinen Augen intensionale Objekte dar, die er aufgrund seines empirisch-behavioristischen Ansatzes für nicht akzeptabel hält. Die Gründe für seine Ablehnungen haben wir in der Darstellung seiner Position hinreichend kennengelernt: ›Analytisch‹ läßt sich nicht zirkelfrei erklären – Intensionalität ist nicht der Beobachtung zugänglich und verträgt sich deshalb nicht mit dem empirischen Anspruch. Er setzt der Vorstellung der Bedeutung einzelner Ausdrücke einen **semantischen Holismus** entgegen: Alle Sätze einschließlich derjenigen der Logik erhalten ihre Bedeutung erst aufgrund der komplexen Relationen innerhalb eines ganzen Begriffsnetzes.

Betrachten wir Quines Einwände näher (vgl. Kutschera 1975, S. 104 ff.): Was man als analytische Bedeutung auffasse, stelle nicht mehr als ein System von allgemein geteilten Glaubensannahmen dar. Er hält die Bedeutungstheorie für ein zweifelhaftes Unterfangen, da deren Grundbegriffe unklar und deren Grundannahmen unhaltbar sind. Die Argumentation gegen die Annahme von analytischen Sätzen beruht, wie wir bereits erfahren haben, in dem Nachweis, daß die übliche Definition von ›analytisch‹ sich als nicht zufriedenstellend erweist. Denn definitionsgemäß gilt ein Satz genau dann als analytisch, wenn man ihn dadurch in einen logisch determinierten Satz überführen kann, daß man bestimmte Terme durch synonyme Terme ersetzt. Ein solches Verfahren würde aber voraussetzen, daß wir ein Kriterium für die Identität von Bedeutungen haben, d.h. daß uns ein Kriterium für Synonymität zur Verfügung steht. Begriffe wie ›Analytizität‹, ›Synonymie‹ und ›Bedeutung‹ können aufgrund ihrer gegenseitigen Abhängigkeit nicht zirkelfrei definiert werden. Vielmehr setzt die Definition des einen die Geltung des anderen immer schon voraus. In einem anderen Einwand weist Quine darauf hin, daß bedeutungsvolle Bestandteile empirisch nicht abgesichert werden können. Er veranschaulicht diesen Einwand an der **Übersetzungsunbestimmtheit** für das Wort ›gavagai‹. Dieser fiktive Ausdruck aus einer erdachten Sprache eines uns fremden Kulturkreises kann durch linguistische Analysen nicht auf eine eindeutige Weise in unsere Sprache übersetzt werden. Auf empirischem Wege könnten wir die verschiedenen Bedeutungszuweisungen nicht eindeutig bestimmen, ebensowenig das ontologische Muster. Eine solche Undeterminiertheit durch Beobachtung reklamiert Quine für die Bedeutungszuweisungen in allen Sprachen. Die Einwände gegen die Annahme von Intensionalität gelten analog auch gegen die Annahme von Satzbedeutungen. Eine Definition von Propositionen müßte ein Kriterium für die Identität von Propositionen enthalten. Zur Bestimmung der Identität von Satzbedeutung müßte man auf die Synonymität von Satzbedeutungen rekurrieren können. Die Zirkelhaftigkeit eines solchen Verfahrens hat er schon aufgezeigt. Quine zieht darüber hinaus grundsätzlich in Zweifel, daß Propositionen wohlbestimmte Entitäten sind. Die Definition der realistischen Semantik: »Zwei Sätze sind synonym genau dann, wenn ihre Bedeutungen identisch sind« suggeriert zwar, daß es einen scharfen klassifikatorischen Begriff der Bedeutungsgleichheit gäbe. Seine These der Undeterminiertheit der Übersetzung bestreitet gerade die Haltbarkeit eines solch absoluten Begriffs der Synonymität.

In einer ausführlicheren Diskussion seiner Einwände müßte man näher auf seine Definitionen von ›synonym‹ und ›analytisch‹ eingehen (vgl. Kutschera 1975, S. 101 ff., S. 104 ff., S. 115 ff.), aber ebenso seine verhaltenstheoretischen Annahmen problematisieren. Erwähnenswert ist u.a. ein Aspekt, der noch in seiner Argumentation gegen die Unterscheidung ›analytisch-synthetisch‹ enthalten ist. In diesem Zusammenhang weist er darauf hin, daß die Bedeutung eines Terms sich mit unseren Annahmen über die Welt ändert. Daraus schließt er, daß sich Bedeutungs- und Tatsachenfragen nicht voneinander trennen lassen. Wenn sich bspw. unser Wissen über das Leben einer bestimmten Tierart (z.B. der Tiger) ändern würde, dann müßten wir davon ausgehen, daß sich zusammen mit unseren Annahmen über die Tiger auch die Bedeutung des Wortes ›Tiger‹ für uns ändert.

Für diese Auffassung Quines spricht die Tatsache, daß wir die sprachlichen Ausdrücke nicht für sich allein, sondern in einem Satzkontext und Situationskontext lernen. Das gilt für die Prädikate, die wir exemplarisch sowohl in singulären Kontexten (bspw. »schau, ein roter Ball!« oder »der Ball ist rot«), wie in generellen Kontexten (»die Vögel haben Feder«, »die Fische haben Kiemen«) haben. Damit ist die Sprachauffassung der realistischen Semantik in ihrem Kern getroffen. Denn diese legt ein Modell nahe, daß wir zunächst die Tatsachen feststellen und davon abgetrennt die Bedeutung von Wörtern festlegen. Aus der Sichtweise von Cassirers (*Philosophie der symbolischen Formen*, Bd. I, 1985) Sprachauffassung müßte man dagegen geltend machen, daß Spracherlernen und Wirklichkeitserfahrung nicht unabhängig voneinander sind. Was wir als Tatsachen akzeptieren, geht auch in die Bedeutung ein, die wir mit unseren sprachlichen Ausdrücken verbinden (vgl. Kutschera 1975, S. 108).

3.3 Davidsons Bedeutungstheorie

Durch die in seinem Artikel *Truth and Meaning* (1967; dt. *Wahrheit und Bedeutung*, 1986) vertretenen Ansichten hat Donald Davidson die Diskussion um Bedeutungstheorien neu entfacht. Sein Interesse gilt allerdings nicht der Frage, ob und wie Wörtern Entitäten zuzuordnen sind. Vielmehr geht es ihm um eine Beschreibung der sprachlichen Kompetenz, die eine Person braucht, wenn sie Sätze einer anderen Person verstehen will. Seine Kernfrage ist deshalb, was es bedeutet, sprachliche Äußerungen zu verstehen.

Aus früheren Darstellungen kennen wir bereits die verifikationistische Deutung dieser Fragestellung. Nach diesem Modell ist das Verstehen eines Satzes daran gekoppelt, daß man weiß, unter welchen Bedingungen er wahr ist bzw. als wahr akzeptiert wird. Davidsons Fragestellung unterscheidet sich allerdings davon. Denn er legt eine **wahrheitskonditionale Semantik** zugrunde, so daß es für das Verstehen eines Satzes genügt, wenn man sich vorstellen kann, was der Fall wäre, wenn der Satz wahr wäre. Er konkretisiert seine Fragestellung in bezug auf die Kompetenz einer Person, die er als den ›Interpreten‹ bezeichnet: Wie ist es möglich, daß die Sprecher bzw. Interpreten einer Sprache imstande sind, die Bedeutungen eines beliebigen Ausdrucks effektiv zu bestimmen und die Bedeutung ihnen bisher unbekannter Sätze zu verstehen. In der Beantwortung dieser Frage liegt die Hauptaufgabe einer Bedeutungstheorie (Davidson 1986, S. 66). Die Lösung dieser Aufgabe bestreitet er mittels einer Anleihe bei Tarskis Wahrheitskonvention und einer weiteren Anleihe bei Quines ›radikaler Übersetzung‹.

Um den Ausdruck ›Bedeutung‹ zu explizieren greift er auf Tarskis Vorschlag einer Wahrheitsdefinition zurück. Dieser hat als Kriterium für die Adäquatheit einer Wahrheitsdefinition vorgeschlagen: Eine in der Metasprache formulierte Definition von ›wahr‹ ist sachlich zutreffend, wenn aus ihr alle Sätze folgen, die man aus dem Schema

(W) s ist wahr genau dann, wenn p

gewinnt, indem man für das Symbol ›s‹ eine Bezeichnung irgendeines Satzes der Objektsprache und für das Symbol ›p‹ die Übersetzung dieses Satzes in die Metasprache einsetzt (vgl. Kap IV. 1.3.). Unter der Annahme, daß die Objektsprache in der Metasprache enthalten ist, kann man für p in Tarskis Schema den Satz der Objektsprache selbst einsetzen.

Diese **Wahrheits-Konvention** will sich Davidson auf eine spezifische Weise nutzbar machen, daß sie auch für natürliche Sprachen angewendet werden kann. Dabei vollzieht er durch seine Interpretationstheorie eine Umkehrung der Theorie Tarskis. Denn dieser hat die Übersetzung eines Satzes einer Sprache L in die Metasprache M als selbstverständlich vorausgesetzt, um von da aus die Extension von ›wahr in L‹ zu definieren. Davidson geht einen anderen Weg, indem er den Wahrheitsbegriff als verstanden voraussetzt und den Interpretationsbegriff explizieren will. Davidson versucht auf folgende Weise, eine analoge Strukturbeschreibung zur Angabe der Wahrheitsbedingungen der Sätze einer natürlichen Sprache zu verwenden. Auf diese Weise glaubt er, zu der gesuchten Interpretationstheorie zu gelangen. Dazu stellt er zunächst ein einfaches Bedeutungsschema auf:

(B') s bedeutet b.

Für ›s‹ setzen wir Sätze ein und für ›b‹ Bedeutungen. An die Stelle von ›W‹ für ›wahr‹ tritt ›B‹ für ›bedeutet, daß'. Um nicht auf Freges Annahme von Sinn rekurrieren zu müssen, schlägt Davidson vor, für ›b‹ einen Satz einzusetzen. Sätze können keine Bedeutung haben, da ihr Gegenstand der Wahrheitswert ist. Dadurch erhalten wir die Formel (vgl. Sukale 1976, S. 31 f.):

(B") s bedeutet, daß p

Durch p wird in (B") die Bedeutung von s angegeben. Entsprechend dem Verfahren von Tarskis W-Konvention formuliert er für seine B-Kovention folgende Äquivalenz:

(B) s ist B dann und nur dann, wenn p.

Die rechte Seite der Äquivalenz gibt die Bedeutungsbedingung der linken Seite an: Die Äquivalenz ist wahr genau dann, wenn die verknüpften Sätze unter allen Umständen den gleichen Wahrheitswert haben. Wer also die Bedeutungskonvention anwenden will, muß wissen, wann die W-Äquivalenzen wahr sind. Interpretation wird also nicht vorausgesetzt, sondern aufgrund von vorgegebenen Wahrheiten erst erklärt. Diese Erklärung können wir uns an dem Beispielsatz »›Snow is white‹ ist wahr und nur dann, wenn Schnee weiß ist« verdeutlichen. Die gesuchte Erklärung nimmt Bezug auf die empirischen Belege für die Übersetzung. Ein Beleg für die Korrektheit der Übersetzung des auf der linken Seite des Bikonditionals erwähnten Satzes durch den Satz auf der rechten Seite ist darin zu finden, daß die Mitglieder der englischen Sprachgemeinschaft ›Snow is white‹ genau dann bejahen, wenn der Schnee weiß ist. Die Äquivalenzen ergeben sich bei Davidson nicht als logische Folge einer Definition, sondern zeigen sich als überprüfbare Konsequenzen einer empirischen Interpretationstheorie.

Die bisherigen Ausführungen zu Davidson haben deutlich werden lassen, wie seine Überlegungen, die Wahrheitstheorie als Gerüst für eine Bedeutungstheorie bereitzustellen, zu verstehen ist. Seine Bedeutungskonvention läßt sich folgendermaßen zusammenfassen: Wenn wir wissen, was es heißt, ein Satz sei wahr, und wenn wir wissen, was die Bedingungen für die Wahrheit des Satzes sind, dann verstehen wir diesen Satz und haben damit auch dessen Bedeutung verstanden. Zu wissen, daß ein Satz wahr ist, kommt dem Verstehen der Sprache gleich.

Wir können jetzt den weiteren Schritt vollziehen, um zu einer Theorie der Interpretation bzw. des Verstehens zu gelangen. An diesem Punkt kommt seine Anleihe bei Quine ins Spiel. Der ihn anleitende Grundgedanke ist, daß eine Wahrheitstheorie allein nicht genügt, um eine Bedeutungstheorie aufzustellen. Vielmehr ist es erforderlich, auch eine Theorie der Interpretation, d.h. des Verstehens, zu konstruieren. Wir kommen damit auf die Ausgangsfrage zurück, wie wir die menschliche Fähigkeit erklären können, nie gehörte Ausdrücke zu verstehen oder zu erzeugen. Davidson führt dazu analog der ›radikalen Übersetzung‹ von Quine den Begriff der ›radikalen Interpretation‹ ein (Davidson 1986, S. 54). Der radikale Interpret sieht sich vor die Aufgabe gestellt, das nicht-interpretierte verbale und das nonverbale Verhalten der Sprecher und die beobachtbaren Umstände ihrer Äußerung zu beobachten. Ihm muß es gelingen, aus diesem Datenmaterial die Überzeugung des Sprechers und die Bedeutung seiner Äußerungen zu ermitteln. Er muß zunächst davon ausgehen, daß ein Sprecher einen Satz äußert mit der Überzeugung, daß dieser Satz zum Zeitpunkt der Äußerung wahr ist. Der Interpret kann daran ansetzen, indem er Hypothesen aufstellt, wann ein Sprecher einen Satz für wahr hält. Dabei muß er sich auf jene Sätze konzentrieren, deren Wahrheitswert einen Bezug zu den beobachtbaren Umständen erkennen läßt. Die Wahrheitsbedingungen der Sätze sind auf wechselnde Zeitpunkte und Sprecher zu beziehen. Der Satz »ich bin müde« ist als eine Äußerung einer Person zu einem Zeitpunkt t dann und nur dann wahr, wenn die Person zu diesem Zeitpunkt müde ist. Der Interpret muß sich eine Vorstellung vom Inhalt dessen machen, was die Sprecher einer Sprache L sagen, wobei er ihre Handlungsweisen und Lebensformen betrachtet und so zu Vermutungen über ihr gesamtes Überzeugungssystem gelangt. Er muß also jene Situationen ausfindig machen, in denen Sprecher mit behauptender Absicht Sätze äußern, und im Hinblick auf die beobachtbaren Umstände Hypothesen aufstellen, was der jeweilige Sprecher von L mitteilen will. Dabei darf er davon ausgehen, daß jemand, der eine Behauptung aufstellt, auch glaubt, daß das in dieser Behauptung Ausgesagte wahr ist. Davidson erläutert nicht weiter, wie der Interpret eine Äußerung als Behauptung erkennen kann. Aber einmal unterstellt, ein Sprecher macht ein Behauptung, dann darf der Interpret davon ausgehen, daß dieser auch überzeugt davon ist, daß seine Behauptung wahr ist. Daß ein Sprecher etwas behauptet, ist ein guter Grund für die Annahme, daß er die Aussage als wahr anerkennt. Der Interpret weiß allerdings damit noch nicht, was der Sprecher für wahr hält. Das hat er erst ausfindig zumachen, indem er Äußerungen in Beziehung setzt zu den Umständen der Äußerung. Bei den Beispielsätzen »es regnet« oder »die Sonne scheint« kann man ohne weiteres nachvollziehen, daß der Interpret Umstände ausfindig macht, die er als Kausal-Hypothesen deuten kann. Er nimmt dabei an, daß der Regen oder die Sonne die Ursache für die Überzeugung ist, daß der geäußerte Satz wahr ist (vgl. Künne 1990, S. 222).

Davidson formuliert in diesem Zusammenhang ein methodologisches Postulat als grundlegende Voraussetzung für eine Interpretation: Der Interpret hat davon auszugehen, daß die Umstände, unter denen jemand gewisse Sätze für wahr hält, im allgemeinen Umstände sind, unter denen sie wahr sind (Davidson 1986, S. 197 ff.). Diese Postulat nennt er »**principle of charity**«. Das Prinzip der Nachsichtigkeit tritt in Kraft, wo es um die Konsistenz des verbalen und nonverbalen Verhaltens des Sprechers geht, aber ebenso, wo es um die mögliche oder denkbare Übereinstimmung zwischen Sprecher und Hörer geht.

Davidsons Bedeutungstheorie stützt sich auf ein der Beobachtung zugängliches Sprachverhalten. Eine solche Theorie muß nach seiner Meinung folgende Forderungen erfüllen: Sie muß eine Interpretation aller wirklichen und möglichen Äußerungen eines Sprechers oder einer Gruppe von Sprechern liefern. Dabei legt er die Perspektive einer wahrheitskonditionalen Semantik an: Einen Satz zu verstehen, heißt wissen, unter welchen Bedingungen er wahr ist. Seine Interpretationstheorie will für jeden Satz einer Sprache dessen Wahrheitsbedingungen bestimmen. Die Brauchbarkeit der ausgearbeiteten Theorie hängt unter anderem davon ab, ob sie erlaubt, korrekte Voraussagen über die Wahrheitsbedingungen von Aussagen in einer gegebenen Objektsprache zu machen. Der Interpret muß dabei Wahrheitsbedingungen wählen, die das Führwahrhalten eines Satzes durch einen fremden Sprecher am besten rechtfertigen. Die Annahme der Übereinstimmung unter den Beteiligten hinsichtlich ihrer Vorstellungen, was für wahr gehalten werden kann, kann nur für denkbar einfache Fälle plausibel wirken. Davidson sieht seine Bedeutungstheorie in ein holistisches Sprachkonzept eingebettet. Die jeweils in einem Bikonditional formulierten Sätze stehen von daher nie vereinzelt für sich, sondern sind seiner Auffassung nach nur als Glieder einer Kette von Zuordnungen zu begreifen. Jede neue Zuordnung von Wahrheit zu Wahrheit führt zu einer weiteren Bestimmung der Bedeutung jener Sätze, die auf der linken Seite des Bikonditionals stehen. Er zeichnet vage das Ideal vor, daß zuletzt nichts übrig bleiben würde, was für die Idee der Bedeutung noch eingefangen werden müßte.

Davidsons Interpret ist solange in einer günstigen Lage, als sich die Sprecher auf einfache Sätze beschränken, in denen etwas geäußert wird, was mit den beobachtbaren Wetterbedingungen zu tun hat. Die eigentliche Probe stünde dem Interpreten erst noch bevor, wenn er mit Sätzen konfrontiert wäre wie »ich kenne seine intrigante Haltung« oder »ich weiß um seine Mißgunst«.

Davidsons Überlegungen zu einer Wahrheitstheorie als Bedeutungstheorie beruhen offensichtlich auf der Annahme, daß Sätze aus einfachen und unzusammengesetzten Elementen konstruiert werden können. Dies macht ihre Struktur aus. Eine solche Annahme stellt allerdings eine starke Verkürzung des Bedeutungsbereichs dar. Sie läßt außer acht, daß es in jeder Sprachgemeinschaft einfache Signale gibt (bspw. um zu grüßen, um sein Mitleid zu bekunden usw.), die Bedeutung haben. Man kann ihnen nicht die für Sätze spezifische Struktur zuschreiben, aber trotzdem können solche Signale gleiche Bedeutung wie Sätze haben.

An diesem Punkt ließen weiterführende Überlegungen zur Bedeutung anführen, wie sie in der Zeichenlehre von Charles S. Peirce (1983, S. 64 ff.) und in der Semiotik von Roman Jakobson (1992, S. 427 ff.) entwickelt werden.

3.4 Dummetts ›gediegene Bedeutungstheorie‹

In seinem Aufsatz *What ist a Theory of Meaning* (1975; dt. *Was ist eine Bedeutungstheorie*, 1982 b) befaßt sich Michael Dummett zwar eingehend mit Davidson, seine Bemerkungen zum Begriff der Bedeutung haben aber über seine Kritik hinaus einen eigenen Stellenwert. Denn Dummett wirft Fragen auf, die sowohl den Umgang mit Tarskis Wahrheitsdefinition wie Quines Holismus betreffen.

Dummett bringt gegen Davidsons Konzeption den grundlegenden Einwand vor, daß seine Bedeutungstheorie bestenfalls ein Übersetzungsmanual liefert, nicht aber erklärt, was Bedeutung ist. Ein Übersetzungsmanual projiziert nur eine Sprache auf eine andere, deren Funktionsweise als bekannt vorausgesetzt werden muß, sofern die Übersetzung praktischen Nutzen haben soll (Dummett 1982 b, S. 102). Aber unabhängig von der Kenntnis einer anderen Sprache wird nicht erklärt, was es heißt, eine Sprache zu beherrschen. Damit wird aber eine wesentliche Aufgabe einer Bedeutungstheorie nicht erfüllt. Denn nach Dummett muß sich diese zur Aufgabe machen, eine unmittelbare Beschreibung der Funktionsweise der Sprache zu geben. Diesem Anspruch kann eine Bedeutungstheorie nur gerecht werden, wenn sie eine Theorie des Verstehens ist, die erklärt, was ein kompetenter Sprecher weiß, wenn er den Gebrauch sprachlicher Ausdrücke kennt. Darin sieht Dummett die eigentlich philosophische Problemstellung. »Die Bedeutung eines Ausdrucks zu begreifen heißt, seine Rolle in der Sprache zu verstehen; eine vollständige Bedeutungstheorie einer Sprache ist also eine vollständige Theorie der Funktionsweise dieser Sprache als Sprache.« (Dummett 1982 b, S. 96). Eine Bedeutungstheorie (als Theorie des Verstehens) müßte also aufzeigen können, worauf sich sprachliche Ausdrücke bezeichnend beziehen, sie müßte aber zudem erklären, was es heißt, über Begriffe zu verfügen, die sich mittels der betreffenden Sprache ausdrücken lassen. In diesem Zusammenhang unterscheidet Dummett zweierlei Formen einer Bedeutungstheorie: die gediegene (›full-blooded‹) von der bescheidenen (›modest‹). Von der gediegenen Bedeutungstheorie, die seiner Vorstellung entspricht, kann man verlangen, daß sie imstande ist, jemandem neue Begriffe zu erklären, der noch nicht über dies verfügt. Demgegenüber beschränkt sich die bescheidene Bedeutungstheorie darauf, daß sie jemandem, der schon die erforderlichen Begriffe hat, die Interpretation der betreffenden Sprache liefert. Die gediegene Theorie geht auf das Erkenntnisvermögen der Sprecher ein, auf ihre Fähigkeit, Dinge als etwas zu erkennen und als solche wiederzuerkennen. Sie muß deshalb auch die Identitätskriterien angeben können, auf die sich der Sprecher beim Gebrauch eines bestimmten Ausdrucks beruft und auf die er sich, wenn er seine Behauptungen rechtfertigen muß, zurückgreifen muß.

Dummett rückt als eine weitere wichtige Unterscheidung die zwischen dem Wissen, daß ein Satz wahr ist, und der Kenntnis des Gedankens (d.i. der ›Proposition‹), der durch den betreffenden Satz zum Ausdruck gebracht wird, in den Blick (Dummett 1982 b, S. 107 ff.). Dieser Rückgriff auf Einsichten Freges erscheint ihm deshalb geboten, um sich einer Verkürzung der bedeutungstheoretischen Fragestellungen zu erwehren. Der Satz »jemand weiß, daß 19 eine Primzahl ist« besagt nicht dasselbe wie der Satz »jemand weiß, daß der Satz ›19 ist eine Primzahl‹ wahr ist«. Jene Bedeutungstheorien, die sich auf Tarskis Definition der Wahrheit beschränken, lassen völlig außer acht, wovon die Kenntnis des durch einen Satz ausgedrückten Gedankens abhängt, da sie auf den viel zitierten W-Sätzen (bspw. »die Aussage ›der Schnee ist weiß‹ ist wahr genau dann, wenn der Schnee weiß ist«) beruht. Solche Sätze kann man in den Augen Dummetts auch erlernen, ohne daß man einer solchen Person die Kenntnis des betreffenden Gedanken zuschreiben könnte. Eine Bedeutungstheorie sollte aber gerade dieses Wissen, das die Kenntnis des durch einen Satz ausgedrückten Gedankens ausmacht, explizieren.

> »Keine Theorie, die Sätze lediglich mit Wahrheitsbedingungen verknüpft, ohne daß sie [...] entweder zu erklären versucht, mit Hilfe welcher Mittel wir die Erfüllung jener Wahrheitsbedingungen erkennen bzw. beurteilen, oder irgendein Instrument bietet, um festzustellen, daß ein spezieller Sprecher – oder gar die ganze Sprachgemeinschaft – mit einem bestimmten Satz eine bestimmte Wahrheitsbedingungen verbindet, ist dazu imstande, einer solchen Unterscheidung einen Platz einzuräumen.« (Dummett 1982 b, S. 126)

Entscheidend ist für ihn, diese praktische Fähigkeit in Begriffen propositionalen Wissens darzustellen. Dazu darf sich eine Bedeutungstheorie nicht darauf beschränken anzugeben, was man wissen muß, um diese Fähigkeit zu besitzen, sondern sie muß erläutern können, was es für ihn bedeutet, über dieses Wissen zu verfügen. Damit würde auch erklärt, was als konstitutiv für eine Äußerung der Kenntnis der betreffenden Proposition zu gelten hat. Dummett unterstreicht die Berechtigung seiner Überlegungen mit dem Hinweis, daß die Bedeutungstheorie auch eine Erklärungshilfe für jene Fälle geben können muß, wo eine Meinungsverschiedenheit zweier Sprecher besteht. Wo Unstimmigkeiten nicht einkalkuliert werden und Meinungsverschiedenheiten nicht erläutert werden können, führt das unweigerlich zu einem künstlichen Modell einer Bedeutungstheorie, die sich auf die Betrachtung des Idiolekts eines Individuums beschränkt.

Dummett hat durch diese Überlegungen einer grundsätzlichen Kritik des Holismus, wie er für Quine und Davidson gleichermaßen gilt, den Boden bereitet. Der Grundgedanke eines Holismus besteht in der Annahme, Bedeutung sei eine Funktion der Gesamtheit von Urteilen, die ein Sprecher für wahr hält. Dem hält er entgegen, daß das Vermögen des Sprechers, zu wissen, worauf Namen und Prädikate sich beziehen, könne doch nicht darauf zurückgeführt werden, daß er diese Kenntnisse aus der Gesamtheit der Urteile abgeleitet hat, die in seiner Sprachgemeinschaft als wahr gelten. Der Holismus stellt nicht in Rechnung, daß man die Sprache schrittweise lernt. Das bedeutet aber, daß wir auch Bruchstücke einer Sprache schon verstehen können, ohne die Gesamtheit von Urteilen als Repertoire zur Verfügung zu haben.

Zusammenfassend kann man für Dummetts Vorstellung einer angemessenen Bedeutungstheorie die wesentlichen Bestandteile festhalten:

1. eine Theorie des Bezeichnens, die angibt, unter welchen Bedingungen ein Satz wahr ist,
2. eine Theorie des Sinns, aus der hervorgeht, unter welchen Bedingungen man von einem Sprecher sagen kann, er kenne und verstehe den Gehalt der Theorie des Bezeichnens,
3. eine Theorie der Äußerungsarten, die zwischen den Theorien des Bezeichnens und des Sinns einerseits und der tatsächlichen Sprechpraxis andererseits vermittelt.

Seine weiteren Überlegungen in *Truth and Other Enigmas* (1978) führen ihn schließlich zu der Einsicht, daß eine Bedeutungstheorie nicht von dem Grundsatz ausgehen dürfe, daß jeder Aussage ein bestimmter Wahrheitswert zukommt, unabhängig davon, was wir über die Welt wissen und wie wir zu diesem Wissen gelangt sind. Diese als ›**Antirealismus**‹ bezeichnete Auffassung richtet sich also gegen die Annahmen, daß die Bedeutung unserer Aussagen im Sinne der Wahrheitsbedingungen zu verstehen ist, und daß diese Wahrheitsbedingungen als objektiv und unabhängig von unseren Erkenntnismitteln bestehend aufgefaßt werden können. Vielmehr sind die Bedeutung durch Behauptungsbedingungen festgelegt. Das hat zur Folge, daß wir für unsere Sätze nicht Bedeutung ohne Bezugnahme auf die uns zur Verfügung stehenden Beweisverfahren unterstellen dürfen. Wahrheit und Bedeutung sind also nicht mehr als völlig unabhängig von den Rechtfertigungsverfahren anzusehen (Dummett, 1982 a, S. 7 ff.; vgl. Schulte 1979, S. 219 ff.; Köhler 1992, S. 7 ff.).

3.5 Pragmatische Komponenten von Bedeutung

Gegen die der realistische Semantik inhärente Vorstellung, wir würden zunächst den einzelnen Termen, den Eigennamen und Prädikaten eine Bedeutung zuordnen, und gegen die These, daß die Bedeutung der Sätze eine Funktion der Bedeutung ihrer Terme ist, sprechen zahlreiche Erfahrungen, wie sich das Lernen der Sprache tatsächlich vollzieht. Vom Standpunkt der reinen Semantik und reinen Syntax mag man dagegen einwenden, daß eine reine Semantik sich nicht als empirisches Verfahren verstehe, sondern eben als logisch-semantische Analyse. Trotzdem muß der Sinn einer solchen Analyse daraufhin befragt werden, ob das Resultat nicht doch zu Abstraktionen führt, die nur noch ein künstliches Konstrukt der Sprache wiedergeben, nicht aber das tatsächliche Verstehen von Bedeutungen.

Die Bedeutungstheorie, der die Vertreter der Idealsprachphilosophie anhängen, beinhaltet die Annahme, daß die Bedeutung als eine konventionelle Beziehung zwischen Zeichen und konkreten oder begrifflichen Entitäten, die unabhängig von den sprachlichen Zeichen gegeben sind, besteht. Diese Voraussetzung wird als **Begriffsrealismus** bezeichnet, die zugehörige Semantik als **realistische Semantik**. Die Bedeutung eines sprachlichen Ausdrucks kann nach der Auffassung der realistischen Semantik nicht von seinem konkreten Gebrauch in konkreten Situationen abhängen, vielmehr richtet sich der Gebrauch nach der Bedeutung. Die Sprache wird als ein abstraktes Zeichensystem aufgefaßt. Eine solche Auffassung hat zu einer strikten Trennung zwischen Semantik und Pragmatik geführt. Darüber darf auch nicht Carnaps (1942, S. 22 ff.) Bezug auf die Pragmatik hinwegtäuschen. Dieser hatte im Anschluß an die Zeichentheorie (Semiotik) von Morris (1946, dt. 1973) von einer Dreigliederung der sprachlichen Untersuchung in Syntax, Semantik und Pragmatik gesprochen. Bei der logischen Untersuchung der Sprache müsse man davon ausgehen, daß die zu untersuchende Sprache ein System von Ausdrücken und Sätzen darstellt, die bestimmten explizit aufgestellten Regeln gehorchen. Dabei lassen sich drei wesentliche Faktoren unterscheiden:

1. der Benützer der Sprache,
2. der gesprochene oder geschriebene Ausdruck,

3. dasjenige, worüber der Sprachbenützer bei der Verwendung der Ausdrücke spricht (d.i. das Designatum).

Die Pragmatik umfaßt dabei alle drei genannten Faktoren. Unter einer Berücksichtigung des Sprechers stellt sich Carnap die Betrachtung von dessen Eigenart vor. Eine solche pragmatische Untersuchung könne nur empirisch sein und müsse sorgfältig unterschieden werden von den Fragestellungen einer reinen (d.i. nicht-empirischen, sondern nur logischen) Semantik und Syntax. Dabei wird von dem Sprechenden gänzlich abstrahiert und das Augenmerk nur auf die sprachlichen und ihre Bedeutung oder die Struktur der Ausdrücke und deren strukturellen Beziehungen gerichtet (vgl. Stegmüller 1977, S. 41 f.). Die pragmatischen Problemstellungen sind dabei den anderen Fragen nachgeordnet.

Die pragmatische Sprachauffassung geht davon aus, daß das sprachliche Handeln für die Bedeutungen konstitutiv ist (vgl. Schneider 1975, S. 92 ff.). Eine sprachliche Handlung ist genau dann bedeutungsvoll, wenn es einen Handlungszusammenhang gibt, in dem diese sprachliche Handlung eine sinnvolle Rolle spielt. Entsprechendes gilt dann auch für den einzelnen sprachlichen Ausdruck. Bedeutung liegt also nicht vor, um »nachträglich« verwendet zu werden, sondern konstituiert sich vielmehr erst im sprachlichen Handeln. Im Zusammenhang mit der Erörterung der pragmatischen Wende wurde auf die Kritik an der wahrheitskonditionalen Bedeutungstheorie seitens einer pragmatischen Deutung von Sprache hingewiesen (s. S. 187 ff.).

Wittgenstein hat in seinen *Philosophischen Untersuchungen* einen anderen Weg gefunden, um Bedeutung zu erklären. Dazu mußte er die beiden Probleme, an denen die realistische Semantik scheitert, umgehen können: Er darf weder voraussetzen, daß die mit dem Wort ›bedeuten‹ ausgedrückte Relation schon bekannt ist, noch die Existenz irgendwelcher sprachunabhängiger Entitäten postulieren. Mit seinem Vorschlag, das Sprechen als eine Form des Handelns zu betrachten eröffnet er eine neue Perspektive: Da Sprache ein sinnvolles Teilstück von Handlungszusammenhängen ist, kommt ihr Bedeutung zu. Die Bedeutung eines Ausdrucks kennen, heißt soviel wie, seinen Gebrauch kennen.

Gegen die idealsprachliche Festlegung der Bedeutung (auf der Grundlage einer formalen Wahrheitstheorie) werden zwei grundlegende Einwände vorgebracht:

1. Die Sprache ist ein soziales Phänomen – Sprache gründet in der Praxis einer bestimmten Sprachgemeinschaft. Bedeutungen können nicht unabhängig von den Verwendungsweisen der Ausdrücke in einer Sprachgemeinschaft bestimmt werden.
2. Wir dürfen nicht von einem abstrakten Sprachsystem ausgehen, sondern müssen das Sprechen als eine besondere Weise des Handelns begreifen. Das sprachliche Handeln ist für die Bedeutung der verwendeten Ausdrücke konstitutiv.

Die Bedeutung der Ausdrücke und der Sätze kann nach pragmatischer Auffassung nicht aus der Repräsentationsfunktion der sprachlichen Zeichen gewonnen werden, vielmehr ergibt sich Bedeutung aus ihrer regelbestimmten und zweckgerichteten Rolle im sprachlichen Handeln.

Entsprechend wird in der kommunikationstheoretischen Semantik von Grice Bedeutung durch den intentionalen Bezug definiert. Die Rückführbarkeit des Bedeutungsbegriffs auf den des sprachunabhängigen Meinens wird gestützt durch seine Gesprächsimplikaturen. Dadurch weist er auf den bedeutsamen Unterschied zwischen dem, was ein Sprecher wörtlich sagt, und dem, was er mittels dieser Äußerung zu verstehen gibt.

Im Zusammenhang mit der Erörterung der Sprechakttheorie (vgl. Kap. III. 3.2.) wurde schon eingehender besprochen, daß sich die Bedeutung nicht auf deskriptive Ausdrücke beschränken läßt und in welcher Beziehung die Bedeutung einer Proposition von dem Gebrauch der Äußerung steht. Es war gezeigt worden, daß die Bedeutung einer Aussage variiert je nach der Intention, mit der eine solche Aussage gemacht wird.

V. AUSBLICK

Die philosophiegeschichtlich bedeutsame Leistung der sprachanalytischen Philosophie besteht in ihrem Aufklärungspotential. Sie konnte zeigen, daß sich hinter anscheinend Selbstverständlichem ein Problem verbirgt. Ein solches Hinterfragen des scheinbar Selbstverständlichen kann als allgemeiner Grundzug aller philosophischen Reflexionen angesehen werden. Im Falle der analytischen Kritik richtete es sich allerdings gegen die Philosophie selbst bzw. gegen manche der unbedacht gebrauchten Begrifflichkeiten. Sprachkritik ist so gesehen eine notwendige Voraussetzung. Nur mit ihrer Hilfe können wir uns vergewissern, ob unsere Versuche, die Welt zu verstehen, nicht schon von vornherein zum scheitern verurteilt sind.

Der konstruktive Teil der Analysen besteht im Versuch einer Rekonstruktion der Termini und Argumente mit präzisen begrifflichen Mitteln und exakten Begründungsverfahren. Dabei bemüht man sich um eine gewisse Bescheidenheit. Kleine Probleme sollen exakt abgehandelt werden, da nur so präzise Aussagen gemacht werden können. Präzise Aussagen haben den Vorteil, einerseits informationsreicher zu sein und andererseits Widerlegungen in höherem Maß ausgesetzt zu sein als vage allgemeine Behauptungen. Daher besteht schon wissenschaftliche Genugtuung, wenn man zeigen kann, wie ein Problem nicht zu lösen ist (vgl. Kutschera 1984, S. 53).

In dieser Beschränkung auf die kritische Funktion der Sprachanalyse ist nicht mehr von der Aufhebung der Philosophie insgesamt die Rede. Das Aufdecken falscher Problem- und Fragestellungen beantwortet noch nicht, wie solche Probleme des Erkennens richtig zu stellen sind. Wollte man auf dem Standpunkt beharren, daß sich solche Fragen eben dann nicht mehr stellen lassen, verkennt man den Sachgehalt der anstehenden Frage. Es müßte nicht nur gezeigt werden, daß die Frage falsch gestellt ist, sondern darüber hinaus, daß es sich dabei um keine relevante Problemstellung handelt. Es darf bezweifelt werden, daß die zweite Behauptung aus der ersten unmittelbar folgt. In ihrer sprachkritischen Funktion stellt die sprachanalytische Philosophie eine notwendige Voraussetzung aller philosophischen Bemühungen dar. Sie bietet die Grundlage, die Probleme genauer zu stellen, sprachanalytisches Philosophieren löst aber in der Regel keine philosophischen Probleme (vgl. Schnädelbach 1991, S. 75).

BIBLIOGRAPHIE

1. Primärliteratur:

1.1. allgemein:

Cassirer, Ernst: *Philosophie der symbolischen Formen.* I. Teil: Die Sprache. Darmstadt 1985.
Condillac, E.B.: *Essai sur l'origine des connaissances humaines,* 1746, dt. *Essay über den Ursprung der menschlichen Erkenntnisse.* U. Ricken (Übers. u. Hg.). Leipzig 1977.
Diderot, Denis: Lettre sur les sourds et muets, 1751. In: *Œuvres complètes.* Edition J. Assezat/M. Toumeux. Bd. 1. Paris 1875.
Gehlen, Arnold: *Der Mensch. Seine Natur und seine Stellung in der Welt.* Wiesbaden [11]1976.
Herder, J.G.: *Abhandlung über den Ursprung der Sprache.* In: E. Heintel (Hg.): *Herder's Sprachphilosophie.* Hamburg 1960.
Humboldt, Wilhelm von: »Über die Verschiedenheit des menschlichen Sprachbaues und ihren Einfluß auf die geistige Entwicklung des Menschengeschlechts«. In: A. Flitner/K. Giel (Hg.): *Schriften zur Sprachphilosophie.* Darmstadt [6]1988.
Leibniz, Gottfried Wilhelm: *Die Philosophische Schriften.* Hg. C.I. Gerhardt. VII Bde. Berlin 1875-1863. Nachdruck Hildesheim 1965.
- : *Philosophische Schriften.* Hg. W.v. Engelhardt/H.H. Holz. Darmstadt 1959 f.; Buch I, II, III/1, III/2.
- : *Nouveaux essais sur l'entendement humain,* dt. Neue Abhandlungen über den menschlichen Verstand (abgek. NA). In: *Philosophische Schriften.* Hg. Engelhardt/Holz.
Locke, John: *An Essay Concerning Human Understanding,* dt. *Versuch über den menschlichen Verstand.* Hamburg 1981/1988.
Merleau-Ponty, Maurice: *Die Phänomenologie der Wahrnehmung,* Berlin/New York 1986.
Mill, John Stuart: *System der deduktiven und induktiven Logik.* Hg. J. Schiel. Braunschweig 1877.
Ockham, Wilhelm von: *Opera Philosophica et Theologica.* Historisch-kritische Ausgabe. Cura Instituti Franciscani Universitatis S. Bonaventurae (Hg.). St. Bonaventure University. 17 Bde. New York 1974-1988.
- : »Opera Philosophica« In: *Opera Philosophica et Theologica.* (abgek. OP).
- : »Opera Theologica«. In: *Opera Philosophica et Theologica.* (abgek. OT)
Plessner, Helmut: *Die Stufen des Organischen und der Mensch.* Berlin 1975.
Scheler, Max: »Die Stellung des Menschen im Kosmos«. In: *Späte Schriften.* Hg. M.S. Frings. Bern/München 1976
Thomas von Aquin: *Summa contra gentiles.* Deutsch-lateinische Ausgabe. Darmstadt 1974.

1.2. sprachanalytisch

Austin, John L.: *Zur Theorie der Sprechakte* [How to do things with words, 1962]. Stuttgart 1972.
- : *Sinn und Sinneserfahrung* [Sense and Sensibilia, 1962]. Stuttgart 1975.
- : *Wort und Bedeutung*. München 1975.
- : *Gesammelte philosophische Aufsätze* [Philosophical Papers, 1979]. Hg. J. Schulte. Stuttgart 1986.
Ayer, Alfred Jules: *Sprache, Wahrheit, und Logik* [Language, Truth, and Logic, 1936]. Stuttgart 1970.
- : *The Concept of a Person and other Essays*. London 1963.
Carnap, Rudolf: *Der logische Aufbau der Welt*. Berlin 1928, Hamburg ^{3}1966.
- : »Überwindung der Metaphysik durch logische Analyse der Sprache«. In: *Erkenntnis* 2 (1931), S. 219-241.
- : *Die Logische Syntax der Sprache*. Wien 1934. Wien/New York ^{2}1968.
- : *Philosophy and Logical Syntax*. London 1935.
- : *Introduction to Semantics*. In: Studies in Semantics Bd. I. Cambridge Mass. 1942.
- : *Bedeutung und Notwendigkeit* [Meaning and Necessity, Chicago 1947]. Wien/New York 1972.
- : *Logical Foundation of Probability*. Chicago 1950.
- : *The Continuum of Inductive Methods*. Chicago 1952.
- : *Einführung in die symbolische Logik*. Wien 1954; Wien/New York ^{3}1973.
- : *Induktive Logik und Wahrscheinlichkeit*. Bearb. v. W. Stegmüller. Wien 1959.
- : »Reply to Quine«. In: P. A. Schilpp (Hg.): *The Philosophy of Rudolf Carnap*. La Salle/Illinois 1963.
- : *Einführung in die Philosophie der Naturwissenschaften* [Philosophical Foundations of Physics: Introduction to the Philosophy of Science, 1966]. Frankfurt/M./Berlin 1986.
Davidson, Donald: »Wahrheit und Bedeutung« [Truth and Meaning, 1967]. In: Ders.: *Wahrheit und Interpretation*. Frankfurt/M. 1986, S. 40-67.
- : »Semantik der natürlichen Sprachen« [Semantics of Natural Languages, 1970]. In: Ders.: *Wahrheit und Interpretation*. Frankfurt/M. 1986, S. 92-105.
- : »Radikale Interpretation« [Radical Interpretation, 1973]. In: Ders.: *Wahrheit und Interpretation*. Frankfurt/M. 1986, S. 183-203.
- : »Der Begriff des Glaubens und die Grundlage der Bedeutung« [Belief and the Basis of Meaning, 1974]. In: Ders.: *Wahrheit und Interpretation*. Frankfurt/M. 1986, S. 204-223.
- : »Was ist eigentlich ein Begriffsschema?« [On The Very Idea of a Conceptual Scheme, 1974]. In: Ders.: *Wahrheit und Interpretation*. Frankfurt/M. 1986, S. 261-282.
- : »Denken und Reden« [Thought and Talk, 1975]: In: Ders.: *Wahrheit und Interpretation*. Frankfurt/M. 1986, S. 224-246.
- : »Die Unerforschlichkeit der Bezugnahme« [The Inscrutability of Reference, 1979]. In: Ders.: *Wahrheit und Interpretation*. Frankfurt/M. 1986, S. 321- 342.
- : *Handlung und Ereignis* [Essais on Actions and Events, 1980]. Frankfurt/M. 1990.
- : *Wahrheit und Interpretation* [Inquiries into Truth and Interpretation, 1984]. Frankfurt/M. 1986.
- : *Der Mythos des Subjektiven*. Stuttgart 1993.
- : »Bedeutung, Wahrheit und Belege« [Meaning, Truth, and Evidence, 1990]. In: Ders.: *Der Mythos des Subjektiven*. Stuttgart 1993, S.40-64.

Dummett, Michael: »Was ist eine Bedeutungstheorie« [What is a Theory of Meaning, 1975]. In: Ders.: *Wahrheit*. Hg. J. Schulte. Stuttgart 1982 b, S. 94-155.
- : *Truth and Other Enigmas*. London 1978.
- : *Wahrheit*. Hg. J. Schulte Stuttgart 1982.
- : »Wahrheit«. In: Ders.: *Wahrheit*. Stuttgart 1982 a, S. 7-46.
- : »Sense and reference«. In: M. Dascal/D. Gerhardus/K. Lorenz/G. Meggle (Hg.): *Sprachphilosophie*. 2. Halbbd. Berlin/New York 1996, S. 1188-1198.
Frege, Gottlob: *Grundlagen der Arithmetik*. Breslau 1884, Neudruck Darmstadt u. Hildesheim 1961.
- : *Grundgesetze der Arithmetik, begriffsgeschichtlich abgeleitet*. 2 Bde. Jena 1893 u. 1903, Neudruck Darmstadt u. Hildesheim 1962.
- : *Begriffsschrift. Eine der arithmetischen nachgebildete Formelsprache des reinen Denkens*. Halle 1879, Neudruck als *Begriffsschrift und andere Aufsätze*. Hg. I. Angelelli. Darmstadt u. Hildesheim ^{2}1964.
- : »Über die Begriffsschrift des Herrn Peano und meine eigene«. In: Angelelli, I. (Hg.): *Kleine Schriften*. Darmstadt 1967.
- : *Funktion, Begriff, Bedeutung*. Hg. G. Patzig Göttingen ^{6}1986.
- : »Über Sinn und Bedeutung«. In: Patzig, G. (Hg.): *Funktion, Begriff, Bedeutung*. Göttingen^6 1986 a.
- : *Logische Untersuchungen*. Hg. G. Patzig. ^{3}1986 b.
- : »Über die wissenschaftliche Berechtigung einer Begriffsschrift«. In: G. Patzig (Hg.): *Funktion, Begriff, Bedeutung*. Göttingen ^{6}1986 c.
- : »Über Begriff und Gegenstand«. In: G. Patzig (Hg.): *Funktion, Begriff, Bedeutung*. Göttingen 1986 d, S. 66-80.
- : *Nachgelassene Schriften*. Hg. Hermes/Kambartel/Kaulbauch. Hamburg 1969.
Grice, H. Paul: »Intendieren, Meinen, Bedeuten« [Meaning, 1957]. In: G. Meggle (Hg.): *Handlung, Kommunikation und Bedeutung*. Frankfurt/M. 1970, S. 2-15.
- : »Sprecher-Bedeutung, Satz-Bedeutung, Wort-Bedeutung« [Utterer's Meaning, Sentence Meaning, and Word-Meaning, 1968]. In: G. Meggle (Hg.): *Handlung, Kommunikation und Bedeutung*. Frankfurt/M. 1970, S. 85-111.
- : »Sprecher-Bedeutung und Intentionen« [Utterer's Meaning and Intentions, 1969]. In: G. Meggle (Hg.): *Handlung, Kommunikation und Bedeutung*. Frankfurt/M. 1970, S. 16-51.
- : »Logik und Konversation« [Logic and Conversation, 1975]. In: G. Meggle (Hg.): *Handlung, Kommunikation und Bedeutung*. Frankfurt/M. 1970, S. 243-326.
Kripke, Saul: *Name und Notwendigkeit* [Naming and Necessity, 1972, erw. A. 1980]. Frankfurt/M. 1981.
Moore, George Edward: »The Nature of Judgement«. In: *Mind*. 1889.
- : »The Refutation of Idealism«. 1903. In: *Philosophical Studies*. London 1922.
- : *Some Main Problems of Philosophy*. London 1953.
- : »A Defense of Common Sense«, 1925. In: *Philosophical Papers*. London 1959.
Putnam, Hilary: »Sprache und Wirklichkeit« [Language and Reality, 1975]. In: Ders.: *Von einem realistischen Standpunkt*. Reinbek 1993, S. 52-77.
- : *Die Bedeutung von »Bedeutung«* [The Meaning of »Meaning«, 1975]. Frankfurt/M. 1979.
- : *Vernunft, Wahrheit und Geschichte* [Reason, Truth and History, 1981]. Frankfurt/M. 1982.
- : »Referenz und Wahrheit« [Reference and Truth, 1983]. In: Ders.: *Von einem realistischen Standpunkt*. Reinbek 1993, S. 133-155.
- : *Repräsentation und Realität* [Representation and Reality, 1988]. Frankfurt/M. 1991.

- : *Von einem realistischen Standpunkt.* Reinbek 1993.
- : »Eine Theorie der Bezugnahme«. In: Ders.: *Für eine Erneuerung der Philosophie.* Stuttgart 1997, S. 52-81.
Quine, Willard van Orman: »Was es gibt« [On What There Is, 1948]. In: *Von einem logischen Standpunkt.* Frankfurt/M./Berlin/Wien. 1979 a, S. 9-25.
- : »Zwei Dogmen des Empirismus«. In: *Von einem logischen Standpunkt* [»Two Dogmas of Empiricism«, 1951]. Frankfurt/M./Berlin/Wien 1979 b, S. 27-50.
- : *Von einem logischen Standpunkt* [From a Logical Point of View, 1953, ²1964]. Frankfurt/Berlin/Wien 1979.
- : *Ontologische Relativität und andere Schriften* [Ontological Relativity and Other Essays, 1969]. Stuttgart 1975.
- : *Philosophie der Logik* [Philosophy of Logic, 1970]. Stuttgart/Berlin/Köln/Mainz 1973.
- : *Die Wurzeln der Referenz* [The Roots of Reference, 1974]. Frankfurt/M. 1976.
- : *Wort und Gegenstand* [Word and Object, 1976] Stuttgart 1980.
- : *Theorien und Dinge* [Theories and Things, 1981]. Frankfurt/M. 1985.
Russell, Bertrand: *The Principles of Mathematics.* Cambridge 1903. London ⁸1964.
- : Über das Kennzeichen [On Denoting, 1905]. In: *Philosophische und politische Aufsätze.* Hg. U. Steinvorth. Stuttgart 1971 a, S. 3-22.
- : *Probleme der Philosophie* [The Problems of Philosophy, 1912]. Frankfurt/M. 1967.
- : »Our Knowledge of the External World as a Field for Scientific Method«. In: *Philosophy.* [Lowell-Vorlesungen Boston (USA) 1914]. London 1961.
- : *Mysticism and logic and other essays.* New York 1918, London/New York ²1921.
- : *Die Philosophie des Logischen Atomismus* [The Philosophy of Logical Atomism, 1918]. Hg. J. Sinnreich. München 1976.
- : *The Analysis of Mind.* London 1921.
- : *The Analysis of Matter.* London 1927.
- : *An Inquiry of Meaning and Truth.* London 1940.
- : »Reply«. In: P.A. Schilpp (Hg.). *The Philosophy of Bertrand Russell.* Evanston-Chicago 1944, S. 681 ff.
- : *Philosophie des Abendlandes* [A History of Western Philosophy, 1946]. Frankfurt/M./Zürich 1978.
- : *Das menschliche Wissen* [Human Knowledge, 1948]. Übers. von W. Bloch. Darmstadt 1952.
- : *Philosophische und politische Aufsätze* [Authority and the Individual, 1949]. Hg. U. Steinvorth. Stuttgart 1971.
- : *Logic and Knowledge.* Essays 1901-1950. London 1956.
- : *Philosophie. Die Entwicklung meines Denkens.* [My Philosophical Development, 1959]. Frankfurt/M. 1988.
- : *Principia Mathematica.* Cambridge 1964.
- : »Über die Natur der Bekanntschaft« [On the Nature of Acquaintance 1956]. In: Ders.: *Die Philosophie des Logischen Atomismus.* Hg. J. Sinnreich. München 1976 a, S. 130-177.
- : »Philosophie des Logischen Atomismus« [The Philosophy of Logical Atomism]. In: Ders.: *Die Philosophie des Logischen Atomismus.* Hg. J. Sinnreich. München 1976 b, S. 178-277.
- : »Erkenntnis durch Bekanntschaft und Erkenntnis durch Beschreibung« [Knowledge by Acquaintance and Knowledge by Description]. In: Ders.: *Die Philosophie des Logischen Atomismus.* Hg. J. Sinnreich München 1976 c, S. 66-82.
- : »Der logische Atomismus«. In: *Philosophische und politische Aufsätze.* Hg. U. Steinvorth. Stuttgart 1971 b, S. 23-51.

Ryle, Gilbert: *Der Begriff des Geistes* [The Concept of Mind, 1949]. Stuttgart 1969.
- : *Begriffskonflikte* [Dilemmas, 1954]. Göttingen 1970.
- : »Systematisch irreführende Ausdrücke« [Sytematically Misleading Expressions, 1931]. In: R. Bubner. (Hg.): *Sprache und Analysis*. Göttingen 1968, S. 31-62.
- : »Categories«. In: Ch. Caton: *Philosophy and Ordinary Language Philosophy*. Urbana 1963.
Searle, John: *Sprechakte* [Speech Acts, 1969]. Frankfurt/M. 1973.
- : »Proper Names«. In: *Mind* 67 (1958).
- : *Ausdruck und Bedeutung. Untersuchungen zur Sprechakttheorie* [Expression and Meaning. Studies in the Theory of Speech Acts, 1979]. Frankfurt/M. 1982.
Strawson, Peter Frederick: »Bedeutung und Wahrheit« [Truth, 1950]. In: Ders.: *Logik und Linguistik*. München 1974 a, S.30-55.
- : »Bezeichnen« [On Referring, 1950]. In: Ders.: *Logik und Linguistik*. München 1974 b, S. 83-116.
- : *Einzelding und logisches Subjekt* [Individuals, 1959]. Stuttgart 1972.
- : »Identifizierendes Bezeichnen und Wahrheitswerte«. [Identifying Reference and Truth-Values, 1964]. In: Ders.: *Logik und Linguistik*. München 1974 c.
- : »Wahrheit«. In: R. Bubner (Hg.): *Sprache und Analysis*. Göttingen 1968, S. 96-116.
- : *Logik und Linguistik. Aufsätze zur Sprachphilosophie* [Logico-linguistic Papers, 1971]. München 1974.
Tarski, Alfred: »Der Wahrheitsbegriff in den formalisierten Sprachen«. In: K. Berka/L. Kreiser (Hg.): *Logik-Texte. Kommentierte Auswahl zur Geschichte der modernen Logik*. Berlin 1971.
- : »Die semantische Konzeption der Wahrheit und die Grundlagen der Semantik« [The Semantic Conception of Truth and the Foundations of Semantics, 1944]. In: *Zur Philosophie der idealen Sprache*. Hg. J. Sinnreich München 1972, S. 53 ff.
Wittgenstein, Ludwig: *Tractatus logico-philosophicus*. Werkausgabe Bd. 1. Frankfurt/M. 1984 [London 1922].
- : *Philosophische Untersuchungen*. Werkausgabe Bd. 1. Frankfurt/M. 1984 [Oxford 1953].
- : *Das Blaue Buch*. Werkausgabe Bd. 5. Frankfurt/M. 1984 [Oxford 1958].
- : *Philosophische Bemerkungen*. Werkausgabe Bd. 2. Frankfurt/M. 1984 [Oxford 1964].
- : *Philosophische Grammatik*. Werkausgabe Bd. 4. Frankfurt/M. 1969 [Oxford 1969].
- : *Eine Philosophische Betrachtung*. Werkausgabe Bd. 5. Frankfurt/M. 1984 [Oxford 1969].
- : *Bemerkungen über die Philosophie der Psychologie*. Werkausgabe Bd. 7. Frankfurt/M. 1984 [Oxford 1980].
»Ludwig Wittgenstein und der Wiener Kreis. Aufzeichnungen von Friedrich Waismann«. Hg. B.F. McGuinness. In: Werkausgabe Bd. 3. Frankfurt/M. 1967.

2. Sekundärliteratur:

zu Carnap
Feigl, H./Sellars, W. (Hg.): *Readings in philosophical analysis*. New York 1949.
Goodman, Nelson: »The Significance of *Der logische Aufbau der Welt*«. In: P. A. Schilpp (Hg.): *The Philosophy of Rudolf Carnap*. La Salle/London 1963.
Isaacson, Daniel: »Carnap, Quine and Logical Truth«. In: Bell, D./Vossenkuhl, W. (Hg.): *Wissenschaft und Subjektivität*. Berlin 1992, S. 100-130.

Hamilton, Andrew: »Carnaps *Aufbau* and the Legacy of Neutral Monism«. In: Bell, D./Vossenkuhl, W. (Hg.): *Wissenschaft und Subjektivität*. Berlin 1992, S. 131-152.
Kambartel, F.: *Erfahrung und Struktur*. Frankfurt/M. 1968.
Krauth, Lothar: *Die Philosophie Carnaps*. Wien/New York 1970.
Nagel, E.: *The Structure of Science*. New York 1961.
Schilpp, P.A. (Hg.): *The Philosophy of Rudolf Carnap*. La Salle/London 1963
Stegmüller, Wolfgang: *Hauptströmungen der Gegenwartsphilosophie*. Stuttgart ^{4}1969. S. 351-428.
- : *Das Wahrheitsproblem und die Idee der Semantik*. Wien/New York ^{2}1977.
Wandschneider, Dieter: *Formale Sprache und Erfahrung. Carnap als Modellfall*. Stuttgart 1965.

zu Frege

Bell, Daniel: *Frege's Theory of Judgement*. Oxford 1979.
Carl, Wolfgang: *Sinn und Bedeutung. Studien zu Frege und Wittgenstein*. Königstein 1982.
Dummett, M.: *Frege. Philosophy of Language*. London 1973.
- : *The Interpretation of Frege's Philosophy*. London 1981.
Husted, Jorgen: »Gottlob Frege. Der stille Logiker«. In: Hügli. A./Lübcke, P. (Hg.): *Philosophie im 20. Jahrhundert*. Bd.2. Reinbek ^{2}1996, S. 85 ff.
Kutschera, Franz von: *Gottlob Frege. Eine Einführung*, Berlin/New York 1989.
Schirn, Matthias: »Gottlob Frege«. In: M. Dascal/D. Gerhardus/K. Lorenz/G. Meggle (Hg.): *Sprachphilosophie*. 1. Halbbd. Berlin/New York 1992, S. 467-494.
Sluga, H.: *Gottlob Frege*. London 1980.
Stuhlmann-Laeisz, Rainer: *Gottlob Freges Logische Untersuchungen*. Darmstadt 1995.
Thiel, Christian: *Sinn und Bedeutung in der Logik Gottlob Freges*. Meisenheim a. Glan 1965.

zu Grice

Bennett, J.: *Sprachverhalten* [Linguistic Behavior, 1976]. Frankfurt/M. 1980.
Kemmerling, Andreas: »Was Grice mit ›Meinen‹ meint«. In: G. Grewendorf (Hg.): *Sprechakttheorie und Semantik*. Frankfurt/M. 1979, S. 67-118.
- : »Implikatur«. In: A.v. Stechow/D. Wunderlich (Hg.): *Semantik*. Berlin/New York 1991, S. 319 ff.
Lewis, D.: *Konventionen* [Convention, 1969]. Berlin/New York 1974.
Meggle, Georg (Hg.): *Handlung, Kommunikation, Bedeutung*. Frankfurt/M. 1979.
- : »Eine kommunikative Handlung verstehen«. In: G. Grewendorf (Hg.): *Sprechakttheorie und Semantik*. Frankfurt/M. 1979, S. 13-66.
- : »Einleitung« zu: Ders. (Hg.): *Handlung, Kommunikation, Bedeutung*. Frankfurt/M. 1979. S. VII-XII.
- : *Grundbegriffe der Kommunikation*. Berlin/New York 1980.
Schiffer, S.: *Meaning*. Oxford 1972.

zu Leibniz

Burkhardt, Hans: *Logik und Semiotik in der Philosophie von Leibniz*. München 1980.
Heinekamp, A./Schupp, F. (Hg.): *Leibniz' Logik und Metaphysik*. Darmstadt 1988.
Krämer, Sybille: »Symbolische Erkenntnis bei Leibniz«. In: *Z.f. philos. Forschung* 46 (1992), S. 224-237.
Mates, Benson: »Leibniz über mögliche Welten«. In: A. Heinekamp/F. Schupp (Hg.): *Leibniz' Logik und Metaphysik*. Darmstadt 1988, S. 311-341.

Mittelstraß, Jürgen: »Monade und Begriff«. In: *Studia Leibnitiana*, Bd. II. 1970, S. 171-200.
Mittelstraß, Jürgen/Schroeder-Heister, Peter: »Zeichen, Kalkül, Wahrscheinlichkeit. Elemente einer Mathesis universalis bei Leibniz«. In: H. Stachowiak (Hg.): *Pragmatik*. Bd. I. Hamburg 1986, S. 392-414.
Parkinson, G.H.R.: *Logic and Reality in Leibniz' Metaphysics*. Oxford 1965.
Poser, Hans: *Zur Theorie der Modalbegriffe bei G. W. Leibniz*. Studia Leibnitiana, Supplementa Bd. VI. Wiesbaden 1969.
Rescher, Nicholas: *The Philosophy of Leibniz*. Englewood Cliffs 1967.
- : *Dialectics. A Controversy-Oriented approach to the Theory of Knowledge*. University of New York Press. Allbany 1977.
- : *Conceptual Idealism*. Oxford 1973.
Schulenburg, Sigrid von der: *Leibniz als Sprachforscher*. Frankfurt/M. 1973.

zu Moore:
Flor, Jan Riis: »Was ist analytische Philosophie«. In: Hügli, A./Lübcke, P (Hg.): *Philosophie im 20. Jahrhundert*. Reinbek [2]1996
Hoerster, Norbert: »George Edward Moore: Die Wahrnehmung der Außenwelt«. In: Speck, J. (Hg.): *Grundprobleme der großen Philosophen. Philosophie der Gegenwart III*. Göttingen [2]1984.
Moody, Ernest A.: »The Mediaeval Contribution to Logic«. In: *Studium Generale* XIX (1966), S. 443-452.
White, A. R.: *A Critical Exposition*. Oxford 1958.

zu Ockham:
Beckmann, Jan P.: *Wilhelm von Ockham*. München 1995.
Heinzmann, Richard: *Philosophie des Mittelalters*. Stuttgart/Berlin/Köln 1992.
Kaczmarek, L.: »Significatio in der Zeichen- und Sprachtheorie Ockhams«. In: A. Eschbach/J. Trabant (Hg.): *History of Semiotics*. Amsterdam/Philadelphia 1983, S. 87 ff.
Kaufmann, M.: *Begriffe, Sätze, Dinge. Referenz und Wahrheit bei Wilhelm von Ockham*. Leiden 1994.
Pinborg, Jan: *Logik und Semantik im Mittelalter*. Stuttgart-Bad Cannstatt 1972.
Vossenkuhl, W./Schönberger R. (Hg.): *Die Gegenwart Ockhams*. Weinheim 1990.

zu Quine
Davidson, Donald/Hintikka, Jaakko (Hg.): *Words and Objections. Essays on the Work of W.V. Quine*. Dordrecht 1969.
Essler, Wilhelm K.: »Willard van Orman Quine«. In: J. Speck (Hg.): *Grundprobleme der großen Philosophen. Philosophie der Gegenwart III*. Göttingen [2]1984.
Gochet, Paul: *Quine zur Diskussion*. Frankfurt/M./Berlin/Wien 1984.
Koppelberg, Dirk: *Die Aufhebung der analytischen Philosophie*. Frankfurt/M. 1987.
Lauener, Henri: *Willard V. Quine*. München 1982.
Markis, D.: *Quine und das Problem der Übersetzung*. Freiburg/M./München 1979.
Trapp, R.W.: *Analytische Ontologie. Der Begriff der Existenz in der Sprache und Logik*. Frankfurt/M. 1976.
White, M.J.: *Truth*. London 1971.

zu Russell

Ayer, Alfred J.: *Russell*. M. Heidelberger (Übers. u. Hg.). München 1973.
Carl, Wolfgang: »B. Russell: Die »Theory of Descriptions««. In: J. Speck (Hg.): *Grundprobleme der großen Philosophen*. Philosophie der Gegenwart I. Göttingen 1972.
Linsky, Leonard: *Referring*. London 1967.
Lorenz, Kuno: *Elemente der Sprachkritik. Eine Alternative zum Dogmatismus und Skeptizismus in der analytischen Philosophie*. Frankfurt/M. 1971.
Rheinwald, Rosemarie: *Semantische Paradoxien, Typentheorie und ideale Sprache*. Berlin/New York 1988.
Sainsbury, R.M.: *Russell*. London 1979.
Schilpp, P. A. (Hg.): *The Philosophy of Bertrand Russell*. Evanston/Chicago 1944. New York ³1951.
Urmson, J.O.: *Philosophical analysis*. Oxford 1966.

zu Ryle

Kemmerling, Andreas: »Gilbert Ryle«. In: J. Speck (Hg.): *Grundprobleme der großen Philosophen*. Philosophie der Gegenwart III. Göttingen ²1984.
Röd, Wolfgang: »Descartes' Mythus oder Ryles Mythus?«. In: *Archiv für Geschichte der Philosophie* 55 (1973), S. 310-333.

zu Wittgenstein

Anscombe, G.E.M.: *An Introduction to Wittgenstein's*. Philadelphia 1971.
Birnbacher, D./Burkhardt, A. (Hg.): *Sprachspiel und Methode*. Berlin 1985.
Buchheister, K./Steuer, D.: *Ludwig Wittgenstein*. Stuttgart 1992.
Candlish, Stewart: »Wittgensteins Privatsprachenargumentation«. In: E.v. Savigny (Hg.): *Ludwig Wittgenstein. Philosophische Untersuchungen*. Berlin 1998, S. 143 ff.
Hacker, P.M.S.: *Einsicht und Täuschung. Wittgenstein über Philosophie und die Metaphysik der Erfahrung*. Frankfurt/M. 1978.
Hintikka, Merrill B./Hintikka, Jaakko: *Untersuchungen zu Wittgenstein*. Frankfurt/M. 1990.
Ishiguro, Hidé: »Namen. Gebrauch und Bezugnahme«. In: J. Schulte (Hg.): *Texte zum Tractatus*. Frankfurt/M. 1989, S. 96 ff.
Kenny, Anthony: *Wittgenstein*. Frankfurt/M. 1974.
Kienzler, Wolfgang: *Wittgensteins Wende zu seiner Spätphilosophie 1930-1932*. Frankfurt/M. 1997.
Kripke, Saul: *Wittgenstein über Regeln und Privatsprache. Eine elementare Untersuchung* [Wittgenstein on Rules and Private Language, 1982]. Frankfurt/M. 1987.
Lange, Ernst Michael: *Ludwig Wittgenstein: »Logisch-philosophische Abhandlung«*. Paderborn 1996.
McGuiness, Brian: »Der Grundgedanke des Tractatus«. In: J. Schulte (Hg.): *Texte zum Tractatus*. Frankfurt/M. 1989, S. 32.
Monk, R.: *Wittgenstein*. Stuttgart 1994.
Pears, David: *Ludwig Wittgenstein*. Übers. v. E. v. Savigny. München 1971.
- : »Die Beziehung zwischen Wittgensteins Bildtheorie des Satzes und Russells Urteilstheorien«. In: J. Schulte (Hg.): *Texte zum Tractatus*. Frankfurt/M. 1989, S. 49 ff.
Puhl, Klaus: »Regelfolgen«. In: E.v. Savigny (Hg.): *Ludwig Wittgenstein. Philosophische Untersuchungen*. Berlin 1998, S. 119 ff.
Ramsey, Frank: »Facts and Propositions«. In: G. Pitcher (Hg.): *Truth*. Engelwood Cliffs 1964.

- : »Rezension des Tractatus«. In: J. Schulte (Hg.): *Texte zum Tractatus*. Frankfurt/M. 1989, S. 11 ff.
Savigny, Eike von: *Wittgensteins »Philosophische Untersuchungen«. Ein Kommentar für Leser*. 2 Bde. Frankfurt/M. 1988/1989, ²1994/1995.
- : *Der Mensch als Mitmensch*. München 1996.
- : »Sprachspiele und Lebensformen: Woher kommt die Bedeutung?«. In: E.v. Savigny (Hg.): *Ludwig Wittgenstein. Philosophische Untersuchungen*. Berlin 1998, S. 7 ff.
Schulte, Joachim (Hg.): *Texte zum Tractatus*. Frankfurt/M. 1989.
Sluga, H./Stein, D.G.: *Wittgenstein*. Cambridge Univ.Press 1996.
Stenius, Erik : *Wittgensteins Traktat*. Frankfurt/M. 1969.
Terricabras, J.-M.: *Ludwig Wittgenstein. Kommentar und Interpretation*. Freiburg/ München 1978.
Teuwsen, R.: *Familienähnlichkeit und Analogie*. Freiburg/München 1988.
Vossenkuhl, Wilhelm: *Ludwig Wittgenstein*. München 1995.
- (Hg.): *Von Wittgenstein lernen*. Berlin 1992.
Wennerberg, Hjalmar: »Der Begriff der Familienähnlichkeit in Wittgensteins Spätphilosophie«. In: E.v. Savigny (Hg.): *Ludwig Wittgenstein. Philosophische Untersuchungen*. Berlin 1998, S. 41 ff.
Wright, G.H. von: *Wittgenstein*. Oxford 1982.

Literatur – allgemein:

Anscombe, G.E.M.: *An Introduction to Wittgenstein's Tractatus*. Philadelphia 1971.
Apel, Karl-Otto: *Die Idee der Sprache in der Tradition des Humanismus von Dante bis Vico*. Bonn 1963.
- : »Sprache und Ordnung: Sprachanalytik versus Sprachhermeneutik«. In: Ders.: *Transformation der Philosophie*. Bd. I. Frankfurt/M. 1973, S. 167 ff.
Arndt, Hans Werner: »J. Locke: Die Funktion der Sprache«. In: J. Speck (Hg.): *Grundprobleme der großen Philosophen. Philosophie der Neuzeit I*. Göttingen 1979, S. 176-210.
Astroh, Michael: »Präsupposition und Implikatur«. In: M. Dascal/D. Gerhardus/K. Lorenz/G. Meggle (Hg.): *Sprachphilosophie*. 2. Halbbd. Berlin/New York 1996, S. 1391-1407.
Ax, W.: »Aristoteles«. In: M. Dascal/D. Gerhardus/K. Lorenz/G. Meggle (Hg.): *Sprachphilosophie*. 1. Halbbd. Berlin/New York 1992.
Ayer, Alfred J.: *Russell*. M. Heidelberger (Übers. u. Hg.). München 1973.
Becker, Wolfgang: *Wahrheit und sprachliche Handlung*. Freiburg/München 1988.
Beckmann, Jan P.: »Ontologisches Prinzip oder methodologische Maxime? Ockham und der Ökonomiegedanke einst und jetzt«. In: W. Vossenkuhl/R. Schönberger (Hg.): *Die Gegenwart Ockhams*. Weinheim 1990, S. 191-207.
- : *Wilhelm von Ockham*. München 1995.
Bell, Daniel: *Frege's Theory of Judgement*. Oxford 1979.
Bell, David/Vossenkuhl, Wilhelm (Hg.): *Wissenschaft und Subjektivität*. Berlin 1992.
Bennett, J.: *Sprachverhalten* [Linguistic Behavior, 1976]. Frankfurt/M. 1980.
Birnbacher, D./Burkhardt, A. (Hg.): *Sprachspiel und Methode*. Berlin 1985.
Bloomfield, L.: *Language*. London 1953.
Böhle, Rüdiger E.: »Der Begriff der Sprache bei W.v. Humboldt und L. Wittgenstein«. In: Scheer, Brigitte/Wohlfart, Günter (Hg.): *Dimensionen der Sprache in der Philosophie des Deutschen Idealismus*. Würzburg 1982, S. 190-213.

Böhler, Dieter: »Kosmos – Vernunft und Lebensfähigkeit«. In: *Funkkolleg Praktische Philosophie/Ethik. Studientexte.* Hg. K.-O. Apel/D. Böhler/K. Rebel. Bd. 2. Weinheim/Basel 1984, S. 16 ff., S. 372 ff.
Borsche, Tilman: *Sprachansichten. Der Begriff der menschlichen Rede in der Sprachphilosophie Wilhelm von Humboldts.* Stuttgart 1981.
Braun, Edmund: *Zur Einheit der aristotelischen Topik.* Köln 1959.
- (Hg.): *Der Paradigmenwechsel in der Sprachphilosophie.* Darmstadt 1996.
Buchheister, K./Steuer, D.: *Ludwig Wittgenstein.* Stuttgart 1992.
Bühler, Karl: *Sprachtheorie.* Stuttgart 1965.
- : *Die Axiomatik der Sprachwissenschaften.* Frankfurt/M. ²1976.
Burkhardt, Hans: *Logik und Semiotik in der Philosophie von Leibniz.* München 1980.
Candlish, Stewart: »Wittgensteins Privatsprachenargumentation«. In: E.v. Savigny (Hg.): *Ludwig Wittgenstein. Philosophische Untersuchungen.* Berlin 1998, S. 143 ff.
Carl, Wolfgang: *Existenz und Prädikation.* München 1974.
- : *Sinn und Bedeutung. Studien zu Frege und Wittgenstein.* Königstein 1982.
- : »B. Russell: Die »Theory of Descriptions««. In: J. Speck (Hg.): *Grundprobleme der großen Philosophen.* Philosophie der Gegenwart I. Göttingen 1972.
Cassirer, Ernst: »Die Kantischen Elemente in Wilhelm von Humboldts Sprachphilosophie«. In: *Festschrift f. Paul Hensel.* Greiz i. V. 1923, S. 105 ff.
- : *Substanzbegriff und Funktionsbegriff. Untersuchungen über die Grundfragen der Erkenntniskritik.* Darmstadt 1980.
- : *Philosophie der symbolischen Formen.* Bd. I: Die Sprache. Darmstadt 1985
Castaneda, Hector-Neri: *Sprache und Erfahrung.* Frankfurt/M. 1982.
Coreth, E.: *Metaphysik. Eine methodisch-systematische Grundlegung.* Innsbruck ²1964.
Davidson, Donald/Hintikka, Jaakko (Hg.): *Words and Objections. Essays on the Work of W.V. Quine.* Dordrecht 1969.
Derbolav, Josef: *Platons Sprachphilosophie im Kratylos und in den späteren Schriften.* Darmstadt 1972.
Donnellan, K.S.: »Proper Names and Identifying Descriptions«. In: D. Davidson/G. Harman (Hg.): *Semantics of Natural Language.* Dordrecht 1972, S. 356-379.
Dummett, M: *Frege. Philosophy of Language.* London 1973.
- : *The Interpretation of Frege's Philosophy.* London 1981.
Eco, Umberto: *Die Suche nach der vollkommenen Sprache.* München 1997.
Ehlich, Konrad: »Sprache als System versus Sprache als Handlung«. In: M. Dascal/D. Gerhardus/K. Lorenz/G. Meggle (Hg.): *Sprachphilosophie.* 2. Halbbd. Berlin/New York 1996, S. 952-964.
Engfer, Hans-Jürgen: *Empirismus versus Rationalismus. Kritik eines philosophiegeschichtlichen Schemas,* Paderborn/München/Wien/Zürich 1996.
Essler, Wilhelm K.: »Willard van Orman Quine«. In: J. Speck (Hg.): *Grundprobleme der großen Philosophen.* Philosophie der Gegenwart III. Göttingen ²1984.
Evans, G.: »The Causal Theory of Names«. In: S.P. Schwartz (Hg.): *Naming, Necessity and Natural Kinds.* Ithaca 1977, S. 192-215.
- /McDowell, J. (Hg.): *The Varieties of Reference.* Oxford/New York 1982.
Flor, Jan Riis: »Was ist analytische Philosophie«. In: Hügli, A./Lübcke, P. (Hg.): *Philosophie im 20. Jahrhundert.* Reinbek ²1996
Fraasen, B.C. van: »The Only Necessity ist Verbal Necessity«. In: *The Journal of Philosophy* 74. 1977, S. 71-85.
Franzen, Winfried: *Die Bedeutung von ›wahr‹ und ›Wahrheit‹.* Freiburg/München 1982.
Forum für Philosophie Bad Homburg (Hg.): *Intentionalität und Verstehen.* Frankfurt/M. 1990.

- : (Hg.): *Realismus und Antirealismus*. Frankfurt/M. 1992.
Fulda, Hans Friedrich/Henrich, Dieter (Hg.): *Materialien zu Hegels Phänomenologie des Geistes*. Frankfurt/M. 1973.
Gabriel, Gottfried: »Äußerung – Satz – Aussage – Urteil«. In: M. Dascal/D. Gerhardus/K. Lorenz/G. Meggle (Hg.): *Sprachphilosophie*. 2. Halbbd. Berlin/New York 1996, S. 1263-1271.
Gaier, Ulrich: *Herders Sprachphilosphie und Erkenntniskritik*. Stuttgart 1988.
Geach, P.T.: *Logic Matters*. Oxford 1972.
- : »Names and Identity«. In: Guttenplan (Hg.): *Mind and Language*. Wolfson College Lectures 1974. Oxford 1975, S. 139-158.
Glüer, Kathrin: *Donald Davidson zur Einführung*. Hamburg 1993.
Gochet, Paul: *Quine zur Diskussion*. Frankfurt/Berlin/Wien 1984.
Gombocz, Wolfgang: »Sprachphilosophie in der Scholastik«. In: M. Dascal/D. Gerhardus/K. Lorenz/G. Meggle (Hg.): *Sprachphilosophie*. 1. Halbbd. Berlin/New York 1992, S. 56-75.
Grewendorf/Hamm/Sternefeld: *Sprachliches Wissen*. Frankfurt/M. 1993.
Grewendorf, G./Zaefferer, D.: »Theorien der Satzmodi«. In: A.v. Stechow/D. Wunderlich (Hg.): *Semantik*. Berlin/New York 1991, S. 270-286.
Hacker, P.M.S.: *Einsicht und Täuschung. Wittgenstein über Philosophie und die Metaphysik der Erfahrung*. Frankfurt/M. 1978.
Haßler, Gerda: »Sprachphilosophie in der Aufklärung«. In: M. Dascal/D. Gerhardus/K. Lorenz/G. Meggle (Hg.): *Sprachphilosophie*. 1. Halbbd. Berlin/New York 1992, S. 116-144.
Heimsoeth, Heinz: *Die Methode der Erkenntnis bei Descartes und Leibniz*. Gießen 1914.
Heinekamp, Albert: »Gottfried Wilhelm Leibniz«. In: M. Dascal/D. Gerhardus/K. Lorenz/G. Meggle (Hg.): *Sprachphilosophie*. 1. Halbbd. Berlin/New York 1992, S. 320-330.
- : »Natürliche Sprache und allgemeine Charakteristik«. In: A. Heinekamp/F. Schupp (Hg.): *Leibniz' Logik und Metaphysik*. Darmstadt 1988, S. 349-386.
- : »Sprache und Wirklichkeit bei Leibniz«. In: Parret, H. (Hg.): *History of Linguistic Thought and contemporary Linguistics*. Berlin 1976, S. 518-570.
- /Schupp, F. (Hg.): *Leibniz' Logik und Metaphysik*. Darmstadt 1988.
Heinzmann, Richard: *Philosophie des Mittelalters*. Stuttgart/Berlin/Köln 1992.
Hennigfeld, Jochem: *Geschichte der Sprachphilosophie. Antike und Mittelalter*. Berlin/New York 1994.
- : *Die Sprachphilosophie des 20. Jahrhunderts*. Berlin/New York 1982.
Hintikka, Merrill B./Hintikka, Jaakko: *Untersuchungen zu Wittgenstein*. Frankfurt/M. 1990.
Hoche, Hans-Ulrich/Strube, Werner: *Analytische Philosophie*. Freiburg/München 1985.
Hoche, Hans-Ulrich: *Einführung in das sprachanalytische Philosophieren*. Darmstadt 1990.
Hörmann, Hans: *Meinen und Verstehen. Grundzüge einer psychologischen Semantik*. Frankfurt/M. 1978.
Hoerster, Norbert: »George Edward Moore: Die Wahrnehmung der Außenwelt«. In: Speck, J. (Hg.): *Grundprobleme der großen Philosophen. Philosophie der Gegenwart III*. Göttingen ²1984.
Hügli, A./Lübcke, P. (Hg.): *Philosophie im 20. Jahrhundert*. Reinbek ²1996.
Husserl, Edmund: *Logische Untersuchungen*, Bd. 1. E. Holenstein (Hg.): Husserliana XVIII. Den Haag 1975.

- : *Ideen zu einer reinen Phänomenologie und phänomenologischen Philosophie.* 1. Buch. Hg. Karl Schuhmann. Husserliana III/1. Den Haag 1976.
- : *Ideen zu einer reinen Phänomenologie und phänomenologischen Philosophie.* 2. Buch. Hg. M. Biemel. Husserliana IV. Den Haag 1952.
Husted, Jorgen: »Gottlob Frege. Der stille Logiker«. In: Hügli. A./Lübcke, P. (Hg.): *Philosophie im 20. Jahrhundert.* Bd.2. Reinbek ²1996, S. 85 ff.
Ishiguro, Hidé: »Namen. Gebrauch und Bezugnahme«. In: J. Schulte (Hg.): *Texte zum Tractatus* Frankfurt/M. 1989, S. 96 ff.
Jakobson, Roman: *Semiotik.* Ausgewählte Texte 1919-1982. Hg. E. Holenstein. Frankfurt/M. 1992.
Johnson, F. Grant: *Referenz und Intersubjektivität.* Frankfurt/M. 1976.
Kaczmarek, L.: »Significatio in der Zeichen- und Sprachtheorie Ockhams«. In: A. Eschbach/J. Trabant (Hg.): *History of Semiotics.* Amsterdam/Philadelphia 1983, S. 87 ff.
Kambartel, F.: *Erfahrung und Struktur.* Frankfurt/M. 1968.
Katz, Jerrold J.: *Philosophie der Sprache* [The Philosophy of Language, 1966]. Frankfurt/M. 1969.
Kaufmann, M.: *Begriffe, Sätze, Dinge. Referenz und Wahrheit bei Wilhelm von Ockham.* Leiden 1994.
Keller, Albert: *Sprachphilosophie.* Freiburg/München 1989.
Kemmerling, Andreas: »Implikatur«. In: A.v. Stechow/D. Wunderlich (Hg.): *Semantik.* Berlin/New York 1991, S. 319-333.
- : »Was Grice mit ›Meinen‹ meint«. In: G. Grewendorf (Hg.): *Sprechakttheorie und Semantik* Frankfurt/M. 1979, S. 67-118.
- : »Gilbert Ryle«. In: J. Speck (Hg.): *Grundprobleme der großen Philosophen.* Philosophie der Gegenwart III. Göttingen ²1984.
Kenny, Anthony: *Wittgenstein.* Frankfurt/M. 1974.
Kienzler, Wolfgang: *Wittgensteins Wende zu seiner Spätphilosophie 1930-1932.* Frankfurt/M. 1997.
Köhler, W.: »Gestaltprobleme und Anfänge einer Gestalttheorie«. In: *Jahresbericht über die ges. Physiologie III* (1925), S. 512-539.
Köhler, Wolfgang R. u.a. (Hg.): *Realismus und Anitrealismus.* Frankfurt/M. 1992.
Koppelberg, Dirk: *Die Aufhebung der analytischen Philosophie.* Frankfurt/M. 1987.
Kraft, Viktor: *Der Wiener Kreis. Der Ursprung des Neopositivismus.* Wien 1968.
Krämer, Sybille: »Symbolische Erkenntnis bei Leibniz«. In: *Z. f. philos. Forschung* 46. (1992), S. 224-237.
Krauth, Lothar: *Die Philosophie Carnaps.* Wien/New York 1970.
Küng, Guido: *Ontologie und logistische Analyse der Sprache. Eine Untersuchung zur zeitgenössischen Universaliendiskussion.* Wien 1963.
Künne, Wolfgang: *Abstrakte Gegenstände.* Frankfurt/M. 1980.
- : »Prinzipien der wohlwollenden Interpretation«. In: *Intentionalität und Verstehen.* Hg. v. Forum für Philosophie Bad Homburg. Frankfurt/M. 1990, S. 212-236.
- : »Wahrheitswert«. In: E. Martens/H. Schnädelbach (Hg.): *Philosophie.* Bd. 1. Reinbek ²1991.
Kutschera, Franz von: *Sprachphilosophie.* München 1975.
- : *Gottlob Frege. Eine Einführung*, Berlin/New York 1989.
- : *Die falsche Objektivität.* Berlin/New York 1993.
- : »Nelson Goodman: Das neue Rätsel der Induktion«. In: J. Speck (Hg.): *Grundprobleme der großen Philosophen.* Philosophie der Gegenwart III. Göttingen ²1984, S. 51-85.

Lange, Ernst Michael: *Ludwig Wittgenstein: »Logisch-philosophische Abhandlung«.* Paderborn 1996.
Lauener, Henri: *Willard V. Quine.* München 1982.
- : »Das Formalsprachenprogramm in der Analytischen Philosophie«. In: M. Dascal/D. Gerhardus/K. Lorenz/G. Meggle (Hg.): *Sprachphilosophie.* 1. Halbbd. Berlin/New York 1992, S. 825-859.
Lewis, D.: *Konventionen* [*Convention,* 1969]. Berlin/New York 1975.
- : »Prinzipien der Semantik«. In: S. Kanngießer/G. Lingrün (Hg.): *Studien zur Semantik.* Kronberg/Taunus 1974, S. 136-197.
Liebrucks, Bruno: *Sprache und Bewußtsein.* Bd. 1. Frankfurt/M. 1964.
- : *Sprache und Bewußtsein.* Bd. 2: Sprache. Von den Formen »Sprachbau und Weltansicht« über die Bewegungsgestalten »innerer Charakter der Sprachen« und Weltbegegnung zur dialektischen Sprachbewegung bei Wilhelm von Humboldt. Frankfurt/M. 1965.
Linsky, Leonard: *Referring.* London 1967.
- : *Names and Descriptions.* Chicago 1977.
Lorenz, Kuno: *Elemente der Sprachkritik. Eine Alternative zum Dogmatismus und Skeptizismus in der analytischen Philosophie.* Frankfurt/M. 1971.
- : »Artikulation und Prädikation«. In: M. Dascal/D. Gerhardus/K. Lorenz/G. Meggle (Hg.): *Sprachphilosophie.* 2. Halbbd. Berlin/New York 1996, S. 1098-1123.
Lyons, John: »Bedeutungstheorien«. In: *Semantik.* A. v. Stechow/D. Wunderlich (Hg.). Berlin/New York 1991, S. 1-23.
Markis, D.: *Quine und das Problem der Übersetzung.* Freiburg/München 1979.
Mates, Benson: »Leibniz über mögliche Welten«. In: A. Heinekamp/F. Schupp (Hg.): *Leibniz' Logik und Metaphysik.* Darmstadt 1988, S. 311-341.
McDowell, J.: »On the Sense of Reference of a Proper Name«. In: *Mind* 86 (1977), S. 159-185.
McGuiness, Brian: »Der Grundgedanke des Tractatus«. In: J. Schulte (Hg.): *Texte zum Tractatus.* Frankfurt/M. 1989, S. 32.
Meggle, Georg (Hg.): *Handlung, Kommunikation, Bedeutung.* Frankfurt/M. 1979.
- : Einleitung zu: *Handlung, Kommunikation, Bedeutung.* Hg. G. Meggle. Frankfurt/M. 1979, S. VII-XII.
- : »Eine kommunikative Handlung verstehen«. In: G. Grewendorf (Hg.): *Sprechakttheorie und Semantik.* Frankfurt/M. 1979, S. 13-66.
- : *Grundbegriffe der Kommunikation.* Berlin/New York 1980.
- : »Kommunikation und Verstehen«. In: M. Dascal/D. Gerhardus/K. Lorenz/G. Meggle (Hg.): *Sprachphilosophie.* 2. Halbbd. Berlin/New York 1996, S. 1346-1359.
- /Siegwart, G.: »Der Streit um die Bedeutungstheorien«. In: M. Dascal/D. Gerhardus/K. Lorenz/G. Meggle (Hg.): *Sprachphilosophie.* 2. Halbbd. Berlin/New York 1996, S. 964-989.
Menne, Albert: »Einige Aspekte zum Thema ›Sprache und Logik‹«. In: A. Menne/G. Frey (Hg.): *Logik und Sprache.* München 1974.
- : *Einführung in die Logik,* Tübingen ^{4}1986
- : *Einführung in die formale Logik.* Darmstadt ^{2}1991.
Mittelstraß, Jürgen: »Monade und Begriff«. In: *Studia Leibnitiana,* Bd. II. (1970), S. 171-200.
- /Schroeder-Heister, Peter: »Zeichen, Kalkül, Wahrscheinlichkeit. Elemente einer Mathesis universalis bei Leibniz«. In: H. Stachowiak (Hg.): *Pragmatik. Bd. I.* Hamburg 1986, S. 392-414.

Monk, R.: *Wittgenstein*. Stuttgart 1994.
Moody, Ernest A.: »The Mediaeval Contribution to Logic«. In: *Studium Generale* XIX (1966), S. 443-452.
Morris, Charles William: *Zeichen, Sprache und Verhalten* [Signs, Language and Behavior, 1946]. Düsseldorf 1973
- : *Grundlagen der Zeichentheorie. Ästhetik der Zeichentheorie* [Foundations of the Theory of Signs, 1938, Esthetics and the Theory of Signs, 1939]. Frankfurt/M. 1988.
Nagel, E.: *The Structure of Science*. New York 1961.
Neurath, Otto: »Protokollsätze«. In: *Erkenntnis* III (1933), S. 204-214.
Newen, Albert: *Kontext, Referenz und Bedeutung*. Paderborn 1996.
Oelmüller, W.: *Diskurs: Sprache*. Paderborn 1991.
Ogden, C.K./Richards, I.A.: *Die Bedeutung der Bedeutung* [The Meaning of Meaning, 1923]. Frankfurt/M. 1974.
Parkinson, G.H.R.: *Logic and reality in Leibniz' Metaphysics*. Oxford 1965.
Pears, David: *Ludwig Wittgenstein*. Übers. v. E. v. Savigny. München 1971.
- : »Die Beziehung zwischen Wittgensteins Bildtheorie des Satzes und Russells Urteilstheorien«. In: J. Schulte (Hg.): *Texte zum Tractatus*. Frankfurt/M. 1989, S. 49 ff.
Peirce, Charles S.: *Phänomen und Logik der Zeichen*. Frankfurt/M. 1983.
Picardi, Eva/Schulte, Joachim: *Die Wahrheit der Interpretation. Beiträge zur Philosophie Donald Davidsons*. Frankfurt/M. 1990.
Pinborg, Jan: *Logik und Semantik im Mittelalter*. Stuttgart-Bad Cannstatt 1972.
Pöggeler, Otto: »Die Komposition der *Phänomenologie des Geistes*«. In: Fulda, Hans Friedrich/Henrich, Dieter (Hg.): *Materialien zu Hegels Phänomenologie des Geistes*. Frankfurt/M. 1973, S. 329-390.
Popper, Karl: *Die Logik der Forschung*. Tübingen [7]1982.
- : *Ausgangspunkte. Meine intellektuelle Entwicklung*. Hamburg 1992.
Poser, Hans: *Zur Theorie der Modalbegriffe bei G.W. Leibniz*. Studia Leibnitiana, Supplementa Bd. VI. Wiesbaden 1969.
Prechtl, Peter: *Saussure zur Einführung*. Hamburg 1994.
- : »Cassirers *Philosophie der Symbolischen Formen* – Eine kritische Auseinandersetzung mit dem Realismusproblem«. In: *Perspektiven der Philosophie* 21. Jg. (1995), S. 199-213.
- /Burkard, Franz-Peter (Hg.): *Metzler Philosophie Lexikon*. Stuttgart/Weimar 1996.
- : »Syllogismus«. In: Prechtl, P./Burkard F.-P. (Hg.): *Metzler Philosophie Lexikon*. Stuttgart/Weimar 1996, S. 504 ff.
- : »analytisch«. In: Prechtl, P./Burkard, F.-P. (Hg.): *Metzler Philosophie Lexikon*. Stuttgart/Weimar 1996, S. 21 ff.
- : *Husserl zur Einführung*. Hamburg 1998.
Puhl, Klaus: »Regelfolgen«. In: E.v. Savigny (Hg.): *Ludwig Wittgenstein. Philosophische Untersuchungen*. Berlin 1998, S. 119 ff.
Puntel, L. Bruno: *Wahrheitstheorien in der neueren Philosophie*. Darmstadt 1983.
- : *Grundlagen einer Theorie der Wahrheit*. Berlin/New York 1990.
Ramsey, Frank: »Facts and Propositions«. In: G. Pitcher (Hg.): *Truth*. Englewood Cliffs 1964.
- : »Rezension des Tractatus«. In: J. Schulte (Hg.): *Texte zum Tractatus*. Frankfurt/M. 1989, S. 11 ff.
Reckermann, Alfons: *Sprache und Metaphysik. Zur Kritik der sprachlichen Vernunft bei Herder und Humboldt*. München 1979.
Rescher, Nicholas: *The Philosophy of Leibniz*. Englewood Cliffs 1967.

- : *Conceptual Idealism.* Oxford 1973.
- : *Dialectics. A Controversy-Oriented approach to the Theory of Knowledge.* University of New York Press. Allbany 1977.
Rheinwald, Rosemarie: *Semantische Paradoxien, Typentheorie und ideale Sprache.* Berlin/New York 1988.
Robins, H. R.: *Ancient and mediaeval grammatical theory in Europe, with particular reference to modern linguistic doctrines.* London 1951.
Rorty, Richard: *Der Spiegel der Natur. Eine Kritik der Philosophie.* Frankfurt/M. 1987.
Ros, Arno: *Objektkonstitution und elementare Sprachhandlungsbegriffe.* Königstein/Taunus 1979.
Runggaldier, Edmund: *Zeichen und Bezeichnetes. Sprachphilosophische Untersuchungen zum Problem der Referenz.* Berlin/New York 1985.
- : *Analytische Sprachphilosophie.* Stuttgart/Berlin/Köln 1990.
Sainsbury, R.M.: *Russell.* London 1979.
Salmon, Nathan U.: »Reference: names, descriptions, and variables«. In: M. Dascal/D. Gerhardus/K. Lorenz/G. Meggle (Hg.): *Sprachphilosophie.* 2. Halbbd. Berlin/New York 1996, S. 1123-1152.
Saussure, Ferdinand de: *Grundfragen der allgemeinen Sprachwissenschaft.* Berlin ²1967.
Savigny, Eike von: *Analytische Philosophie.* München/Freiburg 1970.
- : *Die Philosophie der normalen Sprache.* Frankfurt/M. 1974.
- : *Zum Begriff der Sprache.* Stuttgart 1983.
- : *Wittgensteins »Philosophische Untersuchungen«. Ein Kommentar für Leser.* 2 Bde. Frankfurt/M. 1988/1989, ²1994/1995.
- : *Der Mensch als Mitmensch.* München 1996.
- : »Sprachspiele und Lebensformen: Woher kommt die Bedeutung?«. In: E.v. Savigny (Hg.): *Ludwig Wittgenstein. Philosophische Untersuchungen.* Berlin 1998, S. 7 ff.
- /Scholz, Oliver: »Das Normalsprachenprogramm in der Analytischen Philosophie«. In: M. Dascal/D. Gerhardus/K. Lorenz/G. Meggle (Hg.): *Sprachphilosophie.* 1. Halbbd. Berlin/New York 1992, S. 859 ff.
Schaff, Adam: *Essays über die Philosophie der Sprache.* Wien 1968.
Scheer, Brigitte/Wohlfart, Günter (Hg.): *Dimensionen der Sprache in der Philosophie des Deutschen Idealismus.* Würzburg 1982.
Schiffer, S.: *Meaning.* Oxford 1972.
Schilpp, P. A. (Hg.): *The Philosophy of Bertrand Russell.* Evanston/Chicago 1944. New York ³1951.
Schirn, Matthias: »Gottlob Frege«. In: M. Dascal/D. Gerhardus/K. Lorenz/G. Meggle (Hg.): *Sprachphilosophie.* 1. Halbbd. Berlin/New York 1992, S. 467-494.
Schlick, Moritz: »Über das Fundament der Erkenntnis«. In: *Erkenntnis* IV (1934), S. 79-99.
Schmidt, Siegfried: *Sprache und Denken als sprachphilosophisches Problem von Locke bis Wittgenstein.* Den Haag 1968.
Schnädelbach, Herbert: »Philosophie«. In: E. Martens/H. Schnädelbach (Hg.): *Philosophie. Ein Grundkurs.* Bd. 1. Reinbek 1991, S. 37-67.
Schneider, Hans Julius: *Pragmatik als Basis von Semantik und Syntax.* Frankfurt/M. 1975.
- : *Phantasie und Kalkül.* Frankfurt/M. 1992.
- : »Die sprachphilosophischen Annahmen der Sprechakttheorie«. In: M. Dascal/D. Gerhardus/K. Lorenz/G. Meggle (Hg.): *Sprachphilosophie.* 1. Halbbd. Berlin/New York 1992, S. 761-775.

Schnelle, Helmut: »Die sprachphilosophischen Annahmen der formalen Semantik«. In: M. Dascal/D. Gerhardus/K. Lorenz/G. Meggle (Hg.): *Sprachphilosophie*. 1. Halbbd. Berlin/New York 1992, S. 775-785
Schulte, Joachim: »Bedeutungsbegriff und Bedeutungstheorie«. In: *Philos. Rundschau* 26 (1979), S. 213 ff.
- : »Anmerkung zur Übersetzung«. In: W. V. O. Quine: *Wort und Gegenstand*. Stuttgart 1980, S. 11 f.
- (Hg.): *Texte zum Tractatus*. Frankfurt/M. 1989.
Schwemmer, Oswald: *Ernst Cassirer. Ein Philosoph der europäischen Moderne*. Berlin 1997.
Seebaß, Gottfried: *Das Problem von Sprache und Denken*. Frankfurt/M. 1981.
Seuren, Pieter A.M.: »Präsuppositionen«. In: A.v. Stechow/D. Wunderlich (Hg.): *Semantik*. Berlin/New York 1991, S. 286-319.
Simon, Josef: *Sprachphilosophie*. Freiburg/München 1981.
Skirbekk, Gunnar (Hg.): *Wahrheitstheorien*. Frankfurt/M. ²1980.
Sluga, H.: *Gottlob Frege*. London 1980.
- /Stein, D.G.: *Wittgenstein*. Cambridge Univ. Press 1996.
Skinner, B.F.: *Wissenschaft und menschliches Verhalten* [Science and Human Behavior, 1953]. München 1973.
Specht, Ernst Konrad: *Sprache und Sein. Untersuchungen zur sprachanalytischen Grundlegung der Ontologie*. Berlin 1967.
Speck, Josef (Hg.): *Grundprobleme der großen Philosophen*. Philosophie der Gegenwart III. Göttingen ²1984.
Stechow, Arnim von/Wunderlich, Dieter (Hg.): *Semantik*. Berlin/New York 1991.
Stegmüller, Wolfgang: »Das Universalienproblem einst und jetzt«. In: *Archiv für Philosophie* 6, (1956), S. 192-225; 7 (1957), S. 45-81.
- : *Hauptströmungen der Gegenwartsphilosophie. Eine kritische Einführung*. Stuttgart ⁴1969.
- : *Probleme und Resultate der Wissenschaftstheorie und Analytischen Philosophie*. Bd. I. Berlin/Heidelberg/New York 1974.
- : *Das Wahrheitsproblem und die Idee der Semantik*. Wien/New York ²1977.
Stekeler-Weithofer, Pirmin: *Sinnkriterien*. Paderborn 1995.
- : »Der Streit um die Wahrheitstheorien«. In: M. Dascal/D. Gerhardus/K. Lorenz/G. Meggle (Hg.): *Sprachphilosophie*. 2. Halbbd. Berlin/New York 1996, S. 989-1012.
Stenius, Erik: *Wittgensteins Traktat*. Frankfurt/M. 1969.
Streminger, Gerhard: »John Locke«. In: M. Dascal/D. Gerhardus/K. Lorenz/G. Meggle (Hg.): *Sprachphilosophie*. 1. Halbbd. Berlin/New York 1992, S. 308-339.
Stuhlmann-Laeisz, Rainer: *Gottlob Freges Logische Untersuchungen*. Darmstadt 1995.
Sukale, Michael (Hg.): *Moderne Sprachphilosophie*. Hamburg 1976.
- : *Denken, Sprechen und Wissen. Logische Untersuchungen zu Husserl und Quine*. Tübingen 1988.
Taylor, Charles: *Hegel*. Frankfurt/M. 1983.
Terricabras, J.-M.: *Ludwig Wittgenstein. Kommentar und Interpretation*. Freiburg/München 1978.
Teuwsen, R.: *Familienähnlichkeit und Analogie*. Freiburg/München 1988.
Thiel, Christian: *Sinn und Bedeutung in der Logik Gottlob Freges*. Meisenheim a. Glan 1965.
Toulmin, Stephen: *Kritik der kollektiven Vernunft*. Frankfurt/M. 1983.
Trabant, Jürgen (Hg.): *Sprache denken*. Frankfurt/M. 1995.
Trapp, R.W.: *Analytische Ontologie. Der Begriff der Existenz in der Sprache und Logik*. Frankfurt/M. 1976.

Tugendhat, Ernst: *Vorlesungen zur Einführung in die sprachanalytische Philosophie.* Frankfurt/M. 1976.
- /U. Wolf: *Logisch-semantische Propädeutik.* Stuttgart 1986.
Ulrich, Peter: *Gewißheit und Referenz.* Paderborn 1997.
Urmson, J.O.: *Philosophical analysis.* Oxford 1966.
Vossenkuhl, Wilhelm: *Ludwig Wittgenstein.* München 1995.
- /Schönberger R. (Hg.): *Die Gegenwart Ockhams.* Weinheim 1990.
- (Hg.): *Von Wittgenstein lernen.* Berlin 1992.
Waismann, Friedrich: *Logik, Sprache, Philosophie.* Stuttgart 1985.
Wandschneider, Dieter: *Formale Sprache und Erfahrung. Carnap als Modellfall.* Stuttgart 1965.
Wendel, Hans Jürgen: *Benennung, Sinn, Notwendigkeit.* Frankfurt/M. 1987.
Wennerberg, Hjalmar: »Der Begriff der Familienähnlichkeit in Wittgensteins Spätphilosophie«. In: E.v. Savigny (Hg.): *Ludwig Wittgenstein. Philosophische Untersuchungen.* Berlin 1998, S. 41 ff.
White, A. R.: *A Critical Exposition.* Oxford 1959.
White, M.J.: *Truth.* London 1971.
Whitehead, Alfred N.: *Prozeß und Realität.* Frankfurt/M. ²1984.
Whorf, B.L.: *Sprache, Denken, Wirklichkeit. Beiträge zur Metalinguistik und Sprachphilosophie.* Reinbek 1963.
Wiggershaus, Rolf (Hg.): *Sprachanalyse und Soziologie.* Frankfurt/M. 1975.
Wolf, Ursula (Hg.): *Eigennamen. Dokumentation einer Kontroverse.* Frankfurt/M. 1985.
Wright, G.H. von: *Wittgenstein.* Oxford 1982.
Wunderlich, Dieter: *Studien zur Sprechakttheorie.* Frankfurt/M. 1976.

PERSONENREGISTER

Abaelard 10, 38
Anscombe, G.E.M. 101
Anselm von Canterbury 13, 38
Apel, K.-O. 54
Aristoteles 8 f., 11, 15, 29, 200, 202, 214, 221
Arndt, H.W. 29 f.
Arnauld, A. 38
Astroh, M. 222
Austin, J. L. 175, 183, 189, 193–197, 207
Ayer, A. J. 124, 132f., 156, 206
Ax, W. 8 f.

Bacon, R. 11
Beckmann, J. P. 10, 15 f., 19, 22, 25 f., 28
Bloomfield, L. 147
Böhler, D. 6
Boethius, A. M. 10, 12
Bradley, F. H. 59, 62, 87
Braun, E. 6, 9
Burckhart, H. 31 ff.
Buridanus, J. 10
Burleigh, W. 10

Candlish, S. 171
Carl, W. 63, 73, 77, 80, 91 f., 97, 99, 102, 108, 116, 120, 186
Carnap, R. 38, 63, 123–145, 146, 160, 164, 178, 211, 219, 237 f.
Cassirer, E. 49, 53–55, 155, 220, 230
Condillac, E. B. 49
Coreth, E. 199

Davidson, D 230–234
Derbolav, J 6 ff.
Descartes, R. 32, 38, 172
Dewey, J. 147
Diderot, D. 49
Dummett, M. 69, 155, 234–237
Dubislav, W. 124
Driesch, H. 127

Eco, U. 1
Engfer, H.-J. 33
Essler, W. K. 150
Evans, G. 218

Feigl, H. 124
Flor, J. R. 62
Frank, Ph. 124
Franzen, W. 200
Frege, G. 2, 46, 62, 63–86, 87, 101, 108, 123, 126, 143, 175, 203, 206, 210 f., 214, 221 f., 224 f., 227

Gaier, U. 51
Gehlen, A. 1
Gochet, P. 154 f.
Gödel, K. 124
Gombocz, W. 13 f.
Goodman, N. 161
Grelling, K. 124
Grewendorf, G. 190, 194
Grice, H. P. 190–193

Hahn, H. 124
Hamm, F. 194
Haßler, G. 32, 49
Hegel, G. W. F. 59 f., 87
Heidegger, M. 1
Heimsoeth, H. 34
Heinekamp, A. 34, 41
Heinzmann, R. 16
Hempel, C.G. 124
Hennigfeld, J. 1, 5, 184
Herder, J. G. 50 f.
Hoche, H.-U. 54, 58
Hoerster, N. 62
Humboldt, W. v. 49, 52–53, 155, 183
Hume, D. 66, 150
Husserl, E. 66
Husted, J. 67

Ishiguro, H. 118

Jakobson, R. 234
Jaspers, K. 1

Kant, I. 22, 53, 66, 104, 151, 159,
Kemmerling, A. 79, 191, 193
Kenny, A. 101 f., 105 f., 108, 111, 114, 116, 163, 165
Kienzler, W. 102, 163
Köhler, W. R. 237
Koppelberg, D. 154
Krämer, S. 32
Kraft, V. 124, 130
Kripke, S. 171, 215–219
Küng, G. 121, 145
Künne, W. 106, 202 f., 233
Krauth, L. 145
Kutschera, F. v. 63, 66, 72, 83, 113, 115, 151, 153, 156, 170, 204, 209, 212, 229 f., 239

Lambert von Auxerre 10
Lancelot, C. 38
Lange, E. M. 102, 118, 120
Lauener, H. 59, 151, 156
Leibniz, G. W. 32–46, 87, 151
Lewis, D. 192
Locke, J. 12, 29–32, 65, 69, 172
Lorenz, K. 16l, 182, 184
Lyons, J. 225

Mach, E. 92
Mates, B. 45
McTaggart 59, 62, 87
Mead, G. H. 147
Meggle, G. 193, 226
Menne, A. 23, 46
Merleau-Ponty, M. 1
Mill, J. St. 46–49, 207 f., 211, 215
Mittelstraß, J. 40 f., 42
Moody, E. A. 10
Moore, G.E. 59–63 f., 87 f., 94, 101, 175
Morris, Ch. W. 237

Neurath, O. 124, 131

Ockham, W. v. 9 ff., 12, 14–29, 158
Oelmüller, W. 5

Perkinson, G. H. R. 37

Pears, D. 103, 113, 122
Peirce, Ch. S. 147, 234
Petrus Hispanus 10
Pinborg, J. 10, 23, 38,
Plato 5–8, 15 f., 29
Plessner, H. 1
Pöggeler, O. 60
Poincaré, H. 127, 177
Popper, K. 133, 145, 161 f.
Porphyrius 11
Poser, H. 43
Prechtl, P. 54, 66 f., 155, 209
Puntel, L.B. 198, 205 f.
Putnam, H. 219–220

Quine, W. v. O. 143, 146–158, 162, 212, 228–230, 232, 234, 236

Ramsey, F. 206
Reichenbach, H. 124
Rescher, N. 43
Rheinwald, R. 89
Robins, H. R. 11
Röd, W. 181
Runggaldier, E. 156, 185 f., 215, 220
Russell, B. 38, 62 f., 87–101, 105, 108, 111, 117, 126, 128, 146, 155, 159, 161 f., 164, 178, 203, 205, 211 ff., 220 ff.
Ryle, G. 173, 176–184

Saussure, F. de 49, 209
Savigny, E. v. 57, 117, 163, 167, 169, 171, 180, 182
Schaff, A. 2
Scheler, M. 1
Schlick, M. 123 f, 131, 160
Schmidt, S. 51 f.
Schnädelbach, H. 57, 240
Schneider, H. J. 187 f., 238
Schroeder-Heister, P. 40 f.
Schulte, J. 208, 237
Schwemmer, O. 54
Searle, J. R. 194–197, 214, 223–225
Skinner, B F. 147
Skirbekk, G. 198
Stegmüller, W. 12, 58, 102, 106 f., 110 ff., 124 ff., 132 f., 137, 139, 163, 169, 206, 238
Stekeler-Weithofer, P. 198, 204

Stenius, E. 102, 106
Sternefeld, W. 194
Strawson, P. F. 184–189, 207, 220–223
Stuhlmann-Laeisz, R. 63
Streminger, G. 29
Strube, W. 58
Sukale, M. 232

Tarki, A. 198, 204–206, 231
Thomas von Aquin 10, 12, 200 f.
Toulmin, St. 162
Tugendhat, E. 186

Vossenkuhl, W. 102, 123

Waismann, F. 109, 124
Whitehead, A. N. 128, 161
Wilhelm von Shyreswood 10
Wittgenstein, L. 38, 63, 70, 101–123, 126, 155, 159 ff., 163–174, 175 f., 187, 193, 203, 205, 213 f., 227
White, A. R. 62
White, M. J. 207
Wolf, U. 217

If you have any concerns about our products,
you can contact us on
ProductSafety@springernature.com

In case Publisher is established outside the EU,
the EU authorized representative is:
**Springer Nature Customer Service Center GmbH
Europaplatz 3, 69115 Heidelberg, Germany**

Printed by Libri Plureos GmbH
in Hamburg, Germany